FRIEDRICH SCHRAGL • GESCHICHTE DER DIÖZESE ST. PÖLTEN

FRIEDRICH SCHRAGL

GESCHICHTE DER DIÖZESE ST. PÖLTEN

NP

VERLAG NIEDERÖSTERREICHISCHES PRESSEHAUS
St. Pölten – Wien

Umschlag:
Ansicht des Chorherrenstiftes von St. Pölten, 1653
Aquarell auf Pergament, 30,3×40,3 cm
Diözesanmuseum St. Pölten

1. Auflage 1985

Gesamtherstellung:
Niederösterreichisches Pressehaus Druck- und Verlagsgesellschaft mbH
A-3100 St. Pölten, Gutenbergstraße 12

ISBN 3 85326 737 8

VORWORT

Unsere Zeit begeht gerne Jubiläen und feiert sie in großen Festen. Der Sinn von Jubiläen besteht aber nicht im Feiern, sondern im Rückblick auf die Geschichte, die Auskunft geben soll, wie eine Institution zu dem geworden ist, was sie heute darstellt, um sich so besser zu erkennen und die Zukunft gestalten zu können.

Die Diözese St. Pölten feiert 1985 zweihundert Jahre ihres Bestehens. Das ist kein besonders hohes Alter, wenn man damit Pfarren und Klöster vergleicht, die 900 Jahre und mehr begehen. Und doch bedeutet die Errichtung des St. Pöltner Bischofssitzes vor 200 Jahren einen wesentlichen Einschnitt im christlichen Leben unseres Landes. Bereits zur Römerzeit war es christianisiert; durch ein Jahrtausend leiteten die Bischöfe von Passau die kirchlichen Geschicke unseres Landes, bis schließlich 1785 Papst Pius VI. auf Betreiben Kaiser Josephs II. St. Pölten zum Bischofssitz für das westliche Niederösterreich bestimmte.

Die vorliegende Geschichte der Diözese St. Pölten will daher auch die Geschichte des Christentums von seinen Anfängen noch zur Zeit der römischen Verfolgungen schildern. Sie will zeigen, wie das kirchliche Leben nach der Völkerwanderung wieder aufgebaut wurde und wie wechselhaft die Geschicke der Kirche seither waren. Dabei wird versucht, das kirchliche Leben eingebettet im politischen und gesellschaftlichen Leben darzustellen. Der zweite Teil widmet sich der eigentlichen Diözesangeschichte, also den letzten 200 Jahren. Natürlich konnten dabei nicht alle Gesichtspunkte des religiösen Lebens berücksichtigt werden, da diese sich oft auf Pfarr- und Klosterebene abspielten.

Dieses Buch ist allen gewidmet, die sich mit der Diözese St. Pölten verbunden fühlen und sich für die Geschichte des christlichen Lebens in unserer Heimat interessieren. Eine Literaturliste soll zum weiterführenden Studium anregen. Im besonderen aber sei diese Diözesangeschichte Seiner Exzellenz Dr. Franz Žak gewidmet, dem fünfzehnten Bischof von St. Pölten.

St. Pölten, im Sommer 1985 — Der Verfasser

INHALTSVERZEICHNIS

I. Teil

Das Diözesangebiet von den Anfängen des Christentums bis Kaiser Joseph II.

I DIE RÖMERZEIT

Vorbemerkungen – Die Anfänge des Christentums: Der hl. Florian – Die Christianisierung – Der hl. Severin – Kirchliches Leben in der Spätantike – Das Endes des römischen Christentums

Vorbemerkungen

Das Gebiet der heutigen Diözese zerfiel zur Römerzeit in den römischen Teil südlich der Donau und in den der unabhängigen Stämme nördlich davon, doch reichte der Einfluß Roms zeitweilig bis nach Mähren. Die meiste Zeit kontrollierten die Römer auch einen Grenzstreifen nördlich der Donau. In den Jahren 12 bis 9 v. Chr. hatten die römischen Truppen das östliche Norikum besetzt und dem Reich eingegliedert. Die römische Herrschaft dauerte in der Folge etwa fünfhundert Jahre. Im Verlauf dieses halben Jahrtausends wurde die heimische keltische Bevölkerung romanisiert. Sie nahm die lateinische Sprache an und beteiligte sich auch am offiziellen Staatskult der Römer. In allen Städten entstanden Tempel der drei höchsten römischen Staatsgötter Jupiter, Juno und Minerva. Dieser Staatskult hatte aber für das religiöse Leben nur geringe Bedeutung. Es lebte der keltische Volksglaube weiter, wenngleich die Götter römische Beinamen erhielten.

Durch das Militär kamen auch ferne Religionen ins Land, vor allem die Mysterienkulte des Orients, die sich im 3. Jahrhundert verbreiteten. Zeugnis davon gibt der Fund bei Mauer an der Url aus dem Jahr 1937: In eigens dafür ausgehobenen Gruben fand sich das Inventar für den Kult des Baal aus Doliche in Syrien (Jupiter Dolichenus), das heute das Kunsthistorische Museum in Wien verwahrt. Die Gegenstände sowie die dazugehörigen Votivgaben stammen aus dem beginnenden 3. Jahrhundert. Unter den Soldaten erlangte damals der Mithraskult große Bedeutung. Ein schöner Mithrasaltar, Prunkstück des Tullner Heimatmuseums, wurde in St. Andrä vor dem Hagenthale gefunden. In Mautern wiederum entdeckte man Anzeichen der Verehrung von Unterweltgöttern. Im Gegensatz zur römischen Staatsreligion waren diese Kulte Erlösungsreligionen. Sie waren die Wegbereiter des Christentums, standen aber auch in Konkurrenz zu ihm.

Der Grenzabschnitt an der Donau westlich des Wienerwaldes war nach der Besetzung durch die Römer nie durch feindliche Einfälle gefährdet. Zentrum war die schon vorrömische Siedlung Ketion oder Cetium, das heutige St. Pölten. Im 2. Jahrhundert stieg Cetium zur civitas, zur autonomen Stadt auf, deren Bereich sich vom Wienerwald bis zur Enns erstreckte. Von Kaiser Hadrian erhielt sie dann den Namen Aelium Cetium. Für Cetium sind auch die wichtigsten Stadtämter belegt. Sie finden sich auf Grabsteinen und Inschriften der Stadt und ihrer Umgebung. Ein Grabstein zum Beispiel ist in der Kirchenmauer in Karlstetten eingelassen; er wurde einem M. Ulpius Speratus gesetzt, der duumvir (einer der beiden Bürgermeister) von Aelium Cetium war. Die Einmauerung von Römersteinen in die Kirchenmauern (Zwentendorf, Altlengbach, Markersdorf, Pöchlarn u. a.) entstand im Mittelalter und aus dem Glauben, dadurch die Macht der „heidnischen" Steine brechen zu können.

Die römische Provinz Norikum nahm zunächst einen erfreulichen wirtschaftlichen Aufschwung. Der kulturelle Schwerpunkt lag freilich vorerst in Kärnten. An der Grenze waren nur wenige Truppen stationiert, wichtigster Stützpunkt war Carnuntum im östlichen Niederösterreich. Es erfolgte der Ausbau des Straßennetzes. Die bedeutendste Straße durchzog das südliche Diözesangebiet von Klosterneuburg her kommend über den Gugginger Sattel nach St. Andrä, von dort durch das Tullnerfeld zum Nitzinger Meilenstein (südöstlich von Tulln, heute noch aufrecht stehend, bekannt als steinerner „Erdäpfelsack") und weiter, etwas südlich der heutigen Bundesstraße 1, in ziemlich gerader Linie nach St. Pölten. Von dort nach Westen zu lassen sich zwei Trassen erkennen:

Die eine verlief nördlich der Pielach über Hafnerbach zur Lanzinger Brücke nördlich von Mauer, wechselte dann vermutlich auf die Höhe südlich von Melk, zog auf der „Hochstraße" südlich von Ornding-Pöchlarn bei Erlauf über den gleichnamigen Fluß, führte den Nordrand des Ybbsfeldes entlang über Amstetten nach Mauer und folgte schließlich im wesentlichen der heutigen Autobahntrasse bis nach Enns. Sie diente zunächst als Post-und Handelsstraße und natürlich auch für Truppenbewegungen.

Die zweite Trasse deckte sich mit der späteren „Ochsenstraße", die von St. Pölten über Eggsdorf und Markersdorf gleichfalls auf die Höhe südlich von Melk führte.

Neben der Hauptstraße entwickelten sich auch Nebenstraßen, die zum Teil aus vorrömischen Wegen hervorgingen. Wahrscheinlich neu war eine Straße, die entlang des rechten Donauufers verlief und die römischen Militärstützpunkte verband. Diese Militärstützpunkte wurden fast ausschließlich in der flavianischen Zeit (69–96) als einfache Kastelle – Lager mit Erddamm und Holzpalisaden – errichtet und erst nach den Markomannenkriegen mit Steinmauern versehen. Es waren dies von Ost nach West: Zeiselmauer, Tulln, das 1953 und 1962 ergrabene Lager westlich von Zwentendorf, Traismauer, Mautern, Pöchlarn, Mauer an der Url und Wallsee.

Die Markomannenkriege (166–180) unterbrachen die vorteilhafte Entwicklung. Damals fiel auch Aelium Cetium, das sich als Handelsplatz nachweisen läßt, an dem feine Tonwaren aus Zentralfrankreich gehandelt wurden. 1949 fand man bei Grabungen im Kapitelgarten Tausende Scherben solcher Terra-Sigillata-Gefäße aus dem 2. nachchristlichen Jahrhundert. Offenbar war hier während der Kämpfe ein Geschirrlager vernichtet worden.

Nach der Befriedung der Markomannen setzte eine stärkere Militarisierung des Donauraumes ein. In Albing bei St. Pantaleon zum Beispiel wurde ein großes Legionslager errichtet, das man aber bald nach 200 wohl wegen der Überschwemmungsgefahr westlich der Enns verlegte; es ist uns als Lauriacum-Lorch bekannt. Das bedingte auch eine zunehmende Romanisierung der Bevölkerung, da die Veteranen sich in der Nähe der Lager niederließen und Familien gründeten.

Die Anfänge des Christentums

Wie in vielen anderen Ländern versuchte auch hierorts die Legende, die Anfänge des Christentums auf die Apostel zurückzuführen. So behauptet eine Inschrift auf dem Stadtturm zu Enns (erbaut 1564–1568), daß in Lauriacum die Evangelisten Markus und Lukas das Evangelium verkündet hätten. Ähnliches wird mit einer Inschrift an der Kirche Maria Lanzendorf bei Schwechat behauptet. Doch das sind, wie gesagt, Legenden.

Zum erstenmal betraten wahrscheinlich im Jahre 69 Christen niederösterreichischen Boden. In diesem Jahr wurde die zweite italische Kohorte vorübergehend von Palästina nach Carnuntum verlegt. Nun gehörte dieser Kohorte auch jener Kornelius der Apostelgeschichte (10,1) an, den Petrus getauft hat. Es ist durchaus denkbar, daß diese Kohorte wegen Unzuverlässigkeit während des jüdischen Aufstandes Palästina verlassen mußte. Ob weitere Christen in dieser Truppe dienten, kann allerdings nur vermutet werden.

Erst hundert Jahre später findet sich wieder ein Anzeichen, daß sich christliche Soldaten in unserem Lande aufhielten. Während Kaiser Marc Aurel gegen die Markomannen kämpfte, geriet die „legio fulminatrix XII" in einer Schlacht gegen die Quaden in Nöte, als sie wegen der Wassernot zu verdursten drohte. Nach dem Bericht des heidnischen Schriftstellers Cassius Dio bewirkte schließlich der ägyptische Zauberer Arnuphis den heißersehnten Regen, den Jupiter pluvius sandte. Nach dem zeitgenössischen christlichen Schriftsteller Apollinari(u)s schickte aber Gott den Regen auf das Gebet der christlichen Soldaten hin. Wenig später (197) schreibt Tertullian dieses Regenwunder ebenfalls dem Gebet der anwesenden christlichen Soldaten zu. Auf der Aurel-Säule in Rom ist dieses Ereignis auch verewigt.

Natürlich sagt die ganze Begebenheit nicht mehr aus, als daß damals christliche Soldaten im römischen Heer am linken Donauufer kämpften. Diese Annahme wird gestützt durch die auch sonst gewonnene Erfahrung, daß es Soldaten und Händler waren, die das Christentum in die entlegeneren Gebiete des Römischen Reiches brachten.

Der heilige Florian

Unter Kaiser Diokletian tritt das Christentums erstmals deutlich in Erscheinung. Wenn uns auch Diokletian vor allem als Christenverfolger bekannt ist, so war er doch ein großer Kaiser und Organisator. Unter ihm wurde die Provinz Norikum unterteilt in Binnennorikum und Ufernorikum mit den Hauptorten Ovilava-Wels und Lauriacum. Zur Reichsreform gehörte auch die Erneuerung der altrömischen Religion. Daher schloß Diokletian im Jahre 300 die christlichen Soldaten aus dem Heer aus. 303/304 ergingen insgesamt vier Erlässe gegen die Christen. Der erste vom 23. Februar 303 ordnete die Zerstörung aller christlichen Kirchen, die Auslieferung der christlichen Bücher und die Entlassung aller Christen aus dem Staatsdienst an. Der zweite und dritte Erlaß richtete sich gegen den christlichen Klerus, und das vierte Edikt vom Frühjahr 304 verlangte von allen Christen heidnische Opfer unter Strafandrohung der Bergwerksarbeit oder Hinrichtung für Verweigerer. Mit diesem Edikt erreicht die Christenverfolgung in Mitteleuropa ihren Höhepunkt, erlosch aber bereits 305. Sie schuf eine Reihe von Märtyrern, die uns auch namentlich bekannt sind, darunter der Bischof von Poetovia Victorinus (Pettau/Ptuj, heute Slowenien), die hl. Afra in Augsburg und Christen in Regensburg.

In Österreich am bekanntesten ist das Martyrium des heiligen Florian. Nach dem Martyrologium Hieronymianum (so genannt, weil es dem heiligen Hieronymus zugeschrieben wird, tatsächlich um 450 in Oberitalien entstanden) beging man am 4. Mai in Ufernorikum, im Orte Lauriacum, das Geburtsfest des ehemaligen Kanzleivorstandes des Statthalters, auf dessen Befehl er mit einem um den Nacken gebundenen Stein von der Brücke in den Ennsfluß gestürzt wurde, wobei ihm, wie alle Umstehenden sahen, die Augen brachen.

Die Titulatur „ex principe officii presidis" läßt vermuten, daß Florian aufgrund des ersten diokletianischen Edikts aus dem Staatsdienst entlassen wurde.

Im 8./9. Jahrhundert entstand auch eine Geschichte des Martyriums (Passio Sancti Floriani), die als Aufenthaltsort Florians Cetium nennt. Diese Passio bringt bereits ausführliche Schilderungen, wie sich Florian, als er von der Gefangensetzung von etwa vierzig Christen in Lauriacum hört, dorthin begibt und sich als Christ bekennt. Auch die Wechselreden mit dem Statthalter und sein Tod werden geschildert. Die Schilderung seines Todes folgt dem Martyrologium; dabei wird allerdings das Brechen der Augen mißverstanden und gesagt, daß derjenige erblindete, der Florian von der Ennsbrücke in den Fluß stürzte. Der rein legendäre Teil im Anschluß daran erzählt, wie eine fromme Frau Florian auf ihrem Landgut bestattete. Die Passio besaß einst auch eine kürzere Fassung, in der die Wechselreden und Wunderberichte fehlten. Es ist jedoch an der Geschichtlichkeit des Martyriums auf keinen Fall zu zweifeln.

Einige Fakten sind auf jeden Fall historisch. Der ausgefallene Titel eines ehemaligen Kanzleivorstandes kann von der Legende nicht erfunden worden sein. Die Erwähnung von Cetium läßt ebenfalls auf eine alte Quelle schließen. Auch das Martyrium der vierzig Märtyrer wurde durch die archäologische Forschung bestätigt. Von Bedeutung ist vor allem, daß ein Christ in einer sehr hohen Position der Provinzialverwaltung tätig war und daß es in Lauriacum doch eine respektable Zahl von Christen gegeben haben muß. Für die Diözesangeschichte relevant ist, daß sich Florian zumindest ein Jahr lang im heutigen St. Pölten aufgehalten hat – die erste sichere Nachricht vom Auftreten des Christentums im heutigen Bereich der Diözese.

Der Kult des heiligen Florian nahm seinen Anfang an dessen Grab, an dem später das Augustiner-Chorherrenstift St. Florian entstehen sollte. Seine Reliquien sind vermutlich mit dem Abzug der Römer nach Rom gekommen. 1183 gelangten Reliquien eines römischen Märtyrers Florian nach Krakau. 1968 überbrachte der damalige Kardinal Karol Wojtyla ein Knochenstück an die Pfarrkirche zum heiligen Laurentius nach Lorch. In dieser Laurentiusbasilika werden auch die Reliquien der vierzig Märtyrer verwahrt. Die Basilika steht auf dem Grund eines keltisch-römischen Tempels und wird seit dem 4. Jahrhundert als christliche Kirche nach mancherlei Um- und Neubauten verwendet. In ihr fand man im Jahre 1900 anläßlich einer Renovierung einen Steintrog mit Knochen unter dem Hochaltar. Nach einer Anfrage in Rom wurden die Knochen, weil sich keine Reliquienauthentik nachweisen ließ, auf dem Friedhof beigesetzt, 1941 aber wieder gehoben. Eine neuerliche Untersuchung 1962 ergab, daß die Knochen von etwa 36 Personen stammen. Seit 1968 sind sie wieder sichtbar unter dem Volksaltar der neugestalteten Laurentiuskirche ausgestellt.

Der heilige Florian wurde erst im 15. Jahrhundert zum Patron gegen Feuersgefahr und später auch der Feuerwehren. Kaiser Maximilian förderte seine Verehrung, doch richtig populär wurde er erst im 17. Jahrhundert.

Die Christianisierung

Mit dem Abgang Kaiser Diokletians im Jahre 305 hat für den Westen des Römischen Reiches die Periode der Verfolgungen im großen und ganzen ein Ende gefunden. 311 erließ Kaiser Konstantin mit seinen Mitkaisern ein Toleranzedikt zugunsten der Christen. Diesem folgte 313 das sogenannte Mailänder Edikt, das ein umfassendes Gesetz für die Kirche darstellte. Die Söhne Konstantins erließen weitere Gesetze zugunsten der Kirche und gegen das Heidentum. Zugleich aber tobte innerhalb der Kirche der Streit um die Frage des Arianismus und seiner abgeschwächten Form, des Semiarianismus. 380 erklärte Kaiser Theodosius (379–395) die katholische Form des Christentums zur Reichsreligion. Ab 388 begannen die Christen mit der Zerstörung heidnischer Tempel, Spuren davon haben sich in Kärnten erhalten. Im 4. Jahrhundert dürfte auch das Christentum in Norikum zum Durchbruch gelangt sein. Es fehlen nach der Passio des heiligen Florian aber alle schriftlichen Hinweise. Nur gegen Ende des 4. Jahrhunderts erfahren wir, daß Bischof Ambrosius von Mailand mit der Markomannenkönigin Fritigil Kontakt aufnahm und sie für den katholischen Glauben gewann.

Es erhebt sich die Frage, von welchem kirchlichen Zentrum Niederösterreichs missioniert und beeinflußt wurde. Es waren dies Sirmium (Sremska Mitrovica, 70 km westlich von Belgrad), Aquileja und Mailand. Sirmium besaß vor allem um die Mitte des 4. Jahrhunderts als zeitweilige Kaiserresidenz große Bedeutung. Dort tagten auch einige Synoden, die einen Kompromiß zwischen den Arianern und den Katholiken anstrebten. Aquileja übte sicherlich auf Binnennorikum einen starken Einfluß aus. Die Bedeutung Mailands wuchs während der Zeit des großen Bischofs Ambrosius (374–397).

Die politische Entwicklung verlief in Ufernorikum etwas anders als im übrigen Mitteleuropa. 375 setzten die ersten Goten über die Donau und schlugen 378 Kaiser Valens bei Adrianopel. Mit dieser Schlacht wird zumeist der Beginn der Völkerwanderung angesetzt. Damals ging den Römern die unmittelbare Herrschaft über den Raum östlich des Wienerwaldes und im heutigen Ungarn, also Pannonien, verloren. Im Wiener Becken wurde ein Teil der Markomannen angesiedelt, weiter im Südosten die Westgoten als römische Föderaten. Für das Viertel ober dem Wienerwald brachen schwere Zeiten an. 401 zogen die Vandalen auf der römischen Hauptstraße nach Westen, 405 kam es wieder zu einem Durchzug streifender Scharen (neuerlich Vandalen, Sueben und Alanen). Damals dürften die Hauptorte entlang der Straße zerstört worden sein. Solche Zerstörungen sind zumindest für Ovilava und Juvavum-Salzburg belegt. Wahrscheinlich ging damals auch Aelium Cetium im Sturm der Völkerwanderung unter.

Es brach jedoch die römische Herrschaft keineswegs zusammen. 409 wurde das Militärwesen reorganisiert und der Heide Ganerides zum Oberkommandierenden für Norikum, Rätien, Pannonien und Dalmatien ernannt, der nun für einige Jahrzehnte dem Land einen bescheidenen Frieden sicherte. Daß es bereits sehr verarmt war, geht aus den Verhandlungen des Westgotenkönigs Alarich mit Kaiser Honorius hervor. Alarich hätte sich durchaus mit Norikum zufriedengegeben, das für das Reich ohnedies keine Steuerkraft mehr besaß. Der Kaiser aber lehnte ab, und Alarich eroberte 410 Rom.

Für Norikum dürften die unruhigen Jahre 401–405 doch schwere Folgen gehabt haben. Wie aus den Schilderungen zur Zeit Severins hervorgeht, wurden die Siedlungen auf dem flachen Land und die Zivilstädte bei den römischen Lagern aufgegeben, weil sie keinen Schutz boten. Die Menschen zogen in die befestigten Militärlager, die nur mehr wenige Truppen beherbergten. Einige dieser Lager wurden verkleinert, was bei Zeiselmauer nachgewiesen werden konnte. Trotz der Verarmung wurden aber weiterhin drückende Steuern eingehoben. Aus diesem Grund kam es in Norikum 430 zu einem Aufstand, der blutig niedergeworfen wurde. Norikum blieb auch römisch, als 433 sich die Hunnen im heutigen Ungarn niederließen und von dort aus ganz Europa beunruhigten. 451/452 fiel Attila in Norikum ein und zog dann bis zu den Katalaunischen Feldern in Frankreich. Nach seinem Tod

453 zerfiel das Hunnenreich, die untertänigen Germanen befreiten sich von Attilas Söhnen. Zwei dieser germanischen Völker siedelten im nördlichen Niederösterreich: die Heruler im östlichen Weinviertel, die Rugier im Kremser Raum. Sie gewannen bald auch Einfluß im Raum südlich der Donau, da sie sich als Schutzmächte der dort ansässigen Romanen gebärdeten.

Der heilige Severin

Wahrscheinlich in das Jahr 456 fällt das Auftreten des heiligen Severin. Seine Lebensbeschreibung erweckt den Eindruck, daß das Land damals schon christianisiert war. Als bereits bestehende Kirchen werden jene in Asturis (Zeiselmauer oder Zwentendorf), Comagenis (Tulln) und in Favianis (Mautern) erwähnt. Vielleicht bestand in Mautern auch schon ein Kloster. Archäologische Forschungen bestätigten bisher nur die Klosterkirche in Mautern. Die Existenz einer Kirche in Zeiselmauer kann jedoch als ziemlich sicher angenommen werden. In Tulln fanden sich Reste, die als Chorschranken gedeutet werden können. Auch sonst sind Funde aus der Frühzeit des Christentums selten. Im Tullner Heimatmuseum wird ein Ring mit dem Christusmonogramm Chi-Rho ☧ verwahrt, der aus dem 4. oder 5. Jahrhundert stammt. Ähnlich schwer datierbar ist ein Ziegel, der in St. Pölten in der Radetzkystraße gefunden wurde. Er stammt von einem Ziegelgrab. Im Ziegel ist mit Fingern eingeschrieben VIVA(S) NOB(IS), (mögest für uns leben), was eine Deutung im christlichen Sinn zuläßt. In Wallsee fand sich ein Ziegel, der zwei in Gegenrichtung schwimmende Fische zeigt. Auch sie können als christliches Zeichen gewertet werden, ist doch der Fisch ein Symbol für Christus (die griechischen Anfangsbuchstaben für „Jesus Christus Gottes Sohn Heiland“ = IXTHYS).

So bescheiden diese Funde auch wirken, so entschädigt dafür ein anderes Dokument. Es handelt sich um die Lebensbeschreibung des heiligen Severin (Vita Severini), die der Abt des Klosters Lucullanum, Eugippius, im Jahre 511 verfaßt hat. Durch sie erfahren wir über die letzten dreißig Jahre der Römerherrschaft mehr als in den vorausgehenden 450 Jahren. Bei dieser Schrift ist natürlich die Tendenz zu beachten: Eugippius schreibt das Leben des Heiligen nieder in der Absicht, seinen Mönchen in Severin ein Vorbild zu geben. Sie will also weder Biographie noch Geschichtswerk sein, liefert aber trotzdem eine Unmenge wertvoller Angaben über das religiöse und profane Leben zur Zeit des Untergangs des Römischen Reiches.

Die Vita schweigt über die Herkunft Severins, und er selbst lehnt auch jede Stellungnahme dazu ab. Es hat aber die Vermutung viel für sich, daß Severin den höchsten Kreisen des italischen Adels entstammte und als Militär- und Verwaltungsbeamter tätig war. Irgendwann kam es zu einem Bekehrungserlebnis. Severin gab seinen Posten auf und ging zu den Mönchen des „Ostens“. Nach dem Tod Attilas tauchte Severin in Norikum auf und übte hier seine segensreiche Tätigkeit bis zu seinem Ableben im Jahre 482 aus. Die Vita umfaßt zwei Briefe und das sogenannte Commemoratorium. Die Briefe lassen einiges über die Herkunft Severins vermuten und die Absicht des Verfassers erkennen. Eugippius dürfte in den letzten Jahren Severins zu dessen Mönchskreis in Favianis gestoßen sein, zog dann mit diesen Mönchen nach Italien, ließ sich mit ihnen in Lucullanum bei Neapel nieder und wurde schließlich Abt dieser Gemeinschaft. Für seine Niederschrift benützte er die Erzählungen alter Mönche, die Severin auf seinen Wegen begleitet haben. Dadurch ergibt sich weniger ein abgerundetes Ganzes als vielmehr eine Aneinanderreihung einzelner Ereignisse, die nur lose miteinander verknüpft sind. Die Beschreibung berichtet vom ersten Auftreten Severins in Asturis, der Rettung von Comagenis und von seinem Beistand, den er Favianis leistete. Dann wechselt die Szene ins Salzburgische: genannt werden Cucullis-Kuchl und Juvavum. Es folgen Aufenthalte in Quintanis oberhalb von Passau sowie in Passau selbst. Eine wichtige Station war Lauriacum. Zentrum seiner Tätigkeit aber war Favianis mit seinem Kloster; dort ist er auch gestorben.

Die politische Situation im Lande war sehr eigenartig. Noch immer gehörte Ufernorikum unmittelbar zum Römischen Reich. Die Verwaltung war noch irgendwie intakt; auch gab es noch römische Truppen, doch war ihre Zahl für einen wirksamen Schutz schon zu gering. Als die Soldzahlungen aus Italien aufhörten, verliefen sie sich. Für Niederösterreich übernahmen die Rugier diese Schutzaufgabe. Der Schutz war wegen der zahlreichen Räuberscharen notwendig, die sich aus den versprengten Völkergruppen gebildet hatten. Die Schutztruppen erwiesen sich allerdings oft als Ausbeuter der Bevölkerung und lebten auf deren Kosten.

In dieser Situation wirkte Severin als „Mann Gottes“: Er rief die Bevölkerung zur Buße auf, um Gefahren abzuwenden, gründete Klöster und bemühte sich, den Menschen in ihrer Not zu helfen. Sein karitatives Wirken reichte bis nach Binnennorikum (Kärnten), wo er mit dem Bischof von Teurnia (St. Peter im Holz) Kontakt aufnahm und Hilfssendungen organisierte. Damit betrat er bereits den Boden der Politik. So verhandelte er mit dem rugischen Königshaus, trat dem Alemannenkönig Gibuld entgegen, organisierte den Widerstand gegen Einfälle und ordnete die Evakuierung der oberen Donaustädte an.

Das Commemoratorium, also die eigentliche Vita Severini, beginnt mit einer Zeitbestimmung: „Zur Zeit, als Attila, der Hunnenkönig, gestorben war, befanden sich beide Teile von Pannonien und alle übrigen Donauländer infolge der ungeklärten Lage in einem dauernden Zustand der Verwirrung. Damals nun kam der hochselige Diener Gottes Severinus aus dem Orient in das Grenzgebiet von Ufernorikum und Pannonien und verweilte in einer kleinen Stadt namens Asturis.“ Attila starb 453. Nach seinem Tod erhoben sich die unterworfenen Germanen unter der Führung der Gepiden und kämpften sich in der Schlacht am Nedao (454 oder 455), einem Nebenfluß der Donau in Ungarn oder in der Slowakei, von der Hunnenherrschaft frei. Da bald darauf die Vita von einem Erdbeben zu Comagenis spricht und nachgewiesenermaßen 456 Savaria (Steinamanger-Szombathely) durch ein Erdbeben zerstört wurde, ist Severin wahrscheinlich 455 nach Norikum gekommen. Severins erste Station war also Asturis.

Dieser Ort wurde früher häufig mit Klosterneuburg identifiziert. Doch Klosterneuburg, dessen römischer Name unbekannt ist, mit seinem Römerlager im heutigen Stiftsbereich, lag in Pannonien, wie aus den Meilensteinen hervorgeht, die von Vindobona her zählen. Das der Grenze am nächsten gelegene Kastell Norikums aber war Zeiselmauer. Da finden sich noch aufrecht stehende Römermauern. 1981 wurde unter der Pfarrkirche die principia (Hauptquartier) des Lagers ergraben, deren Fahnenheiligtum in eine christliche Kirche umgestaltet worden sein dürfte. Asturis wird jedoch auch mit dem eineinhalb Kilometer westlich von Zwentendorf in den Jahren 1953 – 1962 ergrabenen Lager identifiziert, das zumeist unter dem Namen Piro torto läuft. Piro torto aber wird nur einmal und da als Poststation erwähnt, im Lagerverzeichnis der Notitia dignitatum (Truppenverzeichnis des ausgehenden 4. Jahrhunderts) scheint es nicht auf. Wohl aber wird dort ein Kohortenstandort Cannabiaca genannt. Nach der Erzählung der Vita Severini ist Asturis eher mit Zeiselmauer gleichzusetzen. Severin lebte also zunächst in Asturis, und zwar „gemäß der Lehre des

Evangeliums und der Apostel“ beim Mesner. Eines Tages trat er vor die in der Kirche versammelten Presbyter, Kleriker und Bürger und forderte sie auf, durch Gebet, Fasten und gute Werke einen Überfall auf die Stadt abzuwenden. Da man nicht auf ihn hörte, verließ er Asturis und wandte sich der nächstgelegenen Stadt Comagenis zu. Auch dort besuchte er sogleich die Kirche und rief zur Buße auf. Zu eben diesem Zeitpunkt traf der Mesner von Asturis ein und meldete die Vernichtung seiner Stadt, wie Severin es vorhergesagt hatte.

In Comagenis hatte Severin daher mehr Erfolg. Dort hielten die Christen ein Triduum mit Gebet und Fasten. Als sie am dritten Tag beim feierlichen Abendgottesdienst versammelt waren, suchte ein Erdbeben (wahrscheinlich das Erdbeben vom 7. September 456, das Steinamanger zerstörte) die Stadt heim. Die in der Stadt weilenden Barbaren gerieten in Panik und drängten zum Stadttor hinaus, wo sie sich in der Finsternis gegenseitig erschlagen haben sollen.

Mit dieser Begebenheit wird auch die Situation der Bevölkerung charakterisiert. Nicht römische Truppen beschützten die Zivilbevölkerung, der das Tragen von Waffen verboten war, sondern sogenannte Föderaten, also mit Rom verbündete Germanenstämme. Im Falle von Asturis dürfte es sich um einen Überfall von Skamarern gehandelt haben. Es waren dies Räuberbanden, Strandgut der Völkerwanderung. In Comagenis könnten es Ostgoten gewesen sein. Ihr Name wird aber nicht genannt, wohl deshalb, weil Eugippius seine Vita Severini während der Ostgotenherrschaft in Italien verfaßte. Da hätte es nicht gutgetan, den Abzug der „Schutztruppen“ als Geschenk Gottes zu feiern.

Hierauf wurde Severin nach Favianis gerufen. Dort herrschte große Hungersnot. Wegen des Winters war die Getreidezufuhr aus Rätien ausgeblieben. Weil sich aber Ufernorikum normalerweise selbst versorgen konnte, ist die Abhängigkeit von Rätien ein Zeichen dafür, daß größere kriegerische Unternehmungen die Landwirtschaft vernichtet hatten. Es ist dabei an den Hunnenfeldzug 451/452 nach Gallien zu denken, bei dem das niederösterreichische Alpenvorland ausgeplündert wurde und in Flammen aufging. Die Landbevölkerung hatte sich vermutlich schon seit den Germanenzügen ab 400 in die Berge oder in die römischen Limesbefestigungen geflüchtet. Letztere waren ohnedies kaum mit Truppen besetzt.

In Favianis also schritt Severin gegen eine Getreidehändlerin namens Procula ein, die die Notlage zum Wucher ausnützte, prophezeite die baldige Ankunft der rätischen Getreideschiffe, die im Eis des Inn steckengeblieben waren, und gewährte der Stadt Schutz. Hier in Favianis entwickelte Severin seine Haupttätigkeit.

Wahrscheinlich war damals Favianis als Stadtort an die Stelle von Cetium getreten. Cetium dürfte in den ersten Stürmen der Völkerwanderung untergegangen sein (um 400). Es war anscheinend nicht befestigt, bis heute hat man jedenfalls keine Stadtmauern gefunden. Es bestand in der römischen Spätzeit anscheinend auch die Tendenz, die zivile und militärische Verwaltung an einen Standort zu bringen, wie ja auch Ovilava von Lauriacum abgelöst wurde.

In Favianis lag allerdings nur eine kleine militärische Abteilung. Das zeigte sich, als Räuberscharen – vielleicht waren es Ostgoten – alles raubten, was sich außerhalb der Mauern aufhielt. Der damalige Tribun von Favianis, Mamertinus, sah sich wegen seiner kleinen Truppenzahl und des Mangels an Waffen außerstande, die Räuber zu verfolgen. Durch Severin ermutigt, stellte er sie an der Tiguntia, der Fladnitz (beide Namen bedeuten „Sumpfbach“), doch noch und nahm ihnen die Beute ab. Das Ereignis dürfte sich etwas nördlich von Palt abgespielt haben.

Obwohl die Provinz Ufernorikum noch zum Römischen Reich gehörte, hatten im Raum von Favianis die Rugier die Macht inne. Ihr Zentrum war wahrscheinlich Stein oder Krems. Da die Germanenstämme der Völkerwanderungszeit kaum Landwirtschaft betrieben, waren sie auf die Versorgung durch die romanisierte Bevölkerung angewiesen und übten daher ihre Schutzherrschaft sehr berechnend aus. Doch vor dem Gottesmann Severin hatten auch sie Respekt. Ihr Ziel war die Eingliederung in das Römische Reich, um ihre Versorgungsprobleme loszuwerden. König Flaccitheus plante einen Italienzug, doch scheute er die in Pannonien sitzenden Ostgoten, die ihm den Durchzug durch ihr Gebiet verweigerten. Sein Sohn Fewa oder Feletheus hatte ebenfalls engen Kontakt zu Severin. Dagegen war diesem dessen Gattin Giso feind. Sie stammte aus dem gotischen Königsgeschlecht der Amaler und war eine fanatische Arianerin.

Kirchliches Leben in der Spätantike

Die meisten Informationen über das kirchliche Leben bietet die Lebensbeschreibung des heiligen Severin. Dazu kommen noch einige wenige Angaben aus der Archäologie; im Bereich der heutigen Diözese sind sie sehr bescheiden.

Schon die alte Diözesaneinteilung bereitet Schwierigkeiten. Nach den Konzilsbeschlüssen des 4. Jahrhunderts sollte in jeder Stadt ein Bischof sein. Für Binnennorikum sind Bischofssitze in Virunum (auf dem Zollfeld bei Klagenfurt), Celeia (Cilli, Slowenien), Aguntum (bei Lienz) und Teurnia (Tiburnia, St. Peter im Holz bei Spittal) belegt. Dabei dürfte letzterer Bischofssitz einen Vorrang gehabt haben. Für Ufernorikum ist nur Lauriacum als Bischofssitz gesichert. Nach dem Kirchenrecht der damaligen Zeit hätte es Metropole sein, hätten in Cetium, Ovilava und Juvavum weitere Bischöfe sitzen müssen. Für Ovilava und Juvavum fehlen alle Anhaltspunkte. Cetium hatte im 5. Jahrhundert seine Stadtfunktion an Favianis abgegeben. Nun erwähnt aber die Vita Severini, daß der Stadttribun von Favianis, Mamertinus, später Bischof geworden sei. Auch sagt sie von Severin, daß er die Bischofswürde zurückgewiesen habe. Beide Angaben werden im Zusammenhang mit Favianis erzählt, doch wird es selbst nicht als Bischofssitz bezeichnet. Es bleibt also eine vorsichtige Annahme, daß Favianis im 5. Jahrhundert Bischofssitz war. Nur denkbar, jedoch nicht belegbar, ist die Annahme, daß im 4. Jahrhundert der Bischof dieses Stadtgebietes in Cetium saß.

Hingegen gab es an den Kirchen zahlreichen Klerus. Am häufigsten werden Presbyter genannt; zumeist sind mehrere an einer Kirche. Darüber hinaus werden auch Diakone und Subdiakone erwähnt. Von den niederen kirchlichen Diensten wird angeführt das Amt des Türhüters (aedituus, ianitor, ostiarius), Mesners (custos) und des Sängers (cantor).

Dazu kam noch das mönchische Leben. Einmal ist von einer gottgeweihten Jungfrau die Rede, die aber in ihrer Familie gelebt haben dürfte. Severin selbst hat im Orient das Mönchtum kennengelernt und es auch nach Norikum übertragen. Das Kloster in Favianis wird zwar als von ihm gegründet bezeichnet, doch ist nicht auszuschließen, daß es bereits an eine ältere Tradition anknüpfte, da es an einer Stelle der Vita Severini das alte Kloster genannt wird. Die Fundamente der Klosterkirche mit einem anschließenden Nebenraum wurden beim Ausbau der Mauterner Kaserne in den Jahren 1957/58 ergraben. Der Gesamtbau hatte eine Länge von 21 Metern und war 14 Meter breit. Die Länge des eigentlichen Kirchenraums betrug 10 Meter, seine Breite 5,5 Meter; er besaß eine halbkreisförmige Priesterbank.

Auch in Boiotro (Passau-Innstadt) gründete Severin ein Kloster, dessen Severinskirchlein noch erhalten ist, und schon vor Severin bestand ein Kloster zu Juvavum, aus dem St. Peter-Salzburg hervorging. Wahrscheinlich bestand auch bei Lauriacum eine Mönchszelle.

Von den christlichen Kirchen werden in der Vita Severini ausdrücklich die Kirchen in Asturis, Comagenis und Favianis genannt. Nicht genannt, aber praktisch vorausgesetzt ist eine (Bischofs-)Kirche in Favianis. Es kann sich allerdings nicht um die heutige Stephanskirche in Mautern handeln. Eher ist sie mit der späteren Agapituskapelle im Nikolaihof zu identifizieren, obwohl das auch nicht gesichert ist. Möglich ist auch eine Kirche an der Stelle der heutigen Pfarrkirche in Traismauer, wo sich offenbar eine gewisse Tradition hielt. Auch die Kirche in Sarling steht auf römischen Fundamenten und kann an eine ältere Tradition anknüpfen. Sicherlich gab es noch weitere Kirchen, die aber nicht nachgewiesen werden können, etwa im heutigen St. Pölten und in Wallsee.

Jedenfalls zeigt die Vita Severini, daß im 5. Jahrhundert Norikum durchwegs christianisiert war. Wenn noch von gewissen heidnischen Bräuchen in Cucculis-Kuchl die Rede ist, darf das nicht verwundern, hielt und hält sich doch manches heidnische Brauchtum bis in die Gegenwart.

Das Ende des römischen Christentums

Bald nach dem Tod des heiligen Severin fand auch das Christentum ein Ende. Schon im Jahre 476 hatte in Italien der Skire Odoaker die Herrschaft übernommen und den letzten weströmischen Kaiser, Romulus Augustulus, in Pension geschickt. Er verstand sich aber noch als Repräsentant des Reiches. Zwar hatte Ferderuch, der Bruder des Rugierkönigs Feletheus, gleich nach dem Tod Severins dessen Kloster ausgeplündert, es blieb aber die römische Herrschaft doch noch irgendwie aufrecht. Odoakers Herrschaft in Italien wurde aber von Zeno, dem Kaiser in Konstantinopel, nur ungern gesehen. Wahrscheinlich war er es, der die Rugier zu einem Angriff gegen Odoaker bewog. Odoaker aber kam dem Angriff zuvor und marschierte 487 im Winter an die Donau, vernichtete das Rugierreich und nahm das Königspaar Fewa (Feletheus) und Giso gefangen. Später ließ er es in Italien hinrichten. Im folgenden Jahr 488 sandte der Skire seinen Bruder Hunwulf mit dem Comes Pierius nach Ufernorikum und siedelte die romanische Bevölkerung nach Italien um. Dadurch sollte die Verteidigungslinie auf den Alpenhauptkamm zurückgenommen und zugleich den germanischen Völkern die Lebensbasis entzogen werden, lebten diese doch zumeist von den ackerbautreibenden Romanen. Damit endet die Römerzeit an der Donau.

Es ist bemerkenswert, daß sich zwar im Passauer, Salzburger und Lorcher Raum romanische Siedler hielten und dann auch im 8. und 9. Jahrhundert bezeugt sind; daß sich auch römische Ortsnamen in die heutige Form weiterentwickelten, wie Lauriacum zu Lorch oder Lentia zu Linz; daß aber im Gebiet zwischen Enns und Wienerwald kein einziger Ortsname an die römische Tradition anknüpft. Es wird für fast dreihundert Jahre zum leeren Raum. Dabei ist jedoch nicht an einen absolut menschenleeren Raum zu denken, wohl aber an einen bevölkerungsarmen, in dem keine Macht ausgeübt werden konnte. Auch sind keineswegs alle Romanen abgezogen. Vor allem im oberen Ybbstal haben sich Reste gehalten. Darauf weisen die Walchen-Namen hin, die sich im Raum Göstling, Hollenstein und Lunz finden. Besonders markant ist Walcherberg in der Pfarre Windhag, das neben einem Baichberg (Baiernberg) und einem Windberg (Berg der Wenden) genannt wird. Damit sind zugleich auch alle Völkerschaften erwähnt, aus denen das frühmittelalterliche Österreich gebildet wurde. Unter den Walchen (Welschen) sind wohl weniger die Römer als die romanisierten Kelten zu verstehen.

Das politische Geschehen ging in dieser Zeit weitgehend am westlichen Niederösterreich vorbei. Nach der Vernichtung des Rugierreiches durch Odoaker und der Absiedlung der Romanen aus den Donaustädten rückten die Langobarden in das Rugiland ein, worunter das westliche Weinviertel und das südöstliche Waldviertel zu verstehen ist. Dabei gelangten sie in Abhängigkeit der Heruler, die an der March lebten. Nach Paulus Diaconus, der 787 die Geschichte der Langobarden schrieb, ließen sie sich 505 im „Feld" nieder. Wegen der zahlreichen langobardischen Gräberfunde zwischen Zwentendorf und Traismauer, die in den letzten Jahren gemacht wurden, neigt man dazu, im „Feld" das Tullnerfeld zu sehen. 508 errangen sie einen entscheidenden Sieg über die Heruler, und sie verlegten von da an ihr Siedlungszentrum in das östliche Niederösterreich. Die geschlagenen Heruler aber zogen völlig verarmt in das mittlere und westliche Niederösterreich, verschwinden aber bald darauf als Volk aus der Geschichte. Auf sie dürfte die Plünderung der Langobardengräber bei Gemeinlebarn und Maria Ponsee zurückgehen, die um diese Zeit geschehen sein muß. Ein Volkssplitter scheint einige Zeit im Pöchlarner Raum gesessen zu sein, da es 832 als Ort bezeichnet wird, „wo seit altersher eine Festung war, die Herilungoburg genannt wird".

Als die Langobarden in Niederösterreich saßen, sollen sie bereits Christen gewesen sein, wie der zeitgenössische Schriftsteller Procopius mitteilt. Nun aber weisen ihre Gräber keine christlichen Merkmale auf, und es ist auch bekannt, daß sich noch zweihundert Jahre später unter den Langobarden Heiden befanden. Wahrscheinlich waren die Christen unter den Langobarden Reste der Rugier, die sich ihnen angeschlossen hatten. Dann handelt es sich aber nicht um Katholiken, sondern um Arianer. Tatsächlich überwog bei den Langobarden lange Zeit die arianische Form des Christentums, nach der der Sohn Gottes dem Vater nicht wesensgleich ist. Doch handelt es sich bei der Behauptung des Procopius möglicherweise nur um eine Rechtfertigung der Politik Konstantinopels, das die Langobarden gegen die Heruler gehetzt haben könnte, da Kaiser Justinian (527–565) die Eroberungen der Langobarden in Norikum und Pannonien anerkannt hatte. Darum erhebt Procopius den Vorwurf gegen die Heruler, sie hätten die christlichen Langobarden tributpflichtig gemacht. Auf keinen Fall darf die Christianisierung der Langobarden um diese Zeit allzu hoch angeschlagen werden.

Nach dem Vertrag mit Kaiser Justinian im Jahre 546 gaben die Langobarden das westliche Niederösterreich ganz auf und verlegten ihren Schwerpunkt nach Pannonien. Als sie dort mit den Gepiden und Ostrom in Schwierigkeiten gerieten, schlossen sie mit den Awaren ein Bündnis, vernichteten gemeinsam mit diesen die Gepiden und wanderten zu Ostern 568 nach Italien aus. Damit fand das langobardische Zwischenspiel ein Ende.

Der neue Machtfaktor war das awarische Reich. Von 568 bis 791 beherrschten sie vom später ungarischen Raum aus das östliche Mitteleuropa. Nach ihrer Niederlage im Jahre 626 vor Konstantinopel erlangten sie allerdings nie mehr ihre frühere Bedeutung. Zunächst konnten sich die unterworfenen Westslawen unter Samo sogar verselbständigen, dessen Reich auch den Nordosten Niederösterreichs umfaßt haben dürfte. Nach seinem Tod unterwarfen die Awaren wiederum die Slawen und dehnten ihr Reich bis zur Enns aus. Bis 791 galt dann dieser Fluß als die sichere Grenze.

Zwischen Enns und Lech entstand nach 500 das Volk der Baiern. Es ist nach der heute vorherrschenden Meinung aus verschiedenen Völkerschaften der Völkerwanderung zusammengewachsen und gewann im Laufe des 6. Jahrhunderts seine Identität. Dazu kam ein nicht unbeträchtlicher Teil der romanisierten Vorbevölkerung. Die bayrische Stammesbildung dürfte allerdings die Ennsgrenze nicht überschritten haben. Über den Bereich zwischen Enns und Wienerwald und das Waldviertel schweigen sich die Quellen aus. Sicherlich ist auch hier an das Einströmen verschiedener Restvölker der Völkerwanderungszeit zu denken, doch dürfte die Besiedlung sehr dünn gewesen sein. Auch als nach 680 die Awaren ihren Einflußbereich bis zur Enns ausdehnten, dürfte es zu keinen besonderen Änderungen gekommen sein. Vermutlich setzte damals ein verstärkter Zustrom von Slawen aus dem Norden, aber auch aus dem Alpenraum ein. Die Awaren selbst siedelten aber nicht westlich des Wienerwaldes. Sie betrachteten vielmehr den Raum bis zur Enns als eine Art Sicherheitszone gegenüber den Baiern und Franken. Die Awaren bildeten in ihrem Reich nur eine dünne Oberschicht. Der Großteil der Bevölkerung waren bäuerliche Slawen, aber auch unterworfene Germanen, wie die Gepiden.

Die Frage nach dem Überleben des Christentums in dieser Umschichtung der Bevölkerung ist gar nicht so leicht zu beantworten. Sicherlich kam es zum Zusammenbruch der kirchlichen Organisation. Bis gegen 600 hielten sich die Bistümer in Binnennorikum. Wie lange Lorch einen Bischof hatte, ist ungewiß. Es gibt zwar eine Tradition, daß Lorch um 700 zerstört wurde und der Bischof nach Passau flüchtete. Auch wenn dies auf die Fälschungen Bischof Pilgrims im 10. Jahrhundert zurückgeht, kann darin doch eine alte Überlieferung stecken. Immerhin ist Lorch einer der wenigen Orte, wo die christliche Tradition niemals abriß. Die Baiern selbst scheinen von Anfang an eher überwiegend christlich gewesen zu sein. Zwar ist von mehreren Bekehrungen die Rede, doch handelt es sich dabei eher um die Einrichtung des kirchlichen Lebens. Sicher war es ein primitives Christentum, das die verschiedenen Völkerschaften mitbrachten. Daher dürfte sich auch die Frage erübrigen, ob die Baiern anfangs Arianer waren, auch wenn verschiedene Gruppen arianischer Völkerschaften Bayerns einmal arianisch waren. Auf jeden Fall war das Herzogsgeschlecht der Agilolfinger katholisch, und die Herzogstochter Theudelinde, die 589 den Langobardenkönig Authari heiratete, leitete die Katholisierung der Langobarden in Italien ein. Awaren und Slawen waren heidnisch. Doch lebten auch unter den Awaren Germanen, die wahrscheinlich christlich waren. Wie aus späteren Nachrichten hervorgeht, handelte es sich dabei um ein sehr reduziertes Christentum, dessen Priester „illiterati", also des Lesens Unkundige waren.

Ähnlich scheint die Situation in Niederösterreich gewesen zu sein. Das Christentum dürfte dort nicht erloschen sein, auch wenn es keine kirchliche Organisation gab. Mehr als Vermutungen lassen sich allerdings nicht anstellen. Wenn in einigen Orten die Siedlung nie ganz unterbrochen war, wie es etwa für Pöchlarn, Mautern, Traismauer und Tulln angenommen werden kann, so muß es nicht die gleiche Bevölkerung gewesen sein; es können auch neue Gruppen eingezogen sein. Wenn christliches Leben überdauert hat, dann sicherlich nicht in einer kirchlich organisierten Form.

DER DIÖZESANBEREICH
IN FRÜHCHRISTLICHER ZEIT

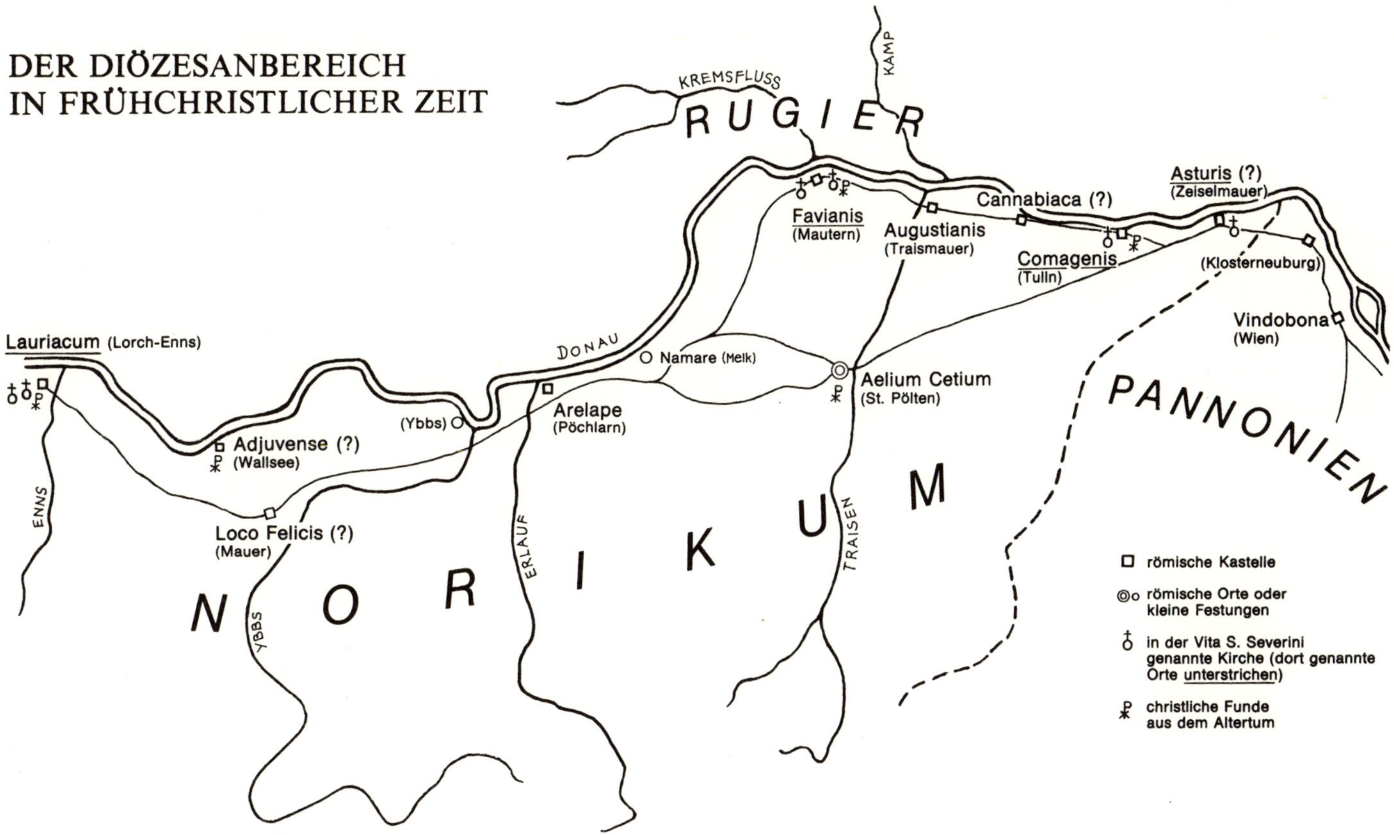

II DAS FRÜHMITTELALTER

Neubeginn in Bayern – Die Karolingerzeit: Die Awarenkriege; Landaufteilung; Missionstätigkeit; Der Ausbau des Kirchenwesens; Kyrill und Method – Die Ungarnzeit

Neubeginn in Bayern

Wie schon erwähnt, war das bayrische Herzogshaus der Agilolfinger unzweifelhaft schon vor 600 katholisch. Aus dem beginnenden 7. Jahrhundert wird von mehreren Missionsversuchen aus dem burgundischen Kloster Luxeuil berichtet. Es werden dabei die Namen Eustasius, Agilus und Agrestius genannt. Doch geht daraus nicht hervor, daß es sich um Heidenmission gehandelt hätte. Es besteht vielmehr der Eindruck, daß das Land christlich war, nicht aber kirchlich organisiert. Auch Amandus soll bei den Baiern und Slawen missioniert haben, ohne daß von Ergebnissen berichtet wird. Mit den Slawen können auch Bewohner am Obermain oder an der Regnitz gemeint sein.

Bedeutsamer und greifbarer wird das kirchliche Leben mit dem Auftreten Emmerams. Um 685 kam er an den Herzogshof, als er auf dem Weg zur Awarenmission war. Herzog Theoto hielt ihn aber in Regensburg zurück, weil die Awaren wieder militärisch aktiv waren und das Gebiet an der Enns verwüstet hatten. Emmeram wirkte etwa drei Jahre in Bayern und wurde dann aus undurchsichtigen Gründen erschlagen. Er wurde aber in Regensburg beigesetzt und als Märtyrer verehrt. Von da an gibt es eine allerdings vage Bischofsliste von Regensburg.

Bekannter ist das Auftreten des heiligen Rupert, der 696 nach Regensburg kam. Ob er vor dem Bischof von Worms war, ist umstritten. Vermutlich stammte er aus dem Hochadel, seine Heimat dürfte er aus politischen Gründen verlassen haben. Von Regensburg aus wandte er sich der Ostmission zu und reiste nach Lorch. Dort blieb er aber nicht. Es ist nicht auszuschließen, daß dort ein Bischof saß. Rupert ging zunächst nach Seekirchen am Wallersee und schließlich nach Salzburg, das er zum Zentrum seiner Tätigkeit machte. Er amtierte im vielleicht noch auf die Römerzeit zurückgehenden Kloster als Abtbischof. Auch seine Nachfolger übten auf diese Art ihr Amt aus.

Der dritte Apostel Bayerns ist der heilige Korbinian, der um 716 nach Freising kam, wo damals ein bayrischer Teilherzog residierte. Er holte sich als erster bayrischer Bischof seine Weihe in Rom.

Vierter bayrischer Bischofssitz wurde Passau. Dessen Anfänge liegen allerdings im dunkeln. Ein erster Bischof wird erst nach 731 genannt. Bereits 716 reiste Herzog Theoto nach Rom, um von Papst Gregor II. die Einrichtung einer bayrischen Kirchenprovinz zu erwirken. Der Papst entsandte auch eine Delegation nach Bayern, doch kam es nicht zur Durchführung des Planes. Schuld daran dürfte der zunehmende fränkische Einfluß auf Bayern gewesen sein, der eine stärkere kirchliche Unabhängigkeit Bayerns nicht dulden wollte. Erst 739 errichtete der heilige Bonifatius im Auftrag des Papstes die vier bayrischen Bistümer Regensburg, Salzburg, Freising und Passau. Für die ersten drei Bistümer weihte er neue Bischöfe, da die bisherigen nicht seiner Glaubensstrenge entsprachen bzw. eine andere, die iroschottische Tradition befolgten. Nur den Bischof von Passau konnte er nicht absetzen. Vivilo wies ihm nämlich nach, daß er vom Papst selbst zum Bischof geweiht worden war, also in der römischen Tradition stand. Es bleibt unklar, ob Vivilo tatsächlich der erste Passauer Bischof war. Für Passau ist kein Gründungsheiliger bekannt. Es erscheint daher doch nicht als unwahrscheinlich, daß in Passau die Lorcher Bischofstradition weitergeführt wurde. Denn es könnte bis um 700 ein romanischer (?) kraftloser Bischofssitz existiert haben. Ähnlich hat ja auch der Bischofssitz Säben überlebt, wenn auch unter etwas anderen Umständen.

Jedenfalls bedeutet das Jahr 739 die Errichtung der bayrischen Kirche als Organisation mit abgegrenzten Bistümern, wenn sich auch die Bischofssitze schon vordem entwickelt hatten. Von Bayern aus erfolgte dann aber die Organisation des kirchlichen Lebens in Österreich.

Die Karolingerzeit (791 – 907)

Das bayrische Stammesherzogtum der Agilolfinger konnte sich nur zeitweilig aus der Oberhoheit des Frankenreiches lösen. Unter seinem letzten Herzog, Tassilo III. (748 bis 788), fanden die Bestrebungen nochmals einen Höhepunkt, aber auch ihr Ende. 781 mußte Tassilo die Oberhoheit des aufstrebenden Frankenreiches unter Karl dem Großen anerkennen. 787 wurde Bayern zu einem Lehen des Frankenreiches, Tassilo 788 schließlich abgesetzt und Bayern eine Provinz.

Damit reichte das Frankenreich bis an die Enns. Es war zum Nachbarn der Awaren geworden.

Die Awarenkriege

782 oder 787 waren awarische Truppen bis an die Enns vorgedrungen, ohne aber Schaden anzurichten. Zugleich schickten die Awaren eine Gesandtschaft an Karl den Großen, um wegen eines Friedens zu verhandeln. Das Awarenreich hatte viel von seiner Macht eingebüßt und suchte sich abzusichern. Nach der Absetzung Tassilos kam es 788 zu ersten Kämpfen, unter anderem auch auf dem Ybbsfeld. 790 versuchten die Awaren nochmals, Verhandlungen anzuknüpfen. Doch Karl wollte den Krieg. Offiziell wurden das Heidentum und die Grausamkeit der Awaren in den Vordergrund geschoben, wahrscheinlich ging es jedoch einfach um Beute. 791 rückte er mit drei Heeren ins Awarenreich ein. Er befehligte persönlich das Hauptheer, das sich Anfang September an der Enns sammelte. Ohne auf Widerstand zu stoßen, drang das Heer bis an die Raab vor, von wo es aber wegen der fortgeschrittenen Jahreszeit umkehren mußte.

Auf diesem Feldzug kamen die Bischöfe Angilram von Metz, Sindbert von Regensburg und vermutlich auch Wiomad von Trier ums Leben. Sie sind an Krankheiten gestorben. Es ist aber bezeichnend, daß auch die Bischöfe und die großen Klöster mit ihrem Gefolge in den Kampf ziehen mußten.

Dieser erste Awarenkrieg brachte noch keine Entscheidung. Wahrscheinlich nahmen die Awaren mit den Sachsen Kontakt auf, die in den nächsten Jahren die Franken beschäftigten, so daß sich die endgültige Unterwerfung der Awaren hinauszog. Wegen der Niederlage von 791 kam es aber innerhalb des Awarenvolkes zu Bürgerkriegen, denen die obersten Würdenträger, der Khagan und der Jugurrus, zum Opfer fielen. 795 unterwarf sich der Tudun, das ist eine weitere Würdenbezeichnung, Karl dem Großen und empfing die Taufe. 796 eroberte sein Sohn Pippin von Friaul aus den „Hring" der Awaren zwischen Donau und Theiß, erbeutete den riesigen Awarenschatz und brach damit die awarische Herrschaft. Was folgte, waren nur mehr Nachspiele. 799 kam es zu einem Aufstand awarischer Gruppen, in dessen Verlauf der Präfekt des Ostlandes an der Donau, Gerold I., und sein Gegenstück an der Südostfront, Erich von Friaul, ums Leben kamen. 802 fielen die beiden königlichen Beauftragten Goteram und Chadaloh apud castellum Guntionis, das mit Güns identifiziert wird. Chadaloh scheint jener Mann gewesen zu sein, der am Königshof zu Traismauer begraben wurde und dessen Skelett und Grab 1975 unter der Pfarrkirche gefunden wurden. Wie der Befund ergab, trat der Tod durch Wundstarrkrampf nach einer Pfeilverletzung ein. 803 griff nochmals ein größeres fränkisches Heer im awarischen Raum ein. Der Rest der Awaren konnte sich der nun frei gewordenen Slawen nicht erwehren und bat 805 unter ihrem bereits als Christ bezeichneten Khagan Theodor um Siedlungsgebiet, das ihm zwischen Carnuntum und Steinamanger zugewiesen wurde. 828 verschwand dieses Tributärfürstentum – und mit ihm die Awaren.

Landaufteilung

Das neuerworbene Gebiet von der Enns ostwärts galt als Königsgut. Karl der Große vergab es zunächst ohne schriftliche Urkunden. Erst unter Ludwig dem Frommen erhielten die neuen Besitzer entsprechende Urkunden, von denen nur ein geringer Teil auf uns gekommen ist. Neben den weltlichen Großen, von deren Besitzungen weniger bekannt ist, erwarben auch geistliche Institutionen Grund und Boden in diesem Gebiet. Es waren dies Bischofssitze und Klöster, die hier zu Land kamen. Gefragt waren die fruchtbaren Gebiete im Alpenvorland und die Weingebiete an der Donau.

So erlangte das Hochstift Salzburg Besitzungen in Winklarn (als Scafarafeld 837 bestätigt), Traismauer, Wölbling, Arnsdorf (zunächst als Lehen, 860 als Eigen), Loiben, Melk, Hollenburg. Der Bischof von Passau hatte im 9. Jahrhundert Besitzungen im östlichen Tullnerfeld (Zeiselmauer, St. Andrä, Königstetten), in St. Pölten, St. Michael in der Wachau, „an der Pielach" (wahrscheinlich Schönbühel an der Donau), an der Erlauf (wahrscheinlich Petzenkirchen), zu Aschbach und Wolfsbach (?) und zu Ardagger. Die Regensburger Bischöfe besaßen wohl von Anfang an Pöchlarn, das aber erst 832 von Kaiser Ludwig bestätigt wurde. Sie hatten ferner Besitzungen an der Sirning (Bischofstetten), an der Perschling (wohl Michelhausen) und in Tulln, die Freisinger Bischöfe in Weißenkirchen und in Stiefern. Neben den Bischöfen kamen auch die bayrischen Klöster zu Besitz. So Niederaltaich in der Wachau im Raum Spitz – Aggsbach und bei Gottsdorf – Persenbeug. Tegernsee war im Zeillerner Raum und in St. Pölten begütert, Herrieden bei Eichstätt in Melk, an der Pielach und im Grunzwitigau; dort auch Kremsmünster, das auch in Mautern Besitz erwarb (Agapitkapelle). Mondsee erlangte wahrscheinlich schon vor 832 Besitz an der Kleinen Erlauf (Steinakirchen). Zu Metten gehörten Eisenreichdornach und Drosinindorf (?) im Traisenfeld, vielleicht auch schon Rossatz. Der Moosburger Besitz zu Hollenburg fiel bald an den Bischof von Freising. Darunter sind sowohl geschlossene Besitzeinheiten wie auch Streubesitz zu verstehen. Der größere Teil des Landes kam aber an weltliche Herren oder blieb in Königshand.

Missionstätigkeit

Die Eroberungen Karls des Großen dienten auch dem Zweck der Ausbreitung des Christentums. Doch genügte dazu nicht bloß die Eroberung, es mußte auch missioniert werden. Bei der Sachsenmission herrschte die Schwertmission vor, also Mission unter militärischem Druck. In den österreichischen Ländern hatte die Mission bei den Slawen schon Tradition. Der Salzburger Bischof Virgil begann nach 750 mit der Mission bei den Karantanen in Kärnten und Steiermark. Nach der Unterwerfung der Awaren berief Pippin als König von Italien eine Versammlung an der Donau ein, bei der auch die Bischöfe Arn von Salzburg und Paulinus von Aquileja anwesend waren. Man beriet über die Mission bei den Awaren und Slawen. Dabei wurde eine gute Taufvorbereitung vereinbart und festgehalten, daß es vor allem um die Gewinnung der Seelen und nicht um die Einsammlung von Zehenten gehen sollte.

Nach seiner Rückkehr vom Awarenfeldzug teilte Pippin dem Salzburger Bischof noch 796 das Gebiet der Alpenslawen und Pannoniens zwischen Raab und Drau zu. 803 bzw. 811 nahm Kaiser Karl die endgültige Bistumseinteilung in den eroberten Gebieten vor: Entlang der Donau bis zur Raab kam das Gebiet zum Passauer Bistum, südlich und östlich schloß sich Salzburg an, südlich der Drau betrieb Aquileja die Mission. Bereits 798 war Salzburg zum Erzbistum erhoben und ihm die bayrischen Bistümer unterstellt worden. Es sollte auch in Zukunft eine Vorrangstellung in der Missionstätigkeit haben. Darüber unterrichtet vorzüglich die Conversio Bagoariorum et Carantanorum, eine Salzburger Schrift aus dem Jahr 871. Über die Passauer Missionstätigkeit sind wir sehr schlecht informiert. Von einer unmittelbaren Missionstätigkeit im Viertel ober dem Wienerwald ist überhaupt nichts bekannt. Wahrscheinlich dominierte das zugewanderte christlich-bayrische Element unter der Bevölkerung derart, daß sich die zahlenmäßig schwächeren Slawen ebenfalls bald dem Christentum zuwandten. Nur sehr indirekt weisen einige Namen im Raum Kilb – Bischofstetten auf die Christianisierung hin. Neben Teufelsdorf liegt der Weiler Christenberg und der Marterhof, der 1364 als „dacz den mörtrern“ genannt wird. Es besteht nun die Deutung als Möglichkeit, daß die Teufelsdorfer sich weigerten, das Christentum anzunehmen und die christlichen Bewohner auf dem Marterhof in der Nähe von Christenberg ermordeten. Es kann aber auch sein, daß Teufelsdorf vordem den Namen einer heidnischen Gottheit trug und die Leute auf dem Marterhof bei einem heidnischen Einfall ums Leben kamen.

Ganz anders verlief die Christianisierung des Waldviertels. Der größte Teil dieses Viertels gehörte sicher keiner der Machtsphären an, die damals politisch bestimmend waren. Im Kamptal hatte sich aber im Garser Raum ein slawisches Fürstentum gebildet, dessen Zentrum die Schanze südlich von Thunau war. Die Holzwiese auf der Hochfläche westlich des Kamp war schon früher besiedelt und wurde ab etwa 800 neuerlich besiedelt. Im dazugehörigen Friedhof fand sich ein Bleikreuz, wie ähnliche auch aus dem mährischen Raum bekannt sind; sie galten als Taufgeschenke. Nach dem archäologischen Befund wurde die Schanze gegen Ende des 9. Jahrhunderts ausgebaut und verstärkt, der Friedhof aber ins Kamptal hinunterverlegt. Um 902/903 erneuerte der „venerabilis vir“ Joseph eine Schenkung seiner Vorfahren an den Freisinger Bischof, die in einem Gut in Stiefern mit bestimmten Abgaben bestand. Da die erstmalige Schenkung bereits vor einigen Generationen geschah, dürften die Slawen von Thunau bereits um 850 oder wahrscheinlich noch früher das Christentum angenommen haben.

Ähnliche Aussagen ergeben sich aus den Grabungen, etwa des Gräberfeldes westlich von Pottenbrunn (1965–1975 ergraben), die zeigten, daß noch im 9. Jahrhundert die Slawen die heidnische Bestattungsart pflegten. Mit der Christianisierung mußten diese Gräberfelder aufgegeben werden, da nur mehr die Grablegung um die Kirche gestattet wurde. Da aber bei den Begräbnissitten schon immer ein großer Konservativismus herrschte, ist die Christianisierung immer etwas früher anzusetzen, auch wenn heidnische Grabbeigaben aufscheinen.

Der Ausbau des Kirchenwesens – Die Klöster

Die Christianisierung bzw. christliche Besiedlung Niederösterreichs machte den Ausbau des Kirchenwesens erforderlich. Allerdings entwickelte sich die kirchliche Organisation anders als in Nord- und Ostdeutschland, wo die Mission von der Errichtung von Bistümern begleitet war. Im Südosten, also im österreichischen Raum, kam es zu keiner Gründung von Bischofssitzen. Abgesehen von der Gründung verschiedener Kleinbistümer, hielt dieser Zustand bis zur großen Reform Kaiser Josephs II. an. Den Südosten teilten sich bis dahin Salzburg und Passau. Diese Bischofssitze bedienten sich in ihren ausgedehnten Sprengeln der Institution der Chorbischöfe. Es waren dies Hilfsbischöfe, die vor allem in den Missionsgebieten eingesetzt wurden. Die beiden ersten bekannten Passauer Chorbischöfe waren Erchanfried (für die Zeit 820/825 nachgewiesen) und Otkar (etwa 825/830), die wahrscheinlich in Lorch ihr Zentrum hatten. Der nächstgenannte Chorbischof war Anno, der 833 Güter zu Haslau und Prellenkirchen an der Leitha zum Nutzgenuß bekam. 836 schenkte König Ludwig der Deutsche dem Passauer Hochstift die Kirche zu Kirchbach, ließ sie aber mit ihrem Territorium durch den Amtsgrafen Ratpot dem Chorbischof Anno und seinem gleichnamigen Neffen, der wahrscheinlich Priester war, auf Lebenszeit übergeben. Als Westgrenze wird dabei Langenlebarn angegeben, was der späteren Passauer Hofmark Zeiselmauer-Königstetten entspricht. Chorbischof Alberich erhielt Besitz östlich des Wienerwaldes (859). Als letzter Chorbischof wird Madalwin genannt. Um 900 verschwand in Westeuropa die Institution der Chorbischöfe. Von Madalwin ist bekannt, daß er 903 sein Amt niederlegte, dem Passauer Bischof seine liturgischen Gewänder und seine Bibliothek von 56 Handschriften übergab. Darunter befanden sich die Vita Severini des Eugippius, bayrisches, fränkisches und alemannisches Volksrecht sowie patristische und klassische Texte. Madalwin erhielt dafür Besitzungen in Bayern, aber auch in „Wolfeswanch" (Wolfsbach) und Mödling.

Direkt genannt sind nur sehr wenige Kirchen. Manche können aus der späteren Zeit sicher erschlossen werden. Das schon erwähnte Traismauer hatte ursprünglich eine Martinskirche, die wahrscheinlich bald nach 800 errichtet wurde. Sie war ursprünglich auf Königsgut erbaut. Ob sich die Nennung von 799 auf Traismauer bezieht, bleibt offen. In diesem Jahr erhielt Gerold I., Präfekt Bayerns und des Ostlandes, anläßlich einer Synode, die zu Treisma begangen wurde, die Martinskirche in Linz übergeben. Da auch der Passauer Bischof anwesend war, wird diese Nennung auch auf St. Pölten bezogen, das damals ebenfalls Traisma hieß und dem Passauer Bischof gehörte. Traismauer wurde bald ein Lehen der Salzburger Erzbischöfe; 860 ging es in deren volles Eigentum über. Die Bedeutung dieser Kirche geht dadurch hervor, daß um 833 der aus dem mährischen Raum vertriebene Fürst Priwina in dieser Kirche die Taufe empfing.

Auch das schon genannte Kirchbach-St. Andrä vor dem Hagenthale war ursprünglich königlicher Besitz und kam 836 an den Passauer Bischofsstuhl, wenngleich es zunächst dem Chorbischof Anno zugesprochen wurde. Möglicherweise hatte es ursprünglich auch den fränkischen Reichspatron Martin zum Kirchenheiligen und erhielt erst nach der Ungarnzeit den heiligen Andreas zum Kirchenpatron. Die Verehrung dieses Heiligen faßte erst im 10. Jahrhundert im Abendland stärker Fuß. Ob diese Kirche eine Art Bischofssitz für den Chorbischof war, kann nur vermutet werden.

Eine Kirche „in loco nominato Bersnicha" (Perschling) übergab 834 Graf Wilhelm an das Kloster St. Emmeram in Regensburg. Es läßt sich der Ort nicht mehr genau bestimmen. Später war Michelhausen das Zentrum des Regensburger Besitzes. Die Kirche dort hat das Peterspatrozinium nach dem Regensburger Dom. Dagegen trägt die in der Nähe gelegene Kirche zu Rust das Martinspatrozinium, das auf älteren königlichen Besitz deuten würde, der an Graf Wilhelm übergegangen ist.

Nordwestlich von St. Pölten, am Südostabhang des Dunkelsteinerwaldes, wird mehrfach der Grunzwitigau genannt, wo Herrieden, Melk, Salzburg und Kremsmünster Besitz hatten. Bereits in der auf das Jahr 777 datierten Gründungsurkunde von Kremsmünster ist von einem Besitz des Klosters in diesem Gebiet die Rede. Da aber diese Urkunde, wie in den letzten Jahren mehrfach nachgewiesen wurde, eine spätere Fälschung ist und daher auch nicht für einen bayrischen Einfluß im Awarenland vor 791 herangezogen werden kann, scheidet diese Nennung aus. Aber 828 schenkte Kaiser Ludwig der Fromme an Kremsmünster ein Gebiet, in dem das Kloster bereits eine Kirche und Wohnhäuser errichtet hatte. Wahrscheinlich handelt es sich dabei um die Peter- und Paulskirche in Neidling.

Ähnlich entstand die Kirche zu Winklarn. Dort hatte Erzbischof Adalram (821–836) von Salzburg mit königlicher Bewilligung eine Kirche erbaut. 837 schenkte König Ludwig der Deutsche der Salzburger Kirche den Ort Ipusa am Ybbsfluß mit einem bestimmten Territorium. 890 bestätigte König Arnulf diesen Besitz, der diesmal Scarafeld genannt wird. (Diese Urkunde ist allerdings eine Fälschung von 977.) Im Ort Schafferfeld lebt dieser Gegendname noch fort. Die Nennung der Kirche bezieht sich aber eindeutig auf Winklarn, das den Salzburger Patron Rupert zum Kirchenpatron hat. Nicht nach Niederösterreich gehört die Kirchweihe von 865 „ad Spizzum" durch Erzbischof Adalwin, das gern mit Spitz an der Donau gleichgesetzt wird. Es ist jedoch in Westungarn zu suchen.

Zahlreiche Unklarheiten schafft eine Bestätigungsurkunde Kaiser Ludwigs des Frommen für Passau von 823, die sicherlich verfälscht worden ist, aber doch einen echten Kern hat. Unter den verschiedenen Besitzungen Passaus werden aufgezählt: Treisma (wohl mit St. Pölten gleichzusetzen), Wachowam (St. Michael in der Wachau), Pelagum (an der Pielach), Aspach, Wolffeswanch, Erlawam (Aschbach, Wolfsbach, an der Erlauf-Petzenkirchen; diese drei Orte sind vielleicht ein späterer Einschub), zwei Basiliken zu Artagrum (Ardagger und vielleicht Zeillern), und schließlich wird auch der Besitz zu Zeiselmauer genannt. Tatsächlich dürfte die Urkunde einen späteren Besitzstand wiedergeben. Doch werden nur die beiden Kirchen zu Ardagger genannt.

Mit großer Sicherheit reicht die Martinskirche zu Aschbach in das 9. Jahrhundert zurück. Ebenso ist dies für St. Martin am Ybbsfeld anzunehmen. Auch Abstetten mit seiner Martinskirche gehört der Karolingerzeit an. Nach welcher Abtei es benannt ist, läßt sich allerdings nicht mehr ausmachen. Es ist wohl an Niederaltaich zu denken, dessen Besitz zum Teil an Passau kam. Vermutet können für diese Zeit die Kirchen zu Behamberg und Marbach an der Donau werden, die ebenfalls Martinskirchen sind. Es entstanden aber auch in späteren Jahrhunderten Martinskirchen.

Es gab damals sicherlich mehr Kirchen, als in den Quellen genannt werden. Vielleicht ist St.Valentin ebenfalls der Karolingerzeit zuzurechnen. Bei Steinakirchen scheint eine Gründung der Michaelskirche vor 830 gesichert. Auch die heute abgekommene Peterskirche von Pöchlarn dürfte karolingisch gewesen sein. Sicherlich gab es auch in Melk eine Kirche. In Mautern dürfte die Agapituskapelle auf die Zeit zurückgehen, da die Stadt zu Kremsmünster gehörte. Auch Tulln, das politisch sehr bedeutsam war, wird seine Kirche gehabt haben; sie stand wahrscheinlich in jenem Teil des ehemaligen Römerlagers, der von der Donau weggerissen wurde.

Von einer Pfarrorganisation ist für das 9. Jahrhundert allerdings nichts bekannt. Die Kirchen gehörten dem jeweiligen Grundherrn, und die dazugehörige Bevölkerung mußte diese Kirche besuchen. Mit der Kirche war auch der Zehent verbunden. Daher lag es auch im Interesse der Grundherren, Kirchen zu errichten, weil sie daran Anteil hatten. So ist wohl mit einem relativ dichten Kirchenwesen zu rechnen. Es ist aber nirgends belegt, daß es besondere Taufkirchen oder Mittelpunktskirchen gab.

Ähnlich wie mit den Bischofssitzen war es auch mit den Klöstern. Auch hier gab es in der „Awaria“ keine Neugründungen, sieht man von St. Pölten ab. Die Gründung dieses Klosters wird des öfteren in die Zeit bald nach 764 verlegt. Die beiden Brüder Adalbert und Autkar (oder Otker) hätten zunächst Tegernsee gegründet und von dort aus auch das Hippolytkloster an der Traisen. Tatsächlich aber ist das Kloster erstmals in einer Urkunde Kaiser Ottos II. aus dem Jahr 976 belegt, wo es als Eigenkloster des Passauer Bischofs angeführt wird. In einem Weistum Herzog Heinrichs von Bayern aus der Zeit von 985/991 wird gesagt, daß Passau das Kloster schon unter Bischof Adalbert (946–970) und Markgraf Burkhard (bis 976) in Besitz hatte. Nach der Tegernseer Überlieferung wurde das Traisenkloster von dort aus gegründet: nach der jüngeren Überlieferung des 12. und 13. Jahrhunderts eben durch Adalbert und Otkar. Dies mag eine Entfaltung älteren Wissens sein. Tatsache aber ist, daß in zwei Tegernseer Güterverzeichnissen des 11. Jahrhunderts St. Pölten als ein durch die Passauer Bischöfe entfremdetes Kloster angeführt wird. Dabei wird St. Pölten ausdrücklich als Abtei bezeichnet. Nun war aber Tegernsee von 925 bis 978 säkularisiert. Das St. Pöltner Kloster muß also schon vorher bestanden haben. Da Bischof Hartwig von Passau (840–866) Tegernsee als Eigenkloster besaß, könnte damals St. Pölten an Passau gekommen sein. Andererseits ist bekannt, daß die Gründer Tegernsees mit Abt Fulrad von St. Denis in Verbindung standen, der um 756 in Rom Reliquien des heiligen Hippolytus erhielt, die zum Teil nach Fulradsweiler im Elsaß (St. Pilt), zum Teil aber auch nach Tegernsee und Salzburg gelangten. Tegernsee hat seine Klostergründung an der Traisen damit ausgestattet. Nach den Hippolytreliquien wurde dann das alte Treisma St. Pölten genannt. Wahrscheinlich erhielt Tegernsee bereits von Karl dem Großen den Besitz, da es als eines der reichsten Klöster Bayerns zur Heerfolge verpflichtet und also auch am Awarenfeldzug beteiligt war. Man wird daher die erste klösterliche Niederlassung in St. Pölten um 800 ansetzen müssen. Vor 791 erscheint eine Gründung unmöglich, nachdem in den letzten Jahren nachgewiesen worden ist, daß der bayrische Einfluß sich damals noch nicht auf das Gebiet östlich der Enns erstreckte.

Das Kloster St. Pölten, das von Tegernsee her ein Benediktinerkloster war, beteiligte sich auch an der Mission im Großmährischen Reich. Bereits vor 863 hatten Missionare aus den Diözesen Passau, Regensburg und Salzburg das Volk der Mährer weitgehend bekehrt. Während Salzburg südlich der Donau den Schwerpunkt seiner Mission hatte, wirkte Passau nördlich der Donau. An der mittleren March wurden zahlreiche Kirchenfundamente aus dieser Zeit freigelegt. Daß auch das St. Pöltner Kloster sich missionarisch betätigte, geht aus dem Hippolytpatrozinium auf dem Pöltenberg bei Znaim und beim Zaborkloster bei Neutra in der Slowakei hervor.

Kyrill und Method

863 suchte der mährische Fürst Rastislav sich politisch und kirchlich stärker aus der fränkischen Abhängigkeit zu lösen und erbat sich vom Kaiser von Konstantinopel Missionare aus dem Ostreich. Dieser schickte die beiden Brüder Konstantin (Kyrill) und Method, die in slawischer Sprache die Liturgie feierten und große Erfolge hatten. Im Gegenzug, oder vielleicht dem vorausgehend, begann König Ludwig der Deutsche Verhandlungen mit dem Bulgarenkhan Bogoris, die in Tulln stattfanden. Bogoris wollte sich seinerseits dem Einfluß Konstantinopels entziehen. Im Frühjahr reiste der Passauer Bischof Ermenrich persönlich nach Bulgarien. Seine Mission scheiterte aber, da die Bulgaren sich wieder der Ostkirche näherten.

Die bayrischen Bischöfe bekämpften die Mission Kyrills und Methods und verklagten die Brüder in Rom; sie fürchteten um ihren Einfluß im Großmährischen Reich. Kyrill starb 869 in Rom, als er sich mit seinem Bruder dort zur Rechtfertigung vor dem Papst aufhielt.

Papst Hadrian weihte Medhodius zum Erzbischof von Pannonien. Dort aber missionierte schon lange die Salzburger Kirche mit Erfolg. Die bayrischen Bischöfe nahmen Method gefangen, mußten ihn aber auf Intervention des Papstes freilassen. Hierauf ging er wieder nach Mähren (873), doch hatte er ab 880 in dem Schwaben Wiching einen fränkischen Suffraganbischof in Neutra hinzunehmen. Nach dem Tod Methods im Jahre 885 wurden seine Schüler aus Mähren vertrieben. 899 stellte Papst Johannes IX. die mährische Kirchenprovinz wieder her, was aber einen heftigen Protest der bayrischen Bischöfe hervorrief, die Mähren für ihre Kirchenprovinz beanspruchten.

Hand in Hand mit diesen kirchlichen Streitigkeiten gingen die Kämpfe zwischen den Mährern und den fränkischen Machthabern im Ostland. In diesen Auseinandersetzungen wurden auch magyarische Truppen in Dienst genommen, die sich jedoch bald verselbständigten. Um den Streifzügen ein Ende zu bereiten, zog ein bayrischer Heerbann gegen die Ungarn, erlitt aber im Juli 907 bei Preßburg eine vernichtende Niederlage. Mit dem Markgrafen Luitpold fielen auch Erzbischof Tietmar von Salzburg, die Bischöfe Uto von Freising und Zacharias von Säben und zwei weitere Bischöfe sowie ein Großteil des bayrischen Adels.

Die Ungarnzeit (907 – 955)

Nach der Niederlage von Preßburg bildete die Enns neuerlich die Ostgrenze des Reiches, doch wurde Niederösterreich nicht magyarischer Siedlungsraum. Wohl kam es zu Zerstörungen und Verödungen, wie es von Steinakirchen berichtet wird, und der Landesausbau erlitt sicherlich einen Rückschlag. Es blieben aber die alten Besitzverhältnisse aufrecht, da nach 955 die Besitzrechte voll weitergeführt wurden. Auch riß die Verbindung mit den bayrischen Eigentümern nicht ab. So wollte 926 der Bischof von Freising, Drakulf, seine Besitzungen in Niederösterreich besuchen, verunglückte aber im Greiner Strudel.

Ebenso dürfte das Kirchenwesen in Niederösterreich diese Zeit relativ ungestört überdauert haben. Gewiß wurde gelegentlich geplündert, aber das geschah auch bei Kämpfen zwischen christlichen Mächten. Doch das Kloster zum heiligen Hippolyt in St. Pölten hat die Ungarnära offensichtlich überlebt. Allerdings war es um diese Zeit schon passauisches Eigenkloster.

Wesentlich schlechter erging es den Klöstern in Bayern. Herzog Arnulf (907–937), auch der Böse genannt, säkularisierte einen Großteil der bayrischen Klöster oder übergab sie den Bischöfen als Eigenklöster. Die bayrischen Klöster litten zudem stark unter den ungarischen Beutezügen. Niederaltaich und Tegernsee waren zeitweilig ohne Mönche. Kremsmünster durfte als Passauer Eigenkloster nicht einmal einen Abt wählen. Ähnliches widerfuhr auch Mondsee, das jedoch bereits 833 Eigenkloster der Regensburger Bischöfe wurde. Für Niederösterreich ist von Bedeutung, daß so mancher ehemaliger Klosterbesitz in die Hände der Bischöfe überging, wie etwa Mautern von Kremsmünster an Passau.

III VON DEN BABENBERGERN ZU DEN HABSBURGERN

Die Lage nach der Schlacht auf dem Lechfeld – Die Entwicklung des Pfarrsystems – Investiturstreit und Reformbewegung: Bischof Altmann von Passau; Die Folgen des Investiturstreits – Klostergründungen der Babenbergerzeit – Der Ausbau des Landes – Die Entwicklung der Kirche: Die Bischöfe; Die Pfarren; Der Klerus; Die Klöster; Die Klosterschulen; Mittelalterliche Häretiker: Katharer, Waldenser, Geißler

Die Lage nach der Schlacht auf dem Lechfeld (955)

Die Macht der Ungarn wurde bereits 933 durch König Heinrich I. stark angeschlagen, doch zogen weiterhin ungarische Streifscharen beutesuchend durch Europa. Bei einem Einfall im Jahre 955 belagerten sie auch Augsburg. König Otto I. rief die deutschen Stämme zum Entsatz der Stadt auf: Am 10. August, also am Laurenzitag, wurde das ungarische Heer auf dem Lechfeld vernichtend geschlagen. Damit war die Offensivkraft der Ungarn gebrochen. Sie verloren mit dem Gebiet ober dem Wienerwald ihr Vorfeld und siedelten sich endgültig in ihrem Lande an.

Nach 955 wurde im Südosten des Reiches eine Reihe von Marken eingerichtet; sie sollten die Grenze schützen bzw. diese vorrücken. Auch an der Donau entstand eine solche Mark, für die 996 erstmals der Name Ostarrichi überliefert ist. Diese neue Mark, die weiter zum Herzogtum Bayern gehörte, umfaßte nur einen schmalen Streifen zwischen Enns und Wienerwald. Die Voralpen gehörten bereits zu Karantanien. Nördlich der Donau war ebenfalls nur eine schmale Zone eingegliedert und griff nur im Kamptal etwa bis Stiefern aus. Doch gehörte vom Weinviertel auch der Bereich unterhalb des Wagrams bis Stockerau dazu. Das Waldviertel, der Nordwald, war von keiner größeren politischen Einheit erfaßt.

Die Ausdehnung der Mark erfolgte nach Norden und Süden durch Kolonisation, nach Ost und Nordost durch Zurückdrängung der Ungarn. Der erste Markgraf war Burchard, der in Pöchlarn residierte. Wahrscheinlich wurde er 976 als Beteiligter am Aufstand Heinrichs des Zänkers abgesetzt. Auf ihn folgte Liutpold aus dem Geschlecht der Babenberger, die dem Lande im Laufe ihrer 270jährigen Herrschaft das Gepräge geben sollten. Es dehnte sich bis etwa 1041 bis zur Thaya, March und Leitha aus.

Die Mark gehörte zum Bistum Passau. Dieses hatte in der Karolingerzeit keine bedeutende Rolle gespielt. Doch Bischof Pilgrim (971–991) erreichte eine gewaltige Aufwertung seines Bischofssitzes, wenn er auch nicht alle Pläne verwirklichen konnte.

Eines seiner Ziele war die Ungarnmission. Es gab unter den Ungarn schon vor 955 Christen. Im Osten hatte bereits die byzantinische Mission eingesetzt. Der Ungarnkönig Geza ließ seinen Sohn Vajk um 973/974 durch einen Passauer Priester auf den Namen des Passauer Dompatrons Stephan taufen. Geza selbst wurde erst 994 in seiner Residenzstadt Gran-Esztergom getauft, und zwar öffentlich. Unverkennbar ist der Einfluß Passaus, wenn auch Priester aus anderen Gebieten missionierten, wie der Schwabe Wolfgang, der spätere Bischof von Regensburg, der um 971/972 in Ungarn weilte.

Pilgrim wollte nun Passau zum Sitz eines Erzbistums machen, dem ungarische und mährische Bistümer unterstellt werden sollten. Doch scheiterte dieser Plan am Einspruch seines Onkels, des Salzburger Erzbischofs Friedrich, aber auch an der Entwicklung in Ungarn, das kurz nach 1000 eine eigene Kirchenprovinz erhielt. Um seine Ziele zu erreichen, griff Bischof Pilgrim zum Mittel der Urkundenfälschung. Er versuchte nachzuweisen, daß das alte Erzbistum Lorch bis weit nach Pannonien hinein Suffraganbistümer hatte. Der letzte Erzbischof von Lorch, Vivilo, sei dann vor den Awaren nach Passau geflohen. Womit eigentlich klar sein müßte, daß für die Nachfolge des Erzbistums Lorch nur Passau in Betracht komme und zu diesem auch der ungarische Raum gehöre. Doch die Lorcher Fälschung wurde durchschaut: Passau blieb Suffraganbistum von Salzburg.

Das soll aber die Leistungen Pilgrims nicht schmälern. Er bemühte sich, den Besitz Passaus abzusichern. So ließ er sich mehrfach die Passauer Besitzungen bestätigen, hielt Synoden zu Mistelbach bei Wels, zu Lorch und in der Agapituskirche zu Mautern, bei denen der Zehentbesitz des Hochstiftes festgestellt wurde. Auch erlangte er für die Besitzungen der Passauer Kirche die Immunität, d. h. sie wurden von der Marchfutterleistung (Abgabe von Hafer an den Markgrafen) und der Beteiligung am Festungsbau befreit.

Die Förderung durch den Kaiser verdankt Pilgrim seiner Treue während des Aufstandes Heinrichs des Zänkers, des bayrischen Herzogs. Die Tendenz, möglichst viele Güter, Zehente und Rechte dem Bischofsstuhl zuzuführen, bestand auch unter Pilgrims Nachfolger. Das damals blühende Eigenkirchenwesen erlaubte nämlich dem Bischof kaum einen Einfluß auf die Kirchen und den Klerus. Der Eigenkirchenherr, meist der Kirchengründer, setzte einen Priester seiner Wahl ein. Er bezog aber auch das Einkommen der Kirche, wozu auch die Zehente gehörten. Diese Kirchensteuer, es war eine Ertragssteuer, sollte aber der Kirchenerhaltung sowie der Versorgung des Priesters und der Armen dienen.

Neben Passau hatten aber auch die anderen bayrischen Bischöfe Besitz in der Mark. Bezeichnend für die Zustände in der Mark ist eine Urkunde Kaiser Ottos II. für Regensburg aus dem Jahr 976 (ausgestellt 979). Sie berichtet, daß sich Bischof Wolfgang von Regensburg an den Kaiser gewandt habe. Wolfgang hatte im ehemals „awarischen“ (ungarischen) Land, beim Flüßchen, das Erlaffa genannt wird, den Ort Steininachiricha, der durch viele Jahre verödet war, mit Kolonen aus Bayern besiedelt. Damit diese vor den Feindseligkeiten der Ungarn sicher sein konnten, erbat er vom Kaiser die Erlaubnis, in Zuisila, am Zusammenfluß der Großen und Kleinen Erlauf, ein Kastell errichten zu dürfen. Dieser Bitte entsprach der Kaiser und bestätigte zugleich den Besitz Regensburgs im Steinakirchner Raum, der im Norden von der Ybbs, im Osten von der Großen Erlauf und im Westen vom Zauchbach begrenzt war. Es handelt sich dabei ursprünglich um einen Besitz des Klosters Mondsee, das aber 833 Regensburger Eigenkloster geworden war. Erst um 1100 erhielt es Steinakirchen-Wieselburg wieder zurück. Der Bau des Kastells in Wieselburg wurde von Wolfgang tatsächlich durchgeführt und in seinem Bereich auch eine Kirche errichtet. Das Kastell am heutigen Kirchenberg war ein Zufluchtsort von etwa 110 Metern Durchmesser. Ihn umgab eine Bruchsteinmauer mit einem Wehrturm auf der flachen Westseite. Anläßlich des Ausbaues der Kirche in den Jahren 1953–1958 entdeckte man, daß das Presbyterium der alten Kirche ein vorromanischer Zentralbau ist. Diese Kirche ließ Bischof Wolfgang um 990 errichten und seinem Freund und Förderer, dem 993 heiliggesprochenen Bischof Ulrich von Augsburg, weihen. Es handelt sich bei der Wieselburger Kirche um den ältestens aufrecht stehenden Kirchenbau Niederösterreichs.

Gegenüber der Karolingerzeit ging Salzburgs Einfluß in diesem Lande jedoch zurück. 977 wurden dem Erzbistum zwar die Besitzungen zu Melk, Traismauer, Hollenburg, an der Ybbs, in der Wachau und im Dunkelsteinerwald bestätigt. Auf Dauer blieb davon aber nur der Besitz zu Traismauer, Oberwölbling und zu Arnsdorf in der Wachau, das ja seinen Namen von Erzbischof Arn hat.

Dagegen konnten die Freisinger Bischöfe ihr Besitztum stark ausweiten. Neben Hollenburg, das Freising durch die Eingliederung des ehemaligen Benediktinerklosters Moosburg an sich gebracht hatte, erwarb es ausgedehnten Besitz an der Ybbs. 995 tauschte der Bischof Besitzungen bei Krems gegen Ulmerfeld. 996 erhielt Freising von Kaiser Otto III. das Gebiet von Neuhofen an der Ybbs. Diese Urkunde bringt bekanntlich die erste Nennung des Landes: „in einer Gegend, die in der Volkssprache Ostarrichi genannt wird, in der Mark und Grafschaft des Grafen Heinrich, des Sohnes des Markgrafen Liutpolt." 1034 erfuhr dieser Besitz noch eine Erweiterung an der Url. Bereits im Jahr zuvor war Freising mit einem Hof zu Ollern am Rand des Tullnerfeldes ausgestattet worden. Damit war auch Eigentum in Freundorf und Ried verbunden. Der Freisinger Bischof wurde auch mit der Gründung des Kollegiatsstiftes Ardagger beauftragt (1049). Den ausgedehnten Besitz um Waidhofen an der Ybbs erwarben die Freisinger Bischöfe allerdings erst im 12. Jahrhundert.

Auch die bayrischen Klöster konnten ihr Besitztum in der Mark wahren und zum Teil auch ausdehnen. So war Tegernsee schon im 9. Jahrhundert bei Strengberg-Kroisbach begütert. Im Tausch gegen Güter in Franken vergrößerte es diesen Bereich wesentlich. Tegernsee behielt auch Unterloiben, während Oberloiben salzburgisch blieb.

Die Entwicklung des Pfarrsystems

Für die Karolingerzeit und die frühe Babenbergerzeit fehlt jede Nachricht über Pfarren. Auch wenn immer von Urpfarren und Mittelpunktskirchen geschrieben wird, muß man sagen, daß man einfach nichts darüber weiß. Es sind dies bloß Spekulationen, mehr jedoch nicht. Der Begriff Pfarre taucht in unserem Raum überhaupt erst gegen Ende des 11. Jahrhunderts auf.

Es ist nicht belegbar, ob schon Bischof Pilgrim von Passau (971–991) oder sein Nachfolger Christian Pfarren schuf. Mit Bischof Berengar (1013–1045) setzte sich diese Strukturierung jedenfalls in Niederösterreich durch. Den Schlüssel dazu liefert die Urkunde Kaiser Heinrichs II. vom 5. Juli 1014. Er übergab in den Orten Herzogenburg, Krems, Tulln, Sigemaresweret (Altenwörth, später Kirchberg am Wagram) und Otcinesseuue (vermutlich Stockerau) je eine königliche Hufe zur Errichtung einer Kirche und eines Widums (Pfarrstiftung) an Bischof Berengar. Passau hatte in den genannten Orten keinen Grundbesitz. Kirchen bzw. Pfarren konnten aber nach dem damaligen Recht nur auf eigenem Boden errichtet werden. Alle genannten Kirchen erhielten den heiligen Stephanus, den Hauptpatron Passaus, zum Kirchenpatron. Die Kremser Pfarrkirche stand an der Stelle der heutigen Piaristenkirche und war ursprünglich eine Stephanskirche. Sowohl die Kirche in Krems wie auch die von Tulln und Herzogenburg lagen außerhalb der damaligen Siedlung, aber doch an ihrem Rand. Eine Umschreibung der Pfarrsprengel liegt nicht vor.

Es ist aber anzunehmen, daß im Westen Niederösterreichs die Ausbildung der Pfarren bereits früher einsetzte. Jedenfalls entstand um diese Zeit eine ganze Reihe bischöflich-passauischer Pfarren, wo der Bischof schon eine Kirche hatte oder Grundherr war. Von Westen her beginnend, dürften folgende Pfarren von Passau aus noch im 11. Jahrhundert errichtet worden sein: St. Valentin, Weistrach, Wolfsbach (?), Aschbach, Stephanshart, Amstetten, Petzenkirchen, Melk, Hürm, St. Pölten, Mautern, das schon genannte Herzogenburg, vielleicht auch Wilhelmsburg, dann Zwentendorf, Tulln, Abstetten und St. Andrä vor dem Hagenthale.

Nördlich der Donau sind die Pfarren Weiten, St. Michael in der Wachau, Krems und Meisling zu nennen.

Es scheint sich jedoch nicht um ein geschlossenes Pfarrsystem gehandelt zu haben, da auch andere Pfarren entstanden, die nicht passauisch waren. So wurden 1031 Strengberg und 1032 Haag Pfarren, ersteres als Pfarre des Klosters Tegernsee, Haag als Gründung des Bistums Bamberg. Beide Pfarren entstanden durch Rodung des Ennswaldes. Haag hat als Kirchenpatron den heiligen Michael, der auch Bamberger Dompatron ist. Strengberg, heute der Gottesmutter Maria, einst dem heiligen Quirinus geweiht, weist mit dem Kirchenpatrozinium eindeutig nach Tegernsee. Haidershofens Kirchenpatron ist der heilige Severin von Köln. Es ist anzunehmen, daß es sich ursprünglich um Severin von Norikum handelt. Dann könnte die Kirche auf Bischof Pilgrim von Passau (971–991) zurückgehen, der ja mit der Vita Severini vertraut war. Bevor Haidershofen 1274 an das Stift Gleink kam, war es bischöflich-passauisch. Auch die Pfarre Sindelburg dürfte schon im 11. Jahrhundert entstanden sein, sie ist allerdings eine herrschaftliche Gründung (d. h. die Initiative und Pfarrausstattung geht auf die Herrschaft zurück, die Pfarrerrichtung stand dem Bischof zu). Die Errichtung einer Pfarre zu Ardagger 1063 hängt mit der Gründung des dortigen Stiftes zusammen. Mit der Errichtung der Pfarre Amstetten konnte wohl die ältere Kirche zu Winklarn ausgeschaltet werden. Ebenso dürfte sich Stephanshart vorübergehend die wahrscheinlich ältere Kirche von Zeillern einverleibt haben. Doch bleibt in beiden Fällen unklar, ob nicht diese beiden Kirchen während der Ungarnzeit soweit herabgekommen sind, daß sie als Pfarrkirchen nicht in Frage kamen. Schon alleine diese Beobachtungen im Amstettner Bezirk zeigen, daß der Bischof keineswegs ein Monopol über die Pfarren erreichte, wenn er auch seinen Einfluß verstärken konnte.

Die bisher besprochenen Pfarren gehörten zum Archidiakonat Lorch. Hier war sicherlich die Besiedlung, aber auch die kirchliche Organisation am weitesten fortgeschritten. Weiter nach Osten und Norden hin nimmt die Dichte ab. An der Erlauf wurde zunächst Petzenkirchen (hl. Stephanus) Hauptpfarre. Hier hatte Passau seit dem 9. Jahrhundert Besitz.

Wahrscheinlich war es Bischof Berengar (Kurzform Pezzo, daraus Petzenkirchen), der Kirche und Pfarre errichtete. Ihr wurden die Kirchen von St. Martin und Ybbs zugewiesen, die vermutlich älter sind als die Kirche von Petzenkirchen. Vielleicht gehörte auch das Gebiet nördlich der Donau, von der Landesgrenze bis Marbach, zu dieser Pfarre. Nach Süden reichte sie jedenfalls bis Purgstall. Ob das regensburgische Pöchlarn und das damals ebenfalls regensburgische Steinakirchen-Wieselburg auch zur Pfarre Petzenkirchen zählten, wird vermutet, läßt sich aber nicht belegen. Steinakirchen erscheint erst ab 1100 als selbständige Pfarre. Schon früh (um 1100 ?) erhielt St. Martin Pfarrechte, die um 1200 nach Ybbs übertragen wurden. Übrigens hat St. Martin die älteste erhaltene Oktavglocke Österreichs, mit der Datierung MCC (1200).

Eigentümlicherweise konnte der Passauer Bischof auch in Melk eine Pfarre errichten. Es ist an eine ähnliche Schenkung von Königsgut zu denken wie bei Herzogenburg, Krems und Tulln. Die Pfarrkirche, eine Stephanskirche, befand sich bis nach 1500 auf der „Pfarr", dem Höhenrücken östlich des Stiftes. Zu den alten Pfarren zählt auch Hürm, das ausdrücklich, wenn auch erst um 1080, als Mutterpfarre bezeichnet wird. Wichtigste Pfarre an der Traisen war St. Pölten. Es wird zwar erst 1180 als Pfarre genannt, doch war ein Kanonikatstift zweifellos mit einer Pfarre verbunden. Daher wurde St. Pölten niemals formell zur Pfarre erhoben. Die Passauer Bischöfe Berengar (1013–1045) und Egilbert (1045/46 bis 1065) übergaben dem Kloster St. Pölten auch die drei Pfarren Kapelln, Böheimkirchen und St. Christophen, die wohl um diese Zeit errichtet wurden. Bei Kapelln scheint es sich allerdings um eine ursprünglich königliche Gründung zu handeln. Unklar bleibt, ob Wilhelmsburg als Pfarre bereits in das 11. Jahrhundert zurückreicht. Das Stephanspatrozinium spricht für eine Passauer Gründung dieser Zeit, doch ist dies nicht belegbar; die Pfarre wird erst anläßlich der Gründung von Lilienfeld genannt.

Bei den Pfarren Mautern und Herzogenburg gelang es den Passauer Bischöfen, alle anderen Kirchen diesen Pfarren unterzuordnen, ebenso im östlichen Tullnerfeld mit den Pfarren Tulln, Abstetten, St. Andrä und Zwentendorf. Nur die Pfarre Altlengbach war von Anfang an nicht passauisch; sie entstand erst gegen Ende des 11. Jahrhunderts.

Eine zweite Welle von Pfarrerrichtungen erfolgte unter Bischof Altmann (1065–1091). Es sind dies Kilb und Pyhra, die ihre Sprengel aus den Pfarren Hürm und St. Pölten bzw. Böheimkirchen bildeten, aber sich auch auf Gebiete ausdehnten, die durch den Fortschritt in der Besiedlung nach Süden gewonnen wurden.

Nördlich der Donau war der ganze Bereich mit Passauer Pfarren besetzt. Von Westen her war es zunächst das über die Donau greifende Petzenkirchen. Es schloß dann Weiten an (Stephanskirche), das mit der Besiedlung rasch nach Nordwesten wuchs. Die östlich anschließende Pfarre St. Michael in der Wachau umfaßte das Gebiet von Aggsbach bis Weißenkirchen. Ihr war auch die Niederaltaicher Kirche zu Spitz unterstellt. Die Pfarre Krems betreute nicht nur das untere Kremstal, sondern auch das untere Kamptal. Im 11. Jahrhundert schon wurde eine Pfarre an der Stephanskirche zu Meisling gegründet, die aber einging und angeblich 1111 als landesfürstliche Pfarre wiedererstand.

Für das östliche Waldviertel wurde der Krieg gegen die Böhmen in den Jahren bis 1041 entscheidend. Damals eroberte Liutpold, der Sohn des Markgrafen Adalbert, eine Veste im Grenzbereich zwischen Bayern und Böhmen. Archäologische Funde bestätigen ihre Lage auf der Schanze bei Thunau. Die Babenberger errichteten darauf die Burg Gars und schoben in kurzer Zeit die Grenze bis zur Thaya vor. Damit konnte auch das Pfarrsystem erweitert werden. Es entstanden die Pfarren Gars, Eggenburg, Altpölla, Horn, Pernegg, Raabs und Weitersfeld. Dabei fällt auf, daß der Passauer Bischof nur die Pfarre Horn innehatte, und auch das nur für kurze Zeit. Möglich ist auch eine Gründung von Eggenburg. Doch Gars-Eggenburg, das bald eine Doppelpfarre bildete (bis 1564), Altpölla und Weitersfeld sind Gründungen der Babenberger. Die Pfarre Neukirchen an der Wild errichteten jedoch die Grafen von Poigen, Pernegg und Raabs wurden von den dortigen Grafenfamilien gegründet. Alle diese Pfarren bildeten Ausgangspunkte für die Errichtung neuer Pfarren im Rodungsgebiet.

Reformbewegung und Investiturstreit

Die mittelalterliche Welt bildete eine geistlich-weltliche Einheit. Das Reich verstand sich als christliches Reich, als Verwirklichung des Gottesstaates. Natürlich gab es dabei Spannungen zwischen dem geistlichen und weltlichen Pol, wobei sich aber beide nicht als Gegensatz verstanden. Getreu der fränkischen Tradition hatte Karl der Große die Kirche voll in das Reich eingegliedert und verfügte über sie ziemlich uneingeschränkt. Das bezog sich unmittelbar auf die Bischofssitze und Reichsabteien und mittelbar auch auf das Niederkirchenwesen. Die Grundherren waren nämlich verpflichtet, auf ihren Besitzungen Kirchen zu errichten. Sie hatten aber auch das Recht, diese Kirchen wirtschaftlich zu nutzen und Geistliche ihrer Wahl einzusetzen. Kaiser Otto I. (936–973) baute das Reichskirchensystem aus, indem er die Bischofssitze mit großen Gütern ausstattete und sie so zu Trägern des Reiches machte. Damit trat die Kirche zwar mächtig in Erscheinung, was bei den damaligen sozialen Verhältnissen auch geboten schien, doch es drohte ihr auch die Gefahr, zu verweltlichen und ihre geistliche Sendung zu vernachlässigen.

Innerhalb der Kirche setzte nun eine Reformbewegung ein. Zunächst hatte sie nur die Absicht, das religiöse Leben zu vertiefen. Sie ging von den Reformklöstern Cluny (Burgund) und Gorze (Lothringen) aus und erreichte schließlich auch Rom. Ihre Kampfrufe lauteten „Freiheit der Kirche“ und „Gegen Simonie und Priesterehe“.

Unter Simonie verstand man die Verleihung geistlicher Ämter, besonders von Bischofsstühlen, durch Laien, also den Kaiser oder andere weltliche Größen. Diese Verleihung erfolgte gegen Geschenke, praktisch einer Steuer, und es konnte vorkommen, daß Bischofssitze an den Meistbieter vergeben wurden.

Die Priesterehe war zwar schon in der Spätantike verboten, hatte sich aber wieder eingebürgert und galt im Frühmittelalter durchaus als legitim, ja, es gab sogar verheiratete Bischöfe.

Unter „Freiheit der Kirche“ verstand man daher die Befreiung von der Vorherrschaft der Laien und forderte freie Bischofswahlen. Es ist klar, daß es da zu einer Auseinandersetzung zwischen geistlicher und weltlicher Gewalt kommen mußte. Der spezielle Fall der Bischofsernennungen ging in die Kirche als Investiturstreit ein. Doch ging es der kirchlichen Reformbewegung um eine echte Erneuerung der Kirche, die auf eine Stärkung des Papsttums hinauslief, aber auch ungeahnte religiöse Kräfte freisetzte.

Bischof Altmann von Passau

Diese Reformbewegung erreichte über Rom durch Bischof Altmann von Passau (1065 bis 1091) auch die Donauländer. Um etwa 1138 schrieb ein Göttweiger Mönch dessen Leben nieder. Demnach entstammte er dem sächsischen Adel, war aber auch mit dem bayrisch-österreichischen Geschlecht der Formbach-Ratelnberger verwandt. Seine Bildung erwarb er an der angesehenen Domschule zu Paderborn, wurde Hofkaplan Kaiser Heinrichs III. und damit Kanoniker am Reichsstift Simon und Juda an der Königspfalz zu Goslar. Auf der Rückkehr von einer Palästinawallfahrt, die er mit zahlreichen Bischöfen unternommen hatte, erreichte ihn in Ungarn die Nachricht von der Ernennung zum Bischof von Passau durch die Kaiserwitwe Agnes von Poitou. Altmann war sehr darum bemüht, das Niveau des Klerus zu heben. Seine Vita betont, daß er Priester, die „im Eheleben und in weltlichen Geschäften aufgingen und in der Liturgie völlig unwissend waren“, durch hervorragende Männer ersetzte. Er glaubte eine Besserung des Klerus nur erreichen zu können, wenn er nach dem damals aufkommenden Ideal der vita apostolica in Armut und Gemeinschaft lebte. Deshalb gründete er vor den Toren Passaus als Musterkloster St. Nikola, dessen Anfänge auf das Jahr 1067 zu setzen sind. Als mit der Wahl Gregors VII. (1073–1085) der Reformbewegung in Rom der endgültige Durchbruch gelang und der Papst auf den Fastensynoden 1074 und 1075 die Verordnungen gegen Simonie und Klerikerehe erneuerte, ging auch Altmann daran, diese Bestimmungen in seiner Diözese zu verwirklichen. Er stieß dort allerdings auf heftigen Widerstand.

Mit dem Verbot der Laieninvestitur und der Priesterehe setzte 1075 der Investiturstreit zwischen dem Papst und König Heinrich IV. ein, da Heinrich am herkömmlichen Recht festhielt und weiterhin Bischöfe ernannte. Die Mehrzahl der deutschen Bischöfe stand auf dem Reichstag zu Worms 1076 auf der Seite des Königs. Bischof Altmann und Erzbischof Gebhard von Salzburg vertraten hingegen die Sache des Papstes. Daraufhin überzog der König die bayrischen Bischofssitze mit Krieg und plünderte Passau und das Kloster St. Nikola; Altmann mußte fliehen. 1079 und 1080 nahm er in Rom an Synoden teil und wurde päpstlicher Legat für das Reich. Ab 1080 hielt er sich wieder in seiner Diözese auf.

Der Streit mit Heinrich IV. aber nahm kein Ende. Diesmal traf Markgraf Leopold II. von Österreich der Zorn des Königs. Bischof Altmann hatte ihn bewogen, zur gregorianischen Partei überzugehen. Leopold wurde abgesetzt (1081), und die Mark fiel vorübergehend an den Böhmenherzog Wratislaw. Vier Jahre später, 1085, ereilte auch den Bischof das Schicksal der Absetzung. Heinrich ernannte nacheinander zwei Gegenbischöfe für Passau, die sich allerdings nur in der Bischofsstadt behaupten konnten. In der Folge ebbte der Streit etwas ab. Altmann erscheint noch bei der Stiftsweihe in Lambach 1089 und stirbt schließlich am 8. August des Jahres 1091 auf den Passauer Gütern zu Zeiselmauer. Sein Leichnam wurde in Göttweig beigesetzt, und es entwickelte sich bald um ihn ein Kult. In der Neuzeit förderte seine Verehrung vor allem der große Abt Gottfried von Bessel (1714 bis 1729). Auf Ansuchen genehmigte Rom 1884 die Verehrung Altmanns als Heiligen für die Diözese Linz; 1888 führte auch die Diözese St. Pölten sein Fest ein, während Passau erst 1889/90 folgte. Seit der Reform des Heiligenkalenders 1969 wird sein Gedächtnis am 9. August begangen.

Bischof Altmanns Bedeutung liegt vor allem in der Klerusreform, die er durch das Gemeinschaftsleben in Klöstern zu erreichen suchte. Neben St. Nikola gründete er Göttweig als Chorherrenstift und reformierte St. Florian und St. Pölten. Auch die Benediktinerabtei Kremsmünster führte er einer Reform zu. Insbesondere über seine Gründung zu Rottenbuch in Oberbayern entwickelte sich aus den regulierten Chorherren dieses Klosters der Orden der Augustiner-Chorherren.

Die Folgen des Investiturstreits

Das Wormser Konkordat 1122 beendete den Investiturstreit mit einem Kompromiß. Es bezog sich zwar nur auf das Hochkirchenwesen (Bistümer), wurde aber auf dem ersten Laterankonzil 1123 auch auf die anderen Pfründen ausgedehnt. Die Bischöfe nahmen vom König nur mehr die Reichslehen, nicht aber die bischöflichen Insignien entgegen. Auch war eine gewisse Freiheit der Bischofswahl gewährleistet. Letztlich wirkten sich die Bestimmungen von Konkordat, Konzil und dem sich herausbildenden Kirchenrecht auch auf das Niederkirchenwesen aus. Das Eigenkirchenwesen fand ein Ende, lebte jedoch in der modifizierten Form des Patronatsrechtes weiter. Der bisherige Eigenkirchenherr hatte das Recht und die Pflicht, seinen Kandidaten dem Bischof oder seinem Vertreter zu präsentieren, der seine Tauglichkeit überprüfen konnte. Mit dem Patronat aber blieb neben verschiedenen Ehrenrechten auch die Baulast der Kirche verbunden; doch bezog der Patron dafür einen Teil des Kircheneinkommens. Erst in der Gegenwart kommt es zu einer weitestgehenden Auflösung des Patronats.

Oft übernahmen die bisherigen Eigenkirchenherren auch die Vogtei (advocatia) ihrer bisherigen Klöster oder Kirchen. Schon in der Spätantike wurde den Kirchen die Vogtei vorgeschrieben, weil sie sich aller weltlichen Geschäfte enthalten sollte. Karl der Große schrieb die Vogtei verbindlich vor und übernahm selbst die Gerichts- und Schirmvogtei für die Reichskirche, speziell für Bistümer und Abteien. Später ging sie häufig auf die Stifter der Klöster über oder wurde vom König weiterverliehen. Zu den Aufgaben des Vogtes zählten der Schutz der anvertrauten Kirche mit ihrem Gut, das als Erbgut Christi galt, die Vertretung bzw. Ausübung der Gerichtsbarkeit der betreffenden Kirche, aber auch die Mithilfe beim Aufbringen der Abgaben. Da die Vögte dafür Abgaben verlangen konnten, sich an den Gerichtstagen mit ihrem Gefolge versorgen ließen und durch die Rechtssprechung auch großen Einfluß auf den Besitzstand hatten, wurden sie häufig zu einer großen Last für die Klöster. Zudem mißbrauchten sie häufig ihre Macht und bedrängten die Klöster, indem sie sie in einer Zeit, da das Rechts- und Polizeiwesen noch kaum ausgebildet war, erpreßten.

Es gelang nun den Babenbergern, insbesondere Leopold III., in relativ kurzer Zeit die Obervogtei über die Passauer Bischofsgüter und die Klöster zu erwerben. Zum Teil erbten sie sie von aussterbenden Geschlechtern. Mehrfach vergaben sie die Klostervogteien zu Lehen an andere Geschlechter, die sich jedoch wiederum als Bedrücker der Klöster erwiesen. Daher versuchten die Klöster immer mehr, diese Vogtei in eine Betvogtei umzuwandeln, sich einen Vogt im Namen des Markgrafen bzw. Herzogs zu erbitten, der ihn aber auch jederzeit entlassen konnte. Die Zisterzienserklöster waren an sich von der Vogtei befreit, bekamen aber einen Defensor zur Durchsetzung der Rechte. Da die Babenberger nicht überall das Vogteiamt wahrnehmen konnten, delegierten sie andere Adelige als Defensoren oder Untervögte. Auch die Pfarren hatten ihre Vögte, die sich keineswegs mit den Patronatsinhabern decken mußten. Auch hier war Schutz und Hilfe notwendig, gab es doch keine öffentlichen Instanzen, um das Recht durchzusetzen.

Klostergründungen der Babenbergerzeit

Den Kampf gegen die Aushöhlung des Bischofsamtes und die Bevormundung der Kirche hatten schon seine Vorgänger Pilgrim, Berengar und Egilbert aufgenommen, indem sie die kirchlichen Rechte zu wahren suchten, wie Pilgrim, und ein Pfarrnetz schufen, wie es die beiden anderen Bischöfe taten. Sie bekämpften das Eigenkirchenwesen mit Hilfe des Eigenkirchenwesens, d. h. sie schufen möglichst viele bischöfliche Institutionen, um so ihren Einfluß zu wahren. Neben den Pfarrerrichtungen gehörte dazu auch der Ausbau des Klosterwesens.

Im Bereich der Mark gab es anfangs nur ein Kloster, nämlich das von Tegernsee aus gegründete Benediktinerkloster zu St. Pölten, das zum Passauer Eigenkloster geworden war. Als solches ist es 976 und auch einige Jahre später bezeugt. Wieweit ein klösterliches Leben vorhanden war, bleibt offen. Vielleicht war es eine reine Güterpropstei des Passauer Bischofs. Im Nekrolog des Klosters wird berichtet, daß die Bischöfe Berengar und Egilbert das Kloster neu bestifteten. Wie schon erwähnt, erhielt es die Pfarren Böheimkirchen, Kapelln, St. Christophen und den Zehent zu Meisling sowie weitere Einkommen. Einer der genannten Bischöfe wandelte es schließlich in ein Säkularkanonikerstift um, also in eine Gemeinschaft von Weltpriestern, die sich dem gemeinsamen Gebet und der Seelsorge widmeten.

Um diese Zeit entstanden mehrere Chorherrenstifte dieser Art. So geht die Gründung der Kollegiatsstifte Ardagger und Altenburg auf königliche Initiative zurück. 1049 übergab Kaiser Heinrich III. an Bischof Notker von Freising Besitz zu Ardagger mit der Auflage, dort ein Kanonikerstift zu gründen. Die Weihe der Stiftskirche zu Ehren der heiligen Margaretha erfolgte 1063 im Beisein der Erzbischöfe Anno von Köln, Siegfried von Mainz und Adalbert von Bremen sowie des Freisinger Bischofs Ellenhard. Seltsamerweise war der Passauer Bischof nicht anwesend. Man mag mit Ardagger große Pläne gehabt haben, es blieb aber ein relativ bedeutungsloses Stift. Mit der Gründung des Klosters wurde Ardagger Pfarre, 1140 erhielt es durch Tausch mit Passau die Kirchen zu Stephanshart und Zeillern, die damit Stiftsvikariate wurden. Erst im 12. Jahrhundert wurde durch Rodung Kollmitzberg gewonnen. Zeitweilig besetzten die Kanoniker auch das 1147 gegründete Neustadtl, das aber 1480 endgültig an Waldhausen kam.

Auch in Melk bestand ein Kollegiatsstift. Nach dem Breve Chronicon Mellicense, einer Melker Schrift um 1170, die allerdings fehlerhaft ist, aber doch auch bedeutende Details bringt, hat Liutpold I. die Eisenburg Melk dem mächtigen Sizo abgerungen. Danach ließ er zwölf Kanoniker in der Burg ansiedeln. Dieser Sizo, eine Kurzform von Siegehard, war vermutlich ein Bruder des Salzburger Erzbischofs Friedrich, der dort wohl die Interessen Salzburgs vertreten sollte. Dabei hatte er auch die in Melk nachgewiesenen Reichsgüter an sich gezogen. Tatsächlich aber dürfte die Errichtung des Kanonikerstiftes auf die Zeit des Markgrafen Adalbert (1018–1055) zurückgehen. Von diesem heißt es in einer Urkunde des Jahres 1113, daß er der erste Gönner dieser Gemeinschaft war. Melk war damals schon ein religiöses Zentrum. 1012 war der irische Pilger Koloman bei Stockerau gefangen und, von der mißtrauischen Bevölkerung als ungarischer Spion verdächtigt, gehenkt worden. Die Wunder, die an seinem Sterbeort geschahen, ließen aber den Irrtum erkennen, und man begann ihn als Märtyrer zu verehren. 1014 wurde sein Leichnam in die Babenbergerresidenz zu Melk überführt und in der Peterskirche beigesetzt. An der Beisetzung hat auch der Bischof von Eichstätt teilgenommen, der später die von Herrieden an den Bischofssitz gefallenen Güter der Klostergemeinschaft übergeben haben dürfte. Koloman wurde Landespatron von Österreich und sein Grab zum Wallfahrtsort. Zugleich war Melk auch die Grablege der Babenberger Adalbert, Ernst und Liutpold II. und deren Angehöriger. Dieses Melker Kanonikerstift war allerdings nicht mit einer Pfarre verbunden, sondern bildete sich vielleicht ohne eigentlichen Gründungsakt aus dem Klerus der Babenbergerresidenz.

Alle diese Kanonien lebten nach der Chrodegangregel und den Statuten der Aachener Synoden von 816 und 819. Im 11. Jahrhundert breitete sich aber die Idee der evangelischen bzw. apostolischen Lebensweise verstärkt aus. Man verstand darunter die persönliche Armut und das gemeinsame Leben. Die Lateransynoden von 1059 und 1063 forderten nachdrücklich das gemeinsame Leben der Kleriker. Zugleich setzte sich die Idee vom Verbot des persönlichen Eigentums durch.

Bischof Altmann griff nun diese Ideen auf und suchte sie mit großer Energie und Hartnäckigkeit auch in seiner Diözese zu verwirklichen. Seine bedeutendste Gründung war

Göttweig. 1072 konnte er dort bereits das Erintrudiskirchlein weihen. Es bleibt unklar, ob Altmann von Anfang an an die Errichtung eines Klosters dachte, oder ob er sich nur einen Stützpunkt im Osten schaffen wollte. Die eigentliche Klostergründung erfolgte erst in den Jahren nach 1080. Am 9. September 1083 weihte er die Hauptkirche, die Marienkirche. Dieses Datum gilt als das Gründungsdatum des Stiftes, es trägt auch die sogenannte Gründungsurkunde. Die Gründungsurkunde wurde zwar erst 1164 erstellt und ist daher formal eine Fälschung, führt aber inhaltlich nur alle bis dahin gediehenen Besitzungen des Klosters an und schreibt sie Altmann zu. Sie ist aber keine Fälschung in dem Sinn, daß damit neue Rechte erfunden werden sollten.

Altmann sorgte auch für die Ausstattung des Klosters. So übergab er ihm die Pfarren Mautern, Kilb, Pyhra und Mühlbach im Weinviertel und zahlreichen anderen Besitz, der dem Hochstift Passau gehörte oder von ihm selber stammte. Diese Großzügigkeit trug ihm den Vorwurf ein, er vergeude das Bistumsvermögen. Altmann aber wollte damit den Einfluß des Bischofs vergrößern, war doch Göttweig ein bischöfliches Eigenkloster.

Das Säkularkanonikerstift zu St. Pölten leistete den Reformen offenbar längere Zeit Widerstand. Vermutlich erst nach der Gründung Göttweigs wurde die Reformbewegung in St. Pölten gewaltsam eingeführt (sicherlich nach 1081, dieses Jahr wird zumeist angegeben). In der um 1139 verfaßten Lebensbeschreibung des heiligen Altmann (Vita Altmanni) werden die St. Pöltner Chorherren als Säufer und Wucherer hingestellt, weswegen sie Altmann entfernte und das Kloster mit reformeifrigen Männern besetzte. Doch ist nachgewiesen, daß diese Vita, so wertvolle Informationen sie auch enthält, sehr tendenziös ist.

Größere Bedeutung als die Chorherren erlangten die Benediktiner. Noch zu Lebzeiten des heiligen Altmann wurden in Melk anstelle der Säkularkanoniker Benediktiner eingeführt. Der Überlieferung zufolge übernahmen am 21. März 1089, dem Fest des heiligen Benedikt, Benediktiner aus Lambach unter der Führung von Abt Sigibold das Kloster, wohin sie der Markgraf gerufen hatte. Melk war ja zu dieser Zeit nicht mehr Residenz der Babenberger – Liutpold II. residierte bereits in Gars –, so daß es dort genügend Raum für einen Benediktinerkonvent gab.

Mittelbar hat Altmann auch darauf Einfluß genommen: Der Bischof von Passau war mit dem Würzburger Bischof, dem heiligen Adalbero (1045–1090), und dem Erzbischof von Salzburg, Gebhard (1066–1088), freundschaftlich verbunden, stand er doch im Investiturstreit gemeinsam mit ihnen auf der Seite des Papstes. Adalbero, der letzte Sproß aus dem Geschlecht der Grafen von Wels-Lambach, führte 1056 zu Lambach die Benediktiner ein, die aus Münsterschwarzbach bei Würzburg kamen. Schon sein Vater hatte auf der Lambacher Burg eine Kanonie gegründet. Altmann war auch bei der Weihe der Lambacher Klosterkirche (1089) anwesend.

Mit dem Kloster Melk setzte allerdings eine neue Tendenz ein, die nicht der Stärkung der bischöflichen Gewalt diente. Bereits 1110 erhielt es die päpstliche Exemtion vom Passauer Bischof. Hingegen blieb die enge Verbindung mit den Babenbergern aufrecht, die es bestifteten und auch die Vogtei ausübten. Wie die Ausstattung des Klosters im einzelnen vor sich gegangen ist, läßt sich nicht mehr ausmachen. Der Schwerpunkt der Besitzungen aber lag im Osten Niederösterreichs. Schon 1062/65 erhielten die Kanoniker Besitz zu Weikendorf im Marchfeld. Entscheidend ist der Stiftsbrief Leopolds III. des Heiligen vom Jahr 1113. Darin werden alle Güter angeführt, die der Markgraf und seine Vorgänger dem Kloster gewidmet haben. Dazu gehören die fünf großen Pfarren Mödling, Traiskirchen,

Ravelsbach, Wullersdorf und Weikendorf samt den Zehenten sowie verschiedene Güter in der Umgebung von Melk. Die Bindung an die Babenberger löste sich, als diese später Klosterneuburg, das Schottenstift in Wien und schließlich Heiligenkreuz als ihre Hausklöster betrachteten.

Bereits drei Jahre nach dem Tode seines Stifters übernahm auch das Göttweiger Kloster die Benediktinerregel (1094). Die Vita Altmanni spricht vom Sittenverfall im Kloster. Tatsächlich aber dürfte die Institution der Chorherren noch zuwenig gefestigt gewesen sein, zudem fehlte die starke Stütze des Gründerbischofs, denn in Passau herrschten wegen des Investiturstreits ungeklärte Zustände. So erbat sich das Kloster mit Zustimmung Roms den Prior Hartmann von St. Blasien als Abt und wurde Benediktinerstift. Von St.Blasien im Schwarzwald übernahm es auch die Reformrichtung von Hiersau, die sogenannte jungcluniazensische Reform, die dann von Göttweig aus eine große Ausstrahlung erreichte. So kam sie 1103 nach St. Lambrecht in der Steiermark, von wo aus 1144 Altenburg besiedelt wurde. Auch Melk wurde von dieser Reform erfaßt.

Direkt von Göttweig wurden Garsten im Traungau (1050/55 Kanonikerstift, 1110 Benediktiner) und Seitenstetten besiedelt. Dort gründeten um 1109 Reginbert von Hagenau und Udalschalk von Stille an der Veitskirche ein Chorherrenstift, das die Pfarre Wolfsbach betreute; im Jahre 1112 wurde es benediktinisch. Die Beziehungen zu Göttweig hängen wohl mit dessen späterem Abt Nanzo (1114–1125) zusammen, der von den Herren von Url abstammte, die ihrerseits mit den Seitenstettner Stiftern verwandt waren. Diese übergaben das Stift der Obhut des Passauer Bischofs. Bischof Ulrich (1092–1121) weihte 1116 das Kloster und schenkte ihm die Pfarre Aschbach mit den Nebenkirchen Allhartsberg, Biberbach und Krenstetten; sie bildete mit der 1142 durch Bischof Reginbert an das Kloster übertragenen Pfarre Wolfsbach (mit Seitenstetten und St. Michael) den Grundstock. Abgerundet wurde der Klosterbesitz durch eine Schenkung des Magdeburger Erzbischofs Wichmann, durch die 1184/85 das Waldgebiet um Ybbsitz an Seitenstetten kam. Wichmann entstammte dem Geschlecht der Seeburg und Gleiß und ist auch 1116 in der abgekommenen Burg Gleiß an der Ybbs geboren. Dieses Geschlecht dürfte auf jenen Sachso zurückgehen, der in einer Urkunde Kaiser Ottos III. von 993 erwähnt wird und vom Kaiser drei Hufen bekam an einem Ort Gluzingisazi, wo der Slawe Gluzo zu roden begonnen hatte.

Als letztes Benediktinerkloster wurde Altenburg gegründet. Die Anfänge des Klosters fallen wahrscheinlich in die Jahre 1138/39. 1144 stellte Bischof Reginbert in Krems die Gründungsurkunde aus. Sie besagt, daß Hildburg aus dem Geschlecht der Grafen von Poigen-Rebgau mit ihrem Sohn Hermann auf ihrem Gut Altenburg ein Kloster gegründet habe und es der Bischof in seinen besonderen Schutz nehme. Von Anbeginn besaß das Stift die Pfarre Horn. Bis 1251 kamen im Poigreich (Horner Becken) alle Pfarren mit Ausnahme von Neukirchen an das Stift. Bereits vor 1200 erhielt es die Pfarre St. Margarethen an der Sierning und Besitzungen zu Hafnerbach von Friedrich von Hohenburg, der der Stifterfamilie angehörte und Hohenegg-Hafnerbach besaß.

In der Welle der Benediktinerklöster gingen die Augustiner-Chorherren jedoch keineswegs unter. So entstand in Oberösterreich eine Reihe von Chorherrenklöstern am Inn (Reichersberg 1084, Ranshofen 1125, Suben 1142). 1112 gründete Bischof Ulrich von Passau ein solches Kloster zu St. Georgen an der Traisen und stattete es mit der Pfarre Herzogenburg und der damals errichteten Pfarre Traisenburg aus. Das Kloster hatte einen schwierigen Start, da es mangelhaft bestiftet und zudem ständig von den Hochwassern der Donau bedroht war. Aus diesem Grund wurde es 1244 nach Herzogenburg verlegt, wo es dann eine glücklichere Entwicklung nehmen konnte.

Allerdings kam es in nächster Nähe zur Gründung eines weiteren Chorherrenstiftes. Denn 1148 übergab Walter von Traisen, ein Verwandter der Lengenbacher, dem Passauer Bischof seine Eigenkirche zum heiligen Andreas mit der Auflage, dort ein Augustiner-Chorherrenstift zu errichten. Bischof Konrad versuchte das Stiftungsgut zur Ausstattung des Klosters St. Georgen zu verwenden, mußte aber auf Einspruch Ottos von Lengenbach-Rehberg zur Klostergründung schreiten und errichtete 1160 das Stift St. Andrä an der Traisen. Allerdings blieb es immer ein bescheidenes Kloster.

Zu den Regularkanonikern zählt auch der Prämonstratenserorden, eine Gründung des heiligen Norbert (gest. 1134). Er ist in der Diözese mit dem Stift Geras vertreten. Ab etwa 1153 gründete Graf Ulrich von Pernegg dieses Kloster als Eigenkloster des Grafenhauses und zugleich ein Kloster für den weiblichen Zweig dieses Ordens zu Pernegg. Um 1160 dürfte die Gründung vollendet gewesen sein. Ab 1180 ist Geras Abtei, 1188 übergab es Graf Ekbert dem Passauer Bischof Diepold. Geras wurde vom böhmischen Kloster Seelau aus besiedelt, Pernegg mit Chorfrauen aus Louniowic, ebenfalls in Böhmen gelegen. Das Kloster Geras wurde mit dem Drittelzehent und den Pfarren Pernegg und Drosendorf sowie mit deren Filialen (Geras, Eibenstein, Kirchberg an der Wild, Blumau und Japons) ausgestattet.

Etwas älter ist das Zisterzienserkloster zu Zwettl, das für die Erschließung des Waldviertels größte Bedeutung erhalten sollte. (Die Zisterzienser, ein Reformzweig der Benediktiner, wurden schon 1098 durch Robert von Molesme gegründet. Bedeutsam wurde die neue Gemeinschaft aber erst durch den Beitritt des heiligen Bernhard von Clairvaux, gest. 1153, der 1112 in das Kloster von Citeaux eintrat.) Markgraf Leopold III. hatte seinen Sohn Otto für den geistlichen Stand bestimmt, bestellte ihn in jungen Jahren zum Propst des Stiftes Klosterneuburg und schickte ihn zum Studium nach Paris. Dort lernte er die Zisterzienserbewegung kennen. Er trat 1133 in das Kloster Morimond ein und wurde vier Jahre später dessen Abt. Von 1138 bis 1158 war er dann Bischof von Freising. Auf Anregung seines Sohnes berief der Markgraf Mönche aus Morimond in das von ihm gegründete Kloster Heiligenkreuz im Wienerwald. Von dort aus wurde 1137 Zwettl besiedelt.

Gründer von Zwettl ist Hadmar von Kuenring. Schon sein Onkel Anshalm plante eine Klostergründung in Krumau und übergab das dortige Gut den Babenbergern mit dieser Auflage. Im Advent 1137 brachen die ersten zwölf Mönche aus Heiligenkreuz auf, als Gründungstag gilt der 31. Dezember. Mit 1. Jänner 1138 wurde das klösterliche Leben aufgenommen. Bereits 1139 bestätigte König Konrad III. die Stiftung Hadmars, und 1140 stellte Papst Innozenz II. für die Neugründung ein bedeutendes Privileg aus: Brachte die Königsurkunde die Vogtfreiheit, so befreite der Papst den Klosterbesitz von der Zehentpflicht für das in Eigenwirtschaft bearbeitete Land. Das war insofern von Bedeutung, als es den Zisterziensern verboten war, zinspflichtige Dörfer zu besitzen. Sie errichteten daher Grangien (Wirtschaftshöfe), die sie mit ihren Konversen (Laienbrüdern) betrieben. Neben großem Besitz um das Stift erhielt das Kloster auch Güter in schon erschlossenen Gebieten am unteren Kamp und im Weinviertel, da es ja eine Wirtschaftsbasis brauchte. Zwettl wurde zum Hauskloster und zur Grablege der Kuenringer.

Als letztes Stift der Babenbergerzeit entstand die Zisterze zu Lilienfeld, die eine längere Gründungsgeschichte hat. Die Planung geht auf das Jahr 1197 zurück. Herzog Leopold VI.

setzte dann 1202 die Gründung durch, die er 1209 bzw. 1213 urkundlich bestätigte. 1210 bestätigte Papst Innozenz III. das Kloster. Um den nötigen Fundus bereitstellen zu können und um das Kloster von Bedrängern freizuhalten, entschädigte der Herzog die Herren von Altenburg und Lilienfeld. 1217 weihte Bischof Ulrich von Passau die ersten vier Altäre der im Bau befindlichen Stiftskirche. 1230 fand zugleich mit der Beisetzung des Stifters Leopold VI. die Kirchweihe statt. Endgültig fertiggestellt war die Kirche allerdings erst 1263. Zur Erstausstattung des Klosters gehörten neben dem Gut um Lilienfeld auch der Markt Wilhelmsburg und Güter jenseits der Donau (Stratzing, Lengenfeld, in Krems der Herzogshof samt Kapelle). 1212 übergab Bischof Manegold von Passau dem Stift die Pfarren Wilhelmsburg (Mutterpfarre für das obere Traisental mit Ausnahme von Hohenberg-St. Aegyd), Meisling an der Krems und Drösing an der March. Der Schwerpunkt lag aber immer im Traisental.

Neben diesen elf Männerklöstern entstand im Bereich der heutigen Diözese zur Babenbergerzeit auch eine Reihe von Frauenklöstern, als Abtei allerdings nur das Benediktinerinnenkloster zu Erla. Eine Gründung Ottos von Machland 1130, erhielt es als Dotation die Pfarren St. Valentin und Winklarn sowie Hörsching und Oftering in Oberösterreich. Die anderen Frauenklöster waren Doppelklöster, also mit einem Männnerkloster verbunden. Schon um 1100 ist in Kleinwien bei Göttweig ein Frauenkonvent bezeugt. Hier soll Frau Ava, die erste Dichterin in deutscher Sprache, als Inkluse gelebt haben. Nachweislich eingetreten ist die Tochter Liutpolds II., Gerbirga, die mit Herzog Boriwoi von Böhmen verheiratet war und dem Kloster Besitz bei Purk gewidmet hatte. Schon nach wenigen Jahren wurde der Konvent auf den Stiftsberg von Göttweig verlegt. Auch in Melk befand sich von etwa 1100 bis 1328 ein Frauenkonvent. Vom Prämonstratenserinnenkloster zu Pernegg war schon die Rede. Bei den Augustiner-Chorherren zu St. Georgen-Herzogenburg und zu St. Pölten befanden sich ebenfalls Frauenkonvente, die für die Jahre 1201 bis 1432 bzw. 1268 bis 1366 belegt sind.

Praktisch bei allen Klöstern hatte zunächst die Stifterfamilie die Vogtei inne, doch alsbald gelang es den Babenbergern, die Obervogtei über alle Klöster er zu erlangen. Hingegen ging die Rechnung der Passauer Bischöfe nicht ganz auf, durch die Klostergründungen ihre Position zu stärken. Denn zunehmend gewannen die Klöster an Eigenständigkeit und entzogen sich mit ihren Pfarren dem bischöflichen Einfluß. Melk wurde überhaupt exemt. Am stärksten war die Bindung an den Bischof noch bei den Augustiner-Chorherren.

Der Ausbau des Landes

Für die Zeit der Babenberger ist nicht die Außenpolitik der einzelnen Markgrafen und Herzöge von bleibender Bedeutung, sondern der Ausbau des Landes im Inneren. An diesem Ausbau waren kirchliche Institutionen zum Teil unmittelbar beteiligt. Südlich der Donau förderte das Stift Seitenstetten die Besiedlung im Ybbsitzer Raum, den es um 1185 von Erzbischof Wichmann von Magdeburg erhalten hat. Doch war das Kloster auch von Waidhofen ybbsaufwärts tätig (Hollenstein, Göstling), ehe es das Ybbstal 1267 an den mächtigeren Freisinger Bischof verlor. Im Erlauftal wirkte das Hochstift Regensburg mit seinem Eigenkloster Mondsee. Die Regensburger Bischöfe errichteten einige Burgen, die sie zu Lehen gaben. Über Steinakirchen und Gresten reichte ihre Siedlungstätigkeit bis Lunz. Im Traisental sorgte Lilienfeld für den Ausbau des Landes, und zwar im Bereich von Türnitz und Annaberg. Das Stift Göttweig wirkte von seiner Pfarre Pyhra aus in Richtung Gebirge. Bereits 1124 wurde Michelbach Pfarre. Die Kirchen St. Veit und Hainfeld erwarb es von den steirischen Ottokaren, und es errichtete noch im 12. Jahrhundert eine Zelle im Hallbachtal (Kleinzell).

Auch nördlich der Donau rodete Stift Göttweig. Nach 1109 erhielt es das Gebiet an der Kleinen Krems und errichtete die Kirche zu Kottes, das 1124 zur Pfarre erhoben wurde. Ansonsten erschlossen zum überwiegenden Teil weltliche Herren das Waldviertel. Doch wurden vereinzelt auch Klöster herangezogen. So bekam Kremsmünster 1135 Martinsberg, das dort auch eine Kirche baute. Eine Schenkung zu Pöggstall mit dem Ziel einer Klostergründung gelangte nicht zur Verwirklichung. Das Kloster Garsten erhielt von den Grafen zu Raabs ein Waldgebiet an der Thaya (1150/60) und gründete die Orte Gastern, Münchreith an der Thaya und Pfaffenschlag, wobei schon die Namen für eine geistliche Gründung sprechen. Münichreith am Ostrong geht auf die Siedlungstätigkeit St. Nikolas bei Passau zurück, das dort 1144 eine Pfarre errichtet hatte. Erst im 13. Jahrhundert erlangten die Malteserritter Besitz zu Spital bei Weitra und Walkenstein. Die Stifte Zwettl, Altenburg und Geras übten ebenfalls eine stärkere Siedlungstätigkeit in ihrem Besitzraum aus. Um 1172 erlangte das oberösterreichische Benediktinerkloster Lambach Besitz im Wald von Wurmbrand, aus dem später die Pfarre Oberkirchen hervorging.

Zugleich mit der Kolonisation erfolgte eine Verdichtung der Bevölkerung in den älteren Siedlungsgebieten. Eine neue Entwicklung leitete dabei der Ausbau der Städte und Märkte ein, der verstärkt ab etwa 1160 einsetzte und rund ein Jahrhundert andauerte. Vor allem Stein, Krems und Tulln entwickelten sich rasch, während Mautern zurückfiel. In der Spätzeit der Babenberger kam es auch zur planmäßigen Anlage von Städten und Märkten im Waldviertel, wie etwa in Horn und Eggenburg, wo die neue Siedlung abseits der älteren Kirchensiedlung entstand. Ähnlich war es in Zwettl und Weitra.

Dieser Bevölkerungsaufschwung führte zu einer neuen Form der Seelsorge, derer sich die Dominikaner und Minoriten annahmen. Der Dominikaner- oder Predigerorden wurde von Dominikus von Osma (gest. 1224) zum Zweck der Ketzerbekämpfung gegründet und widmete sich vor allem der Predigt und dem dazu notwendigen Theologiestudium. Bereits 1217 errichteten sie eine Niederlassung in Friesach/Kärnten und 1226 auch in Wien. Für das Jahr 1236 sind sie in Krems nachweisbar. Auf den heiligen Franziskus von Assisi geht der Minoritenorden zurück. Nach der Ordenschronik ließen sie sich 1224 in Stein und 1225 in Tulln nieder, doch dürften beide Niederlassungen etwa ein Jahrzehnt jünger sein. Beide Orden standen im Gegensatz zum Säkularklerus und zu den alten Orden. Die Dominikaner und die Minoriten genossen nämlich zahlreiche päpstliche Privilegien. So durften sie überall predigen und die Beichte hören, und ihren Kirchen wurde auch das Begräbnisrecht gewährt. Das verstimmte die Weltpriester, die sich in ihren Rechten angegriffen fühlten. Freilich unterschieden sich Dominikaner und Minoriten wesentlich von den Klöstern der alten Orden. Diese lebten von ihrer wirtschaftlichen Dotation, also von den Abgaben und Zehenten der Bauern. Zudem waren sie von der dünnen Oberschicht des Adels getragen, der auch jeweils die Leitung im Kloster innehatte. Vermutlich waren die Stifte für das Volk anfangs überhaupt unzugänglich. Die neuen Orden aber hatten keinen Besitz, sondern lebten von den Spenden und im Notfall vom Bettel, weswegen sie auch Bettelorden (Mendikanten) heißen. Sie erlangten bald große Volkstümlichkeit, wodurch sie sich vom höheren Klerus abhoben, dessen Positionen vielfach von den Familien der Vornehmen des Landes eingenommen wurden. Zudem widmeten sie sich der Bekämpfung der Ketzer.

Die wirtschaftliche Blüte zur Zeit der letzten Babenberger hielt in Niederösterreich auch während der Herrschaft König Ottokars (1251–1276 bzw. 1278) an. In den Märkten und Städten bildete sich aus Handwerkern und Händlern ein Bürgerstand mit einem neuen Selbstbewußtsein. Aber auch der Bauernstand erlebte eine Blütezeit, die zum Neid der Ritter und des Adels führte. Ottokar stand auch der Kirche freundlich gegenüber und förderte das Klosterwesen. Für Österreich war das Interregnum im Reich keineswegs die „kaiserlose, die schreckliche Zeit", eher der Ausklang einer glücklichen Periode.

Die Entwicklung der Kirche

Die Diözese Passau wuchs mit der Ausbreitung der Mark nach Osten und Norden. Sie umfaßte um 1200 das Gebiet von der unteren Isar bis zur March und Leitha, also den Osten Bayerns, praktisch ganz Oberösterreich (mit Ausnahme kleiner Gebiete im Raum Mondsee, die Salzburg unterstanden) und den größten Teil Niederösterreichs. Nur der Südosten, der sogenannte Neustädter Distrikt, gehörte bis 1783 zur Erzdiözese Salzburg. Im Bereich zwischen Reibers und Reingers im nördlichen Waldviertel reichte Passau mit drei Pfarren (Landstein, Altenstadt und Bistritz) auch in das heutige Böhmen hinein. Auch zählten die drei Pfarren im Gmünder Raum, die 1919 an die Tschechoslowakei abgetreten werden mußten, zur Diözese Passau.

Passau war die größte Diözese des Reiches. Dieses Riesengebiet verlangte eine Gliederung. So entstanden im 12. Jahrhundert westlich der Enns Archidiakonate. Zum Archidiakonat Lorch gehörte auch der Bereich des heutigen Bezirkes Amstetten. Für das Gebiet östlich der Enns werden zuerst vereinzelt (um 1090 Propst Egilbert von St. Pölten), später dann mehrere Archipresbyter (Erzpriester) gleichzeitig genannt. 1120 werden der Pfarrer von Weiten und der Pfarrer von Tulln als Archidiakone bezeichnet. Doch gab es in Niederösterreich keine Archidiakonatseinteilung, zumindest nicht auf Dauer. Nur einmal scheint das Gebiet südlich der Donau als eigener Sprengel auf. Jüngst wurde die Vermutung geäußert (H. Dienst), daß von seiten der Babenberger Archidiakonate für Melk und Klosterneuburg – also ihren Eigenklöstern – geplant waren, während der Passauer Bischof St. Pölten und Göttweig diese Funktion zudachte. Aufgabe der Archidiakone und Archipresbyter und auch der Dechanten war die Vertretung des Bischofs in der Überwachung des Klerus und des Volkes. Letzteres geschah durch die Sendgerichte (concilium oder placitum christianitatis), in denen öffentliche Vergehen gegen Glaube und Sitte abgeurteilt wurden. Die geheimen Sünden blieben der Ohrenbeichte vorbehalten. Schon im 13. Jahrhundert verlor sich die Institution der Archidiakone, die in Niederösterreich offensichtlich nie eine große Bedeutung erlangt hat.

Ihre Aufgaben übernahmen die Dechanten, die ebenfalls seit dem 12. Jahrhundert bekannt sind. Im 13. Jahrhundert werden auch deren Sprengel faßbar. Demnach umfaßte die heutige Diözese südlich der Donau vor allem das Dekanat St. Pölten, das auch nach Tulln und Mautern benannt ist, also nach dem jeweiligen Sitz des Dechanten. Nur der Westen des heutigen Diözesangebietes gehörte weiterhin zum Dekanat Lorch. Nördlich der Donau unterstand der größere Teil dem Dekanat Krems (auch Stein und Zwettl benannt) und der Nordosten dem Dekanat Kirchberg am Wagram. Diese Ordnung hielt sich bis ins 16. Jahrhundert.

Die Bischöfe

Obwohl der Passauer Bischofssitz schon vor 739 errichtet worden war, hatten die Bischöfe erst nach der Eroberung des Ostens durch Karl den Großen in Niederösterreich Einfluß gewonnen. Dominierend wurden die Passauer Bischöfe jedoch erst mit Pilgrim (971–991), der die Rechte seines Bistums mit Nachdruck wahrnahm. Er war allerdings auch der erste, der in politische Streitigkeiten einbezogen war, die noch oft die kirchliche Entwicklung der Diözese stören sollten. Zu seiner Zeit war es der Aufstand Heinrichs des Zänkers, der Passau zerstörte. Je mehr die Passauer Bischöfe in ihre Stellung als Reichsfürsten hineinwuchsen, um so stärker wirkte sich die Ambivalenz ihrer Position als Träger geistlicher und weltlicher Macht aus.

Von Bischof Christian (991–1013) ist kaum eine Beziehung zur Mark bekannt. Dagegen wurden die Bischöfe Berengar (1013–1045) und Egilbert (1045–1065) durch die erste Pfarrorganisation und die Errichtung der ersten Kanonikerstifte bedeutsam.

Unter Bischof Altmann (1065–1091) griff die kirchliche Reform, die zu den großen Schwierigkeiten im Investiturstreit führte, auch auf das Passauer Bistum über. Ihm und seinem Nachfolger Ulrich (1092–1121) wurden von Kaiser Heinrich IV. Gegenbischöfe vorgesetzt. Bischof Ulrich war ein besonderer Förderer der Klöster und führte die Reformen Altmanns weiter, wenn auch mit etwas mehr Klugheit. 1101 beteiligte er sich mit Erzbischof Thiemo von Salzburg, Herzog Welf von Bayern und der Mutter des Markgrafen Leopolds III., Ita, an einer Wallfahrt ins Heilige Land, bei der Thiemo und Ita ums Leben kamen. Unter ihm wurde St. Nikola in Passau wiederhergestellt, auf ihn geht die Gründung von St. Georgen (später Herzogenburg) und Seitenstetten zurück. 1113 weihte er das Kloster und die Kirche Göttweig neu.

Sein Nachfolger Reginmar (1121–1138) glich mehr einem weltlichen Fürsten. Er genoß bei den Benediktinern keinen guten Ruf, da er die Augustiner-Chorherren bevorzugte, stand aber durch seine kluge Politik in einem guten Einvernehmen mit Markgraf Leopold III. und erreichte im Greifensteiner Vertrag von 1135, daß der Markgraf auch in seinen Eigenpfarren dem Bischof den ihm zustehenden Zehent abtrat. In unserer Diözese betraf dies die Pfarren Gars-Eggenburg, Altpölla, Meisling und Weitersfeld.

Bischof Reginbert (1138–1147) entstammte dem österreichischen Geschlecht der Hagenauer. Er nahm am Kreuzzug Konrads III. 1147/48 teil. Bei der Rückkehr verstarb der Bischof.

Die Babenberger verband natürlich ein politisches Interesse mit Passau, zumal sie seit 1139 auch Herzöge von Bayern waren. Es gelang ihnen, Konrad, den Sohn Leopolds III. des Heiligen, 1149 auf den Passauer Bischofsstuhl zu bringen. Obwohl als Bischof tüchtig, hatte er immer mit Schwierigkeiten zu kämpfen. So mit seinem Bruder Heinrich II. Jasomirgott, nachdem dieser für den Verlust des Herzogtums Bayern 1156 mit der Erhebung Österreichs zum Herzogtum entschädigt worden war. Der Herzog beanspruchte nämlich bischöfliche Güter in Österreich. In diesem Zusammenhang gewährte 1159 der Bischof den Bürgern seiner Stadt St. Pölten verschiedene Rechte, darunter das Stadtrecht, das als das älteste Österreichs angesehen wird. Nur mit Mühe konnte er sich gegen den Herzog behaupten.

Ein weiterer Konflikt entstand nach der Papstwahl des Jahres 1159, das der Kirche ein Schisma bescherte. Kaiser Friedrich Barbarossa unterstützte Viktor IV., da er mit dem von der Mehrheit gewählten Alexander III. schon früher einmal Probleme hatte. Als Bischof von Passau verhielt sich Konrad eher neutral. Als er aber 1164 Erzbischof von Salzburg wurde, wandte er sich eindeutig Alexander zu, worauf der Kaiser über ihn die Reichsacht verhängte und das Bistum mit Krieg überzog. Konrad starb 1168 in Admont, wohin er sich geflüchtet hatte. Seine drei Nachfolger in Passau – Rupert (1164/65), Albo (1165–1169) und Heinrich von Berg (1169–1172) – verdankten ihre Stellung dem Kaiser, blieben aber bedeutungslos.

Erst mit Diepold von Berg (1172–1190) kam wieder eine bedeutende Persönlichkeit auf den Passauer Bischofsstuhl. 1189 machte er sich mit Kaiser Friedrich Barbarossa auf den Kreuzzug. Es zogen auch sechs Passauer Kanoniker und Propst Ulrich von Ardagger mit. Von diesen geistlichen Würdenträgern kehrte nur der Domdechant Tegino zurück; er hinterließ eine Beschreibung dieses Kreuzzuges.

Ein Bischof besonderen Formats war Wolfger (1191–1204), der aus dem Geschlecht der Herren von Erla stammte. Er hielt sich oft in Österreich auf und sicherte und vermehrte den bischöflichen Besitz. Bekannt ist seine Gabe für Walther von der Vogelweide, dem er zu Zeiselmauer fünf Solidi zur Anschaffung eines Pelzmantels schenkte. 1197/98 beteiligte er sich mit Herzog Friedrich I. von Österreich am Kreuzzug Kaiser Heinrichs VI., von dem er den Herzog nur mehr tot zurückbringen konnte. 1204 kam Wolfger als Patriarch nach Aquileja, wo er 1218 starb.

Auf Bischof Poppo (1204–1206) folgte Manegold (1206–1215), nach Heinrich und Diepold der dritte Bruder aus der Familie der Grafen von Berg. Er verhinderte die Erhebung Wiens zum Bischofssitz.

Mit Bischof Ulrich (1215–1221) gelangten die Babenbergerherzöge neuerlich zu stärkerem Einfluß. Er war zuvor Protonotar Leopolds VI. und Pfarrer von Falkenstein. Er bemühte sich, die Bestimmungen des vierten Laterankonzils (1215) auch in seiner Diözese zu verwirklichen. Die Passauer Synode von 1220 brachte allerdings nur eine Wiederholung der Provinzialsynode des Vorjahres zu Salzburg. Ulrich schloß sich einem Kreuzzug Herzog Ludwigs von Bayern nach Ägypten an und starb dort 1221.

Weniger glücklich war der Pontifikat Bischof Gebhards (1222–1232), der nach schweren Zerwürfnissen mit dem Großteil des Diözesanklerus resignieren mußte. Sein Nachfolger Rudiger (1233–1250) stand im Streit Kaiser Friedrichs II. gegen die Päpste eindeutig auf der Seite des Staufers, wie die Mehrzahl der bayrischen Bischöfe. Die Partei des Papstes vertrat der Passauer Domdechant Albert von Behaim, der auch päpstlicher Legat war. Alberts Tätigkeit war wohl papsttreu, aber gehässig. Mit dem Tod des Kaisers erfüllte sich auch das Schicksal des Bischofs, und er mußte 1250 zurücktreten.

Passau geriet nach dem Aussterben der Babenberger und der Vakanz im Reich unter den Einfluß des böhmischen Königshauses. Bischof Berthold (1250–1254) veräußerte einen Teil des bischöflichen Besitzes in Österreich an Ottokar.

Dagegen erwählte sich das Passauer Domkapitel in seinem Nachfolger Otto von Lonsdorf (1254–1265) einen ausgesprochen tüchtigen Bischof, der sich weitgehend aus den politischen Streitigkeiten dieser unruhigen Zeit heraushalten konnte. Er sammelte den Urkundenbestand des Hochstiftes und ließ auch ein Verzeichnis der bischöflichen Pfründen anlegen. Diese Form der Besitzsicherung war wegen der instabilen politischen Zustände notwendig. Ähnlich den Salzburger Erzbischöfen mußte auch er eine Reihe von Gütern und Rechten König Ottokar zu Lehen geben. Zugleich aber mühte er sich um Klerus und Klöster und die Bekämpfung der auftretenden Häresien. Schon 1255 visitierte er von St. Pölten aus den österreichischen Anteil seiner Diözese und weihte bei dieser Gelegenheit im Herbst 1255 in Krems nicht weniger als 62 Priester, 73 Diakone, 53 Subdiakone und 100 Akolythen. Sicherlich lag da ein Nachholbedarf vor.

1265 setzte König Ottokar seinen Vertrauten Petrus, bisher Domherr zu Breslau, auf den Passauer Bischofsstuhl.

Die bedeutende Stellung der Bischöfe bewirkte, daß sie in den Investiturstreit (1073–1122) und dann mindestens ebenso stark in die Auseinandersetzung des Kaisers Friedrich Barbarossa mit den Päpsten hineingezogen wurden. Darunter hatte vor allem der Babenberger Konrad als Erzbischof von Salzburg zu leiden. Kaiser Friedrich II. bestätigte ab 1213 die besonderen Rechte der Bischöfe, die dann rasch zur Ausbildung geistlicher Fürstentümer führten. Damit wurden die Bischofssitze erst recht zum Zankapfel der angrenzenden Fürstentümer. In bezug auf Passau und auch Salzburg waren die Wittelsbacher in Bayern, die Babenberger und die böhmischen Herrscher an ihnen genehmen Bischöfen interessiert. Dadurch, aber auch durch die Übergröße der Diözese, kam es zu einer Entfremdung zwischen Volk und Bischof. Die Mönchsklöster des 12. Jahrhunderts hatten ihren Schwung verloren und waren Großgrundbesitzer geworden. Ebenso traten die Inhaber der Großpfarren häufig nur als Sammler des Zehents auf. Sie gehörten ebenfalls zur privilegierten Schicht des Klerus, der eine Schicht von relativ armen Seelsorgepriestern gegenüberstand. Ein Gradmesser der Glaubwürdigkeit der Kirche war aber immer und ist auch in der Gegenwart ihre Einstellung zum Reichtum. So war die Reformbewegung Bischof Altmanns aus dem Armutsideal des 11. Jahrhunderts entstanden. Die Zisterzienser versuchten in ähnlichem Sinne eine Reform des Mönchtums. Doch ließen sich diese Reformbemühungen niemals auf längere Zeit stabilisieren. Eine Zeitlang wandten sich die religiösen Energien den Kreuzzügen zu, die auch in Österreich großes Echo fanden, wenn auch nicht in dem Ausmaß wie in Frankreich.

Die Pfarren

Die erste Welle der Pfarrerrichtungen des 11. Jahrhunderts hatte Großpfarren geschaffen, die sich fast durchwegs im Besitz des Bischofs von Passau befanden. Innerhalb dieser Pfarren gab es aber eine Reihe weiterer Kirchen, die mit Priestern besetzt waren, jedoch dem Pfarrer unterstanden.

Mit der Pfarrkirche war vor allem das Tauf- und Begräbnisrecht verbunden; dem Pfarrer stand auch ein Drittel des Zehents zu. Die Pfarrgrenzen deckten sich anfangs nicht mit den Herrschaftsgrenzen, sondern wurden nach Flußläufen und Wasserscheiden bestimmt. Das bedingte die gewaltige Ausdehnung dieser Pfarren, die heutigen Dekanaten entsprechen würden.

Irgendwie scheint sich das System der Großpfarren nicht bewährt zu haben. Auch strebten die den Pfarrkirchen untergeordneten Kirchen nach Selbständigkeit. Es ist dies besonders bei Kirchen anzumerken, die einen anderen kirchlichen Eigenherrn hatten, wie Spitz und Traismauer. So kam es schon im 12. Jahrhundert zur Auflösung der meisten Großpfarren, doch zog sich der Prozeß bis etwa 1500 hin.

Häufig ging die Initiative zur Pfarrerrichtung vom Grundherrn aus; ihm gab der Bischof die entsprechenden Rechte. Allerdings wurden solche Pfarren nicht sofort Vollpfarren. Sie besaßen sehr abgestufte Rechte und blieben in verschiedenen Dingen von der Mutterpfarre abhängig. Nur diese allein war unabhängig.

1
Mithrasstein,
2./3. Jh.,
aus St. Andrä.
Heimatmuseum
Tulln

2
Römischer Ziegel aus
St. Pölten mit Inschrift
„Viva(s) nob(is) – du
mögest mit uns fortleben –,
die im christlichen Sinne
gedeutet wird

3
Modell des Römerlagers Lauriacum. Im Bild links die Laurentius-Basilika

4
Der hl. Florian. Holzschnitt von Albrecht Dürer, um 1515

5
Barocker Florianibrunnen in Traismauer

6
Ring mit Christogramm
aus Comagenis (Tulln)

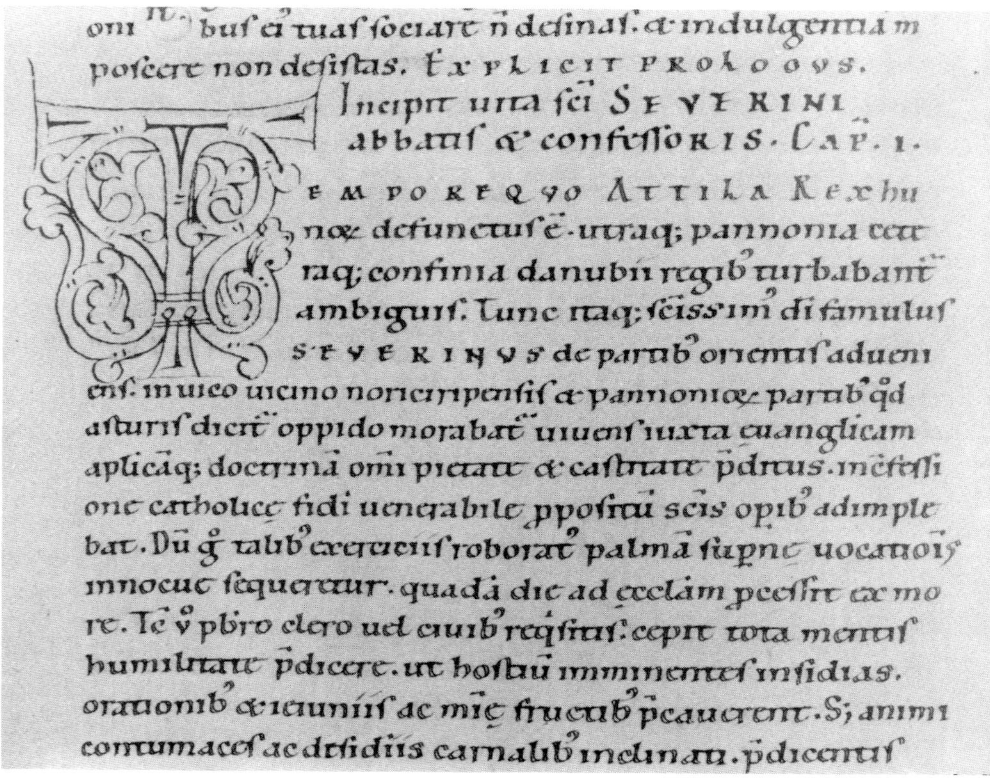
omn... bus ei tuas sociare n desinas. et indulgentiam m
poscere non desistas. EXPLICIT PROLOGUS.
Incipit uita sci SEVERINI
abbatis et confessoris. CAP. I.
TEMPORE QUO ATTILA REX hu
norum defunctus e. utraq; pannonia cet
raq; confinia danubii regib turbabant
ambiguis. Tunc itaq; scissimus di famulus
SEVERINUS de partib orientis aduen
ens. in uico uicino noricipensis et pannoniae partib qd
asturis dicit oppido morabat uiuens iuxta euanglicam
aplicaq; doctrina omi pietate et castitate pditus. inconfessi
one catholice fidi uenerabile pposita scis opib adimple
bat. Du qq talib exercitiis roborat palma supne uocatois
innocue sequeretur. quada die ad ecclam pcessit ex mo
re. Te v pbro clero uel ciuib requisitus. cepit tota mentis
humilitate pdicere. ut hostiu imminentes insidias.
orationib et ieiuniis ac mie fructib peauerent. S; animi
contumaces ac desidiis carnalib inclinati. pdicentis

7
Anfangszeilen der Vita S. Severini aus einer Handschrift der Österreichischen Nationalbibliothek

9
Modell des östlichen Lagertores
von Comagenis (Tulln)

8
Hl. Severin, Holz, 1936,
in der Severinskirche
Linz-Katzenau

10
Modell des Severinsklosters in
Favianis (Mautern). Der Raum im
Vordergrund diente als Kirche;
links ist ein Teil der gemauerten
Priesterbank zu erkennen.

11
Bischof Valentin missioniert Passau. Ölgemälde, um 1680

12
Die Heiligen Stephanus, Valentin und Maximilian, Patrone der Diözese Passau. Titelblatt eines Missales aus Arnstorf in Bayern, 1505

13
Adalbert und Autkar (Otker) als Gründer des Klosters St. Pölten. Ölgemälde, um 1700

HÆC EFERRES VERAM SEV CONGENITAM REPRÆSENTAT SERENISSIMORVM FVNDATORVM PROCERITATEM, OB QVAM
OSSIGERI DICTI FVERVNT, RECTIVS DVO FVLMINA BELLI, QVIBVS OLIM ROMA Â GENTILIBVS VASTATA PRISTINÆ
LIBERTATI AC DECORI RESTITVTA FVIT CŒSO PROPRIÂMET HORVM PRINCIPVM MANV, HOSTE BARBARO.
Länge 8 Schuh 9 Zohl

14
Kirche zum hl. Ulrich in Wieselburg. Blick in den ottonischen Zentralbau (um 990)

15
„Ulrichsbecher" aus dem Stift Melk. Angeblicher Trinkbecher des hl. Ulrich, Bischof von Augsburg (Silberfassung aus dem 14. Jh.)

16
Darstellung des spätgotischen Kolomanigrabes in der 1704 abgebrochenen Melker Stiftskirche. Stich aus Marquard-Herrgott

17
Bischof Ulrich (Udalrich) von Passau als Gründer des Klosters St. Georgen-Herzogenburg. Im Hintergrund Ansicht der Stadt Passau. Votivtafel, 1497, Stift Herzogenburg

18
Miniatur mit Bischof
Altmann von Passau,
dem Gründer von Göttweig,
aus einer Handschrift
dieses Stiftes

19
Älteste Ansicht der
St. Pöltner Stiftskirche
(heute Dom) aus einem
Missale, 15. Jh.

Bischof Altmann
wandelte um 1081
das Kloster in ein
Augustiner-
Chorherrenstift um.

20
Kreuzgang des Zisterzienserstiftes Lilienfeld, eine Gründung Herzog Leopolds VI. (1198–1230)

22
Das Zisterzienserstift Zwettl, gegründet 1137. Der Kapitelsaal (im Bild links vorne) stammt aus dem 12. Jh.

21
Pfarrkirche und Karner in Tulln. Stahlstich, 1. Hälfte 19. Jh.

Tulln wurde 1014 Pfarre, der Karner um 1245 errichtet.

23
Stein, ehemalige Minoritenkirche,
13. Jh., Ort der Ausstellung
„200 Jahre Diözese St. Pölten“ (1985)

24
Krenstetten, Pfarrkirche. Ein Beispiel der
Spätgotik im Westen Niederösterreichs
unter dem Einfluß der Steyrer Bauhütte

25
Kleinhain, Doppelmadonna,
Holz, um 1480/90. Gnadenbild
der einstigen Wallfahrt

26
Wappenbrief des Königs Matthias
Corvinus für die einst bischöflich-
passauische Stadt St. Pölten, 1486.
Wappen mit dem Passauer Löwen
und Pedum

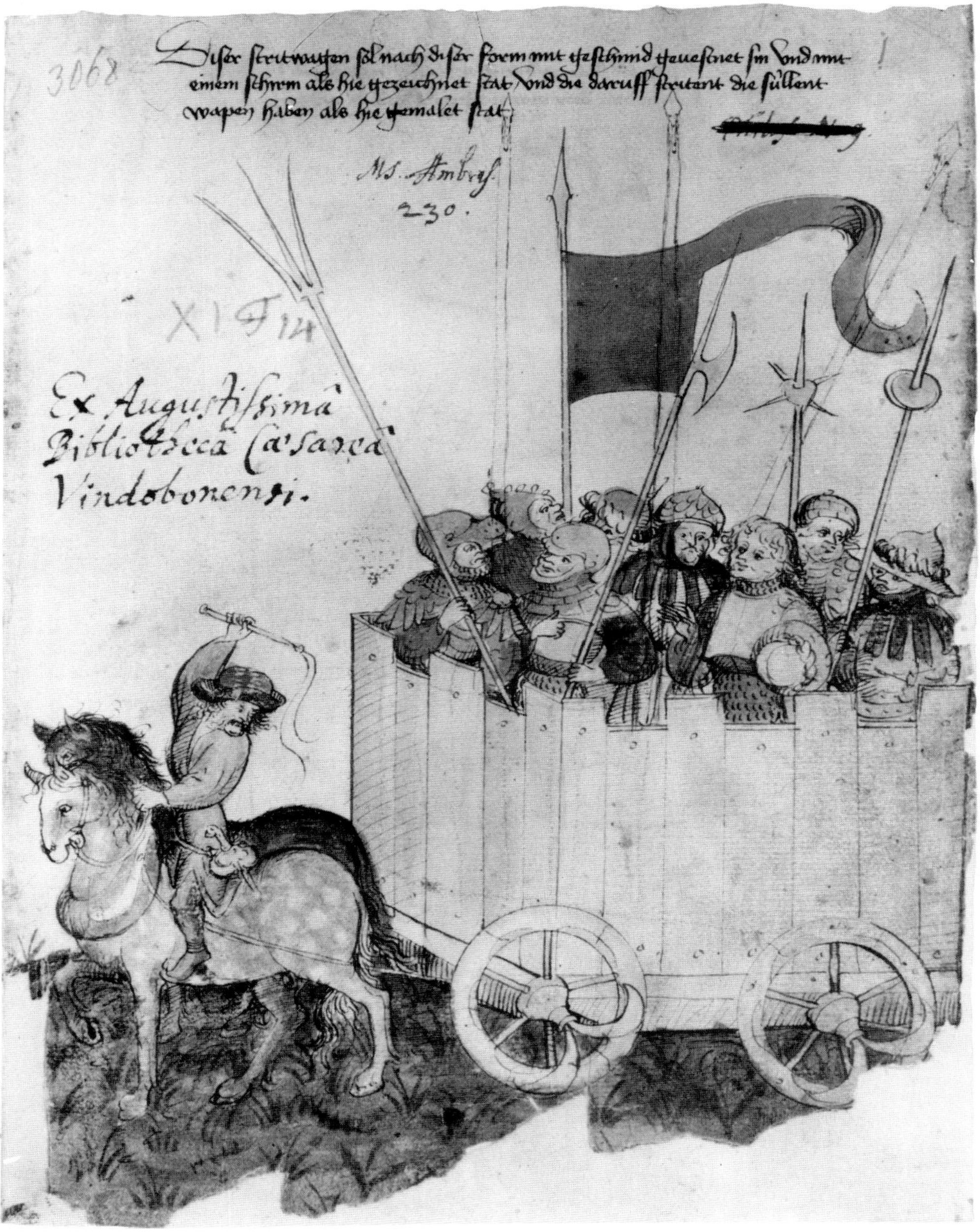

27
Hussitenstreitwagen
Zu Wagenburgen zusammengestellt, waren sie für die Ritterheere kaum zu überwinden.

Eine weltliche Gründung ist zum Beispiel die Pfarre Gerolding, die dann an die Kartause Aggsbach kam. Sie geht auf einen Tausch des Marquard von Schönbühel im Jahre 1165 zurück.

Nach 1100 errichteten die Herren von Peilstein, ein bedeutendes Grafengeschlecht aus Salzburg, in der Nähe ihrer längst abgekommenen Burg Peilstein die Pfarre St. Leonhard am Forst. Noch vor 1200 aber wurde der Pfarrsprengel geteilt, und zwar so, daß mit Ausnahme von St. Leonhard und Ruprechtshofen alle Ortschaften je zur Hälfte diesen Pfarren zugewiesen wurden. Übrigens gelangten beide Pfarren im 14. Jahrhundert an Kartausen: St. Leonhard 1316 an Mauerbach, Ruprechtshofen 1332 an Gaming.

Auf herrschaftlicher Initiative beruht auch die Gründung der Pfarre Kirchstetten zur Zeit des Bischofs Reginmar 1130. Sie ist vermutlich überhaupt die erste Pfarre, in der die Eigenleute des Kirchenherrn der Herrschaft untergeordnet waren.

In Inzersdorf ob der Traisen entstanden, entsprechend den Grundherrschaften, um 1140 zwei Pfarren, von denen die eine dem dort begüterten Kloster Kleinmariazell gehörte; die andere stand unter dem Patronat der Herren von Inzersdorf.

Eine typische herrschaftliche Gründung ist auch Reinprechtspölla. Eine Frau Irmingard errichtete dort eine Kapelle und schenkte sie mit ihrer Bestiftung dem Stift Klosterneuburg. Der Pfarrer von Gars wollte die Exemtion nicht anerkennen, so daß erst 1213, nach einem Vergleich, Reinprechtspölla volle Pfarrechte erhielt.

Bald nach ihrer Errichtung um 1055 teilte man auch die Pfarre Horn. Der größere Teil des Horner Beckens kam um 1060 zu Neukirchen. Auf Besitzteilung lassen sich die Pfarren Röhrenbach und Strögen zurückführen.

Im Waldviertel entstanden zahlreiche Rodungspfarren, die sich nicht aus einer älteren Pfarre ableiten lassen, so Martinsberg durch Kremsmünster (1140), Münichreith am Ostrong durch St. Nikola bei Passau (1144), Kottes durch Göttweig (1121/22). Aus der planmäßigen Besiedlung durch die Kuenringer erwuchsen im 12. Jahrhundert die Großpfarren Zwettl, Allentsteig, Schweiggers und Weitra. Etwas später gründeten zumeist Grundherren die Pfarren im Westen des Waldviertels: Großgerungs, Kirchbach, Arbesbach, Rappottenstein und Friedersbach. Dagegen wurde die Grafschaft Raabs Ausgangspunkt für die Pfarren des Nordwestens, wobei aber auch die Kolonisationstätigkeit des Klosters Garsten im Raum von Gastern wirksam wurde. Ähnlich vollzog sich im Süden des Landes die Erschließung der Voralpen, deren Pfarren meist unmittelbar, also ohne daß eine Ausgliederung aus einer älteren Pfarre nachweisbar ist, gegründet wurden: Gaming, Kirchberg a. d. Pielach, St. Aegyd und das jüngere Hohenberg, St. Veit und Hainfeld.

Der Klerus

Wie die Gesellschaft war auch der Klerus stark differenziert, wenngleich es innerhalb der Kirche immer schon eine gewisse Durchlässigkeit zwischen den Ständen gegeben hat. Die angeseheneren und besser dotierten Posten standen nur dem Adel und seinen Ministerialen offen. Auch die Klöster waren eher diesem Personenkreis reserviert. Seine Ausbildung erhielt der höhere Klerus zumeist an der Domschule zu Passau. Der niedere Klerus aber wurde in den größeren Pfarrhöfen „angelernt", wo er sich gewisse Grundkenntnisse in Latein, in der Auslegung der Sonntagslesungen und die Praxis der Sakramentenspendung erwarb. Waren die Kleriker hinreichend ausgebildet, brachte der Pfarrer seine Schützlinge zum Bischof, der sie prüfen ließ und dann die Weihe erteilte. Natürlich reichte eine solche Ausbildung nur für eine bescheidene Seelsorge: für kleine Landpfarren und Messeleserstellen. Ab etwa 1200 konnten auch Kandidaten aus den unteren Volksschichten an den Domschulen studieren, erlangten aber niemals höhere Positionen. Schon im 12. Jahrhundert entwickelten sich jedoch richtige Pfarrschulen, die für Wien, Krems und Raabs belegt sind, aber sicherlich häufiger waren. Es ist klar, daß von den schlecht ausgebildeten Seelsorgern auch keine besonderen Impulse ausgehen konnten.

Die Klöster

Wenn auch die Klöster weitgehend dem Adel vorbehalten waren, so darf man sie nicht als Versorgungsanstalten für spätgeborene und daher unversorgte Söhne dieses Standes betrachten. Dazu war das Leben besonders bei den Zisterziensern viel zu streng und hart. Und dennoch erreichte Lilienfeld innerhalb kurzer Zeit einen Stand von über hundert Mönchen.

Die Klöster wurden von den adeligen Familien aus verschiedenen Motiven gegründet. Es ging um die Erschließung neuer Gebiete, um die Sühne verschiedener Übeltaten, um eine vornehme Grablege für das Geschlecht, die zugleich auch immer mit den Gebeten der Mönche verbunden war (also um ein religiöses Motiv); sie stellten aber auch eine Kapitalanlage dar, auf die man als Stifter in Notzeiten zurückgreifen konnte.

Die Klöster selbst verstanden sich als Stätten, in denen das Lob Gottes gepflegt wurde, und weniger als kolonisatorische oder kulturelle Einrichtung. Doch leisteten sie neben ihrem beispielhaften religiösen Leben indirekt auch viel für Wissenschaft und Bildung. Die Mönche waren keineswegs alle Priester, wenn sich auch die Tendenz zum Empfang der Priesterweihe durch die Reformbewegungen verstärkte. Neben den Laienmönchen gab es noch Konversen, die nicht ganz mit Laienbrüdern gleichzusetzen sind. Oft waren es Adelige, die sich in ihren alten Tagen in ein Kloster zurückzogen, aber auch für das Kloster den Kontakt mit der Außenwelt aufrecht hielten. Manchmal kauften sich auch ältere Menschen in ein Kloster ein, um eine Altersversorgung zu haben.

Eine wichtige Aufgabe war auch die Beherbergung von Reisenden und die Verpflegung Notleidender. Schon 1130 sind in Göttweig und St. Pölten zu diesem Zweck Hospize gegründet worden.

Zwangsläufig ergaben sich aber auch für die Klöster die Pflege der Wissenschaften und der Schulbetrieb. Zwar war die Klosterreform von Cluny eher wissenschaftsfeindlich – und die österreichischen Klöster entstanden zum größten Teil während der jungcluniazensischen Reform –, doch brauchten die Mönche für den Chor und den Vollzug der überaus reichen Klosterliturgie Bücher, was zur Errichtung von Schreibstuben (Scriptorien) führte. Mit dem Abschreiben war auch die Buchmalerei verbunden. Neben liturgischen und biblischen Büchern schrieb man auch bald die Kirchenväter ab und legte Bibliotheken an. In Österreich wurde weniger die spekulative Theologie gepflegt. Man wandte sich mehr der Geschichtsschreibung zu, verfaßte aber auch moralisierende Schriften. Eine Spezialität sind die Annalen (Jahrbücher). Die Göttweiger langen Annalen aus der Zeit von 1115/20 sind allerdings verloren. Dagegen sind die Melker Annalen, die von 1122 bis ins 16. Jahrhundert fortgeführt wurden, erhalten und bilden die Grundlagen anderer Klosterannalen. In Melk entstanden auch die „Kleine österreichische Chronik“ und die Passio Sancti Cholomanni (beide im 12. Jahrhundert). Überhaupt machen die Heiligenleben einen bedeutenden Teil der Bibliotheken aus. So finden sich Handschriften des großen österreichischen

Legendariums in Zwettl, Lilienfeld und Melk. In Göttweig wurde um 1135/39 die Vita Altmanni episcopi Pataviensis geschrieben. Da die Zisterzienseräbte jährlich zu den Generalkapiteln nach Citeaux in Burgund reisen mußten, kamen sie auch früh mit der damals aufblühenden scholastischen Theologie in Berührung, so daß die neue Gedankenwelt auch bald in Österreich bekannt, wenn auch nicht recht akzeptiert wurde.

Die geistliche Dichtung war eher moralisierend. Von Frau Ava (gest. 7. Febr. 1127/28) war schon kurz die Rede. Von ihr sind erhalten: „Leben Jesu", „Antichrist" und „Vom Jüngsten Gericht". Wo sie genau gelebt hat – in Melk oder in Göttweig –, läßt sich nicht mehr klären; aus Verlegenheit gibt man meist einfach „im Donautal" an. Der Melker Konverse Heinrich dichtete im Geist der Hirsauer Reform um 1160 die Satiren „Erinnerungen an den Tod" und „Priesterleben", wobei er die Sünden des Klerus geißelte. Das „Melker Marienlied" entstand bereits um 1130.

Die Klosterschulen

Die Klosterschulen gehen zum Teil auf das Institut der Oblaten zurück. Die meist adeligen Eltern übergaben ihren Sohn bereits im Kindesalter einem Kloster, er war damit zum künftigen Mönch bestimmt. Wenn auch die Hirsauer Reform dieses Institut ablehnte, so fanden sich doch in den meisten Klöstern „pueri" (Knaben), die nach einer Ausbildung verlangten.

Diese Klosterschüler wurden in der „inneren Schule" (schola interior) unterrichtet. Häufig errichteten die Klöster aber auch „äußere Schulen", zu denen auch Jugendliche Zugang hatten, die Weltpriester werden oder einfach etwas Bildung erlangen wollten. Mit dem Eintritt in die Schule stifteten die Eltern meist auch irgendein Gut oder eine Abgabe an das Kloster, als Schul- und Unterhaltsgeld. Die Anfänge der Klosterschulen in Göttweig und Melk dürften im 12. Jahrhundert liegen. Für Melk läßt sich für die Zeit um 1160 sogar eine Schulordnung rekonstruieren. Auch Seitenstetten und Altenburg führten schon früh solche Schulen, etwas später auch die Chorherrenstifte St. Pölten und St. Georgen-Herzogenburg. Die St. Pöltner Schule erlangte um 1200 eine Blütezeit, sie war auch das Ziel fahrender Schüler.

Diese Klosterschulen waren aber keine großen Institutionen. Meist dürften sie nur 10 bis 30 Schüler unterrichtet haben. Ihre Existenz ist häufig nur durch die Nennung eines „scholasticus" nachgewiesen. Doch bildeten sie in dieser Zeit geringer Schriftlichkeit den einzigen Ort, wo das Schreiben erlernt werden konnte. Damit hatte der Klerus ein Monopol über alles Schriftliche. Daneben aber gab es auch andere Wege der Bildung, die mehr der Ausbildung der ritterlichen Tugenden dienten. Die Klosterschulen behielten zwar ihre Bedeutung, verloren jedoch ab etwa 1200 ihre Ausschließlichkeit, da in den größeren Orten die Pfarrschule dem neuen Stand der Bürger mehr entgegenkam, die bald darauf auch an Einfluß gewannen.

Mittelalterliche Häretiker: Katharer, Waldenser, Geißler

Im Hochmittelalter und beginnenden Spätmittelalter zeigten sich erstmals verstärkt häretische Bewegungen. Zwar sind auch früher in Westeuropa solche Gruppierungen belegt, sie entpuppten sich aber eher als Abspaltungen der Armutsbewegungen, wenn sie auch öfters antiklerikale Züge aufwiesen. Letztlich konnten sie immer wieder absorbiert werden.

Anders ist das mit den neuen Bewegungen, die in die Geschichtsschreibung als Katharer und Waldenser eingegangen sind, von den Zeitgenossen aber mit verschiedenen Namen, meist nach dem Anführer der Gruppen, benannt wurden. Die Katharer bezogen ihre Ideen aus dem Osten und glaubten an eine Selbsterlösung des Menschen. Daher lehnten sie die kirchlichen Sakramente ab und waren scharf antiklerikal. Dagegen verstanden sich die Waldenser zunächst als innerkirchliche Reformbewegung, die besonders die apostolische Armut forderte und die entsprechenden Sünden des höheren Klerus geißelte. Da sie sich nicht an die kirchlichen Normen der Predigt hielten, wurden sie exkommuniziert (1184). Nunmehr nahmen sie verschiedene Lehren der Katharer auf und lehnten das kirchliche Lehramt, die Hierarchie und auch weitgehend die Sakramente ab.

In Österreich ist erstmals um 1207 von Häretikern die Rede, als Herzog Leopold VI. auf die Notwendigkeit einer Bistumsgründung in Wien hinwies. Für 1210 melden die Klosterneuburger Annalen, daß der Herzog zahlreiche Paterener (darunter sind Katharer zu verstehen), die zahlreichen Anhang gefunden hatten, nach der Folter hingerichtet hatte. Das läßt doch auf eine gewisse Verbreitung schließen. Wie aus den späteren Vorkommnissen hervorgeht, dürfte aber eine Ausrottung der Sekte nicht gelungen sein.

Bedeutsamer als die Verfolgung war die positive Antwort durch die Minoriten und Dominikaner, die ein Christentum der Armut praktizierten. Allerdings übernahmen die Dominikaner und auch die Minoriten in päpstlichem Auftrag die Inquisition, also die Aufspürung der Ketzer. Wenngleich für Österreich in den nächsten Jahrzehnten die Quellen schweigen, so dürften die Häresien keineswegs verschwunden sein. Denn 1231 beauftragte Papst Gregor IX. die Regensburger Dominikaner mit der Ketzerverfolgung.

In Österreich dürften die Geißler 1260/61 erneut eine Häretikerbewegung ausgelöst haben. Sie nahm von Italien ihren Ausgang und war eine Bußbewegung in der Erwartung des Weltendes. Die Melker und Zwettler Klosterannalen berichten von diesen religiösen Eiferern.

Zwischen 1260 und 1315 erreichten die Waldenser einen Höhepunkt der Verbreitung. In Österreich werden 42 Ortschaften aufgezählt, wo Waldenser aufgespürt wurden, wobei die Enns ungefähr die Achse bildet. Östlich der Enns sind es Haidershofen, St. Valentin, Haag, Sindelburg, Weistrach, St. Peter in der Au, Seitenstetten, Wolfsbach, Aschbach, Ardagger, Amstetten, Winklarn, Neustadtl, St. Georgen am Ybbsfeld, Ybbs, ferner Böheimkirchen, Maria Anzbach, St. Christophen und Ollersbach, und nördlich der Donau St. Oswald, Stratzing, Lengenfeld, Langenlois sowie Drosendorf und Nalb. Da es sich nur um die entdeckten Waldensergemeinden handelt, die Aufdeckung aber wesentlich vom Eifer des Klerus abhing, kann über die generelle Verbreitung wenig gesagt werden. Obige Liste dürfte sich auf eine Inquisitionswelle um 1266 beziehen. Sie wurde durch die Forderung Bischof Ottos (1254–1265) ausgelöst, der ausdrücklich die Anzeige der Häretiker verlangte. Bei den Erhebungen stellte sich heraus, daß einfache Leute das ganze Neue Testament auswendig kannten und die Häresie mit großem Eifer verbreitet wurde. Dagegen brachten die peinlichen Befragungen eher Aussagen, die ihnen von den Inquisitoren in den Mund gelegt wurden. Es berichtet darüber der sogenannte Passauer Anonymus, wahrscheinlich ein Dominikaner im Bereich der Passauer Diözese. In seinem keineswegs gehässigen Bericht sucht er die Erfolge der Waldenser durchaus auch aus der Schuld des Klerus zu erkennen, der, selbst mangelhaft gebildet, den Glauben nicht nur schlecht predigte, sondern auch schlecht vorlebte.

Die Passauer Diözesansynode zu St. Pölten (1284) schärfte die Pflicht zur Anzeige der Häretiker neuerlich ein. Zu einer neuen Verfolgungswelle kam es 1312 – 1315. Damals fanden in Krems 16 und in St. Pölten 11 Hinrichtungen durch Verbrennen statt. Angeblich soll es damals in Österreich an die 80.000 Waldenser gegeben haben. Ein Häretiker behauptete sogar, daß sie, wenn ihnen noch fünfzehn Jahre Zeit geblieben wären, mit Waffengewalt die Oberhand erlangt hätten. Doch besteht eher der Eindruck, daß um diese Zeit die Waldenser nur mehr bei den unteren Schichten der Bevölkerung Anklang fanden. Aus Rache oder Notwehr erschlugen sie 1318 den Dominikanerprior Arnold von Krems, das Haupt der Inquisition. Trotzdem hielten sich die Waldenser bis nach 1400, sie gingen dann in den Hussiten auf. Eine direkte Verbindung zur Reformation des 16. Jahrhunderts läßt sich nicht herstellen.

Für das späte 20. Jahrhundert, das sich offiziell zur Toleranz bekennt, sind die Maßnahmen zur blutigen Verfolgung Andersdenkender schwer nachvollziehbar. Die Menschen damals aber dachten noch an eine Einheit von Gott und Welt, somit an eine Einheit von Welt und Kirche und an die Einheit von Schöpfung und Erlösung. Für Andersdenkende war da kein Platz. Doch gab es auch recht praktische Gründe, die gegen die Waldenser sprachen: Sie waren nämlich ihrem Wesen nach Sozialrevolutionäre. An deren Vernichtung hatten weltliches und kirchliches Establishment gleichermaßen Interesse. Parallelen dazu finden sich im 16. Jahrhundert, als es um das Problem der Wiedertäufer ging.

IV HERBST DES MITTELALTERS

Das politische Geschehen: Der Aufstieg des Hauses Habsburg; Die Kirchenpolitik der frühen Habsburger; Der Schwarze Tod; Die Hussitenkriege – Die Entwicklung der Kirche: Die Bischöfe; Die Klöster; Klosterreformen; Die Kollegiatsstifte; Pfarren und Klerus; Das religiöse Leben

Das politische Geschehen

Das 13. Jahrhundert hatte die politischen Karten neu gemischt: Die Staufer sind untergegangen, Italien ging bis auf einige formelle Abhängigkeiten dem Reich verloren. In Österreich brachte es den Abschluß der Siedlungstätigkeit, die endgültige Landwerdung, aber auch das Aussterben der Babenberger. Ottokar von Böhmen konnte im Osten Mitteleuropas eine mächtige Herrschaft aufbauen, die von der Ostsee bis zur Adria reichte. Dabei baute er auf die Mithilfe des Papsttums und der kirchlichen Institutionen, besonders der Bettelorden. Doch blieb seine Machtausdehnung nur eine Episode – er mußte den Habsburgern weichen.

Der Aufstieg des Hauses Habsburg

Die Wahl Rudolfs von Habsburg im Jahre 1273 ließ in ihren Folgen die Herrschaft Ottokars rasch einstürzen. Ottokar hatte sich als mächtigster Fürst des Reiches die besten Chancen für das deutsche Königtum ausgerechnet, wurde aber von den Fürsten abgelehnt. In kürzester Zeit verlor er das Vertrauen des Papstes. Auch der Salzburger Erzbischof Friedrich II. wandte sich Rudolf zu. Nun ging Ottokar gegen den Besitz der Salzburger Kirche in der Steiermark vor, was ihm bald alle Sympathien kostete. König Rudolf zog die Herzogtümer Österreich und Steiermark als erledigte Reichslehen ein und beschränkte Ottokar auf Böhmen und Mähren (1276). Der Böhmenkönig versuchte nun sein Glück im Krieg, verlor aber bei Dürnkrut 1278 Schlacht und Leben. Vier Jahre später, 1282, belehnte Rudolf I. seine Söhne Albrecht und Rudolf mit den ehemals babenbergischen Ländern Österreich und Steiermark. Damit begann endgültig die Herrschaft der Habsburger, die bis 1918 dauern sollte. Schon vorher sicherte er sich das Wohlwollen der Kirche, indem er den Klöstern ihre Privilegien bestätigte und auch zu einem Ausgleich mit den Bischöfen kam. So gestand er dem Salzburger Erzbischof die volle Landeshoheit zu, erlaubte dem Passauer Bischof die Befestigung der bischöflichen Orte Eferding, Amstetten (nie durchgeführt), St. Pölten (war schon befestigt) und Mautern und bestätigte den bischöflichen Blutbann zu St. Pölten, Mautern und Zeiselmauer (gemeint ist hier die Passauer Hofmark im östlichen Tullnerfeld). Zugleich aber ließ er seine Söhne mit allen Gütern belehnen, die auch die Babenberger von Passau zu Lehen hatten, auf die nun der Bischof praktisch jeden Einfluß verlor. Damit wurde das geistliche Fürstentum des Passauer Bischofs auf ein kleines Gebiet um Passau beschränkt. Obwohl immer kirchlich gesinnt, waren die Habsburger doch darauf bedacht, die Kirche ganz unter ihren Einfluß zu bringen. Dazu gehörten vor allem ihre Einflußnahme auf die Bischofssitze Passau und Salzburg und der Anspruch auf ein stärkeres Verfügungsrecht über den geistlichen Besitz.

Um ihre Herrschaft in Österreich zu sichern, holten die Habsburger eine Reihe von Gefolgsleuten aus ihren Stammlanden in Schwaben, in der Schweiz und im Elsaß ins Land und gaben ihnen Vertrauensposten. (Am bekanntesten wurden die Wallseer, die oftmals den Landeshauptmann für Oberösterreich stellten.) Aus diesem Grund kam es zu einer Reihe von Aufständen, die aber durch den energischen Herzog Albrecht niedergeworfen wurden. Doch bald schon wurden die Habsburger im Lande heimisch und als herrschende Dynastie anerkannt.

Trotzdem waren die ersten zweihundert Jahre ihrer Herrschaft für das Land nicht besonders glücklich. Zum Teil lag es an der Familie selbst. Zunächst wollten die Habsburger ihre Stellung als deutsche Könige wahren. Doch schon nach dem Tod Rudolfs I. 1291 wählten die Fürsten Adolf von Nassau. Erst 1298 errang Albrecht die Königskrone, wurde aber 1308 ermordet. 1313 versuchte Herzog Friedrich sich gegen Ludwig den Bayern durchzusetzen. Die Kämpfe nach der Doppelwahl endeten 1322 mit der Niederlage bei Mühldorf; sie warf die Habsburger bis 1438 aus der Reihe der Anwärter auf die Königskrone. Alle diese Kriege lasteten zumindest finanziell schwer auf Volk und Land.

Auch die Erwerbung von Kärnten und Krain (1335) sowie von Tirol (1363) beanspruchte die Kräfte des Landes. Dazu traten Gebietserweiterungen bis nach Vorarlberg und Freiburg im Breisgau. Doch schwächten die Habsburger wiederum ihre Macht durch den Teilungsvertrag von 1379 (Neuburger Vertrag), der auch komplizierte Vormundschaftsbestimmungen enthielt. In den österreichischen Ländern (Ober- und Niederösterreich) regierte bis 1437 die albertinische Linie, die allerdings wegen Minderjährigkeit der Regenten durch ihre steirischen Vettern häufig bevormundet wurde. Deshalb kam es mehrfach zu Kämpfen (1406–1411), besonders aber nach dem Tod Albrechts V. (1439). Dieser hatte 1437 Ungarn und Böhmen geerbt und war 1438 auch zum König des Reiches gewählt worden. Erst nach seinem Tod wurde sein Sohn Ladislaus (Postumus) geboren, um dessen Vormundschaft ein länger dauernder Streit entbrannte. Die Ungarn und Böhmen wählten sich eigene Gubernatoren, und damit zerbrach rasch der erste Ansatz zu einer habsburgischen Donaumonarchie. Denn der zum König gewählte Friedrich III. aus der steirischen Linie konnte nur mit Mühe die Herrschaft in Österreich antreten, mußte aber die Eigenständigkeit Ungarns und Böhmens zur Kenntnis nehmen, wenn er auch theoretisch seine Ansprüche aufrecht hielt. Für kurze Zeit erlangte Ladislaus nochmals die Regentschaft in den Nachbarländern, ehe er 1457 mit 17 Jahren starb. Um die österreichischen Länder kämpfte Herzog Albrecht VI. gegen seinen Bruder Friedrich bis 1463. 1480 bis 1490 besetzte der Ungarnkönig Matthias Corvinus Niederösterreich. Waren die Kriegszeiten schon schwer genug, so wüteten in den Perioden dazwischen die entlassenen Söldnerscharen im Lande noch viel ärger. Zudem erschöpften die Erwerbungen Ungarns und Böhmens durch Albrecht V., der Bürgerkrieg zwischen Kaiser Friedrich III. und seinem Bruder und die Kriege mit den Ungarn das Land finanziell.

Die Kirchenpolitik der frühen Habsburger

Eine beliebte Geldquelle floß aus dem Vogteirecht der Habsburger über praktisch alle Klöster. Schon bald nach 1300 kamen die meisten Stifte in eine wirtschaftliche Krise, ein äußeres Zeichen der starken Beanspruchungen. Die Klöster an der Hauptstraße (St. Pölten und Melk) hatten zudem unter den ständigen hohen Einquartierungslasten zu leiden. Dabei waren die Habsburger keineswegs kirchenfeindlich, das wäre für diese Zeit ganz falsch gedacht, vielmehr nützten sie alle finanziellen Mittel für ihre Länder, um Großmachtpolitik betreiben zu können. So erlangten sie zwar schon im Spätmittelalter eine gewaltige Macht, ohne daß aber die Bevölkerung zu einem besonderen Wohlstand gekommen ist. Um auch im Inneren ihre Macht zu stärken, versuchten sie auch immer mehr, Einfluß auf die Kirche zu gewinnen.

Persönlich waren die Habsburger durchwegs fromme Männer. So traten sie mehrmals als Gründer von Klöstern hervor, deren einige auch im Diözesanbereich liegen. Eher zum Glanz und Prestige des Hauses sollten verschiedene andere Maßnahmen beitragen, wie die Gründung der Universität Wien und der Bistümer Wien und Wiener Neustadt. Die 1364 von Rudolf IV. gegründete Universität erhielt allerdings erst 1384 eine theologische Fakultät, wurde dann für das kirchliche Leben aber sehr bedeutsam. Denn die verschiedenen Domschulen verloren immer mehr an Bedeutung. Durch besondere Stiftungen war es auch ärmeren Schichten möglich, an der Universität zu studieren. So finden sich an der Wiener Universität Studenten aus den niederösterreichischen Kleinstädten und Märkten, aber auch aus dem Bauernstand. Da auch die Kleriker der Klöster immer häufiger die Universität besuchten, hob sich das Bildungsniveau der Priester. Doch war das Universitätsstudium noch keineswegs Voraussetzung für die Priesterweihe.

Die Bemühungen der österreichischen Landesherren, in Wien ein Bistum zu errichten, gehen ja schon auf die Zeit der Babenberger zurück. Rudolf IV. strebte eine stufenweise Erhebung seiner Residenzstadt an. 1364 erreichte er die Gründung eines exemten Kollegiatsstiftes in Wien. Doch erst Kaiser Friedrich III. erwirkte 1469 die Erhebung Wiens zum Bistum mit 17 Pfarren und ebenso von Wiener Neustadt – ein Bistum, das überhaupt nur die Stadtpfarre umfaßte.

Der Schwarze Tod

Das Spätmittelalter war allerdings nicht primär durch das Großmachtstreben der Habsburger so wenig erfreulich. Mit dem Ausklang der Babenbergerzeit war das Land bereits zur Gänze erschlossen. Im folgenden Jahrhundert gelangten die Städte und Märkte zur Blüte, wenn auch Wien die anderen niederösterreichischen Orte deutlich in den Schatten stellte. Doch setzte im 14. Jahrhundert eine Reihe von Katastrophen ein, die die Bevölkerungsentwicklung unterbrach. Zunächst waren es einige ungünstige Ernten. Dann folgten die Katastrophenjahre 1348/49. Es begann im Jänner mit einem schweren Erdbeben und endete mit dem Auftreten der großen Pest, die vor allem 1349 furchtbar wütete, aber durch zwei Jahrzehnte ständig wiederkehrte. Man schätzt, daß damals Europa ein Drittel seiner Bevölkerung verlor. In Wien sollen täglich an die 500 Personen – auf dem Höhepunkt der Pest 1200 Menschen – gestorben sein. Ganze Ortschaften und Märkte starben aus. Das Volk wurde von einer großen Erregung erfaßt. Es kam neuerlich zu Geißlerfahrten, die erst recht zur Verbreitung der Seuche beitrugen. Man tat Buße außerhalb der Kirche und wandte sich zugleich gegen die Juden, denen man als Brunnenvergifter die Schuld an der Seuche gab. Obwohl Papst, Herzog und Kirche gegen die Judenverfolgungen Stellung nahmen, griffen sie immer stärker um sich. Besonders Krems, Stein und Mautern sollen ihre Zentren gewesen sein. Eine solche tumultuarische Judenverfolgung, die vom Herzog bestraft wurde, ist bereits 1305 für St. Pölten bezeugt. Auch diesmal bestrafte der Herzog die drei Städte und die umliegenden Ortschaften. Längerfristig führte die Pest zum Rückgang der Besiedlung. Schlechtere Böden wurden aufgegeben, ebenso höhergelegene Höfe. Von da an stagnierte die Bevölkerung Niederösterreichs, abgesehen von Wien, bis etwa 1800.

Die Hussitenkriege

Das 15. Jahrhundert wurde in einer anderen Weise für das Land zum Unglück. Es waren die Hussitenkriege, die von 1424 bis 1434 den Norden Österreichs heimsuchten. Herzog Albrecht V. hatte sich nach der Hinrichtung von Johannes Hus auf dem Konzil von Konstanz 1415 sofort gegen diese neue Bewegung gewandt, die anscheinend auch in seinen Ländern Anhänger fand. Zunächst ging er mit Dekreten gegen die Hussiten vor, doch schon 1420 wurden die Österreicher durch König Sigismund in die Kämpfe einbezogen. 1421 griffen sie erstmals auf österreichisches Gebiet über, als die Hussiten Dobersberg zerstörten. Zur Jahreswende 1427/28 marschierte ein Verband über Weitra nach Zwettl, vermochte aber die Stadt nicht zu erobern. Daher wandten sich die Hussiten dem Stift zu, das die Mönche verlassen hatten. Sie plünderten das Kloster aus und steckten es in Brand. Erst 1437 konnte die Kirche wieder geweiht werden, und man zweifelte längere Zeit, ob es überhaupt noch lebensfähig wäre.

Im März erfolgte ein neuerlicher Einfall, der zwar wieder an den Mauern der Stadt Zwettl scheiterte, bei dem aber das Dominikanerinnenkloster in Imbach niedergebrannt und auch Krems bedroht wurde. Auf dem Rückzug zerstörten die Hussiten Döllersheim und Altpölla, plünderten Stift Altenburg und anschließend auch die Prämonstratenserklöster Pernegg und Geras und verbrannten den Pfarrer von Langau. Der „tägliche (Klein-)Krieg" dauerte bis 1434 an. Doch wurden 1430 Altenburg und 1431 Geras wie auch Pernegg ein zweites Mal heimgesucht.

Um die verschiedenen Offensiven bezahlen zu können – das Kriegswesen stellte sich immer mehr auf Söldnertruppen um –, mußten Jahr für Jahr höhere Steuern eingehoben werden, wozu vor allem der Klerus herangezogen wurde. So wurden 1429 vom Dekanat Mautern 2673, vom Dekanat Wien 3585, vom Dekanat Lorch 1463 Gulden gefordert, dagegen wegen ihrer Verluste von den Dekanaten nördlich der Donau wesentlich weniger: Zwettl 435, Ravelsbach 820 und Aspern 1342 Gulden.

Auch die Klöster wurden zur Kasse gebeten. Die folgende Aufstellung zeigt auch ihre Leistungskraft: Dürnstein 50, St. Pölten 700, Herzogenburg 400, St. Andrä 300, Seitenstetten 500, Melk 1200, Göttweig 1000, Altenburg und Zwettl je 50, Säusenstein 100, Lilienfeld 600, Gaming 600, Aggsbach 200, Ardagger 132, Ranna 50, Erlakloster 300, die Frauenklöster zu Tulln, Imbach und Dürnstein je 20 Gulden, während Geras und Pernegg von dieser Steuer befreit waren.

Natürlich litten unter den Hussitenkriegen nicht nur die kirchlichen Einrichtungen, sondern auch die zahlreichen unbefestigten Orte des Waldviertels. Wegen ihrer kirchenfeindlichen Einstellung hatten es die Hussiten aber besonders auf das Kirchenvermögen abgesehen.

Die Entwicklung der Kirche

Die Bischöfe

Die Entwicklung der Kirche im Spätmittelalter nahm einen zwiespältigen Verlauf. Licht und Schatten hielten sich die Waage. Zwar gelang den Päpsten 1250 der Sieg über die staufischen Kaiser. Doch sank das Papsttum ab 1300 stark ab. Von 1305 bzw. 1309 an residierten sie in Avignon. Da sie über die Einkünfte des Kirchenstaates kaum verfügen konnten, entwickelte sich in Avignon der vielgeschmähte päpstliche Fiskalismus, der im Aufspüren von Geldquellen höchst erfinderisch war. Die Päpste reservierten sich die Vergabe zahlreicher Pfründen, vor allem der Bischofssitze, die gegen entsprechende Taxen vergeben wurden. Konnten oder wollten diese nicht geleistet werden, wurde rasch ein Interdikt (Verbot des öffentlichen Gottesdienstes für ein bestimmtes Gebiet) oder die Exkommunikation verhängt. Nach der Rückkehr der Päpste nach Rom folgte das Große Schisma, das von 1378 bis 1415 währte. Es brachte Verwirrung in die Kirche und verunsicherte auch die einfachen Gläubigen. Die Konzilien von Konstanz (1414–1418) und Basel (ab 1431) faßten zwar heilsame Reformbeschlüsse, doch wurden diese nur teilweise in die Tat umgesetzt. Ein deutliches Zeichen berechtigter Kritik an der Kirche waren ja die Erfolge des Johannes Hus in Böhmen.

Auch der Passauer Bischofsstuhl, zu dem ja Niederösterreich zählte, spiegelt diese Situation wider. Von 1285 bis 1313 regierte Bernhard von Prambach vorbildlich die Diözese. Er mühte sich um die Disziplin des Klerus in Diözesansynoden: zu Passau 1293 für den Westen und 1294 zu St. Pölten für den Osten der Diözese. Die verschiedenen Klosterannalen gedenken seiner in besonderer Liebe.

Als er starb, kam es zu einer Doppelwahl. Die Mehrheit des Domkapitels wählte Gebhard von Wallsee, der dem Domkapitel angehörte und auch die Pfarre Weitra innehatte. Eine Minorität entschied sich für den noch minderjährigen Albrecht von Habsburg, der aber bald resignierte und von 1330 bis 1368 als Albrecht II. ein vorzüglicher Landesfürst war. Gebhard bemühte sich in Avignon um seine Anerkennung, starb aber dort noch vor der Bestätigung 1315. Papst Johannes XXII. aber ernannte den zwanzigjährigen Franzosen Heinrich Delphin zum Bischof von Passau, der jedoch – ohne Passau je gesehen zu haben – schon 1319 auf das Bistum Metz ging. Doch empfing er dort keineswegs die Weihen und mußte schließlich resignieren.

Von 1313 bis 1320 war Passau praktisch ohne Bischof, bis sich das Kapitel für den Pfarrer von Wien, Albert, Herzog von Sachsen-Wittenberg, entschied, der allerdings auch als Bischof das Leben eines weltlichen Fürsten führte. Als 1342 zu seinem Nachfolger der aus dem Kärntner Adel stammende Gottfried von Weißeneck gewählt wurde, erstellte das Domkapitel eine recht eigennützige Wahlkapitulation, die den künftigen Bischof weitgehend in seinen Rechten einschränkte. Bischof Gottfried konsekrierte den gotischen Neubau der Zwettler Stiftskirche.

Auf die nächste Bischofswahl suchten Herzog Rudolf IV. von Österreich und Kaiser Karl IV. Einfluß zu nehmen, doch wählte das Domkapitel Albert von Winkel (1363 bis 1380), den Papst Urban V. auch anerkannte. Er bekam die Unsicherheit der Zeit am eigenen Leib zu spüren: Am 2. März 1375 wollte er zur Hochzeit Herzog Albrechts III. nach Wien reisen, wurde aber bei St. Pölten von einem steirischen Raubritter überfallen und über ein Jahr lang gefangengehalten.

Nach dem Episkopat des Johann von Scharffenberg (1381–1387) kam es zum ersten großen Bischofsstreit. Das Domkapitel wählte zunächst Hermann Digni. Auf Betreiben der Wittelsbacher aber ernannte der Papst ihren Verwandten Rupert von Jülich-Berg zum Bischof. Digni resignierte, doch das Kapitel wählte auf Betreiben Herzog Albrechts III. von Österreich Georg von Hohenlohe. Der Herzog erreichte vom Papst auch die Beförderung Ruprechts auf den Paderborner Bischofsstuhl. Doch nun verweigerten die Passauer Bürger Bischof Hohenlohe den Einzug in die Stadt. Er residierte bis 1394 in St. Pölten, das ja Passauer Besitz war; erst 1394 konnte er in seine Bischofsstadt. Hohenlohe wurde ein hervorragender Bischof, der auch auf dem Konzil von Konstanz eine bedeutende Rolle spielte und vom Papst das Pallium (Abzeichen des Erzbischofs) für seine Person erhielt. Ab 1421 administrierte er auch das Erzbistum Gran in Ungarn, zugleich war er Reichskanzler König Sigismunds.

Auch Bischof Leonhard von Laiming (1423–1451) hatte Schwierigkeiten, anerkannt zu werden. Diesmal sperrte sich Herzog Albrecht V. dagegen, mußte ihn aber schließlich nach jahrelangem Ringen doch zur Kenntnis nehmen. Später arbeiteten Bischof und Herzog einträchtig bei der Klosterreform zusammen. Zuletzt wurde der Bischof sogar Kanzler, als Albrecht deutscher König wurde. Nur Bischof Ulrich von Nußdorf (1451–1479) scheint problemlos zu seinem Amt gekommen zu sein. Unter ihm kam es gegen seinen Willen zur Errichtung des Wiener Bistums.

Kaiser Friedrich III. hatte sich vom Papst auch das Nominationsrecht für den nächsten Passauer Bischof geben lassen, der dann 1480 seinen Kandidaten Georg Hessler ernannte. Das Domkapitel wählte dagegen Friedrich Mauerkircher, den Kandidaten der Wittelsbacher. Beiden waren typische Vertreter des spätmittelalterlichen Klerus. So hatte Mauerkircher eine Reihe von Domherrenpfründen und Pfarrpfründen inne. Hessler (oder Hasler) war bürgerlicher Abstammung (aus Würzburg) und machte Karriere im Dienste Kaiser Friedrichs III., wobei er auch die Eheschließung Maximilians mit Maria von Burgund vermittelte. Dafür verhalf ihm der Kaiser 1477 zum Kardinalstitel. Schließlich folgten beide auf dem Bischofsstuhl (Hessler 1480–1482, Mauerkircher 1482–1485). Die beiden letzten Bischöfe des 15. Jahrhunderts blieben bedeutungslos (Friedrich von Öttingen 1485–1490, Christoph von Schachner 1490–1500).

Wie übel die Situation sich auch auf die Bevölkerung auswirkte, zeigt sich besonders im Streit zwischen Hessler und Mauerkircher in St. Pölten. Der Propst des Chorherrenstiftes stand zu Hessler, die Stadt zu Mauerkircher. Der damalige Wiener Offizial und spätere Passauer Bischof Wiguleus Fröschl lieferte die Stadt dem Ungarnkönig Matthias Corvinus aus. Corvinus hatte Mauerkircher einen Kredit gewährt, den dieser für seinen Kampf benötigte. Dabei kam es auch zu gewalttätigen Auseinandersetzungen zwischen dem Passauer Offizial und dem Konvent. Die Verpfändung der Stadt an den Ungarnkönig führte zu deren Verlust für die Passauer Bischöfe, da der spätere Kaiser Maximilian sie nach der Wiedereroberung 1490 nicht mehr herausgab.

Die Zustände am Passauer Bischofssitz waren nicht besser und nicht schlechter als im übrigen Reich. Da einige dieser Bischöfe erst später oder überhaupt nicht die höheren Weihen empfingen, ließen sie ihre geistlichen Funktionen durch Weihbischöfe ausüben, deren Namen vor allem durch Weihehandlungen bekannt sind.

Eine gute Diözesanverwaltung war bei der Ausdehnung der Passauer Diözese schwer zu handhaben. Im Hochmittelalter vertraten den Bischof in verschiedenen Agenden die Archidiakone. Um oder bald nach 1300 wurde auch in der Passauer Diözese das Amt des Offizials geschaffen. Zunächst wurde das Offizialat unter der Enns (zu dem allerdings das Dekanat Lorch nicht gehörte) eingerichtet, erst im 15. Jahrhundert auch ein solches für den westlichen Teil der Diözese. Das Offizialat war für Verwaltungs- und Gerichtsangelegenheiten zuständig. Obwohl es nur einen geringen Personalstand hatte, arbeitete es sehr effektiv und wurde zur wichtigsten kirchlichen Behörde des Landes. Der Einfluß des Offizials erreichte unter Melchior Klesl 1580 seinen Höhepunkt. Damals behielt sich der Passauer Bischof nur mehr die Bestätigung der Prälaten und die Vergabe der bischöflichen Pfründen vor. Anfangs wird der Offizial auch Generalvikar genannt und seine Kanzlei auch Konsistorium. Erster uns bekannter Offizial ist Dechant Ludolf von Krems, 1326 als Generalvikar bezeugt. 1329 residierte Pfarrer Wilhelm von Mannswörth als bischöflicher Offizial in St. Pölten. Wieweit auch Tulln Sitz des Offizials war, läßt sich nicht ausmachen. Ab 1357 saßen die Offiziale in Wien im Passauer Hof bei der Kirche Maria am Gestade, sie blieben dort bis 1783.

Dem Offizial nachgeordnet waren die Dechanten und Pfarrer. Im Spätmittelalter änderten sich die Grenzen der Dekanate nicht mehr. Es blieb südlich der Donau beim niederösterreichischen Anteil des Lorcher Dekanates und dem Dekanat Mautern (St. Pölten, Tulln und Melk werden auch dafür genannt), das Waldviertel war in das Kremser Dekanat (auch Stein, Zwettl, Weitra) und in das Dekanat Ravelsbach geteilt, das natürlich seinen Schwerpunkt im Weinviertel hatte.

Die Klöster

In der Babenbergerzeit entstand bereits eine Anzahl von Klöstern. Es waren dies die Augustiner-Chorherrenstifte St. Pölten, St. Georgen (1244 wurde dieses Kloster wegen der Hochwassergefahr nach Herzogenburg verlegt) und St. Andrä an der Traisen, das Kollegiatsstift Ardagger, die Benediktinerstifte Melk, Göttweig, Seitenstetten und Altenburg, die Zisterzen zu Zwettl und Lilienfeld und die Prämonstratenserklöster zu Geras (Männer) und Pernegg (Frauen). Als einziges selbständiges Frauenkloster entstand das Benediktinerinnenkloster zu Erla. Daneben gab es noch einige Frauenklöster bei den Stiften (Doppelklöster). Dem neuen Trend entsprechend, ließen sich im 13. Jahrhundert auch die ersten Bettelorden nieder, wie die Minoriten in Stein und Tulln und die Dominikaner in Krems.

Mit dem Aufschwung in Wirtschaft und Bildung hatte sich im 12. und 13. Jahrhundert auch die Stellung der Frau gebessert, die in Adels- und Bürgerkreisen eine gründlichere Ausbildung erhielt. Dazu gehörte auch die religiöse Unterweisung. So entstand ein stärkeres Bedürfnis nach dem vollkommenen Leben in Klöstern. Allein im 13. Jahrhundert wurden im heutigen Diözesanbereich fünf eigenständige Frauenklöster gegründet.

Das älteste davon ist das Zisterzienserinnenkloster in St. Bernhard. Heinrich von Kuenring-Weitra und Heinrich von Hardegg-Dewin gründeten es zunächst in Altmelon und besiedelten es mit Nonnen aus Zimmern in Schwaben. Doch schon 1277 wurde das Kloster von Altmelon nach Krug im Poigreich verlegt. Es dürften für die Übersiedlung des Konvents politische Gründe maßgebend gewesen sein. Die Weitraer Kuenringer waren Anhänger König Ottokars und übergaben daher den Schutz des Klosters an Stephan von Maissau, der die Nonnen auf seinem Gut ansiedelte, das nunmehr den Namen St. Bernhard (bei Horn) erhielt. 1284 stellte er einen großen Stiftsbrief aus.

Als weiblicher Zweig der Dominikaner entstanden Frauenklöster in Imbach und Tulln. Das Imbacher Kloster gründete Albero, der Truchseß von Feldsberg, 1269. Bis 1285 war auch die zweischiffige Kirche erbaut. Das Tullner Dominikanerinnenkloster befand sich auf dem Gelände des heutigen Landeskrankenhauses. Es ist eine Gründung Rudolfs von Habsburg aus dem Jahr 1280, weshalb es auch kaiserliches Frauenstift hieß. Diese Dankstiftung für den Sieg über König Ottokar stattete Rudolf gut aus. Behilflich dabei war ihm Konrad von Tulln, der schon 1268 Landschreiber im Land unter der Enns war und 1270 das gleiche Amt für die Steiermark ausübte. Er war reich und Kreditgeber König Rudolfs. Die Klosterkirche war ein mächtiger Bau, der die nahegelegene Pfarrkirche übertraf. Dem Frauenstift war ein kleiner Männerkonvent der Dominikaner angegliedert, der es seelsorglich betreute. 1286 traten Meister Konrad und seine Frau in die neugegründeten Klöster ein.

Der Kuenringer auf Dürnstein, Leutold I., gründete 1289 in Dürnstein ein Klarissinnenkloster, das er auch reichlich bestiftete. Der zweischiffige Kirchenbau wurde bis 1340 errichtet.

Ein Benediktinerinnenkloster gründete Adelheid von Reinsberg 1294 in Randegg. Es scheint sich um eine Art Sühnestiftung der Witwe nach Streitigkeiten mit dem Freisinger Bischof gehandelt zu haben, die aber so schlecht ausgestattet war, daß das Kloster nach zwanzig Jahren einging.

Besser abgesichert war das Zisterzienserinnenkloster zu Ybbs. Es ist eine Gründung der Elisabeth von Görz, Gattin König Albrechts I. Bereits 1291 konnte die Klosterkirche zu Ehren des Heiligen Geistes geweiht werden. Dieses Heiliggeistkloster, wie es genannt wurde, besaß ansehnlichen Güterbesitz besonders im Waldviertel.

Von den genannten Frauenklöstern gingen alle in der Reformationszeit ein. Nur Tulln und Imbach bestanden bis zu den josephinischen Aufhebungen.

Von 1300 bis 1500 entstand kein Frauenkloster mehr, wohl aber eine Reihe von Männerklöstern. Abgesehen von Säusenstein (Zisterze) und Dürnstein (Augustiner-Chorherren) gehörten sie neuen Orden an oder waren Kollegiatsstifte. Säusenstein ist eine Gründung Eberhards III. von Wallsee. Dieser wollte ursprünglich eine Augustiner-Eremiten-Niederlassung, berief dann aber Mönche aus Zwettl; die Gründung erfolgte schließlich von Wilhering aus. Eberhard stellte 1336 den Stiftsbrief aus. Das Kloster war eher bescheiden begütert. Es besaß die Pfarre Gottsdorf mit Persenbeug und die Pfarre Stronsdorf im Weinviertel. Das Augustiner-Chorherrenstift Dürnstein gehört schon dem 15. Jahrhundert an, wenn auch die Anfänge im 14. Jahrhundert liegen. 1378 stiftete nämlich Elisabeth von Kuenring, Witwe nach Eberhard V. von Wallsee, an der Marienkapelle ein kleines Priesterkollegium, das Otto von Maissau in ein Chorherrenstift umwandelte. Er berief dazu Augustiner aus dem Kloster Wittingau in Böhmen, das der Raudnitzer Reform angehörte. Diese Reform umfaßte auch das St. Pöltner Stift, das dadurch im 15. Jahrhundert zu einer geistlichen Blüte geführt wurde.

Obwohl die Kartäuser bereits 1084 entstanden, wurde der Orden in Österreich erst im 14. Jahrhundert populär. 1316 gründete Herzog Friedrich der Schöne die Kartause Mauerbach im Wienerwald, die von der Kartause Seitz (in der ehemaligen Südsteiermark, Gründungsjahr 1165) aus besiedelt wurde, und sein Bruder und Nachfolger Albrecht II. jene von Mariathron bei Gaming im Jahre 1332. Für 25 Mönche errichtet, war sie eine Doppelkartause und erhielt auch eine entsprechende Ausstattung, besonders im Ötschergebiet. Noch der Frühzeit gehört Konrad von Haimburg an, der von 1350 bis 1360 Prior in Gaming war und dem der Marienhymnus „Omni die dic Mariae“ (Alle Tage sing und sage) zugeschrieben wird. 1440 trat in Gaming der Vorsteher der Artistenfakultät der Wiener Universität, Nikolaus Kempf von Straßburg, in das Kloster ein, dem zwölf magistri und baccelaurii folgten. Er verfaßte zahlreiche mystische Schriften und starb hundertjährig 1497.

Eine weitere Kartause gründete 1380 der Landmarschall Heinrich von Maissau, der mit Anna von Kuenring verheiratet war, in Aggsbach Dorf und widmete ihr die Pfarre Gerolding. Alle Kartausen fielen 1782 den josephinischen Aufhebungen zum Opfer. Die Kartausen sind eine Vermengung von Einsiedlerwesen und klösterlicher Gemeinschaft. Trotzdem übten sie mit ihrer Strenge einen sehr positiven Einfluß auf das religiöse und kulturelle Leben aus.

Das 15. Jahrhundert war im klösterlichen Bereich von der Erneuerung der Bettelorden geprägt. Der ungarische Eremitenorden der Pauliner ließ sich 1414 in Unterranna nieder. Die Bestiftung erfolgte durch Hans von Neidegg. Bedeutsamer wurde das Auftreten des heiligen Johannes Capistran. Er war ein Schüler des heiligen Bernhardin von Siena, der den Reformzweig der Franziskanerobservanten gegründet hatte. 1451 berief Friedrich III. diesen Bußprediger nach Österreich, von wo aus er nach Böhmen ziehen sollte, um gegen die Hussiten zu predigen. In Böhmen erreichte Johannes zwar nichts, in Österreich aber rief er eine mächtige Bußbewegung hervor und begeisterte die Volksmengen. Das führte zur Gründung einer Reihe von Franziskanerklöstern. Im heutigen Diözesanbereich entstanden die Klöster zu Eggenburg (1451), Langenlois (1454), das Paradies auf dem Riederberg (1456, 1529 von den Türken zerstört) und St. Pölten beim heutigen Priesterseminar (wahrscheinlich 1459). Die Franziskanerklöster waren vor allem beim Bürgerstand sehr populär. Sie erhielten zahlreiche Stiftungen und Mitarbeiter für den Bau ihrer Klöster. Es war die erste Klostergründungswelle, die nicht vom Adel getragen wurde; die Minoriten- und Dominikanerklöster des 13. Jahrhunderts hatte noch der Adel bestiftet. Ihre Popularität verdankten die Franziskaner der Volkspredigt, die sonst eher vernachlässigt wurde.

Klosterreformen

Fast alle Klöster machten im 14. Jahrhundert schwere Krisen durch. Sie wurden verursacht durch die hohe Besteuerung und den wirtschaftlichen Niedergang des Landes, der sich auf das geistliche Leben in den Klöstern auswirkte. Es handelt sich dabei weniger um Skandale als um eine allgemeine Stagnation, die keine religiösen Impulse erlaubte. Zudem wurden die Klöster immer mehr zur Domäne des niederen Adels, der sie zu Objekten der Wirtschaftsinteressen seiner Familien machte. Zwar standen den Klöstern theoretisch die freie Abt- bzw. Propstwahl zu, doch griff der Landesfürst oder der Bischof häufig ein, um einen Oberen abzusetzen oder einen Kandidaten seiner Wahl durchzudrücken. Bedingt durch die Zustände während des Aufenthalts der Päpste in Avignon und die religiöse Not des anschließenden Großen Schismas erhob sich allenthalben der Ruf nach einer Reform der Kirche an Haupt und Gliedern. Die Konzilien von Konstanz und Basel sollten diese Reform erreichen. Im allgemeinen ist die Reform nicht gelungen, sie erzielte aber im Bereich des Klosterwesens und zum Teil auch auf Pfarrebene einige Erfolge.

Schon im 14. Jahrhundert wurden die Chorherrenstifte von der Raudnitzer Reform erfaßt. Sie fußte auf der „Devotio moderna", der neuen Frömmigkeit, die sich im Gegensatz zur verweltlichten kirchlichen Obrigkeit entwickelte. Vom Reformkloster Wittingau aus wurde 1410 Dürnstein besiedelt und auch in St. Pölten die Reform angenommen. Die Reformklöster widmeten sich vor allem der Wissenschaft und der Nächstenliebe (Spitäler).

DIE MITTELALTERLICHEN KLÖSTER

1451 schrieb der Reformkardinal Nikolaus von Kues die Annahme der Raudnitzer Regel für alle Chorherrenstifte der Salzburger Kirchenprovinz vor.

Etwas später, aber umso nachhaltiger setzte die Reform der Benediktiner ein; sie ist unter dem Namen Melker Reform bekannt. Ausgelöst hat sie der Wiener Theologieprofessor Nikolaus von Dinkelsbühel, der mit Herzog Albrecht V. die Berufung des späteren Melker Abtes Nikolaus Seyringer aus dem Kloster S. Scholastica bei Subiaco nach Melk bewirkte. Seyringer stammte aus Matzen im Marchfeld und war selbst Professor an der Universität. 1403 trat er in das Kloster in Subiaco ein. 1415 wurde er zur Reform der polnischen Benediktinerklöster berufen, doch Herzog Albrecht erreichte seine Wahl zum Abt von Melk 1418. Seyringer gelang es, in Melk und in den Benediktinerklöstern des süddeutschen Raumes die Gewohnheiten von Subiaco einzuführen und so das Klosterleben zu heben. Mittel dazu war eine Visitation der österreichischen Klöster, wobei eine Reihe von Prälaten zur Abdankung gezwungen wurde. Im Zuge dieser Reform wichen auch die irischen Mönche aus dem Schottenkloster deutschen Benediktinern, die Abt Seyringer sandte. Nach seinem Tod führten die Prioren Petrus von Rosenheim und Johann Schlitpacher das Werk weiter und gewannen vor allem mit der Abtei Tegernsee einen wichtigen Stützpunkt im süddeutschen Raum. Eigentliches Zentrum aber blieb das Kloster Melk, in dem von 1422 bis 1426 auch Professoren der Wiener Universität Vorlesungen hielten und zahlreiche Novizen Aufnahme fanden. Als Kardinal Nikolaus von Kues 1451/52 seine Klostervisitationen vornahm, beauftragte er zur Visitation der Benediktiner den Abt von Kleinmariazell und den der Schotten in Wien sowie den Melker Prior Stephan von Spanberg. Leider verflachte die Bewegung gegen Ende des Jahrhunderts.

Die Kollegiatsstife

Gemeinschaften von Weltpriestern an einer Kirche waren im Spätmittelalter eine häufige Einrichtung an größeren Stadtkirchen. Im heutigen Diözesanbereich gab es vier längere Zeit bestehende Kollegiatsstifte, die allerdings an Landkirchen errichtet waren und nur geringe Bedeutung erlangten. Das älteste Stift war Ardagger, gegründet ab 1049. Es besaß zwölf Pfründen, also die Ausstattung für zwölf Kanoniker. Doch hatten im 15. Jahrhundert verschiedene Pfarrer oder auch Passauer Kanoniker Pfründen inne, ohne in Ardagger gewohnt zu haben. Die übrigen Kollegiatsstifte entstanden im 14. und 15. Jahrhundert.

So stifteten Johann von Klingenberg auf Litschau 1345 in Eisgarn eine Propstei für einen Propst und drei Kanoniker und Hans von Plankenstein, als letzter seines Stammes, 1483 die Dechantei Kirnberg an der Mank für acht Priester, die nach den Regeln des Stiftes Spital am Pyhrn leben sollten. 1495 bestätigte der Passauer Bischof diese Stiftung, zu der die Pfarren Kirnberg und St. Gotthard gehörten.

Nicht recht geglückt ist die Gründung der Propstei Zwettl. Der dortige Pfarrer, Andreas Königsteiner, errichtete an der damaligen Pfarrkirche St. Johannes Evangelist auf dem Berge eine Propstei für einen Propst, einen Dechant und zwölf Kanoniker. Der päpstliche Nuntius Bartholomäus de Marachis bestätigte, ohne den Passauer Bischof darüber zu informieren, die Propstei, zu der die Pfarren Zwettl und Altpölla mit ihren Vikariaten gehörten. Da die Propstei niemals voll besetzt war und der Passauer Bischof die Entscheidung ignorierte, kam es wegen Altpölla zu einem Streit. Übrigens gab es zu dieser Zeit in Altpölla bereits eine Art Priesterkollegium, das gemeinsam den Chor verrichtete, ohne daß es formell errichtet war. In Zwettl wurde damals die Stadtkirche zur Pfarrkirche erhoben.

Pfarren und Klerus

Für die Entwicklung des spätmittelalterlichen Pfarrsystems läßt sich keine Systematik feststellen. So blieben einige Großpfarren bestehen, deren Filialen den Rang von Vikariaten erhielten. Der Vikar wurde vom Pfarrer der Mutterpfarre ernannt, manchmal auch nur für ein Jahr. Das Vikariat konnte das Begräbnisrecht haben, dessen Bevölkerung mußte aber zur Kirchweihe bei der Mutterkirche erscheinen. Daneben gab es noch Filialen, die ebenfalls besetzt sein konnten. So hielt die Pfarre Krems die Kirchen von Stein, Langenlois, Lengenfeld, Rohrendorf, Gedersdorf und Stratzing im Vikariatsverhältnis. Ähnlich Altpölla mit Weißenalbern, Sallingstadt, Großglobnitz, Großhaselbach, Döllersheim und eher als Filiale Neupölla, das aber einen gut bestifteten Benefiziaten hatte. Dem Pfarrer in Weitra waren die Vikariate zu Gmünd, Höhenberg, St. Martin und Unserfrau unterstellt. Zwettl hatte Großgöttfritz, Marbach, Etzen, Rieggers und Jahrings als Vikariate.

Seltsam war es um die Pfarre Petzenkirchen bestellt. Da Bischof Konrad diese Pfarre 1158 mit ihrem Zehent dem Domkapitel übertrug und dem dortigen Pfarrer als Ersatz den Zehent in Purgstall zuwies, wurde das wesentlich größere Purgstall erst 1761 Vollpfarre, obwohl dort längst schon der Pfarrer von Petzenkirchen wohnte.

Die Größe der Pfarren war sehr unterschiedlich. Während etwa St. Pölten, Weiten oder Steinakirchen lange Zeit Großpfarren blieben, existierten in Pottenbrunn und Inzersdorf zwei Pfarren im Ort, weil es zwei Grundherrschaften gab. Im Raum Horn bestanden neben Horn noch die Pfarren Riedenburg (südlich davon) und Mold. Zudem gab es Personalpfarren, die – wie in Melk – nur das Stiftspersonal umfaßten.

Was nun die Ausstattung der Pfarren anbelangt, so zählten zu den lukrativen Pfarren vor allem Krems, Gars-Eggenburg und Altpölla. Daneben gab es Posten, die so schlecht dotiert waren, daß ein Priester kaum sein Auslangen finden konnte. Der Pfarrer bezog sein Einkommen meist aus dem ihm zustehenden Zehentdrittel.

Gegen Ende des Mittelalters bestanden im heutigen Diözesanbereich etwa 330 Seelsorgestationen als Pfarren und Vikariate (heute 423). Dazu kamen allerdings zahlreiche andere Posten: Schloßkaplaneien, die zumindest für das Burgpersonal zuständig waren, sodann Priester an Filialen und vor allem sehr viele Benefizien. Mit Abstand die meisten Benefizien wurden in Krems gestiftet. Allein an der Pfarrkirche gab es 16 Benefizien, an der Frauenbergkirche fünf und im übrigen Krems weitere sieben (oder neun) Kaplaneien. Sie entstanden zum größten Teil im 14. und 15. Jahrhundert. Auch Stein, Tulln, Gobelsburg, Waidhofen an der Ybbs, Scheibbs und Haag waren mit Benefizien ausgestattet. Stifter der Benefizien waren häufig Bruderschaften. Die Hochschätzung der Messe führte auch zur Stiftung von Frühmesserstellen, wie sie für Krems, Dobersberg, St. Andrä vor dem Hagenthale, Markersdorf und Loosdorf belegt sind.

Innerhalb des Klerus zeichnete sich eine deutliche soziale Differenzierung ab. Die ergiebigeren Pfründen blieben zumeist dem Adel vorbehalten. Daneben gab es ein ausgesprochenes Klerikerproletariat. Für dieses stehen die zahlreichen Vaganten – Kleriker, die bettelnd oder fordernd durch die Gegend zogen und darauf warteten, zur Weihe zugelassen zu werden, wenn eine Pfründe frei wurde.

Es verstärkte sich im Klerus auch die Tendenz, sich in Bruderschaften zusammenzuschließen. Man versprach sich davon eine Hebung des spirituellen Niveaus. In spätmittelalterlicher Zeit ging es dabei aber vor allem um das Gedenken an die verstorbenen Mitglieder. Solche Bruderschaften bestanden in Krems (ab 1330), Totzenbach (Allerheiligenbruderschaft, 1378), Döllersheim (um 1361), Weitra (1395) und Ferschnitz (1457).

Das religiöse Leben

Der mittelalterliche Mensch strebte nach der Einheit und Harmonie von Welt und Glaube. Die Zünfte der Handwerker waren nicht bloß Standesvertretung und Sozialhilfe, sondern auch religiöse Bruderschaften, die ihre eigenen Meßstiftungen oder Altäre in den Kirchen hatten. Sie traten bei kirchlichen Veranstaltungen, etwa bei den Fronleichnamsprozessionen, geschlossen auf. Für St. Pölten ist die Reihenfolge der Zünfte überliefert, nach der sie mitzogen.

Neben den Zünften oder Zechen gab es auch rein religiöse Bruderschaften, die meist als Gottleichnamsbruderschaften oder Bruderschaften Unserer Lieben Frau gegründet wurden. Das Fronleichnamsfest hat Papst Urban IV. 1264 für die gesamte Kirche vorgeschrieben; es breitete sich aber erst im 14. Jahrhundert allgemein aus.

Irgendwie hängen damit die Heiligblutlegenden zusammen. Eine solche Legende ist auch für Heiligenblut bei Weiten überliefert. Derzufolge soll 1411 ein Jude, der zu Pferde kam, eine Hostie aus der Weitener Kirche geraubt haben. In Heiligenblut aber sträubte sich das Pferd, und Roß und Reiter verschwanden. An dieser Stelle wurde dann die Ursprungskapelle errichtet. Hier zeigt sich auch die Abneigung, ja Feindseligkeit gegen jene, die nicht in der christlichen Gesellschaft integriert waren: 1420 kam es dann auch zur großen Judenvertreibung durch Herzog Albrecht V. Er handelte nicht aus religiösen Motiven, ihm ging es nur ums Geld der Juden. Die Aversionen des Volkes wußte er aber doch zu nutzen.

Bezeichnend für die Frömmigkeit dieser Zeit sind auch die zahlreichen Prozessionen und Wallfahrten. Neben den Prozessionen, die aus der Liturgie stammen, gab es noch Flurprozessionen, bei denen aus den vier Evangelien gesungen wurde, sowie die Prozession zur Mutterkirche oder zwischen zwei Pfarren wechselweise zum Kirchweihtag.

Wallfahrten waren sehr beliebt. Immer wieder pilgerten Menschen zu den großen Stätten der Christenheit: nach Jerusalem, Rom, Santiago de Compostela in Nordwestspanien und nach Aachen und Köln. In Mitteleuropa bildeten sich Mariazell und St. Wolfgang als wichtige Pilgerziele heraus. Auch im heutigen Diözesanbereich entstanden Wallfahrtsorte, die allerdings meist nur lokale Bedeutung hatten: Annaberg an der Pilgerstraße nach Mariazell ab 1337, die Wallfahrt auf den Sonntagberg ab 1440. Kleinere Wallfahrten führten nach Lunz und Randegg. Kurzfristig ging auch nach St. Pölten eine Wallfahrt, von der auch eine Art Mirakelbuch erhalten ist. Im Waldviertel dürften die wichtigsten Wallfahrtsorte Schönbach, Maria Laach, Gobelsburg und die „Biri"-Kirche in Sallapulka gewesen sein. Auch nach St. Wolfgang, St. Marein, Unserfrau, Rafingsberg bei Windigsteig und St. Thomas bei Kühbach im heutigen Truppenübungsplatz Allentsteig führten Wallfahrten. Ebenso waren die meisten Klosterkirchen Wallfahrtsziele. Von geringerer Bedeutung waren die Wallfahrten zu verschiedenen heiligen Brunnen.

Neben der Marienverehrung blühte der Heiligenkult auf; besonders die Verehrung des heiligen Wolfgang nahm einen neuen Aufschwung. Gern wurden auch die Vierzehn Nothelfer angerufen. Wie man überhaupt in den Heiligen weniger das Vorbild suchte als deren Wundertätigkeit bestaunte.

Im Mittelalter spielten das Totengedächtnis und das Gebet für die Verstorbenen stets eine große Rolle. Der Friedhof rund um die Kirche war ein Zeichen der Christianisierung. Daher haben sich nur bis ins 10. Jahrhundert Friedhöfe gefunden, die anders angeordnet waren (bei Zwentendorf, Pottenbrunn, Wieselburg); vermutlich sind sie von während der

Ungarnzeit zugewanderten Slawen angelegt worden. Bei der hohen Sterberate dieser Zeit war der Friedhof bald zu klein, so daß die Grabstellen wieder verwendet werden mußten. Die dabei zutage getretenen Knochen wurden in Beinhäusern oder in Gewölben unter der Kirche beigesetzt. Diese Beinhäuser oder Karner sind vorwiegend in den österreichischen Ländern und in Ungarn bezeugt und meist zweigeschoßig; der obere Teil wurde als Kapelle ausgestaltet. Karner errichtete man vom Ende des 12. Jahrhunderts bis zum Beginn des 16. Jahrhunderts. Ein Großteil fiel dem Reformeifer Kaiser Josephs II. zum Opfer.

Mit der Sorge für die Toten sind auch zahlreiche Stiftungen verbunden. Um 1500 erhalten fast alle Testamente eine diesbezügliche Bestimmung. Meist handelte es sich um eine Anzahl von Messen, eine Wochenmesse, ein ewiges Licht oder eine Gebetsstiftung. Diese „Seelgeräte", wie man solche Stiftungen nannte, hatten eine Häufung der Messen zur Folge. Die Hochschätzung der Messe führte damals jedoch auch zu einer Verkennung ihres Charakters, da sie immer mehr als ein zählbares gutes Werk verstanden wurde.

Doch auch für die Lebenden wurde gesorgt. So waren die Bruderschaften und Zechen eine Art Versicherung, indem die Mitglieder einander im Notfall beistanden. In praktisch allen Städten entstanden auch Spitäler, wobei auch die Klöster welche betrieben. Es waren das nicht Krankenhäuser in unserem Sinne, sondern in ihren Anfängen Herbergen für Reisende. Im Spätmittelalter entwickelten sie sich immer mehr zu Altenheimen, in die sich Bürger zurückzogen oder auch Plätze für ihre Dienstboten einkauften. Mit dem Spital war auch meist eine Kapelle verbunden, wo eigene Benefiziaten angestellt waren. Das Spital selbst galt als eine religiöse Stiftung. Die Spitäler der Klöster St. Pölten und Göttweig gehören zu den ältesten Einrichtungen dieser Art in Österreich (um 1130). Vor 1300 entstanden die Spitäler zu Zwettl, Ybbs, Krems (1212), Waidhofen an der Ybbs (1274) und wahrscheinlich auch in Tulln. Etwas jünger sind die Spitäler in Langenlois, Weitra (1340), Waidhofen an der Thaya, Horn, Eggenburg, Melk, Traismauer, Pöchlarn, Kilb und Spitz.

Ein weiteres Zeugnis der Frömmigkeit des Spätmittelalters ist der rege Kirchenbau. Während aus dem 12. und 13. Jahrhundert vor allem im Waldviertel romanische Kirchenbauten erhalten sind, kam es im 15. Jahrhundert zu einer intensiven Bautätigkeit der Spätgotik. Die Bauhütte von Steyr strahlte weit nach Niederösterreich aus. Es entstanden die großartigen Neubauten von St. Valentin, Haag, Weistrach, Krenstetten, Amstetten, Steinakirchen, Gresten, Purgstall, Scheibbs, Petzenkirchen, die Melker Pfarrkirche, Kilb und eine große Zahl anderer Kirchen, die um- oder neu gebaut wurden. Zumeist handelt es sich um Staffelkirchen, also dreischiffige Kirchen, bei denen die Seitenschiffe etwas niedriger sind als das Hauptschiff. Der großartigste gotische Kirchenbau aber ist sicherlich die Stiftskirche von Zwettl. Sie ist im wesentlichen schon im 14. Jahrhundert errichtet worden, die Einflüsse aus Frankreich bei den Zisterziensern sind nicht zu übersehen. Von der reichen Innenausstattung der Kirchen dieser Zeit ist wenig auf uns gekommen; sie fielen den Modernisierungen des Barock zum Opfer. So haben sich nur wenige gotische Altäre erhalten, wie jener von Maria Laach, Schönbach und der wohl aus der Göttweiger Stiftskirche stammende herrliche Altar in Mauer bei Melk (um 1515), der allerdings schon in die Renaissance weist.

Während im Hochmittelalter der Adel mit seinen Ministerialen und der höhere Klerus die Gesellschaft beherrschten, entwickelte sich im Spätmittelalter auch die Bürgerschaft zu einer eigenen Kraft. Mit ihren Stiftungen nahm sie auch auf das Kirchenwesen Einfluß, da sie bei der Verwaltung des Stiftungsgutes ein Mitspracherecht verlangte. Das führte zur Trennung von Kirchenpfründe und Pfarrpfründe. Die Kirchenpfründe oder -lade, auch Kirchenzeche genannt, wurde meist vom Pfarrer und zwei Zechpröpsten verwaltet, die das Pfarrvolk vertraten. Ähnlich war es auch bei den Bürgerspitälern, die zwar auch meistens vom Pfarrer verwaltet wurden, worauf aber die Bürger ebenfalls Einfluß nahmen. Einfluß seitens der Bürger auf das Schulwesen bestand nur bei der städtischen Lateinschule in Krems-Stein, die auf das 13. Jahrhundert zurückgeht. Der Schulmeister lebte aber von der Pfarre. Ansonsten enstanden bereits im 14. Jahrhundert zahlreiche Pfarrschulen. Gegen Ende des 15. Jahrhunderts dürfte es in allen größeren Pfarren solche Schulen gegeben haben, deren Schüler auch als Kirchensänger fungierten.

So reich das kirchliche Leben des Spätmittelalters auch war, so gab es doch Schattenseiten. Die Passauer Bischöfe konnten immer weniger ihr Amt zur Geltung bringen. Zum Teil lag das an den Doppelwahlen, zum Teil aber auch daran, daß die Habsburger das Staatskirchentum mehr und mehr förderten. Auf der Pfarrebene beschnitten die Patronatsherren zusehends den bischöflichen Einfluß auf die Pfarrbesetzungen. Ein bedeutsamer Teil der Pfarren war zudem den Klöstern inkorporiert und oft auch den Visitationen der Dechanten entzogen. Seit etwa 1300 wurde auch am Bestand der Dekanate nichts geändert, die viel zu groß waren. Am besten funktionierte noch das Wiener Offizialat. Wenn es auch zahlreiche Seelsorgestellen und eine große Menge Klerus gab, so war damit keineswegs auch eine gute Seelsorge gesichert. Dafür war der Klerus zu ungleich verteilt, da er sich an den größeren Orten häufte, die ländlichen Gebiete aber, besonders im Voralpengebiet, eher schlecht durchorganisiert waren.

Ein echtes Übel bedeutete das Vikariatsunwesen. Vor allem die ertragreichen Pfarren wurden an Passauer Domherren oder an landesfürstliche Beamte vergeben, die sich einen Vikar verzahlten, der dann die Pflichten erfüllen sollte. Im höheren Klerus gab es ausgesprochene Pfründenjäger, die nicht nur mehrere Pfarren und Kanonikate, sondern auch einfache Benefizien innehatten. So kam es, daß manche Pfarren jahrzehntelang nur durch Vikare versorgt wurden, die – schlecht bezahlt – auch nur mittelmäßige Arbeit leisteten. Besonders betroffen waren davon Krems, Tulln und Raabs, aber auch die Kanonikate von Ardagger – praktisch jede Pfründe konnte so vereinnahmt werden. Dadurch vertiefte sich freilich die Kluft zwischen dem reichen höheren und dem sehr armen niederen Klerus.

V DAS ZEITALTER DER GLAUBENSKÄMPFE

Die Reformation: Der Verfall des Katholizismus; Der Protestantismus auf dem Höhepunkt; Katholische Reformversuche – Die Gegenreformation: Das Wirken Melchior Klesls; Widerstand gegen die Gegenreformation; Die Krise der Gegenreformation; Das Ende des Protestantismus – Die katholische Erneuerung: Neue Orden; Die alten Klöster – Zeit der Wirren: Bauernrevolten; Der Dreißigjährige Krieg; Der Türkensturm von 1683

Um 1500 erscholl der Ruf nach einer Reform sowohl des Reiches als auch der Kirche: Kaiser Maximilians Versuch einer Reichsreform blieb jedoch ohne größere Wirkung, weil die Stände auf ihre Rechte nicht verzichten wollten. Die dringende Reform der Kirche aber scheiterte am Desinteresse der Päpste und der Bischöfe.

Sosehr es auch eine persönliche Frömmigkeit gab, so bestand doch eine Entfremdung zwischen Volk und kirchlicher Leitung. Besonders ärgerlich war der Passauer Bischofsstreit der Jahre 1479 bis 1482, auf den schon weiter oben eingegangen wurde. In dessen Verlauf haben sich die beiden Parteien nicht nur gegenseitig exkommuniziert, sondern der Streit hat Passau auch auf Jahrzehnte hinaus in Schulden gestürzt und zum Verlust der Stadt St. Pölten geführt. Überhaupt dürfte um diese Zeit der Höhepunkt der mittelalterlichen Blüte schon überschritten gewesen sein, und zwar auch in anderer Hinsicht. So klagt 1511 Bischof Wiguleus Fröschl (1500–1517) dem Kaiser, daß in seiner Diözese – sie umfaßte 927 Pfarren und Vikariate – nicht weniger als vierzig Pfarren „verödet" seien, also nicht besetzt waren. Es dürfte demnach damals schon ein Rückgang an Seelsorgern eingesetzt haben.

Die Reformation

Die Reformation wurde durch Martin Luther ausgelöst und betrieben. Sein Erfolg ist aber nur erklärbar, weil die Zustände tatsächlich nach Reformen riefen. Überraschend schnell erreichten Luthers Ideen auch Niederösterreich. Ab 1519 kam es zur Verbreitung lutherischer Schriften. Auf den Reichstagen war auch der österreichische Adel vertreten und lernte dort Anhänger Luthers kennen. Der Adel sollte für die Reformation große Bedeutung erlangen.

Es gab einige Fakten in der Lehre Luthers, die besonders faszinierten. Dazu gehörte seine Rechtfertigungslehre allein aus dem Glauben, wie er sie verstand. Der Kampfruf lautete: Predigt des „reinen und lauteren Evangeliums". Dadurch fielen eine Reihe liebgewordener Gewohnheiten, die schon bis zum Mißbrauch gediehen waren, wie die Ablässe, die

Heiligenverehrung und die Vermächtnisse für die Kirche als gute Werke. Fasziniert hat auch die Forderung Luthers, daß die (Pfarr-)Gemeinde selbst die Organisation und Verwaltung des Pfarrlebens in die Hand nehme. In den Städten fühlte sich das selbstbewußte Bürgertum dazu berufen, auf dem Lande repräsentierte der Patronatsherr die Gemeinde, weniger die Bevölkerung. Die Forderungen bezogen sich daher anfangs eher auf die Neugestaltung des Gottesdienstes und der Predigt in einer reformierten Gemeinde denn auf das reformatorische Bekenntnis.

Zwar gibt es schon in den frühen zwanziger Jahren Zeugnisse für solche Forderungen oder von antiklerikalen Ereignissen (Mautern, Weißenkirchen in der Wachau, Waldhausen im Waldviertel), doch sind die Nachrichten so bescheiden, daß daraus keine umfassenderen Schlüsse gezogen werden können. Zweifellos aber übte Luther einen gewaltigen Einfluß aus. Auch in Österreich erhofften sich viele eine Erneuerung des kirchlichen Lebens von ihm. Um diese Zeit dachte allerdings noch niemand an eine Kirchenspaltung.

Der Verfall des Katholizismus

Während es in Norddeutschland, in einer Reihe süddeutscher Städte und in der Schweiz rasch zur Bildung protestantischer Gemeinden kam, verhinderte in Österreich Ferdinand I. (seit 1521 Landesfürst, 1531 König, 1556–1564 Kaiser) diese Entwicklung. Da er bei der Übernahme der Herrschaft in Österreich auf Widerstände stieß und nur langsam im Lande Fuß fassen konnte, wird seine Abneigung gegen jede revolutionäre Bewegung auch von diesem Aspekt her verständlich. Trotz wiederholter Forderung gestattete er dem Adel nicht, die Reformation in den Pfarren einzuführen. Das hielt den Verfall der Kirche jedoch auch nicht auf. Denn die Ideen Luthers wurden auch so immer wirksamer.

Ein erster Einbruch erfolgte bei den geistlichen Stiftungen. Wie schon gesagt, enthielt um 1500 praktisch jedes Testament irgendeine fromme Widmung. Nach 1525 nahmen die Stiftungen deutlich ab und verloren sich nach 1535 praktisch ganz. Der Grund lag nicht in der Verarmung der Bevölkerung, sondern in der Überzeugung, daß solche „guten Werke" keinen Nutzen haben.

Die Türkenkriege von 1529 und 1532 taten dann ein übriges. Nach der Schlacht bei Mohács 1526 war Ferdinand auch König von Ungarn geworden, und Österreich hatte nunmehr die Türken zu Nachbarn, die sich damals gerade auf dem Höhepunkt ihrer Expansionsbestrebungen befanden. Erzherzog Ferdinand mußte rüsten, das Land aber war durch die Politik Kaiser Maximilians schwer verschuldet. Er forderte daher zunächst die Hälfte der goldenen und silbernen Kirchenschätze, um den Krieg finanzieren zu können. Damals ging ein Großteil der mittelalterlichen Goldschmiedekunst verloren. Als dann 1529 die Türken gegen Wien marschierten, erhielt der Landesfürst vom Papst die Genehmigung, den vierten Teil des Kirchenvermögens einzuziehen. Klöster und Pfarren mußten nun Teile ihres Vermögens bzw. ihrer Güter versetzen oder verkaufen. Kirchliches Vermögen wurde beansprucht, weil es ja den „Erbfeind der Christenheit" abzuwehren galt. Wien konnten die Türken nicht nehmen, doch das Land südlich der Donau wurde schrecklich heimgesucht: Es sollen bei 100.000 Menschen getötet oder verschleppt worden sein. Die Akindschi, leichte Reiterei, verheerten das Land, plünderten, brannten Häuser nieder, verschleppten oder töteten die wehrlose Bevölkerung und vergriffen sich natürlich auch an den Kirchen. So zerstörten sie die Kirche in Tulbing, das Franziskanerkloster auf dem Riederberg, wo das Noviziat der Provinz untergebracht war und alle Bewohner den Tod fanden, Michelbach, Rohrbach, Kirchstetten. Aber auch weiter im Westen wüteten sie. In Biberbach wurden 43 Menschen ermordet und die Kirche niedergebrannt. Als sie die Kirche in Strengberg plündern wollten, bekamen sie durch das Rasseln der ablaufenden Kirchenuhr Angst und flohen. Nicht minder schadensreich war der Einfall im Jahre 1532. Nachdem sie Ybbsitz niedergebrannt hatten, erlitten sie allerdings durch die Bürger und Schmiede von Waidhofen am 8. September eine Niederlage. Der Rest der „Renner und Brenner" wurde im Wienerwald vernichtet.

Durch die Türkeneinfälle kam auch das Pfarrsystem zu Schaden, da seine Bestiftung verlorenging. So blieb Michelbach bis 1704 unbesetzt. Einige Pfarren kamen ganz ab (Kirchstetten, Kreisbach) oder wurden von anderen Pfarren betreut oder von den Stiften aus versorgt.

Probleme mehr geistiger Natur schuf die Bewegung der Wiedertäufer, die in manchem schwärmerische Züge trug. Sie traten erstmals 1525 in Zürich auf und verwarfen die Kindertaufe. Vor allem unterschieden sie sich von anderen durch ihre Gemeindebildung, die bald die Tendenz zu einem christlichen Kommunismus zeigte. Hans Hut predigte 1527 in Melk und soll 200 Anhänger gefunden haben. Dies allein weist schon auf die große religiöse Verunsicherung dieser Zeit hin. Erzherzog Ferdinand griff gegen die Täufer hart durch. 1528 wurden in Melk zwei Täufer hingerichtet, die anderen kehrten zur Kirche zurück. Insgesamt sollen in Niederösterreich 103 Hinrichtungen stattgefunden haben. Die Motive für dieses radikale Vorgehen, dem sich 1529 auch die protestantischen Fürsten anschlossen, liegt wohl weniger in der besonderen religiösen Eigenart, die sicherlich auch eine Rolle gespielt haben wird, als vielmehr in der Gefahr für das bestehende Gesellschaftssystem. Die Täufer nahmen das Evangelium durchaus ernst und vertraten, ähnlich den Waldensern, die Auffassung von der sozialen Gleichwertigkeit aller Menschen.

Auch die Rebellion der Bauern des Jahres 1525, die allerdings weniger in Niederösterreich als in den westlichen Ländern zum Tragen kam, verunsicherte die Gesellschaft. Abgesehen von Südtirol, war es eher ein ohnmächtiges Aufbäumen der Bauern gegen ihre geistlichen und weltlichen Herren. In Melk rebellierten auch die Bürger gegen das Stift. Doch wurden sie, wie auch die Bauern, die gegen ihre Grundherrschaften, die Stifte Lilienfeld, Seitenstetten und Zwettl, aufstanden, bald niedergeworfen.

Zu alldem kamen ständig Schriften Martin Luthers und anderer Reformatoren, die durch Buchführer verbreitet wurden und das ganze herkömmliche Kirchensystem in Frage stellten.

Bis etwa 1552 kann zwar keine äußere Protestantisierung im Sinne einer Neuordnung der Gemeinden festgestellt werden, doch schritt der Verfall des kirchlichen Lebens rasch fort. Es gab in kurzer Zeit immer weniger Priester, und auch die Zahl der Konventualen in den Klöstern sank ständig. Zugleich ging auch der religiöse Eifer und das Niveau des Klerus zurück. Vor 1518 gab es trotz gewisser Mißstände doch noch ein relativ gut funktionierendes Kirchenwesen; mit dem Auftreten der reformatorischen Ideen brach es aber fast zusammen, ohne daß zunächst etwas Neues aufgebaut wurde.

Erzherzog Ferdinand, der eindeutig zur Kirche stand, ohne aber ein Fanatiker zu sein, versuchte durch verschiedene Maßnahmen dem Übel zu steuern. So verbot er den Handel mit lutherischen Büchern, verordnete eine Reihe von Visitationen und bemühte sich um fähige Bischöfe für seine Residenzstadt Wien. Alle diese Maßnahmen hatten aber nur beschränkten Erfolg. Die Tendenzen der Zeit liefen den Katholiken eindeutig zuwider. So zeigte die sorgfältig durchgeführte Visitation des Jahres 1544 einen erschreckenden Rückgang an Priestern auf. Etwa 60 Prozent der Seelsorgestellen waren unbesetzt, vor allem die Stellen der Hilfspriester und der kleinen Benefizien. Die Pfarren waren zur Not noch besetzt, wenn auch nicht mehr alle. Schwer vom Rückgang waren auch die Klöster betroffen, deren Personalstand zumeist halbiert war. Besonders hart traf es die Klöster der Bettelorden, die sich zum Großteil bald auflösten. Doch auch das Stift Göttweig war in eine arge Krise geraten: 1532 hatte es acht, 1556 gar nur mehr ein Mitglied. Der Konvent von St. Andrä an der Traisen ging 1543 an der Pest zugrunde. Die Pest hatte auch andere Klöster heimgesucht, etwa St. Pölten, wo von 24 nur sechs Stiftsmitglieder übrigblieben.

Trotz der nach außen hin noch katholischen Landschaft war die Situation doch schon viel weiter gediehen, als die Visitation vermuten ließ. Der Rückgang beim Klerus und in den Klöstern hing sicher mit der allgemeinen Ablehnung und dem Verlust des Ansehens des geistlichen Standes zusammen. Der Herren- und der Ritterstand sympathisierten zum überwiegenden Teil mit der Reformation. Ihre Motive dürften – neben den nicht meßbaren religiösen Gründen – im Bedürfnis nach einer Machterweiterung aufgrund des Patronats- und Vogteirechtes über das Kirchenwesen gelegen sein. Dazu kam eine latente Opposition gegen den Landesfürsten, der bei seinem Regierungsantritt den Einfluß der Landstände auszuschalten suchte. Daher drängten die Stände auch immer intensiver auf die Freigabe der protestantischen Predigt, also die Reform des Kirchenwesens in dem Sinne, daß die Pfarren dem bischöflichen Einfluß entzogen würden. Ferdinand widerstand dem aber.

Inzwischen aber war es im Reich zu einem folgenschweren Umschwung gekommen. Kaiser Karl V. besiegte zwar 1547 die protestantischen Fürsten des Schmalkaldischen Bundes, konnte aber seinen Erfolg nicht nützen. Sein Bruder König Ferdinand mußte 1552 den Passauer Vertrag und 1555 den Augsburger Religionsfrieden schließen. Darin wurde den Reichsfürsten das Reformationsrecht zugestanden. Das alles hat zwar rechtlich die österreichischen Länder nicht betroffen, doch gab die Niederlage des Kaisers dem Protestantismus ungeheuren Auftrieb. Zwischen 1552 und 1560 erreichte er in Niederösterreich den Durchbruch, auch wenn er noch immer nicht anerkannt war. Die Visitation von 1561 zeigte den großen Unterschied zu der von 1544. Es war zum totalen Verfall des Zölibats gekommen, und auch in den Klöstern gab es mehrfach Konkubinarier, darunter auch Äbte und Pröpste. Wenn allerdings Statistiken über die Kinder in den Klöstern erstellt werden, so läßt sich an einzelnen Beispielen unschwer feststellen, daß dabei auch die Kinder der verheirateten Angestellten mitgezählt wurden. Beim Weltklerus galt die Eheschließung als normal, sie wurde stillschweigend geduldet.

Um diese Zeit setzte das Klostersterben ein. Die Klöster in Tulln (Minoriten, 1543), Stein (Minoriten, 1556), die Franziskanerklöster von Eggenburg (1549), St. Pölten (1563) und Langenlois (vor 1575) sowie das Dominikanerkloster zu Krems (1556) lösten sich auf. Auch die meisten Frauenklöster fanden mangels Personal ein Ende. 1556 mußten die restlichen fünf Schwestern des Göttweiger Konvents nach St. Bernhard bei Horn übersiedeln, doch schied auch dieses Kloster 1580 aus. Die letzte Oberin des Klarissinnenklosters in Dürnstein heiratete 1561. Das Ybbser Zisterzienserinnenkloster zum Heiligen Geist schloß 1572 seine Pforten und wurde dem Wiener Königskloster inkorporiert. Das älteste Frauenkloster, die Benediktinerinnenabtei Erla, erlosch 1583. Die Dominikanerinnen zu Tulln und Imbach überlebten diese kritische Zeit. Das Pernegger Kloster starb 1551 und wurde mit der Zeit von Stift Geras aus als Männerkloster aufgebaut. Diese Klöster starben aus, weil es keinen Nachwuchs gab, sich die Insassen verliefen oder – wie bei den Bettelmönchen – die materiellen Grundlagen fehlten.

Zugleich wandte sich die Bevölkerung immer mehr von der katholischen Lehre ab. Zunächst macht sich das in den Städten und größeren Märkten bemerkbar. Bald schon gingen die Studenten nicht mehr an die Wiener Universität, sondern nach Wittenberg. Aus Waidhofen an der Ybbs sind bereits 1525/28 und aus Ybbs seit 1545 Studenten in Wittenberg nachweisbar. In Waidhofen war es Gewohnheitsrecht, daß der Stadtrat den Vikar nominierte, die Pfarre selbst hatte meist ein Freisinger Kanoniker inne. Ähnlich war die Situation in Krems, wo der Passauer Bischof den Bürgern die Auswahl des Vikars gestattete. Bei den Bürgern aber überwog schon die protestantische Gesinnung. So kam es in Krems, Waidhofen, Tulln, Stein und in einer Reihe anderer Orte dazu, daß zwar katholisch geweihte Priester zu Benefiziaten oder Vikaren bestellt wurden, diese jedoch mit der neuen Lehre sympathisierten und nur formell katholisch blieben. Es ist für diese Zeit kaum festzustellen, ob der jeweilige Priester katholisch war oder bereits der Augsburger Konfession anhing. Vielleicht war es manchem selbst nicht klar, da er einfach den Tendenzen der Zeit folgte und in Predigt und Liturgie protestantische Bräuche aufnahm. Es gab aber auch ausgesprochen überzeugte Protestanten im Klerus, die sich bewußt von der katholischen Kirche losgesagt hatten und sie bekämpften. Auch die adeligen Patronatsherren suchten auf ihre Pfarren Priester entsprechender Gesinnung zu präsentieren. Während der Regierungszeit Kaiser Ferdinands (gest. 1564) kam es aber zu keiner echten Gemeindebildung. Er versuchte vielmehr noch immer die Einheit der Kirche in seinen Ländern zu wahren. So erreichte er 1564 die Genehmigung des Papstes für den Empfang der Kommunion unter beiderlei Gestalt, weil diese Art des Kommunionempfanges „wie Christus eingesetzt“ eine besondere Anziehungskraft ausübte.

Der Protestantismus auf dem Höhepunkt

Auf Ferdinand I. folgte dessen Sohn Maximilian II. als Kaiser und österreichischer Landesfürst (1564–1576). War Ferdinands Bekenntnis unbestritten katholisch, so läßt sich das von Maximilian nicht mit derselben Gewißheit sagen. In seiner Jugend neigte er eher der Reformation zu; an die Macht gekommen, gab er sich zwar katholisch, doch blieb seine Haltung unbestimmt. Vielleicht wünschte er wirklich eine „gottselige Vergleichung der Religionen“, trachtete er gerade aus der Position dessen, der über den Konfessionen steht, nach religiösem Frieden und weitgehender Einheit trotz aller Gegensätze.

1568 gab er jedenfalls dem Drängen der Landstände nach, erließ die Religionskonzession und präzisierte sie 1571 in der Religionsassekuration. Darin gewährte er diesen „in allen Schlössern, Häusern und Gütern (doch ausser Unser Städt und Märkt) für sich und ihr Gesinde und ihre Zugehörigen, auf dem Lande aber, und bei ihren ihnen gehörigen Kirchen zugleich auch für ihre Untertanen“ den Gebrauch ihrer Agenda, also der Gottesdienstordnung. Wenn der Kaiser auch auf eine spätere Wiedervereinigung hoffte, so bereitete er damit doch der Teilung des Volkes in zwei Konfessionen den gesetzlichen Weg.

Unter den „zugehörigen Kirchen“ sind die Patronatskirchen des Adels zu verstehen. Somit war ein großer Teil der Pfarren der bischöflichen Jurisdiktion schlagartig entzogen. Südlich der Donau stand ungefähr ein Fünftel der Pfarren unter herrschaftlichen Patronaten, im Waldviertel fast ein Drittel. Die anderen Pfarren waren landesfürstlich, bischöflich-passauisch, hatten geistliche Patronate (Klosterpfarren) oder waren Vikariate. Tatsächlich aber führt diese Statistik in die Irre, da die herrschaftlichen Patronatspfarren meist klein waren. Die protestantischen Herren und Ritter legten die Assekuration zu ihren Gunsten weiter aus und beanspruchten auch das Reformationsrecht bei ihren Vogteikirchen. Das war häufig bei Vikariatskirchen der Fall, bei denen nunmehr das Präsentationsrecht der Pfarrer verlorenging und die nun selbständige Pfarren wurden. So entstanden im 16. Jahrhundert einige Pfarren wie etwa die ehemaligen Vikariate von Steinakirchen, nämlich Gresten und Lunz, oder von Weitra aus Gmünd und St. Martin. Jedenfalls entglitten dem Bischof wesentlich mehr Pfarren, als es aufgrund der Assekuration sich ergeben hätte. Die Vogteiherren übten auf die Pfarrer einen entsprechenden Druck aus. Doch war der katholische Klerus zu dieser Zeit auch nicht auf der Höhe, sondern zeigte zahlreiche Mißstände – und dies nicht nur den Zölibat betreffend, der damals praktisch abgekommen war. Aber selbst in bischöflichen (Amstetten, Krems) und landesfürstlichen Pfarren (z. B. Ybbs) gelangte der protestantische Gottesdienst zur Geltung, und auch in Klosterpfarren gab es ähnliche Zustände. Selbst die ausländischen Hochstifte und Klöster setzten auf ihren Pfarren oft ungeeignete Kandidaten ein oder beugten sich dem Druck der Bevölkerung. Statistische Aussagen über die Konfessionszugehörigkeit für diese Zeit sind aus diesem Grund problematisch. Der überwiegende Teil war sicherlich protestantisch. Freilich gab es auch Pfarren, in welchen zwar die Predigt der äußeren Form und oft auch dem Inhalt nach protestantisch war, die sich aber noch immer katholisch hielten. Einige Pfarrer blieben überhaupt katholisch. Um 1580 werden daher für Niederösterreich drei Viertel bis vier Fünftel Protestanten angegeben.

In den protestantisch dominierten Pfarren, besonders dort wo der Patronatsherr Protestant war, bildete sich ein lutherisches Gemeindesystem heraus, das sich von etwa 1570 bis 1620 ungestört entfalten konnte. Das sind immerhin fast zwei Generationen. Zwar besaßen die Protestanten einige ausgezeichnete Prädikanten, doch war auch sehr viel Durchschnitt darunter und nicht selten zweifelhafte Elemente, wie eben im katholischen Klerus auch. Unter den Prädikanten gab es viele, die wegen innerkonfessioneller Streitigkeiten ihren Posten im Reich verloren hatten. Dazu gehörten die Flacianer, die aus Sachsen ausgewiesen wurden, weil sie konsequent Luthers Erbsündenlehre vertraten und so Unruhe unter den Prädikanten auslösten. Dies zeigte sich besonders bei der Visitation des Jahres 1580. Die Prediger rekrutierten sich anfangs aus ehemaligen katholischen Priestern und Mönchen, später waren es überwiegend Leute, die nicht aus Österreich stammten. Da es nie gelang, ein Landeskirchentum zu schaffen, blieb die Organisation stets etwas unsicher und hing immer vom Kirchenherrn ab. Unbestreitbar erwarb sich das protestantische Kirchenwesen Verdienste um eine Verbesserung des Schulwesens.

Natürlich erhebt sich die Frage, wie in so kurzer Zeit sich der Großteil der Bevölkerung von der katholischen Kirche abwenden konnte, wenn es auch nicht von heute auf morgen geschah. Manche Patronatsherren, wie die Jörger von Tollet, die in Niederösterreich zahlreichen Besitz hatten, gaben ausdrücklich die Weisung, daß die katholischen Bräuche weitgehend beizubehalten seien. Es kam also zu keiner plötzlichen Umstellung. Das entsprach übrigens auch den Intentionen Kaiser Maximilians II. Zugleich aber gab es einen lebhaften Flugschriftenstreit und auch recht heftige Auseinandersetzungen zwischen den Predigern der verschiedenen Konfessionen, die sich nun mehr und mehr zu trennen begannen.

Maximilian II., immer noch auf eine „gottselige Vergleichung" der Konfessionen hoffend, hatte von den evangelischen Ständen verlangt, daß sie eine Agenda erstellten. In ihr sollten der Gottesdienst, die Sakramentenspendung und die übrigen Zeremonien möglichst der katholischen Gewohnheit angepaßt sein. Die Stände beriefen den Theologen David Chyträus, Universitätsprofessor in Rostock, der auf dem Schloß der Kirchberger in Spitz gemeinsam mit dem führenden niederösterreichischen Prädikanten Christoph Reuter die geforderte Agenda ausarbeitete und 1571 durch die Stände auch drucken ließ. Doch wurde sie keineswegs allgemein angenommen. Manche Patronatsherren erstellten für ihre Pfarren eigene Agenden, wie etwa die Puchheimer für Horn. Andere Prädikanten bedienten sich der Veit-Dietrichschen Agenda. Auch gelang es nicht, eine zentrale Behörde zu schaffen. Jeder Kirchenherr bestellte selbst seinen Prediger, der ein festes Gehalt aus dem eingezogenen Kirchenvermögen erhielt. Dadurch war er zwar alle Sorgen wegen der Abgaben der Bauern los, wurde aber zum bloßen Angestellten des Schloßherrn. Dieser bestimmte auch meist die theologische Richtung.

Um die verschiedenen Strömungen auf eine Linie zu bringen, luden die protestantischen Stände 1580 den Rostocker Professor Lukas Bacmeister nach Niederösterreich ein, daß er hier die Prediger visitiere. Die Prädikanten wurden nach Landesvierteln an vier verschiedene Orte geladen. Für das Waldviertel fand die Visitation auf dem Schloß der Puchheimer in Horn statt. Es kamen 64 Prediger. Auf der Schallaburg bei Loosdorf fanden sich 35 Prediger des Viertels ober dem Wienerwald ein.

Diese Zahlen entsprechen keineswegs der Zahl der lutherischen Pfarren. Von manchen Orten waren nämlich der Schloßprediger und der Pfarrer anwesend, es fehlten aber auch viele Prediger, weil sie entweder der Patronatsherr nicht schickte oder das Patronat in katholischen Händen lag und sie daher nicht kommen durften. Die Visitation erreichte nicht das gewünschte Ziel einer theologischen Einigung. Trotzdem gewann die Reformation immer mehr an Anhängern.

Katholische Reformversuche

So trist die Lage der katholischen Kirche in Österreich auch war, es fehlte doch nicht an Reformversuchen. Ferdinand holte 1542 erstmals Jesuiten nach Wien; Petrus Canisius errichtete 1553 ein Studienkolleg. In seinen späteren Jahren ließen die Anstrengungen des Kaisers aus politischen Rücksichten nach, doch erwirkte er die Erlaubnis des Papstes zur Gestattung des Laienkelches. Mit dieser Maßnahme wollte man den Protestanten entgegenkommen. Sie erwies sich als überholt, da inzwischen die Art des Empfanges der Kommunion zu einem Unterscheidungsmerkmal der Konfessionen geworden und der Laienkelch daher für eifrige Katholiken schon suspekt war.

Unter Kaiser Maximilian II. (1564–1576) war an eine Verbesserung nicht zu denken. Der Kaiser ließ zwar 1566 eine Klostervisitation durchführen, die zu dem Resultat kam, daß das „ganze Klosterwesen zum Verderb gestellt sei". Ein Ergebnis davon war die Errichtung des Klosterrates, einer Art Kirchenministerium. Nach seinen Bestimmungen sollte er die landesfürstlichen Patronatsrechte gegenüber den Klöstern und Pfarren wahrnehmen. Tatsächlich aber griff er immer mehr in das kirchliche Leben ein und sorgte dafür, daß die Klöster neue Zwangsdarlehen leisten mußten. Insofern bestand ein Interesse, die Klöster zu erhalten. Unter den Klosterratsbeamten befanden sich auch Protestanten, die naturgemäß wenig an einem guten klösterlichen Leben interessiert waren.

Als äußerst positiv erwies sich aber die Gründung eines Alumnates im Jahre 1576 in Wien, das die Jesuiten leiteten. Aus ihm ging bald eine neue Priestergeneration hervor, die als „päpstliche Alumnen", wie sie genannt wurden, den Grundstein zur religiösen Erneuerung Österreichs legten. Dieses Alumnat war eine unmittelbare Folge des Konzils von Trient (1545–1563), das ansonsten nur langsam zur Geltung kam.

So erbrachte die aufgrund der Salzburger Provinzialsynode von 1559 durchgeführte Befragung der katholischen Pfarrer ein negatives Ergebnis. 1576 hielt Bischof Urban von Passau (1561–1598), ein eifriger Kämpfer für die kirchliche Erneuerung, in seiner Bischofsstadt eine Diözesansynode ab, in der die Abschaffung aller beweibten Pfarrer, die Kommunion unter einer Gestalt und die Zahlung eines Beitrages zum neuen Wiener Alumnat verlangt wurden. In den anschließenden Dekanatssynoden stießen diese Forderungen aber auf Ablehnung.

Eine echte Änderung trat aber doch mit dem Jahr 1576 ein. Als neuen Kaiser wählten die Kurfürsten Rudolf II., den Sohn Maximilians II. Es gelang nur, weil die protestantischen Fürsten uneinig waren, die Katholiken aber bereits eine geschlossene Front bildeten. Rudolf war in Spanien streng katholisch erzogen worden und setzte in Niederösterreich seinen Bruder Erzherzog Ernst zum Statthalter ein (1576–1594). Damit begann die Gegenreformation. Ihre Stützen waren am Hof der Reichshofrat Georg Eder und auf seiten der Kirche, neben dem Passauer Bischof Urban von Trenbach, Melchior Klesl.

Die Gegenreformation

Das Wirken Melchior Klesls

Melchior Klesl wurde 1552 als Sohn eines protestantischen Bäckermeisters in Wien geboren. Der Jesuit P. Georg Scherer führte ihn zum katholischen Glauben. Mit achtzehn Jahren wurde er päpstlicher Alumnus bei den Wiener Jesuiten, 1579 Priester. Schon 1580 ernannte ihn Bischof Urban zum Offizial und Generalvikar für das Diözesangebiet unter der Enns.

Ein Urteil über Klesl ist nicht leicht. Er war gewiß ein überaus fähiger Mann, der treu zur Kirche stand und sich unerschrocken einsetzte. Zudem war er ein gewaltiger Prediger und darin den sich in Zänkereien verlierenden Prädikanten überlegen. Er besaß auch ausgezeichnete diplomatische Fähigkeiten, die ihn schließlich zum Politiker werden ließen. Seit 1599 Kanzler des Erzherzogs Matthias, wandte er sich mehr von den kirchlichen Anliegen ab. Wegen seiner einflußreichen Position beim Kaiser wurde er 1618 gestürzt.

Seine Tätigkeit als Reformator begann er in den bischöflichen Pfarren. Er setzte ungeeignete Pfarrer ab und brachte an ihre Stelle tüchtigere. Mitunter pflegte er unfähige Pfarrer für einige Zeit einzukerkern, damit sie sich besserten. Auf diese Art reformierte er in Tulln, Mautern, Stein und mit weniger Erfolg in Krems. Er dehnte seine Tätigkeit auch auf Pfarren mit geistlichem und landesfürstlichem Patronat aus, wobei er allerdings mit dem Klosterrat mehrfach in Konflikt kam. So griff er auch in Langenlois, Gars, Raabs und Pöchlarn ein. Der jeweiligen Bevölkerung predigte er und nötigte ihr dann das Versprechen ab, in Hinkunft katholisch zu leben. Er war nicht zimperlich, aber auch nicht gewalttätig. In Mautern etwa ließ er einige Bürger, die das Versprechen nicht ablegen wollten, für einige Wochen einsperren. Ausweisungen oder andere Polizeimaßnahmen vermied er jedoch. Es ist klar, daß er damit nur eine äußere Rekatholisierung erreichen konnte; die Nacharbeit mußten die Pfarrer leisten. Er erreichte auch 1585 ein kaiserliches Generalmandat, das die Rückkehr zum katholischen Glauben in den landesfürstlichen Städten und Märkten forderte. Es wurde später um die Bestimmung erweitert, in den Städten nur Katholiken den Kauf von Häusern zu gestatten. Wenn sich auch viele diesen Geboten fügten, so zeigte es sich doch, daß der Protestantismus in der Bevölkerung bereits tief verankert war. Es kam zu Protesten und Bittgesuchen, die aber abgelehnt wurden. Wo der evangelische Gottesdienst abgeschafft wurde, gingen die Menschen zum nächsten Prädikanten. Als besonders bitter wurde die Verweigerung des christlichen Begräbnisses empfunden, zumal auch schwere Strafen darauf standen, wenn man den Leichnam in einen protestantischen Ort brachte. Die nach wie vor überwiegend protestantischen Herren und Ritter versuchten es ebenfalls mit Petitionen, doch wurden sie immer mehr aus den Regierungsämtern hinausgedrängt, so daß sie an Einfluß verloren.

Ebenso heftig war der Streit um die Patronatsrechte und Vogteien, da ja der Adel über die Vogtei auch in Pfarren eingriff, wo er an sich kein Reformationsrecht hatte. Dagegen blieben die Verhältnisse in den klar protestantischen Patronatspfarren unangetastet.

Klesl griff auch in das darniederliegende Klosterwesen ein, wobei er sicherlich öfters seine Kompetenzen überschritt. Bezeichnend für die Zeitumstände ist sein Vorgehen in Zwettl. 1581 starb der dortige Propst Johannes Zenonian, der verheiratet war und seine Frau zur Erbin einsetzte. Klesl verbot den Vollzug des Testaments mit der Begründung, die Propstei sei eine katholische Pfründe und die Hausfrau des Propstes aber nur als dessen Haushälterin zu betrachten. Als Propst setzte er seinen Freund Ulrich Hackl ein. Bis 1586 wirkte er so als Stadtpfarrer von Zwettl. In diesem Jahr wurde er aber als Weltpriester zum Abt des Zisterzienserstiftes berufen, dem er bis zu seinem Tode 1607 erfolgreich vorstand.

Besonders kritisch war die Lage des Benediktinerstiftes Göttweig, das ohne Konvent dastand und praktisch nur als Wirtschaftskörper existierte. Die Prälaten von Altenburg, Herzogenburg sowie der Schotten wählten 1564 den Melker Prior Michael Herrlich zum Abt. Das Stift war schwer verschuldet und sollte deswegen versteigert werden. Durch Verkäufe und Verpfändungen konnte er das Ärgste abwenden. Langsam gelang es ihm, wieder einen Konvent aufzubauen. Da richtete ein Brand 1580 das Kloster zugrunde. Doch auch dieser Schicksalsschlag wurde überwunden. Langsam konnten die Stiftspfarren wieder mit, wie es damals hieß, „gelehrten, qualifizierten exemplarischen Priestern“ besetzt werden, obwohl 1594 der Pest 14 Konventmitglieder zum Opfer fielen.

Das Stift Seitenstetten hielt sich lange relativ gut. Doch 1568 mußte Abt Elias Portschens abgesetzt werden, der später vom katholischen Glauben abfiel. Noch ärgerlicher war die Affäre des Abts Michael Bruckfelder (auch: Gurkfelder, 1570–1572), der die Ziehtochter des Prädikanten von Sindelburg heiratete und deswegen abgesetzt wurde. In der Folge war er Pfarrer in Petzenkirchen, auch um die Pfarre Ybbs bewarb er sich. Schließlich landete er als Prädikant in Kirchberg an der Pielach und brachte es bis zum Senior der lutherischen Pastoren im Viertel ober dem Wienerwald. Unter Abt Christoph Held (1572–1602) erholte sich das Stift wieder rasch; es konnte trotz der widerstrebenden Vogteiherren seine Pfarren wieder besetzen.

In Melk holte Abt Caspar Hofmann (1587–1623) das Stift aus seinem Tief. Die Pfarre Melk wurde zwar vom Passauer Bischof verliehen, war aber weitgehend protestantisch geworden. Die vom Bischof bestellten Pfarrer trugen meist den Wünschen der Bevölkerung Rechnung, Abt Urban Perntaz (1564–1587) ließ eher die Zügel schleifen. Sein Nachfolger Caspar Hofmann griff als Grundherr auch in das konfessionelle Leben des Marktes ein und wies die Protestanten aus.

Diese Klöster, die nun langsam wieder auflebten, bezogen ihren Nachwuchs zum überwiegenden Teil aus dem süddeutschen Raum. Dabei blieb es auch bis etwa 1650. Die Bettelorden hingegen verstärkten sich vor allem mit Italienern.

Widerstand gegen die Gegenreformation

Wie wenig tief die bisherigen Erfolge gingen, zeigt am besten das Beispiel Gresten. Die Zinzendorfer auf Niederhausegg (heute Schloß Stiebar) hatten die Grundherrschaft inne und entzogen dem Pfarrer von Steinakirchen das Vikariat und setzten Prädikanten ein. 1585 übernahm der katholische Hans Wilhelm von Schönkirchen die Herrschaft, der den Jesuiten P. Georg Scherer nach Gresten zur Rekatholisierung einlud. Scherer veröffentlichte im nächsten Jahr eine Schrift über die wunderbare Bekehrung der Herrschaft Hausegg zum katholischen Glauben. Doch schon 1587 kehrten die Zinzendorfer wieder auf die Herrschaft zurück: Gresten wurde wiederum protestantisch und blieb es bis 1628. Wie fest der neue Glaube Wurzel geschlagen hatte, bewiesen die zahlreichen Auswanderungen aus der Pfarre anläßlich der zweiten Rekatholisierung.

Dramatischer verlief die Rekatholisierung in Waidhofen an der Ybbs, das dem Bischof von Freising gehörte. Dort setzte die Gegenreformation erst 1586 ein. 1590 kam es zu schweren Tumulten, dem Stadtrat entglitt die Führung. Damit aber war der Vorwand zur Rekatholisierung gegeben. Wegen der harten Maßnahmen wanderten in den folgenden Jahrzehnten zahlreiche Bürger aus, so daß die Stadt einen merklichen Teil ihrer Wirtschaftskraft verlor.

In den meisten Pfarren aber handelte es sich um einen hinhaltenden Widerstand. Ein Teil der Bevölkerung ignorierte den katholischen Gottesdienst, es begann das „Auslaufen" in andere Kirchen oder Schloßkapellen, um dem gewohnten „Religionsexerzitium" nachgehen zu können. Der größere Teil aber beugte sich den ständigen Strafen wegen Nichtteilnahme an Prozessionen oder Verweigerung der katholischen Sakramente. Doch hielten sie zunächst insgeheim an ihrem Bekenntnis fest.

Bezeichnend ist auch die Situation in der bedeutendsten Stadt dieser Zeit, in Krems. Die Bürgerschaft hatte sich bald der neuen Lehre zugewandt. Der Stadtrat ernannte Lutheraner zu Benefiziaten, und der katholiche Pfarrer hatte einen schweren Stand. Krems war landesfürstliche Stadt, die Pfarre bischöflicher Verleihung. 1578 verlangte der Landesfürst die Entfernung des Prädikanten Johann Matthäus, der Stadtrat nahm aber bald darauf einen neuen auf. 1582 griff dann Offizial Klesl ein. Er forderte die Rückgabe der Frauen(Piaristen-) und Spitalskirche, der Schule und der Benefizien. Doch mehrere Kommissionen erreichten nichts. Auf Drängen Klesls schaltete sich 1584 Erzherzog Ernst ein und drückte die katholische Ordnung durch. Dabei bediente er sich auch Mitteln der Gewalt, wie der vorübergehenden Verhaftung einzelner Ratsmitglieder und Bürger. 1586 predigte Klesl selbst in Krems und setzte dort durch längere Zeit P. Georg Scherer ein. Es gab zwar gewisse Erfolge, doch blieb ein kräftiger Stock der Bevölkerung bei der lutherischen Lehre, besuchte weder Gottesdienst noch Predigt, sondern lief zu den Prädikanten der Umgebung aus. Als dann 1589 kaiserliche Kommissäre in Krems erschienen, um endgültig die „Reformation", wie man die Gegenreformation auch nannte, zu vollenden, kam es zu Tumulten unter der Bevölkerung, die sich erst nach dem Einrücken von 300 Landsknechten legten. Daraufhin verlor 1593 die Stadt ihre Freiheiten, nachdem sie mit einer Geldstrafe belegt worden war. Systematisch wurden auch die Ratsherrenposten mit Katholiken besetzt. Erst 1614 erhielt die Stadt wieder ihre Freiheiten zurück. Doch noch 1619 entsandte Krems zur Huldigung Kaiser Ferdinands II. zwei protestantische Ratsherren nach Wien. Allerdings hatten sich in der Zwischenzeit die politischen Zustände geändert.

Die Krise der Gegenreformation

Bis etwa 1608 gelangte die Gegenreformation in allen landesfürstlichen Städten und Märkten sowie in den meisten Pfarren mit landesfürstlichem oder geistlichem Patronat zu einem gewissen Abschluß. Auch wandte sich bereits eine kleine Zahl von Herren und Rittern, die am Höhepunkt der Reformation zu 90 Prozent Protestanten waren, der katholischen Kirche zu. Eine tiefere Rekatholisierung erfolgte allerdings nur in kleinen Schritten und dauerte noch lange an. In den Pfarren mit evangelischen Patronatsherren blieb die Religionsausübung unangetastet.

In den Türkenkriegen zeigte sich immer mehr, daß Kaiser Rudolf II. wegen zunehmender geistiger Umnachtung als Herrscher nicht mehr geeignet war. Seine Brüder beschlossen daher, Erzherzog Matthias an seine Stelle zu setzen. Die katholischen Herren und Ritter hielten aber an Rudolf fest, so daß sich Matthias mit den protestantischen Landständen verständigen mußte. Wegen eines Zwischenfalles schlossen sich diese im ersten Horner Bund zusammen und erzwangen von Erzherzog Matthias 1609 die „Religionskapitulation“. Es war eine Bestätigung der Religionsassekuranz von 1571, erlaubte aber zusätzlich das Auslaufen aus katholischen Pfarren. Auch sollten wieder Protestanten als Beamte aufgenommen werden.

Es ist klar, daß damit der Protestantismus neuerlich Auftrieb erhielt. Doch war das katholische Leben bereits so weit gestärkt, daß sich die Erneuerung nicht mehr einbremsen ließ. Um 1610 lag der Anteil der Katholiken beim Adel um 20, um 1620 bei 25 Prozent. 1612 starb Kaiser Rudolf, und auf ihn folgte Matthias (gest. 1619), der aber die Regierung ganz Klesl überließ. Da die katholischen Landstände die Religionskapitulation nicht anerkannten, kam sie nicht im erwarteten Maße zum Tragen. Die protestantischen Stände wurden deswegen immer ungehaltener und legten dem Kaiser, einem eher unfähigen Mann, ständig ihre Forderungen vor.

Das Ende des Protestantismus

Wegen des Wiedererstarkens des Katholizismus im Reich spitzte sich die Situation immer gefährlicher zu. Kaiser Matthias blieb ohne direkten Erben, und es erhob sich daher die Frage der Nachfolge. Obwohl Matthias kaum handlungsfähig war, versuchte Kardinal Klesl (1616 kreiert) eine Abdankung zugunsten Ferdinands II. von der Steiermark zu verhindern. Inzwischen brachen in Böhmen die aufgestauten Spannungen los. Die Revolte setzte mit dem Prager Fenstersturz am 23. Mai 1618 ein und führte zur Bildung einer eigenen Adelsregierung in Böhmen und Mähren. In dieser konfusen Lage beseitigten die Brüder des Kaisers den Kardinal. Sie verhafteten Klesl am 23. Mai 1618 (bis 1622 in Tirol, dann in Rom, 1623 freigelassen, 1627 wieder Bischof von Wien, gest. 1630). Kaiser Matthias starb am 20. März 1619, Ferdinand trat seine Nachfolge in der ganzen Monarchie an. Ein böhmischer Angriff im Juni 1619 blieb erfolglos. Ferdinand erreichte dagegen am 28. August die Wahl zum Kaiser. Zwei Tage zuvor aber hatten die böhmischen Stände Friedrich V. von der Pfalz zum König von Böhmen gewählt. Da Ferdinand nicht bereit war, den protestantischen Ständen Niederösterreichs die Bestätigung ihrer Religionsprivilegien zuzusagen, zogen sich die Stände wiederum nach Horn zurück. Dort warben sie wieder Truppen an und begannen Verhandlungen mit den böhmischen Rebellen. Doch gelang es Ferdinand im Frühjahr 1620, die protestantischen Landstände zu spalten, indem er ihnen freie Religionsausübung versprach. Daraufhin huldigte ihm ein beträchtlicher Teil. Der Rest aber wandte sich immer mehr den Böhmen zu. Die Sache wurde durch die Schlacht am Weißen Berg bei Prag zugunsten Ferdinands entschieden (8. November 1620). Der hatte schon vorher die niederösterreichischen Verweigerer geächtet. In der Folge wurden ihre Güter konfisziert und sie zum Teil des Landes verwiesen. Besonders betroffen waren Adelige der nördlichen Landesviertel, wie die Puchheimer auf Horn, Wildberg und Weinern. Auch die Stadt Horn wurde durch Einquartierungen schwer belastet.

Mit den Konfiskationen gingen den Protestanten eine Reihe von Pfarrpatronaten verloren. So kaufte Stift Lilienfeld aus den Gütern der Jörger Kreisbach, Araburg und Bergau, womit es zur Pfarre Kaumberg kam.

So setzte sich die Gegenreformation im ganzen Land durch. Durch die Erfolge im Dreißigjährigen Krieg gestärkt, erließ Kaiser Ferdinand II. am 14. September 1627 ein Patent, indem er die Ausweisung aller protestantischen Prediger und Schulmeister anordnete. Zugleich wurden alle Patronatsherren verhalten, katholische Pfarrer zu präsentieren. Damit war zwar das evangelische Kirchensystem in Niederösterreich zerschlagen, die Bevölkerung aber noch lange nicht katholisch. Auch blieb noch immer ein beachtlicher Teil der Herren und Ritter protestantisch, wenngleich sie immer mehr von den höheren Stellen hinausgedrängt wurden. Nach und nach wandten sich einzelne Familienmitglieder der katholischen Kirche zu; am längsten blieben Zweige der Kornfail auf Würmla und der Auersperg auf Purgstall protestantisch (bis um 1730).

Da sich der Protestantismus in den ehemals evangelischen Patronatspfarren erhielt, ordnete Kaiser Ferdinand II. ab 1630 mehrere Visitationen an, die aber zu keinem Ergebnis führten. Sein Sohn Ferdinand III. (1637–1657) versuchte es nach Beendigung des großen Krieges mit neuerlichen Visitationen (1652). Beim Westfälischen Frieden waren die habsburgischen Länder von der dort beschlossenen recht engen Toleranz ausgenommen worden.

Im Waldviertel leitete die Visitation Abt Benedikt Leiß von Altenburg gemeinsam mit dem kaiserlichen Kommissär Joachim von Windhaag. Sie waren von Truppen begleitet und reisten das ganze Gebiet ab. Es wurde jeweils die Bevölkerung von mehreren Pfarren an zentralen Orten versammelt und dort „bekehrt". Es fanden sich in 140 Pfarren und 59 Filialen 77.319 Katholiken, 22.224 Neubekehrte und sieben aus dem Adel, die freiwillig zum katholischen Glauben zurückgekehrt waren. Die Neubekehrten stammten vor allem aus der Wachau und aus einzelnen Pfarren im westlichen Waldviertel. Daß diese Bekehrungen von keiner besonderen Tiefe waren, ergibt sich daraus, daß in den folgenden Jahren zahlreiche Menschen aus diesen Gebieten nach Franken auswanderten.

Im Viertel ober dem Wienerwald hatte der Protestantismus niemals diese Bedeutung erlangt. Hier leitet Abt Matthias von Lilienfeld die Kommission, später der Propst von St. Andrä und Abt Gabriel von Seitenstetten. Schwierigkeiten gab es im Raum von Gresten, wo der Pfarrer berichtete, daß zur österlichen Beichtzeit die Bevölkerung sich in den Wäldern verliere. In Gresten kam es schließlich auch zu einer größeren Auswanderungsbewegung.

In der Folgezeit wurden alle, die nicht zu den Sakramenten kamen, mit kleinlichen Strafen belegt (Geld, Kirchenwachs) und so der Widerstand gebrochen: Niederösterreich war wieder katholisch. Doch blieb in einigen Gegenden der Widerwille gegen die Kirche lange aufrecht. Als 1683 die Türken einfielen, wurde das in manchen Gegenden als Strafe für die gewaltsame Rekatholisierung bezeichnet. Was aber an Protestantischem blieb, war ohne Bedeutung.

28
Plagenbild der Stadt Waidhofen/Ybbs. Ölgemälde, nach 1532

Dieses Bild hatte der Stadtrat zur Erinnerung an erlittene Plagen in Auftrag gegeben. Es zeigt im unteren Teil die Plagen – Heuschrecken, Sperlinge, Türken –, im oberen einen Begräbniszug mit Repräsentanten aller Stände und Christus, der den Verstorbenen wieder zum Leben erweckt: Symbol für das Ende der Not.

Der Erste Teil-
der Bücher vber etliche
Epistel der Aposteln.
D. Mart. Luth.
Wittemberg.

Gedruckt durch
Hans Lufft.
1552.

29
Lutherbibel aus Horn, wo sich durch mehr als fünfzig Jahre eine evangelische Gemeinde halten konnte

30
Balthasar Hubmaier.
Stich aus B. Raupach, 1738

Einer der bedeutendsten Vertreter des Täufertums, brachte er dessen Lehre auch nach Österreich, wo sie sich rasch verbreitete.

31
Lukas Bacmeister.
Stich aus B. Raupach, 1738

Der protestantische Theologieprofessor aus Rostock visitierte 1580 in Horn und auf der Schallaburg die evangelischen Prediger.

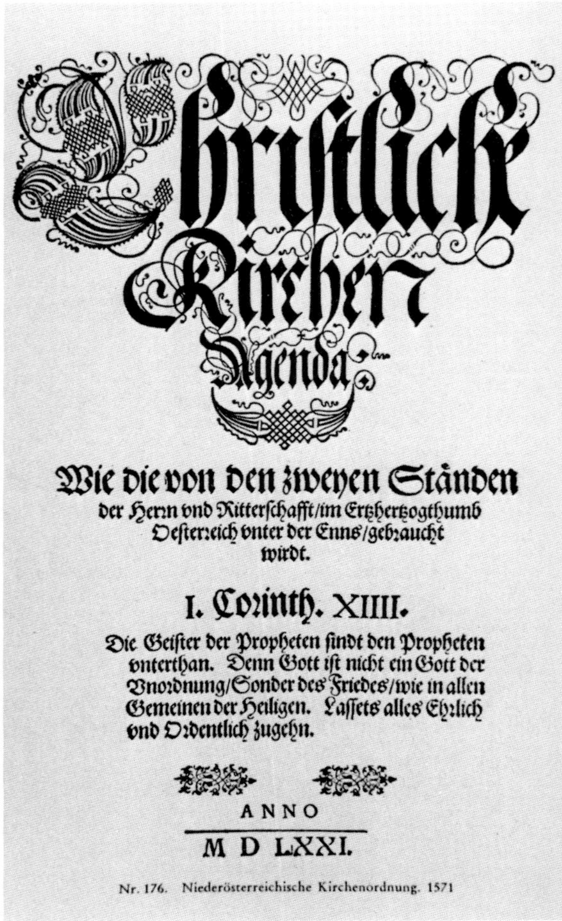
Christliche Kirchen Agenda

Wie die von den zweyen Ständen der Herrn vnd Ritterschafft/im Ertzhertzogthumb Oesterreich vnter der Enns/gebraucht wirdt.

I. Corinth. XIIII.

Die Geister der Propheten sindt den Propheten vnterthan. Denn Gott ist nicht ein Gott der Vnordnung/Sonder des Friedes/wie in allen Gemeinen der Heiligen. Lasset alles Ehrlich vnd Ordentlich zugehn.

ANNO

M D LXXI.

Nr. 176. Niederösterreichische Kirchenordnung. 1571

32
Titelblatt der Christlichen Kirchenagenda von 1571

Diese Kirchen- und Gottesdienstordnung, verfaßt von David Chyträus und Christoph Reuter, sollte die evangelischen Gemeinden Niederösterreichs einigen.

33
Petrus Canisius SJ (1521–1579), ein entschiedener Vorkämpfer für die katholische Erneuerung in Österreich

34
Kardinal Melchior Klesl (1552–1630). Ölbild, 18. Jh.
Er war die markanteste Persönlichkeit der Gegenreformation im Land unter der Enns.

35
Titelblatt des Verzeichnisses über die Visitationen im Waldviertel 1652–1654

Mit diesen Visitationen versuchte Kaiser Ferdinand III. die Rekatholisierung im Lande durchzusetzen. Das Titelblatt zeigt links unten den Kaiser, rechts unten den hl. Leopold.

36
Das Kirchentor von Hoheneich, das Ernst Freiherr von Kollonitsch vermauern ließ . . .

„Vermauert gewesene Kirchenthüre, welche sich am Feste Maria Geburt 1621 bey Ankommen der Wahlfahrer laut obige Urkunde von selbst geöffnet hat."

37
Die Absetzung des Stadtrates von Waidhofen/Ybbs am 9. 5. 1588 wegen Rebellion gegen den Bischof von Freising als Stadtherrn

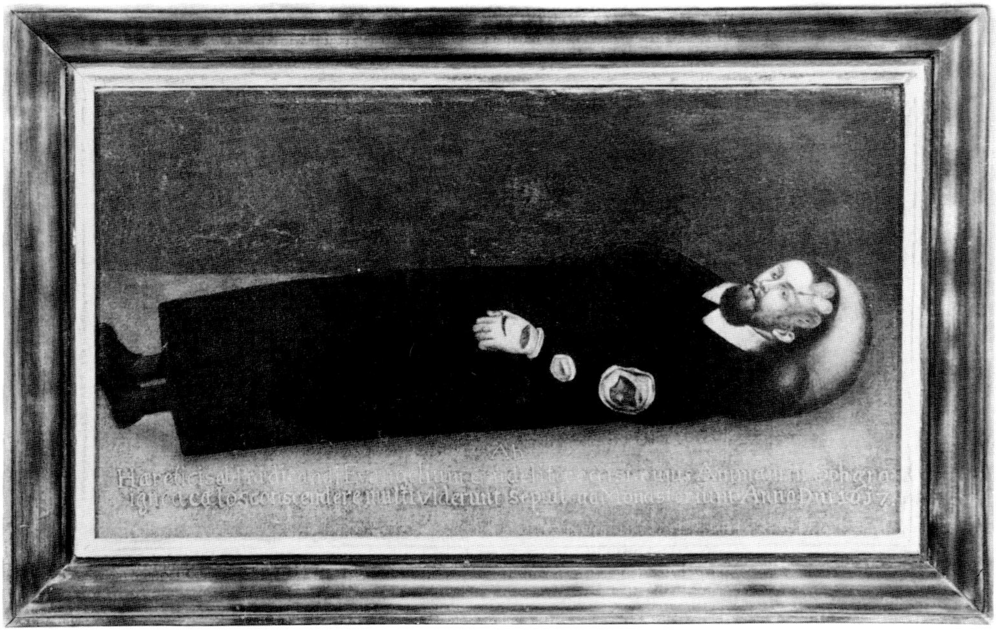

38
Pater Tabernitius als Märtyrer der Gegenreformation. Ölbild, 17. Jh.

Wie ein Vorspiel zu den blutigen Ereignissen des Dreißigjährigen Krieges erscheint der Tod des Benediktinerpaters aus Kleinmariazell und Pfarrverwesers von Inzersdorf/Traisen, der 1617 von protestantischen Weinhauern „zu Todt gehauen" wurde.

39

Sonntagberger Andachtsbildchen, 1. H. 18. Jh.

Beim Einfall 1532 wollten die Türken auch die Kirche auf dem Sonntagberg plündern. Nach der Sage scheuten jedoch ihre Pferde beim „Türkenbründl", so daß die Türken unverrichteter Dinge abziehen mußten. Daher gelobten auch 1683 zahlreiche Orte Wallfahrten oder Votivbilder auf den Sonntagberg.

40
Votivbild des Marktes Purgstall auf dem Sonntagberg, 1683

Der Markt blieb 1683 von den Türken verschont, während die umliegenden Häuser niedergebrannt wurden. Über der Szene der Sonntagberger Gnadenstuhl, links davon Maria und Josef, rechts der hl. Leopold und der hl. Petrus, Kirchenpatron von Purgstall.

41

Grund- und Aufriß der Fassade der ehemaligen Karmelitinnenkirche (Prandtauerkirche) in St. Pölten

Der Bau war 1712 vollendet, die Pläne stammen von Martin Wittwer und wurden von Jakob Prandtauer modifiziert ausgeführt.

42
Die Melker Stiftskirche

Das Stift Melk ist das Hauptwerk Jakob Prandtauers und der großartigste barocke Klosterbau Österreichs.

43
Prozessionsstangen der Maurerbruderschaft von Waidhofen/Thaya, 1767, mit den Pestheiligen Sebastian und Rochus

45
Stift Altenburg, Kuppelfresko der Stiftskirche von Paul Troger, 1733, mit Themen aus der Apokalypse

44
Stift Melk, Kolomanimonstranz von Joseph Moser, 1752

Reliquienmonstranz mit dem Unterkiefer des Heiligen

46
Kalvarienberg
zu St. Pölten,
Entwurf von
Franz Munggenast,
1746

47
Dreifaltig-
keitssäule
in Langenlois, 1713,
zur Erinnerung
an das Erlöschen
der letzten großen
Pestepidemie

48
J. D. Graf Kardinal Lamberg (1723–1761). Temperaminiatur auf Pergament

Lamberg war der bedeutendste Passauer Bischof des 18. Jh.s; er visitierte oft auch die niederösterreichischen Pfarren

49
Konferenz Josephs II. mit Pius VI. anläßlich der Wien-Reise des Papstes 1782. Zeitgenössischer Kupferstich von H. Löschenkohl

50
Kartause Gaming. Ölbild, um 1700
Sie fiel als eines der ersten Klöster der josephinischen Aufhebungswelle zum Opfer.

Natürlich stellt sich die Frage über die Berechtigung dieser Maßnahmen. Es lassen sich jedoch für diese Zeit nicht die Maßstäbe des heutigen Verständnisses von Toleranz anlegen. Zunächst war es ein Kampf des Hauses Habsburg um die Herrschaft in Österreich. Es setzte – von Maximilian II. abgesehen – eindeutig auf die katholische Sache, schon um sich innenpolitisch behaupten zu können. Es lag also im Interesse des Herrscherhauses, daß sich die katholische Kirche behauptete. Auch war die Zeit noch keineswegs für einen modernen Toleranzbegriff reif: Solange die Lutheraner im Aufwind waren, verlangten sie unbekümmert die Pflicht zur Predigt der neuen Lehre selbst von Kaiser Ferdinand I.; als sie in der Defensive waren, verlangten sie Toleranz. Dem stand noch immer das Bewußtsein gegenüber, daß die Bewohner eines Landes auch *einer* Religion sein müßten.

Die Niederlage des Protestantismus war aber auch in dessen eigener Schwäche begründet. Er konnte sich niemals auf eine einheitliche Lehre einigen und auch niemals eine Landesorganisation aufbauen. Zudem war der überwiegende Teil der Prediger nicht bodenständig, sondern kam aus dem heutigen Deutschland.

Einen wesentlichen Faktor stellte das Erstarken des katholischen Selbstbewußtseins in den Jahren nach 1580 dar. Allerdings lassen sich Gegenreformation (unter kräftiger Mitwirkung des weltlichen Armes) und katholische Erneuerung nicht säuberlich voneinander trennen. Die Wunden, die die Gegenreformation geschlagen hat, blieben; sie brachen im 19. Jahrhundert wieder auf.

Die katholische Erneuerung

Zwar gelangte das Reformkonzil von Trient in Österreich nur sehr langsam zur Geltung, doch ist in ihm und in den neuen Orden der Ausgangspunkt der katholischen Erneuerung zu sehen. Auf das Konzil geht auch die Errichtung des Wiener Alumnates zurück, dessen Absolventen Offizial Klesl als Pfarrer auf die Hauptpfarren brachte. Systematisch ersetzte er die verheirateten Priester (Klesl nannte sie immer „Konkubinarier") durch seeleneifrige zölibatere Priester.

Doch machte sich ein starker Priestermangel bemerkbar, weswegen so manche Pfarre von auswärts versorgt werden mußte. Es kam also zu einer Reduktion der Zahl der Pfarren gegenüber dem Spätmittelalter. Auch war die Religiosität noch nicht so weit wiederbelebt, daß aus dem Lande selbst genügend Priester hervorgingen. So stellten sich viele aus Schwaben und Südkärnten ein. Der Priestermangel hielt aber das ganze 17. Jahrhundert an, wenn sich die Situation auch laufend besserte.

Neue Orden

In den romanischen Ländern entstand im 16. Jahrhundert eine Reihe von neuen Ordensgemeinschaften, die während der Gegenreformation auch in Österreich tätig wurden. Hier war zumeist Wien der Ausgangspunkt.

Die Jesuiten kamen 1615/16 nach Krems und erhielten die Frauenkirche auf dem Berg zugewiesen. Dort bauten sie auch ihre Residenz und errichteten 1631 ein Konvikt zu ihrer schon bestehenden Schule. Diese Schule wurde sehr bedeutsam für die Heranbildung einer katholischen Elite. In der Stadt und ihrer Umgebung festigten sie das katholische Bewußtsein durch Theateraufführungen ihrer Schüler. Schon 1586 erhielten sie die Güter des aufgelassenen Zisterzienserinnenklosters in St. Bernhard bei Horn.

Die Piaristen wurden 1657 durch Graf Ferdinand Kurz nach Horn berufen, das lange Zeit eine protestantische Stadt war; nach 1620 wurde die Bürgerschaft praktisch ausgetauscht. Das Horner Piaristengymnasium erlangte überregionale Bedeutung, und bis 1751 unterhielt die Ordensgemeinschaft in Horn für ihre Kleriker auch eine theologische Lehranstalt. Auch die Piaristen pflegten das Theater, verwendeten dabei aber die deutsche Sprache und kamen so näher als die Jesuiten an das Volk heran.

Wegen ihrer humorvollen und witzigen Predigten vor allem beim einfachen Volk beliebt waren die Kapuziner, ein Reformorden der Franziskaner. 1614 ließen sie sich in Und, zwischen Krems und Stein, nieder. 1635 erhielten sie ein Kloster in Tulln, 1643 in Waidhofen an der Ybbs und 1649 in Waidhofen an der Thaya. 1677 bis 1681 entstand ihr Kloster in Scheibbs.

Neu in Österreich waren auch die Hieronymitaner, denen 1698 die Wallfahrtskirche in Schönbach übergeben wurde. Die Serviten sind zwar älter, kamen aber erst im 17. Jahrhundert nach Niederösterreich. 1644/45 übernahmen sie Langegg im Dunkelsteinerwald, zogen 1666 nach Schönbühel an der Donau und 1694 nach Jeutendorf. An allen Orten entwickelten sich Wallfahrten.

Doch auch die Franziskaner konnten ihre alten Klöster wieder beziehen. Schon um 1583 besetzten sie wieder ihr Kloster in St. Pölten, es folgten Langenlois und Eggenburg. Zu Neugründungen kam es in Neulengbach (1614/22) und Ybbs (1631), wo sie das Zisterzienserinnenkloster zum Heiligen Geist übernahmen. Die ihnen verwandten Minoriten belebten ebenfalls ihre Klöster in Stein und Tulln wieder. Nur kurzfristig war das Paulinerkloster in Unterranna unterbrochen, als im die Neudegger das Stiftungsgut entzogen; es wurde bereits 1572 wiederhergestellt, erlangte aber erst nach dem Aufkommen einer Wallfahrt (ab 1664) größere Bedeutung.

Wegen des Priestermangels waren diese Bettelordensklöster für die Aushilfen in den Pfarren von großer Bedeutung. Der zunehmende Sakramentenempfang erforderte an Konkurstagen einen erhöhten Einsatz von Priestern. Damals bürgerte es sich nämlich ein, an bestimmten Tagen, etwa zur Kirchweihe, zum Sakramentenempfang aufzurufen. Die Mühsal der täglichen Seelsorge blieb aber bei den Pfarrern.

Die alten Klöster

Zwar überlebten alle Männerklöster der alten Orden die Reformationszeit, doch machten sie eine Krise durch, die bei einigen fast zur Auflösung führte. Es gelang ihnen jedoch, die Krise relativ rasch zu überwinden. Eine Hilfe dabei waren die internationalen Beziehungen der Orden, die es möglich machten, aus anderen Ländern Verstärkung zu erhalten. Auch die Bettelorden verdankten ihre Wiederbelebung zunächst dem Zuzug von Mitgliedern aus den romanischen Ländern. Die Stifte bemühten sich vor allem um Nachwuchs aus dem südwestdeutschen Raum.

Am wichtigsten unter den Benediktinerklöstern wurde Melk. Aus der geistlichen Krise herausgeführt hatte es Abt Caspar Hofmann, der zugleich Sprecher des Prälatenstandes im Lande war. Sein Nachfolger Rainer von Landau (1623–1637) konnte die bereits von Abt Hofmann geplante Benediktinerkongregation ins Leben rufen (1625). Ihr gehörten bei der Gründung die Stifte Melk, Kremsmünster, Göttweig, Lambach, Schotten in Wien, Garsten, Altenburg, Mondsee, Seitenstetten, Gleink und Kleinmariazell an. Die Konföderation dehnte sich weit aus und umfaßte 1758 achtzig Ordenshäuser.

In Göttweig hatte Abt Michael Herrlich (1564–1603) das Kloster vor dem Ruin bewahrt; er gilt als dessen zweiter Gründer. Nach einer kurzen Krise bauten die Äbte Georg Falb (1612–1631), Gregor Corner (1631–1648) und Gregor Heller (1648 – 1669) die geistliche Gemeinschaft wieder auf und führten sie zu einer lang dauernden Blüte. Alle genannten Prälaten betätigten sich eifrig an der Rekatholisierung. Corner gab auch ein katholisches Gesangbuch heraus.

In Seitenstetten ging es schon unter Abt Christoph Held (1572–1602) aufwärts, besonders aber unter den Äbten Caspar Plautz (1610–1627) und Placidus Bernhard (1627–1648).

Altenburg hatte tüchtige Äbte in Thomas Zenner (1600–1618) und Benedikt Leiß (1648 bis 1658). Aus dem Stift Melk kommend, trat er vor allem als Reformationskommissär in Erscheinung.

Die Prämonstratenser zu Geras meisterten wohl die Nöte der Reformationszeit, doch hatte das Kloster schwer unter dem Dreißigjährigen Krieg zu leiden, so daß es nur langsam zur Blüte kam. Für Geras wurde Abt Benedikt Lachen (1625–1633) zum Wiederbegründer nach den ersten Kriegswirren, als das Kloster durch mehrere Jahre von den Insassen verlassen war. Das neue Männerkloster des Ordens in Pernegg konnte sich ebenfalls nur langsam entwickeln.

Der Wiederaufstieg der Zisterzienserklöster Lilienfeld, Zwettl und Säusenstein wurde stark von Heiligenkreuz beeinflußt. In Zwettl waren es nach Abt Ulrich Hackl (1586 bis 1607), der das Stift rettete, vor allem Johann Seyfried (1612–1625) und der Geschichtsschreiber des Klosters, Johann Bernhard Linck (1646–1671). Lilienfeld hatte seine große Äbtereihe in Ignaz Krafft (1622–1638), Cornelius Strauch (1638–1650) und Matthäus Kolweiß (1650–1690), der in vielfacher Hinsicht – als Reformator, Politiker und Türkenbekämpfer – hervortrat.

Auch die Chorherrenstifte St. Pölten, Herzogenburg, St. Andrä und Dürnstein erholten sich relativ rasch. Für St. Pölten war Propst Johannes Fünfleutner (1636–1651) der zweite Gründer. Allerdings lag das Kloster niemals ganz darnieder. Die beiden Kartausen Gaming und Aggsbach erlitten zwar im 16. Jahrhundert einen personellen und wirtschaftlichen Rückschlag, doch blieb der klösterliche Geist immer gewahrt, so daß sie sich im 17. Jahrhundert bereits wieder gut entfalten konnten.

Dagegen fanden die Kanonikatsstifte ein Ende. So wurde die Dechantei Kirnberg 1612 mit der Wiener Dompropstei vereinigt, Ardagger 1662 in eine Realpropstei umgewandelt. Der Propst bezog das ganze Einkommen des Stiftes und besoldete davon sechs Vikare, die die dortige Kirche und die Kirchen in Stephanshart, Kollmitzberg, Zeillern und Markt Ardagger betreuten. Seit 1550 verlieh der Landesfürst die Propstei Eisgarn, die ohne Kapitel war, an verdiente Persönlichkeiten; sie blieb aber bis zur Gegenwart bestehen. Die Propstei Zwettl überlebte (ebenfalls ohne Kapitel) trotz der mehrmaligen Plünderungen während des Dreißigjährigen Krieges, wurde aber im Jahre 1751 als erstes Opfer des aufkommenden Josephinismus aufgehoben und ihre Güter der maria-theresianischen Ritterakademie gewidmet.

Der Personalstand der Klöster wuchs allerdings nur langsam. Den Prälaten aber kam eine hervorragende Position in der Landesverwaltung zu, da sie häufig zu politischen Aufgaben herangezogen wurden. Immer mehr konnten sie auch wieder die Seelsorge in den inkorporierten Pfarren übernehmen, nachdem diese praktisch zusammengebrochen war.

Zeit der Wirren

Bauernrevolten

Nach den Einfällen der Türken 1529 und 1532 wurde das Land zwar längere Zeit nicht von feindlichen Truppen heimgesucht, doch lastete der permanente Türkenkrieg schwer auf der Bevölkerung. Klöster und Pfarren mußten immer wieder Anleihen gewähren oder direkte Kriegssteuern zahlen, ebenso die Herrschaften. Die Gutsherren hatten im 16. Jahrhundert zudem das Bedürfnis, ihre Schlösser großartig auszubauen und zu schmücken. Geistliche und weltliche Herren wälzten die Steuerlast auf die Untertanen ab. Besonders die Freiheiten der Bauern gingen ständig zurück, hingegen wuchsen die Belastungen.

1596 erhoben sich die Bauern des Mostviertels, doch griff der Aufstand bald auch auf das Waldviertel und das Tullnerfeld über. Mangels richtiger Organisation wurde der Aufstand 1597 niedergeschlagen. Wenzel Moraschky auf Litschau zog mit seiner Söldnertruppe durch das Land und ließ die Rädelsführer hinrichten.

In der Niederwerfung der Bauern waren sich die katholischen und die protestantischen Herren einig. Der niederösterreichische Aufstand hatte auch keine bestimmte konfessionelle Ausprägung. So wurde der Pfarrhof zu Ferschnitz geplündert, weil der dortige protestantische Pfarrer im Auftrag seines Herrn Reichard Streun auf Freydegg gegen die Bauern gepredigt hatte, in Steinakirchen die Pfarrkirche, die als katholisch galt. Ebenso wurde das Stift Lilienfeld von den Aufständischen ausgeplündert.

Der Dreißigjährige Krieg

Wenn auch dieser Krieg hauptsächlich in Deutschland wütete, so reichte er doch nach Österreich herein. Vor allem das Gebiet nördlich der Donau hatte unmittelbar unter den kriegerischen Ereignissen zu leiden. Zweimal kam es zu Einfällen: 1618/19 und 1645/46. Im Spätherbst 1618 fiel Graf Matthias Thurn im Waldviertel ein, bedrängte Weitra und Zwettl, die Klöster zu Zwettl und Altenburg wurden geplündert, Stift Geras niedergebrannt, die Altstadt von Drosendorf und Waidhofen erlitten das gleiche Schicksal. Überall erhoben die Truppen Kontributionen. Im Gefolge brachen Seuchen aus und forderten vor allem im Raum von Zwettl zahlreiche Opfer. Geras stand von 1620 bis 1626 öde.

Der Einfall der Schweden 1645/46 unter General Lennart Torstenson führte zur Einnahme von Stein und Krems. Dürnstein wurde niedergebrannt, ebenso Langenlois, und weite Teile des Waldviertels fielen Plünderungen zum Opfer, worunter auch die Kirchen und Pfarrhöfe zu leiden hatten.

Am meisten aber litt die Bevölkerung der Dörfer. Bei einer Bestandsaufnahme nach dem Krieg stellte sich heraus, daß im Waldviertel über ein Drittel der Häuser leer stand oder niedergebrannt war. Damit war auch ein starker Bevölkerungsverlust gegeben, der durch Zusiedler aus Salzburg und Bayern ausgeglichen wurde. Es betraf dies vor allem den Raum Zwettl – Altpölla – Allentsteig. Südlich der Donau wirkte sich der Krieg nur indirekt aus; er lastete mit Steuern, Einquartierungen und Lieferungen auf der Bevölkerung. Relativ glimpflich kamen das Ybbs- und das Erlauftal davon, da sie die Versorgung des Erzgebietes leisteten und daher von anderen Belastungen frei blieben.

Die Folge war eine allgemeine Verarmung der Bevölkerung. Dazu kam eine Reihe von Mißernten, hervorgerufen durch das Wetter und den Mangel an Zugtieren. Die geschwächte Bevölkerung litt zudem unter den ständigen Seuchen, die wegen mangelnder Widerstandskraft zahlreiche Opfer forderten. Am ärgsten wütete die Pest im Jahre 1679; sie bewirkte einen merklichen Bevölkerungsrückgang.

Die Erinnerung an den Schwedeneinfall wird heute noch durch die Schwedenkreuze im Waldviertel wachgehalten. Sehr wirklichkeitsnah war die ständige Bitte: „Vor Pest, Hunger und Krieg bewahre uns, o Herr!“. Als Pestpatrone gewannen die Heiligen Sebastian, Rochus und Rosalia immer größere Verehrung.

Der Türkensturm von 1683

Kaum hatte sich der Norden Niederösterreichs etwas erholt, fielen in den Sommermonaten des Jahres 1683 die Türken in das Gebiet südlich der Donau ein. Wie bei der Belagerung Wiens von 1529 wurde auch diesmal das flache Land bis zur Enns von leichten Truppen heimgesucht, deren Aufgabe es war, die Bevölkerung zu demoralisieren. Zwar konnten die „Renner und Brenner“ keinen befestigten Ort erobern, doch plünderten sie die offenen Ortschaften und Bauernhäuser oder brannten sie nieder. Die Menschen fühlten sich im Stich gelassen, da sich ihre Grundherren, darunter eine Reihe von Prälaten, nach Linz abgesetzt hatten. Mit Recht wurden Stimmen laut, die den Herren vorwarfen, ihre Schutzpflicht zu vernachlässigen. Der Abt von Lilienfeld und der Prior von Gaming leisteten allerdings mit ihren Untertanen heftigen Widerstand, sie konnten die Tataren von den oberen Tälern fernhalten. Bekannt ist auch die Verteidigung von Herzogenburg. Dagegen kam es im benachbarten St. Andrä zu einem fürchterlichen Gemetzel, als die Türken den Kirchturm stürmten, in den sich die Bewohner geflüchtet hatten. Ähnliche Szenen spielten sich in Tulbing, Pyhra, Steinakirchen und in vielen anderen Orten ab. Auch verlor das Land zahlreiche Menschen durch Verschleppung in die Sklaverei, darunter viele Kinder.

Natürlich wurden mit Vorliebe die Kirchen und Pfarrhöfe geplündert oder niedergebrannt, und einige Priester, derer die Türken habhaft wurden, fanden den Tod (St. Christophen, Pyhra, Randegg, Euratsfeld). Ende August konnten die Türken aus dem Viertel ober dem Wienerwald vertrieben werden. Am 12. September wurden sie bei Wien besiegt. Für lange Zeit war jede äußere Gefahr gebannt.

Noch heute erinnern Säulen und Kapellen an diesen kurzen, aber schmerzhaften Einfall. Wegen der Zerstörung zahlreicher Kircheneinrichtungen wurden nunmehr zunehmend Barockaltäre aufgestellt.

VI VON DER GEGENREFORMATION ZUR AUFKLÄRUNG

Die Diözesanverwaltung im 17. und frühen 18. Jahrhundert: Die Bischöfe; Das Passauer Konsistorium; Dekanate, Pfarren, Wallfahrtsorte; Die Blütezeit der Klöster – Die Anfänge des österreichischen Staatskirchentums – Die Kirchenpolitik Josephs II.: Die Klosteraufhebungen; Die Pfarrerrichtungen

Die Diözesanverwaltung im 17. und frühen 18. Jahrhundert

Die Bischöfe

Bischof Urban von Trenbach (1561–1598) war der letzte Bischof aus dem bayrischen Landadel. Von nun an dominierten die Habsburger direkt oder indirekt den Bischofssitz. Es war ihnen natürlich daran gelegen, dieses große Bistum, das zudem seinen Hauptteil in Österreich besaß, zu kontrollieren. Am leichtesten ging dies, wenn Familienmitglieder Bischöfe von Passau wurden.

Von 1598 bis 1664 hatten drei Erzherzöge des Hauses Habsburg den Bischofssitz inne, ohne jemals die Bischofsweihe empfangen zu haben. Zudem wurden sie jeweils bereits in früher Jugend zu Bischöfen. Erzherzog Leopold (1598–1625) wurde im Alter von elf Jahren zum Bischof ernannt, war aber ein sehr lebhafter und politisch unternehmungslustiger Kirchenfürst, der 1607 auch das Bistum Straßburg erhielt. 1625 legte er seine Ämter nieder und schied aus dem geistlichen Stand; er hatte ja niemals eine Weihe empfangen. Leopold Wilhelm (1625–1662) erhielt ebenfalls mit elf Jahren das Bistum, dazu auch Straßburg, 1629 Halberstadt, 1637 Olmütz und 1656 Breslau. Er war durchaus ein frommer Mann, der die religiöse Erneuerung eifrig förderte. Sein Nachfolger Erzherzog Karl Joseph starb aber schon nach zwei Jahren (1662–1664). Diese Anhäufung von Bistümern widersprach zwar den Bestimmungen des Trienter Konzils, half aber den Habsburgern, ihren Einfluß im auseinanderbrechenden Reich zu stärken.

Die folgenden Bischöfe waren keine Habsburger, doch erfolgte ihre Wahl immer unter österreichischem Einfluß. So Bischof Wenzeslaus von Thun (1664–1673), Sebastian von Pötting (1673–1689), der barocke Fürstbischof Johann Philipp von Lamberg (1689–1712), der eifrige Raymund Ferdinand von Rabatta (1713–1722) und Joseph Dominik von Lamberg (1723–1761).

Mit letzterem kam endlich ein Bischof auch wieder öfters nach Niederösterreich und hielt hier Visitationen ab. Allerdings war so eine Visitation wahrlich eine Heimsuchung, da der Bischof seinen ganzen Hofstaat mitbrachte.

Das Passauer Konsistorium

Für das kirchliche Leben blieben die Passauer Offiziale, die in Wien an der Kirche Maria am Gestade bis 1783 residierten, von größerer Bedeutung. Von 1639 an waren sie auch Inhaber der Pfarrpfründe von Tulln, in dessen Pfarrhof sie in den Sommermonaten ihren Sitz hatten. Seit Klesl (1580) regierten sie fast souverän den östlichen Diözesanteil. Nur die Bestätigung der Stiftsprälaten und die Vergabe der bischöflichen Pfründen behielt sich der Bischof vor. So erwies sich das Passauer Konsistorium zu Wien als eine recht nützliche und gut arbeitende Einrichtung.

Dekanate, Pfarren und Wallfahrtsorte

Eine Zwischeninstanz der Verwaltung und Gerichtsbarkeit bildeten die Dekanate. Bis ins 16. Jahrhundert dominierten die beiden Dekanate St. Pölten und Krems, die, durch die Donau getrennt, den größten Teil der heutigen Diözese umfaßten. Herein reichten im Westen das Lorch-Ennser Dekanat und im Nordosten das Dekanat Kirchberg am Wagram. Das 16. Jahrhundert brachte endlich eine Unterteilung, die sich aber zeitlich nicht genau feststellen läßt. Das St. Pöltner Dekanat zerfiel nunmehr in die Dekanate „auf dem Ybbsfeld", „an der Melk" und „auf dem Tullnerfeld". Zum Dekanat „an der Melk" gehörten auch noch die Pfarren Rohr am Gebirge und Schwarzau im Gebirge, die später zur Erzdiözese Wien kamen, während Kaumberg noch zum Dekanat Pottenstein gehörte. Eine Sonderstellung nahmen spätestens im 18. Jahrhundert die Pfarren und Kirchen der Kartause Gaming ein (Scheibbs, Gaming, Ruprechtshofen, Oberndorf, Texing und deren Nebenkirchen), die dem Prior von Gaming als Archidiakon unmittelbar unterstanden. 1660 kam Pöchlarn mit seinen Nebenkirchen Kleinpöchlarn, Holzern und Maria Taferl zum Dekanat Melk. Das Dekanat „auf dem Tullnerfeld" wurde nach 1666 in die Dekanate Traismauer (Pottenbrunn) und Königstetten (Ollersbach) geteilt.

Das Kremser Dekanat wurde um 1540 geteilt. Bei Krems verblieb ein breiter Streifen nördlich der Donau. Der übrige Teil wurde zum Dekanat „vor und am Böhmerwald", von dem um 1650 das Dekanat „am langen Wald" (Gerungs) abgetrennt wurde.

Auch das große Dekanat Kirchberg am Wagram, das im Nordosten in das heutige Diözesangebiet hereinreichte, wurde im 16. Jahrhundert geteilt. Die beiden neuen Dekanate hießen „an Kamp und Schleinitz" und „auf dem Eggenburger Feld".

Für das Jahr 1666 liegt im Wiener Diözesanarchiv eine verläßliche Pfarrmatrikel auf. Sie führt folgende Pfarren an:

Dekanat auf dem Tullnerfeld

St. Pölten (mit den Filialen Lilienhof, St. Georgen auf dem Steinfeld, Gerersdorf), St. Christophen, Böheimkirchen (mit den Filialen St. Peter auf dem Anger, Schildberg, Lanzendorf), Brand (mit Stössing), Kasten, Kapelln (mit Weißenkirchen, Katzenberg, Haselbach), Murstetten (unbesetzt), Würmla (unbesetzt, beide von Abstetten versorgt), Herzogenburg (mit Hain und Radlberg und den Kapellen zu Statzendorf und Rottersdorf), Nußdorf ob der Traisen (mit Franzhausen), Reidling (mit Ponsee und Hasendorf), Stollhofen, St. Andrä an der Traisen (mit Gutenbrunn), Neulengbach (mit Markersdorf), Göttweig (mit Furth), Mautern (mit Furth-St. Sebastian, Hundsheim, Kapelle in Palt und St. Margarethen im Spital, Ober- und Unterbergen, im Schloß Mautern und im Nikolaihof), Rossatz (mit St. Lorenz), Pyhra (mit Michelbach und „Sillinghoven" = St. Cäcila), Tulln (mit Langenrohr, Baumgarten und Chorherrn), Traismauer, St.Andrä vor dem Hagenthale (mit Zeiselmauer), Königstetten, Langenlebarn, Tulbing (mit Marienkapelle), Freundorf, Michelhausen, Zwentendorf, Heiligeneich, Abstetten (mit Asperhofen und Schloßkapelle Judenau), Sieghartskirchen (mit Ried, Röhrenbach und Johannesberg), Rappoltenkirchen (seit vielen Jahren unbesetzt, von Sieghartskirchen versorgt, 1733 wieder besetzt), Maria Anzbach, Altlengbach, Ollersbach (mit den ehemaligen Pfarren Kirchstetten und Totzenbach; letzeres von Ollersbach versorgt), Ober-Inzersdorf und Unter-Inzersdorf (unter einem Pfarrer, Filialen Getzersdorf und Kuffern), Unter-Pottenbrunn und Ober-Pottenbrunn, Karlstetten (mit Neidling), Obritzberg (mit Rust), Oberwölbling (mit Unterwölbling und Kapelle in Absdorf), Hollenburg (Kapelle in Wagram, Wetterkreuz), Gerersdorf (schon als Filiale von St. Pölten aufgezählt, aber doch als Pfarre betrachtet). 40 Pfarren.

Dekanat an der Melk

Melk (mit Matzleinsdorf und Maierhöfen), Weinburg, Bischofstetten (beide von Bischofstetten versorgt), Loosdorf, Hafnerbach, Haunoldstein, Mauer, Hofstetten alias Grünau (Filiale Rabenstein), Haindorf (mit Markersdorf), Kilb, Gansbach, Tradigist, Hürm, Mank, Obergrafendorf, St. Margarethen, Gerolding, Pöchlarn (mit Kleinpöchlarn und Maria Taferl in Bau), Arnsdorf, Zelking, Lilienfeld, Wilhelmsburg, Türnitz, Annaberg (mit Josephsberg, Joachimsberg), St. Johann (in den Ötschergräben), Hainfeld, St. Veit. Insgesamt 27 Pfarren; Hohenberg und St. Ägyd gehörten in der Neuzeit zum Dekanat „vor der Neustädter Heide", ebenso Kaumberg.

Dekanat auf dem Ybbsfeld

Ybbs (mit Kapellen im Spital und auf dem Friedhof), St. Martin (Vikariat, mit Neumarkt), Steinakirchen (mit Pyhrafeld und Ochsenbach), Wieselburg, Gresten, Reinsberg (mit Feichsen, von Gresten versehen), Frankenfels (mit Schwarzenbach), Ferschnitz, Randegg, Lunz, Kirchberg an der Pielach (mit Loich), Gaming, Scheibbs, Oberndorf an der Melk, Ruprechtshofen, St. Leonhard, Texing, Kirnberg, St. Gotthard (mit Pöllaberg), Purgstall mit dem Vikariat Petzenkirchen. Ausdrücklich wird festgehalten, daß Säusenstein keine Pfarrechte besitzt. Also 20 Pfarren.

Dekanat Enns

Dieses Dekanat, im Mittelalter Lorch genannt, gehörte zum Offizialat ob der Enns. Seit dem 17. Jahrhundert bestand es, abgesehen von Enns mit Kronsdorf, nur aus niederösterreichischen Pfarren. Nach der Matrikel von 1643 bzw. 1666 waren dies: Opponitz (mit dem Vikariat St. Georgen am Reith), Behamberg (mit den Filialen Weistrach, seit 1691 Vikariat, und Kürnberg), Amstetten (mit Viehdorf), Aschbach, Allhartsberg, Ybbsitz, Windhag, Wolfsbach, Biberbach, Neuhofen an der Ybbs (mit Ulmerfeld), Hollenstein, Göstling, Waidhofen (mit Konradsheim), St. Peter in der Au, Strengberg, Sindelburg (mit Oed), Haag, Vikariat Euratsfeld, Neustadtl, Haidershofen, St. Valentin (mit Ernsthofen und Hofkirchen), Winklarn, St. Pantaleon, Erlakloster und St. Georgen am Ybbsfeld. Nicht genannt ist Stift Ardagger mit seinen inkorporierten Pfarren Stephanshart, Zeillern und Kollmitzberg sowie die Stiftspfarre Seitenstetten. Es umfaßte also 30 Pfarren in NÖ.

Dekanat an der Krems

Angeführt werden folgende Pfarren und Vikariate: Krems (mit Egelsee, Rehberg, Eselstein, Weinzierl, Gneixendorf), Stein, Langenlois (mit St. Nikola), Gobelsburg, Loiben, Ebersdorf (mit St. Corona = Leiben), Artstetten, Emmersdorf (mit St. Pankraz = Gossam,

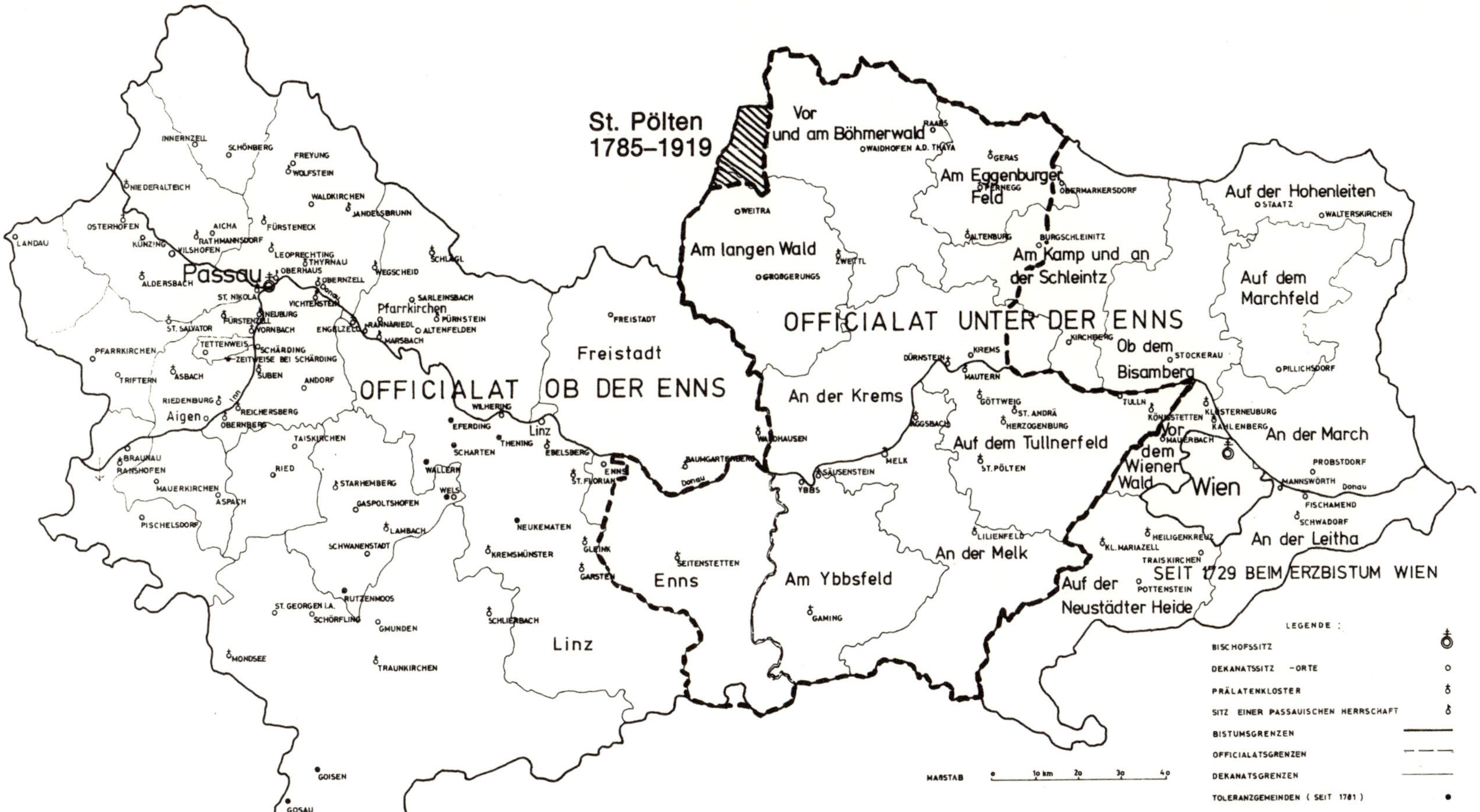

DAS BISTUM PASSAU IM 18. JAHRHUNDERT

--- Heutige Diözese St. Pölten

St. Georgen), Marbach an der Donau, Laimbach (mit Würnsdorf), St. Oswald (mit Ysper), Dorfstetten, Nöchling, Altenmarkt im Yspertal, Pöggstall (mit Martinsberg, einst Pfarre), Albrechtsberg, Allentgschwendt und Lichtenau (wegen Armut vereinigt), Senftenberg, Rastbach, Zöbing (wegen Kriegsschäden kein Einkommen), Schiltern (mit Mittelberg), Maria Laach (gehörte einst zu Weiten), Ottenschlag, Waldhausen, Großreinprechts, Sallingberg, Rohrendorf, Gedersdorf (von Rohrendorf versehen), Weiten (mit Seiterndorf, Raxendorf, Pöbring, Heiligenblut, Streitwiesen, Eitenthal, Schloß Mollenburg), Münichreith (mit Neukirchen), Imbach, Spitz (mit Schwallenbach und Aggsbach Markt), Ranna alias Prandhof (mit Trandorf, Kloster Niederranna versieht Seelsorge in Burg Oberranna), Lengenfeld (mit Mittelberg), Droß (von Lengenfeld versehen), St. Michael in der Wachau (mit Wösendorf), Weißenkirchen (Vikariat), Groß Heinrichschlag, Els (versehen von Heinrichschlag), Stiefern (ohne Einkommen), Schönberg (von Stiefern versehen), Stratzing, Obermeisling, Gföhl, Dürnstein (mit Förthof), Gottsdorf, Kottes (mit Kirchschlag), Purk (seit vielen Jahren unbesetzt). Zum Kremser Dekanat zählten noch neun Pfarren, die heute zur Erzdiözese Wien gehören. Insgesamt 49 Pfarren im heutigen Diözesanbereich.

Dekanat am Kamp und an der Schleinitz

Es umfaßte 1666 25 Pfarren, doch gehörten nur sechs zum heutigen Diözesanbereich: Burgschleinitz, Gars (mit Kapellen in Plank, Maiersch, Freischling, Oberplank, Schloß Buchberg, Schloß Kamegg, Heiliger Brunnen), Maigen, Kühnring, Stockern und Reinprechtspölla.

Dekanat auf dem Eggenburger Feld

Von den 25 Pfarren dieses Dekanats gehörten 17 zum heutigen Diözesanbereich. Es waren dies: Eggenburg (mit Rodingersdorf, Wartberg, Roggendorf, Stoitzendorf), Raabs (mit St. Hieronymus = abgekommenes St. Gruen, Liebnitz, Groß-Siegharts), Blumau, Weitersfeld (mit Prutzendorf, Starrein, Obermixnitz, Fronsburg, Oberhöflein: 1694 Pfarre), Langau, Sallapulka, Theras, Geras, Pernegg, Drosendorf (mit Eibenstein), Walkenstein, Kattau, Nondorf an der Wild, Kirchberg an der Wild, Weikertschlag (mit Oberndorf, St. Nikolaus = Niklasberg), Hardegg (mit Pleissing, Felling und Burgkapelle, die Pfarre wurde von Weitersfeld versehen, da der Patron das Einkommen in Händen hat), Japons (mit Ludweis, Drösiedl).

Dekanat am Langen Wald

Großgerungs (mit Langschlag und Bruderschaftskapelle St. Jakob), Großpertholz, St. Martin (einst: Lausnitz), Oberkirchen, Spital, Weitra, Großschönau (mit Harmannstein und St. Wolfgang), Unserfrau (einst Altweitra mit Filiale St. Peter), Höhenberg, Weißenalbern, Schweiggers (mit Siebenlinden), Rieggers, Großglobnitz (mit Sallingstadt, einst Pfarre), Großgöttfritz, Grafenschlag, Traunstein (mit Schönbach, einst Pfarre), Kirchbach (mit Griesbach), Marbach (mit Etzen), Arbesbach (mit Altmelon), Waldenstein, Kirchberg am Wald (mit Hoheneich, Süßenbach) und Zwettl-Stadt sowie die Propstei Zwettl. Die dem Stift Zwettl inkorporierte Pfarre Windigsteig ist nicht angeführt. Zum Dekanat gehörten also 24 Pfarren.

Dekanat vor und am Böhmerwald

Altpölla (mit Neupölla und Krumau, beide ehemals Pfarren), Idolsberg (unbesetzt, von Altpölla versorgt), Franzen (unbesetzt, von Döllersheim versorgt), Döllersheim, Rastenfeld, Nieder-Grünbach (Einkommen entzogen, von Rastenfeld versorgt), Brand, Obernondorf (mit Loschberg: unbesetzt, von Brand versorgt), Friedersbach, Niedernondorf (wegen Verarmung unbesetzt, von Friedersbach versorgt), Großpoppen, Oberndorf (wegen Verarmung unbesetzt, von Großpoppen versorgt), Allentsteig, Echsenbach, Großhaselbach, Vitis, Schrems, Gmünd (mit Harmannschlag), Zuggers, Rottenschachen (ständig unbesetzt, die Pfarrbewohner sind Böhmen und feiern den Gottesdienst in Suchenthal, Prager Diözese; das Einkommen ist entzogen; es ist zu untersuchen, wie diesem Übel abzuhelfen ist), Heidenreichstein, Litschau, Eisgarn, Seyfrieds (ständig unbesetzt, von Pfaffenschlag versorgt), Pfaffenschlag, Thaya, Gastern (Vikariat mit Weißenbach, Kleinzwettl, Kleinmotten, Eggern), Puch (mit Aigen und Liebenberg), Waidhofen an der Thaya, Dobersberg (mit Kautzen, einst Pfarre), Waldkirchen, Obergrünbach mit Speisendorf und Münchreith (diese drei Pfarren sind seit langer Zeit vereinigt), Wildberg (mit Messern und Haselberg), St. Bernhard, Neukirchen (mit Dietmannsdorf), Horn (mit Mödring), Rietenburg (mit Breiteneich, unbesetzt, Einkommen entzogen, von Horn versehen), Mold (diese Pfarre ist mit der Kirche zerstört, Seelsorge von Horn aus), Altenburg, Strögen (mit Frauenhofen und Fuglau), Röhrenbach (mit St. Marein), Windigsteig (mit Kapelle Rafings), Edelbach. Von den 42 Pfarren waren also neun unbesetzt.

Es kam allerdings immer wieder zu Veränderungen der Dekanatsgrenzen. Besonders aus dem Dekanat „auf dem Tullnerfeld" wurde eine Reihe von Pfarren ins Dekanat „an der Melk" umgepfarrt. Auch die Benennung der Dekanate war keineswegs gleichbleibend. Meist wurde das Dekanat nach dem Sitz des Dechants benannt. So hieß das Melker Dekanat auch Annaberg und Loosdorf. Das Ybbser Dekanat wurde auch nach Gresten und Purgstall benannt.

Infolge der Reformation und der Auswirkungen des Dreißigjährigen Krieges war eine Reihe von Pfarren abgekommen. Allerdings schleppten die Passauer Bistumsmatrikeln noch immer abgekommene Pfarren mit. Nach der „Designatio Parochiarum" vom 1659 gab es im heutigen Diözesanbereich 308 Pfarren. Tatsächlich waren es höchstens 257 Pfarren und Vikariate, die um 1666 besetzt waren. Wahrscheinlich sind noch etwa zehn wegzuzählen. Das bedeutet gegenüber den etwa 330 Seelsorgestationen im ausgehenden Mittelalter einen erheblichen Rückgang. Dazu kommt noch, daß eine Reihe von Stiftspfarren als „ausgehende" Pfarren behandelt, also unmittelbar von den Klöstern aus betreut wurden, ohne besetzt zu sein.

Zudem war die Struktur der Pfarren nach wie vor unausgeglichen. Zwar erlangte im 16. Jahrhundert eine Reihe von Kirchen den Rang einer Pfarrkirche, da die Patronatsherren ein Interesse hatten, Pfarrer ihrer Wahl – damals protestantische Prediger – einsetzen zu können. Im 17. Jahrhundert wurden einige Pfarren errichtet, um die Seelsorge zu verbessern und die Rückgewinnung der Bevölkerung zur katholischen Kirche leichter durchführen zu können. So kam es in der Wachau zur Errichtung der Pfarren Weißenkirchen und Aggsbach Markt im Jahre 1632. Aus ähnlichen Gründen wurde die „obere Pfarre" von Thaya getrennt und das Vikariat Gastern errichtet. Kleinpöchlarn und Maria Laach erhielten ebenfalls ständige Vikare. 1681 erlangten die Vikariate Dorfstetten und Nöchling ihre Loslösung von St. Oswald. Auch Gföhl erhielt um diese Zeit seine Unabhängigkeit von Obermeisling. Herrschaftliche Gründungen sind Schönbühel (1668) und Oberhöflein (1694), 1690 wurde die Pfarre Großpertholz wiedererrichtet. In der ersten Hälfte des 18. Jahrhunderts kamen noch einige hinzu. Sie brachten aber auch keine wesentliche Verbesserung der Seelsorge, entsprangen sie doch meist dem Prestigebedürfnis der Herrschaftsbesitzer (Oed 1716, Artstetten 1718, Echsenbach 1727/28, Raxendorf 1734, Schloß Rosenau 1740).

Der Personalstand bei Weltpriestern und Ordensleuten kann erst nach 1700 als zufriedenstellend bezeichnet werden. Es ist auch das ehrliche Bemühen um eine Verbesserung der Seelsorge festzustellen. Ein Mittel dazu waren die zahlreichen Bruderschaften, die zum Teil neu belebt wurden – so in Pöchlarn und in Traismauer – oder echte Neuerrichtungen darstellten, wie die weithin bekannte Josephibruderschaft im Stift Lilienfeld, die überregionale Bedeutung hatte. Die Mitglieder der Bruderschaften verpflichteten sich zu mehrmaligem Sakramentenempfang im Jahr, hielten in besonderer Weise die Bruderschaftsfeiertage und beteiligten sich vor allem an den zahlreichen Prozessionen, wobei die Fronleichnamsprozession den Höhepunkt bildete. Die Mitglieder trugen eigene Mäntel und Stäbe und boten so ein buntes Bild.

Neben den üblichen Prozessionen wurden auch zahlreiche Prozessionen zu benachbarten Kirchen gemacht, wie etwa zum Kirchweihfest, das jeweils ein großer Konkurstag war.

Das Wallfahrtswesen nahm einen noch nie dagewesenen Aufschwung. Ursachen dafür waren die Erneuerung des religiösen Lebens und auch verschiedene tragische Anlässe. So „verlobte" sich eine Reihe von Pfarren wegen der Pest oder der Türkengefahr nach Mariazell oder auf den Sonntagberg. In Hoheneich versperrte der protestantische Patronatsherr Ernst von Kollonitsch die Kirchentür. Als aber die Pilger die Tür berührten, sprang sie von selber auf, und die Pilger konnten einziehen. Daraufhin nahm der Freiherr Religionsunterricht in Zwettl und wurde katholisch.

In Maria Taferl gehen die Anfänge der Wallfahrt auf die wunderbare Heilung eines Holzfällers im Jahre 1633 zurück. Ab 1659 setzten die Engelerscheinungen ein, wozu auch Protestanten aussagten; die Protokolle darüber liegen noch auf. 1660 fand der erste feierliche Gottesdienst auf dem Taferlberg statt. Die große Kirche wurde 1660 bis 1720 erbaut und Maria Taferl der bedeutendste Wallfahrtsort Niederösterreichs.

Ungefähr in die gleiche Zeit sind die Anfänge der Wallfahrt nach Maria Dreieichen zu setzen, wo 1656 ein Horner Kürschnermeister Heilung fand; der heutige Kirchenbau erfolgte allerdings erst 1744–1750.

Etwas weiter zurück reicht die Wallfahrt in Maria Langegg im Dunkelsteinerwald. Dort beginnt bereits 1603 die Andacht, und 1605 wird die erste Kapelle errichtet. Ihren Aufschwung aber nimmt die Wallfahrt in Maria Langegg erst mit der Berufung der Serviten (1644). Serviten wurden im Jahre 1694 auch nach Jeutendorf gerufen, wo schon seit 1678 eine Gnadenkapelle bestand, die allerdings durch die Türken 1683 vernichtet wurde. Überregionale Bedeutung erlangte auch die längst abgekommene Marienwallfahrt nach Maria Rafings bei Windigsteig, die von Zisterziensern aus Zwettl betreut wurde.

Wichtigster Wallfahrtsort Österreichs aber blieb Mariazell, das auch von den Habsburgern immer wieder besucht wurde. Entlang der Heiligen Straße von Wien über Hafnerberg und Lilienfeld bildete sich eine Reihe von Heiligtümern, Kapellen und Bildsäulen heraus. Auf dem Saurüssel ließ der Lilienfelder Abt Cornelius Strauch die Kirche am Josefsberg errichten (1644). Die Kirche auf dem Joachimsberg, gestiftet von Graf Joachim Slavata, wurde 1684 geweiht. Auch die Wallfahrt auf dem Annaberg lebte damit wieder auf.

Die Wallfahrt zur Allerheiligsten Dreifaltigkeit auf dem Sonntagberg geht zwar schon auf das Spätmittelalter zurück, erlangte aber erst in der Barockzeit ihren Höhepunkt. 1614 ließ dort auf dem Ursprungstein Abt Kaspar Plautz von Seitenstetten ein auf Kupfer gemaltes Bild der Dreifaltigkeit, einen sogenannten Gnadenstuhl, anbringen. Von da an nahm die Wallfahrt einen raschen Aufschwung. Weil die Türken bei ihren Streifzügen 1529 oder 1532 die Kirche verschonten (Sage vom Türkenbründl) und sie auch 1683 nicht erreichten, galt der Sonntagberg als ein Heiligtum gegen die Türkengefahr. Im Pestjahr 1679 stellten die Wiener das Sonntagberger Gnadenbild auf dem Graben auf; Kaiser Leopold ließ es dann durch die heutige Dreifaltigkeitssäule ersetzen. Auch in vielen anderen Orten fand das Kultbild auf diese Weise seine Verbreitung. Der rege Zustrom veranlaßte das Stift Seitenstetten zu einem Neubau der Kirche auf dem Sonntagberg, den 1705 bis 1732 Jakob Prandtauer und Josef Munggenast ausführten. Mit Mariazell und Maria Taferl bildete der Sonntagberg eine Dreiortewallfahrt, die vor allem auch bei Pilgern aus den slawischen und ungarischen Gebieten des Habsburgerreiches sehr beliebt war.

Daneben gab es noch eine Reihe von Wallfahrten, die nur lokale Bedeutung besaßen. So zum Beispiel Frauenhofen bei Tulln, Maria Anzbach, Mank, Maria Ponsee und, etwas bedeutsamer, Schönbach und das wiederbelebte Sallapulka.

Die Blütezeit der Klöster

Die Überwindung des Protestantismus und der Sieg über die Türken brachten Österreich ein neues Lebensgefühl und im 18. Jahrhundert auch eine wirtschaftliche Blüte. Bis heute ist sie erkennbar in den barocken Klosterpalästen, in den großartigen Wallfahrtskirchen. Fast jede Pfarrkirche erhielt eine barocke Einrichtung, und die Landschaft wurde mit Bildsäulen und Kapellen geschmückt. Was sich der Adel in seinen Schloßbauten schuf, baute sich das Volk in seinen Kirchen, indem es sie prächtig ausschmückte. Man kann von einem sozialen, das heißt allgemein zugänglichen Prunk sprechen.

Durch die Gegenreformation erlangten die Stiftsprälaten eine bedeutsame Stellung in der Landespolitik. Zudem erhielten einige Stifte auch Abteien im wiedereroberten Ungarn, was ihre wirtschaftliche Lage stärkte. Aber praktisch alle Klöster wurden vom „Bauwurm" der Barockzeit erfaßt, und ein Prälat suchte den anderen zu übertreffen. Wenn dies auch bis heute am eindrucksvollsten wirkt, so erlebten die Klöster tatsächlich eine Zeit ihrer Hochblüte. Ausgezeichnete Männer standen den Klöstern als Prälaten vor, der Personalstand war durchwegs hoch, und in den Konventen herrschte ein guter Geist. Die Stifte konnten auch wieder die Seelsorge ihrer Pfarren übernehmen, betrachteten diese aber als exemt. Dies führte zu einem offenen Konflikt mit dem Passauer Bischof, der um 1664 einsetzte. In den Jahren 1668 bzw. 1675 kam es zu einem Ausgleich, zum sogenannten Wiener Rezeß. Darin wurde festgehalten, daß wohl die Klöster ihre Pfarren mit eigenen Konventualen besetzen und diese jederzeit abberufen dürfen, daß aber die Kandidaten dem Bischof vorzustellen sind und die Antrittstaxe zu leisten ist, ausgenommen die eigentliche Klosterpfarre. Damit hatte der Bischof wohl die Jurisdiktion gewahrt, den Klöstern aber einen unmittelbaren Einfluß auf ihre Pfarren gewährt. Nur die Pfarren der Kartause Gaming blieben praktisch von jedem Einfluß des Dechants befreit.

Die bekanntesten Äbte dieser Periode waren ohne Zweifel Göttweigs Gottfried Bessel (1714–1749) und Berthold Dietmayr von Melk (1700–1739). Bessel stammte aus dem Odenwald und machte Karriere als Offizial des Mainzer Erzbischofs Lothar Franz von Schönborn, wodurch er Verbindungen zu den höchsten Kreisen in Politik und Kunst gewann. Als Abt von Göttweig trat er in mehrfacher Hinsicht hervor: als Vater seiner Klosterfamilie, als großer Bauherrr und Kunstförderer, als Politiker und Gelehrter. So verfaßte er im Sinne der französischen Mauriner das „Chronicon Gottwicense“ und ließ es in Tegernsee drucken.

Abt Berthold Dietmayr stammte aus Scheibbs, wo sein Vater Hofrichter der Gaminger Kartäuser war. 1702 schloß er mit Jakob Prandtauer den Vertrag über den Neubau der Stiftskirche. Damit wurde der wohl großartigste sakrale Bau der Barockzeit in Österreich begonnen, der Kunst und Natur harmonisch verbindet.

Aber nicht nur Göttweig und Melk hatten damals tüchtige Prälaten. Fast alle Klöster brachten im 18. Jahrhundert große Männer hervor, die die Gunst der Zeit, nämlich den Wohlstand der Klöster und die große Zahl hervorragender Künstler, zu nützen wußten. So hatte Altenburg seinen großen Abt in Placidus Much (1715–1756), Zwettl in Melchior Zaunagg (1706–1747), Seitenstetten in Benedikt Abelzhauser (1687–1717) und Herzogenburg in Propst Wilhelm von Schmerling (1709–1721), der mit dem Neubau des Stiftes begann, um nur einige zu nennen. Selbst in einem so kleinen Stift wie Dürnstein konnte Propst Hieronymus Übelbacher (1710– 1740) auf engem Raum ein vollendetes Kunstwerk schaffen.

Maßgeblich beteiligt an der Errichtung der barocken Klosterpaläste und wundervollen Wallfahrtskirchen war der St. Pöltner Baukreis um Jakob Prandtauer. Prandtauer baute die Kuppel an der Wallfahrtskirche Maria Taferl, die Karmeliterinnenkirche in St. Pölten und plante die Barockisierung der heutigen Domkirche unter Propst Führer, Stift Melk, Sonntagberg, Säusenstein, Ponsee; zudem war er an einer Reihe weiterer Umbauten beteiligt. Sein Schwiegersohn Joseph Munggenast und dessen Söhne Franz und Joseph waren häufig Vollender der von Prandtauer begonnenen Bauten. Sie arbeiteten in Seitenstetten, Zwettl, Dürnstein, Altenburg, Herzogenburg sowie in einigen Pfarrkirchen. Auch Joseph und Leopold Wißgrill zählten zu diesem St. Pöltner Kreis (Pfarrkirche Karlstetten, wahrscheinlich Maria Dreieichen).

Von den Malern und Freskanten sind vor allem die beiden Altomonte, Daniel Gran und Paul Troger zu nennen. Der späten Barockzeit gehören Franz Anton Maulbertsch (Heiligenkreuz) und der mit zahlreichen Altarbildern vertretene Johann Martin Schmidt, genannt der „Kremser Schmidt“, an.

Groß war auch der Aufwand für kostbare kirchliche Geräte und Paramente, deren Herstellungsorte Wien und Augsburg waren. Ein Teil der Gold- und Silberarbeiten ging allerdings bei den Ablieferungen während der Franzosenkriege verloren.

Wenn auch die großen baulichen und künstlerischen Schöpfungen besonders ins Auge springen, dürfen die beachtlichen Leistungen der Klöster auf anderen Gebieten nicht übersehen werden. So legte es sich jedes Kloster zur Ehre an, die Bibliotheken auszubauen und Wissenschaft zu treiben. Die meisten Klöster unterhielten eine theologische Hauslehranstalt, doch schickten die Benediktiner ihre begabteren Mitglieder an die 1623 errichtete Salzburger Universität. Melk allerdings bevorzugte Wien. Diese theologischen Hausstudien konnten bescheiden sein und manchmal nur zwei Professoren beschäftigen oder auch – wie in Göttweig, Lilienfeld und bei den Franziskanern in St. Pölten – eine volle Lehranstalt darstellen. Von den Wissenschaften wurde vor allem die Geschichtsforschung und -schreibung gepflegt. Neben dem schon erwähnten Abt Gottfried Bessel sind die Brüder Bernhard und Hieronymus Pez in Melk, in Lilienfeld Chyrostomus Hanthaler, in St. Pölten Raimund Duellius und Albert Maderna zu nennen. Sehr reich war auch das Musikleben, wie die Archive in Göttweig und Seitenstetten zeigen. Jahre hindurch wurden für die Sonntagsmessen neue Proprien komponiert und aufgeführt.

Diese Blütezeit der Klöster hatte mehrere Ursachen. Es war sicherlich die religiöse Hochstimmung der Zeit, die so viele Menschen ins Kloster führte und außergewöhnliche Talente reifen ließ, es stimmte aber auch die wirtschaftliche Absicherung. Die Zeit bis etwa 1750 war ein Höhepunkt der Grundherrschaften, von denen vor allem die Stifte lebten. Doch auch mit jeder größeren Pfarre war eine eigene Grundherrschaft verbunden, die bis zu hundert untertänige Häuser umfassen konnte. Die Klöster konnten auch zahlreichen Besitz des landesverwiesenen protestantischen Adels billig erwerben. Wenn auch die Türkenkriege immer wieder außerordentliche Steuern abverlangten und der Spanische Erbfolgekrieg (1700–1714) gewisse finanzielle Opfer forderte, so herrschte doch bis zum Erbfolgekrieg von 1740/41 eine relativ friedliche Zeit, die seit 1713 auch von jeder Pestepidemie verschont blieb.

Daher kam es auch noch im 18. Jahrhundert zur Neugründung von Klöstern. So ließen sich in St. Pölten 1706 die Englischen Fräulein nieder und begannen als Schulorden mit dem Unterricht adeliger Mädchen; ihre Kirche wurde 1718 geweiht, 1721/22 folgte eine weitere Niederlassung in Krems. Gräfin Antonia Josepha von Montecuccoli errichtete 1706–1708 ein Karmeliterinnenkloster in St. Pölten. Mit den Karmelitinnen kamen auch zwei Patres des gleichen Ordens, die 1709 das klösterliche Leben aufnahmen. Während die Kirche der Karmelitinnen bereits 1712 geweiht werden konnte, wurde die des Männerklosters erst in den Jahren 1757–1779 erbaut (heutige Franziskanerkirche). Nach St. Pölten zogen 1753 auch noch die Piaristen, die hier bis zu ihrer Übersiedlung nach Krems im Jahre 1776 ein Gymnasium führten. Somit gab es in dieser Stadt zeitweilig sechs klösterliche Niederlassungen, nämlich das Augustiner-Chorherrenstift, die Franziskaner im heutigen Priesterseminar, die Englischen Fräulein in der Linzer Straße und im Umkreis des Breiten Marktes (Rathausplatz) die beiden Karmeliterklöster und die Niederlassung der Piaristen.

In Krems gab es zwar nicht so viele Klöster (Dominikaner, Jesuiten, Englische Fräulein, Kapuziner in Und), dafür hatte eine Reihe bayrischer Klöster in dieser Stadt Lesehöfe.

Die Anfänge des österreichischen Staatskirchentums

Schon zur Zeit der Babenberger bestand eine enge Bindung zwischen Kirche und Landesfürsten in Österreich. Ja, die Vogtei der Landesfürsten über das Kirchengut, also Bischofs- und Klosterbesitz, machte einen Teil ihrer Macht aus. Auch über die zahlreichen landesfürstlichen Patronatspfarren und durch das Mitspracherecht bei Bischofs- und Prälatenwahlen übten sie Einfluß aus. Mit der Gegenreformation, mit der das Haus Habsburg sich selbst und die Kirche gerettet hatte, wuchs dieser Einfluß auf die Kirche. Schon Kaiser Ferdinand II. verlangte seine Einwilligung für bischöfliche Visitationen, und Ferdinand III. (1635–1655) beanspruchte mehrfach das landesfürstliche Placet. Das 18. Jahrhundert mit dem Durchbruch der Aufklärung brachte aber eine entscheidende Wende. Bisher bestand auf kirchlicher Seite immer der Eindruck des Wohlwollens. Nunmehr aber ging es um die Reduktion des kirchlichen Einflusses und um eine direkte Beherrschung der Kirche.

Kaiser Karl VI. (1711–1740) hielt noch am tradierten Modus fest. Es gab nur erste Maßnahmen gegen den Erwerb von Gütern durch kirchliche Institutionen. Die Klöster hatten in den Jahren zuvor bedeutenden Besitz erworben und auch einige Herrschaften gekauft. Dagegen wandte sich der Adel, so daß der Kaiser erstmals 1717 ein einschränkendes Patent erließ. 1720 erging ein Befehl, daß alle Erwerbungen seit 1669, die durch Testamente, Legate oder Kauf an geistliche Institutionen gekommen waren, veräußert werden müßten.

Unter Maria Theresia (1740–1780) setzte dann das Staatskirchentum österreichischer Prägung voll ein. Zwar war die Kaiserin eine persönlich fromme Frau, die in den herkömmlichen Formen des Barockkatholizismus lebte, doch leitete sie jene Maßnahmen ein, die unter ihrem Sohn Joseph II. (1780–1790) ihren Höhepunkt erreichen sollten. Allerdings sind die kirchenpolitischen Maßnahmen dieser Zeit nur ein Teil der Reformen, mit denen man das Reich modernisieren wollte. Bis Karl VI. war das Habsburgerreich eigentlich nur eine Personalunion; in den einzelnen Ländern übte der Landesfürst unter verschiedenen Titeln seine Herrschaft aus. Erst mit der Pragmatischen Sanktion von 1713 wurde die Unteilbarkeit der habsburgischen Länder Gesetz. Innerhalb der Länder bestand eine Anzahl von Herrschaften. Diese geistlichen oder weltlichen Herrschaftsträger übten auf der unteren Ebene die Macht aus, einschließlich der Gerichtsbarkeit und der Steuerhoheit. Maria Theresia ging nun mit ihren Beratern daran, aus diesem Herrschaftsgefüge einen Staat zu machen, ihn also bis in die unteren Ebenen zu regieren. Endgültig gelang dies erst nach 1848, doch wurden die Grundlagen dafür während ihrer Regierungszeit geschaffen. Dazu gehörte aber auch die Beherrschung der Kirche bzw. die Schwächung ihrer Bedeutung und ihrer Privilegien. Es kam allerdings durch die Berater Maria Theresias ein antikirchlicher Zug hinzu, der aus den Strömungen der Zeit stammte. Die staatskirchliche Gesetzgebung ist daher nicht einfach mit gut oder schlecht zu beurteilen.

Zunächst bildete sich das Staatskirchenrecht theoretisch heraus. Es beanspruchte für den Staat zwar kein unmittelbares Recht „in sacris", wohl aber alle Rechte „circa sacra", also nicht das unmittelbare religiöse Leben, wohl aber auf alles, was dazugehört. Im einzelnen wurden vier Punkte entwickelt: 1. Jus advocatiae – das Vogteirecht. Der Landesfürst beanspruchte – wie schon durch all die Jahrhunderte – die Obervogtei, dehnte sie aber vom reinen Schutz zur Bevormundung aus; 2. Jus inspiciendi cavendi als Recht der Überwachung der Kirche zum Wohle des Staates (damit Verhinderung des freien Verkehrs der Bischöfe mit Rom); 3. daraus ergab sich das Placitum regium, das Recht, die Vorlage aller päpstlichen und bischöflichen Erlässe zu verlangen und sie unter Umständen zu untersagen; 4. das Jus recursus ab abusu, das eine Appellation von kirchlichen an staatliche Gerichtshöfe vorsah und dadurch die kirchliche Autorität in Frage stellte.

Ab 1750 etwa tauchten in Österreich verstärkt antimonastische Strömungen auf, die sich in verschiedenen Broschüren äußerten. Vor allem wurde Stimmung gegen die Jesuiten und das Papsttum gemacht. Das Papsttum wurde auch angegriffen, weil es sich in den politischen Auseinandersetzungen mehrfach gegen die Habsburger stellte. Dadurch erhielten aber die Jansenisten und Febronianer am Wiener Hof Verstärkung. Der lange Krieg mit Preußen um das schlesische Erbe führte auch zu einem Vergleich der Wirtschaftskraft beider Länder. Preußen konnte wesentlich mehr Kräfte freimachen, weil es eine blühendere Wirtschaft besaß. Man führte dies nun auf die große Zahl von Klöstern in Österreich zurück. Aus der Sicht des Staates stellten die Klöster auch ein zu großes wirtschaftliches und politisches Potential dar, das er sich zunutze machen wollte. So kam es, daß unter Maria Theresia der Staat die Klöster in seine Verwaltung nahm, unter Joseph II. dann gar der „Klostersturm" einsetzte. Mitte des 18. Jahrhunderts begannen die Klöster zu stagnieren. Die großen Bauvorhaben wurden unterbrochen und nur mehr einiges für die Innenausgestaltung getan. Die Klosterinsassen standen in dem Ruf, Nichtstuer zu sein, die auf Kosten der arbeitenden Bevölkerung lebten. Es fehlte der Aufklärung aber auch ganz einfach das Verständnis für alles Jenseitsbezogene, sie anerkannte nur die unmittelbare diesseitige Nützlichkeit. Religion wurde anerkannt und geschätzt nur als Erziehungsmittel.

So wie bei den Klöstern griff der Staat auch bei den Weltpriesterpfarren ein. Bereits 1755 kam es von seiten des Staates zu einer Erhebung aller Seelsorgeposten sowie des Einkommens des Klerus. Die Visitationen in den folgenden Jahrzehnten dienten dem gleichen Zweck. Dabei stellte sich heraus, daß nicht nur die einzelnen Kuratieposten sehr ungleich dotiert, sondern auch die Pfarren von unterschiedlichster Größe waren und keineswegs zweckmäßig über das Land verteilt lagen. Zudem gab es Enklaven, so daß die Bevölkerung durch andere Pfarren zu ihrer Pfarrkirche gehen mußte. Unmittelbarer Anlaß für die Pfarrreform wurden die Pfarren St. Leonhard und Ruprechtshofen, deren Sprengel sich überschnitten. Daher erließ Bischof Lamberg 1756 die „regula directiva", die Umpfarrungen vorsah. Doch ging die auf Verhandlungs- und Ausgleichsbasis beruhende Regulierung nur langsam vor sich, wenn es auch in den folgenden Jahren zu zahlreichen Umpfarrungen jener Ortschaften kam, die zu einer anderen Pfarrkirche einen kürzeren Weg hatten. Schuld an den Verzögerungen waren die zahlreichen Einsprüche aus Prestigegründen bei herrschaftlichen Patronaten und bei den inkorporierten Pfarren, da mit einer Verkleinerung auch eine Minderung des Einkommens (Zehent und Stolgebühren) verbunden war. Nach einer Entschließung der Kaiserin von 1771 plante Bischof Firmian nun auch die Neuerrichtung von Pfarren, doch war der Erfolg nicht durchschlagend. Es wurden einige Kuratbenefizien gestiftet wie in Chorherrn, Erlauf und Niederfladnitz, eine Lokalie in Neuhaus, Pfarren in Harbach und St. Leonhard am Horner Wald und ein Vikariat in Ernsthofen. Eine echte Lösung war damit jedoch nicht gegeben. Mit der neuen Pfarrstruktur sollte auch ein anderes Ziel erreicht werden, nämlich eine Verbesserung des Schulwesens. Auch die Stifte begannen mehrfach, Pfarren zu besetzen, die bisher nur vom Stift aus betreut wurden. Im Jahr 1773 zählte der heutige Diözesanbereich 296 Pfarren und Vikariate mit 532 Seelsorgepriestern.

In den Jahrzehnten der Regierung Maria Theresias machte sich bei übervollen Klöstern nach längerer Zeit wieder ein Mangel an Seelsorgepriestern bemerkbar. Daher errichtete in Enns der dortige Dechant Alexander Engel ein Priesterseminar. Für das unterennsische Offizialat gründete der Passauer und Wiener Weihbischof Franz Anton Marxer auf seiner Herrschaft Gutenbrunn in Heiligenkreuz ab 1765 ein Alumnat, das 1767 seine Studien eröffnete. Diese Anstalt wurde bald den neuen Studiengesetzen untergeordnet, die Maria Theresia erließ. In den beiden ersten Jahren wurden Kirchengeschichte, Patrologie, Hebräisch und Griechisch, Hermeneutik und Exegese des Alten und des Neuen Testaments unterrichtet, in den beiden folgenden Jahren Dogmatik und Moral, und im vierten Jahr zusätzlich Polemik, Aszetik und Pastoral gelesen. Patrologie und Pastoral waren neue Studienfächer. Das Seminar bestand bis 1783 und beherbergte im Schnitt zwanzig Studenten.

Nach wie vor aber blieb die Wiener Universität die wichtigste Ausbildungsstätte für den Klerus. Hier hatten seit dem 16. Jahrhundert die Jesuiten das Sagen. Unter dem Einfluß Gerard van Swietens, eines aufgeklärten Jansenisten und Beraters Maria Theresias, begann die Universitätsreform. 1752 wurde den Jesuiten das Aufsichtsrecht entzogen und zunächst dem Wiener Erzbischof, 1760 aber direkt der Studienhofkommission übertragen. 1767 verloren sie auch die Lehrkanzel für Kirchenrecht, die gänzlich aufgehoben wurde. Die Theologiestudenten mußten von da an die Kirchenrechtsvorlesungen an der juridischen Fakultät besuchen, wo ein entsprechender Lehrstuhl errichtet worden war, den der ganz dem Staatskirchenrecht ergebene Paul Joseph Riegger versah. Der heranwachsende Klerus wurde also schon ganz im staatskirchlichen Sinne erzogen. Damit verbunden war eine Abwertung des päpstlichen Stuhles und eine Aufwertung der Staatsrechte gegenüber der Kirche. So wird auch der relativ geringe Widerstand des Klerus gegen die staatlichen Übergriffe unter Kaiser Joseph II. erklärlich.

Auch die Grundschule erfuhr eine bedeutsame Änderung. Als Pfarrschule war sie eine rein kirchliche Angelegenheit, der Staat hatte sich bisher nie darum gekümmert. Das Schulsystem war relativ dicht, gab es doch an praktisch allen Pfarrkirchen, aber auch an vielen Filialkirchen – meist ehemalige Pfarren – solche Schulen. Allerdings war die Ausbildung der Schulmeister und der Grad des Schulbesuches recht gering. Meist trachtete man danach, daß die Schüler den Druck lesen konnten und einige Grundrechnungsarten beherrschten. Doch selbst dabei gab es regionale Unterschiede. Der erste Anstoß zu einer Verbesserung des Volksschulwesens ging vom Passauer Bischof Firmian aus, der 1769 einen neuen einheitlichen Katechismus für seine Diözese vorschrieb und auch Maria Theresia einen Reformvorschlag unterbreitete. Doch gerade dieses Vorgehen wurde zum Anlaß genommen für die staatliche Einschaltung und später sogar zum Vorwand für die Änderung der Diözesangrenzen. Daß eine Verbesserung des Schulwesens notwendig war, ergab sich schon aus dem Rückstand gegenüber anderen Staaten, besonders gegenüber dem argwöhnisch beobachteten Preußen. Daher berief Maria Theresia den Abt des Augustiner-Chorherrenstiftes Sagan in Niederschlesien, Johann Ignaz Felbiger, nach Wien, um das Volksschulwesen zu reformieren. 1774 wurde die „Allgemeine Schulordnung" erlassen. Damit ist erstmals von der Schulpflicht die Rede, wenn damit auch keine Sanktionen verbunden waren. Die Schule wurde aber auch zum „Politikum", das heißt zum öffentlichen Interesse erklärt. Auf Pfarr- und Dekanatsebene lag die Aufsicht weiterhin beim Pfarrer bzw. beim Dechant, auf Kreis- und Landesebene jedoch bei den weltlichen Behörden. Wesentlich verbessert aber wurde der Unterricht durch eine gediegenere Lehrerausbildung. In jedem Land gab es von nun an eine „Normalschule", nach der sich die anderen Schulen zu richten hatten, und das Netz der Grundschulen – Trivialschulen genannt – wurde dichter. Einige Orte führten auch Musterschulen (Schrems, Japons, Eggenburg, Krems, Ferschnitz, Ybbs, Melk und Wilhelmsburg). Für die Vorbereitung auf das Studium dienten Hauptschulen, die sowohl in Horn, Krems, St. Pölten und Melk als auch in Waidhofen an der Ybbs bestanden.

Die Schulreform brachte auch eine Verbesserung des Religionsunterrichtes. Zwar wurde der Passauer Katechismus abgelehnt, doch baute man den sogenannten Saganschen Katechismus zu einem Lesebuch aus; er enthielt sowohl den Katechismus als auch weltliche Lesestücke. So wurde der ganze Unterricht religiös eingefärbt, wenn auch die Auswahl der Texte Züge der Aufklärung trug.

Hinzu kamen noch die Christenlehren. Diese Sonntagsnachmittagspredigten wiederholten systematisch das Glaubensgut für die reifere Jugend und die Erwachsenen, so daß bei der Bevölkerung ein relativ gutes religiöses Wissen vorhanden war.

Verschiedene andere Maßnahmen trugen einfach der neuen Zeit Rechnung, wobei die Initiative nunmehr vom Staat ausging. So fiel ab 1752 das Asylrecht für Kirchen und Friedhöfe, und 1771 erfolgte im Einvernehmen mit dem Papst die Reduktion der Feiertage von 39 auf 15; die abgeschafften Feiertage wurden als halbe Feiertage begangen, also der Vormittag für den Meßbesuch freigehalten. Einen echten Fortschritt bedeutete auch das 1774 erschienene Theresianische Gesangbuch für den Gottesdienst mit neuen, der Liturgie angepaßten deutschen Liedern, die den lateinischen Gesang abzulösen begannen.

Klosteraufhebungen im großen Stil gab es noch nicht, wenn auch die Herrscherin diesbezüglich schon 1751 eine „große Remedur“ plante. Es sollte die Zahl der Klöster und ihrer Insassen reduziert, und die Stifte der staatlichen Verwaltung unterstellt werden, daher durften die Klöster ab 1767 jeweils nur so viele Novizen aufnehmen, daß sie ihren Stand von 1766 halten konnten. Im Jahre 1770 wurde das Profeßalter auf 24 Jahre hinaufgesetzt. Von 1772 an waren den Klöstern alle Geldgeschäfte untersagt; sie durften keine Kredite aufnehmen oder solche gewähren. Die Maßnahmen zielten immer mehr auf eine Kontrolle der Finanzgebarung der Klöster durch den Staat.

Ein Feindbild bauten die Aufklärer in den Jesuiten auf. Das gesamteuropäische Kesseltreiben führte schließlich 1773 zur Aufhebung des größten Ordens der Kirche. Im heutigen Diözesanbereich war davon das Kollegium in Krems mit dem Gymnasium betroffen, das Gut St. Bernhard gehörte dem Wiener Kolleg. Das Kremser Gymnasium wurde zwar für kurze Zeit von den Exjesuiten weitergeführt, doch 1776 übernahmen es die Piaristen. Damit fand allerdings deren Gymnasium in St. Pölten ein Ende. Die Jesuitengüter wurden zum Studienfonds geschlagen, aber bald darauf veräußert.

Die Kirchenpolitik Josephs II.

Auch noch nach zweihundert Jahren ist die Persönlichkeit und die Politik Kaiser Josephs II. umstritten, insbesondere seine Kirchenpolitik. Ihn jedoch als Feind der Kirche hinzustellen, wäre verkehrt. Er selbst war religiös, hielt sich privat an die Vorschriften der Kirche, doch blieb ihm aufgrund seiner Erziehung der Zugang zu Mysterium und Gnade verschlossen.

Daß eine Reform des Kirchenwesens notwendig war, ist unbestritten. Daß sie vom Passauer Bischof nicht geleistet werden konnte, liegt allerdings in der engen Verflechtung mit anderen Rechten: Inkorporationen, Vogteien und Patronaten. An sich führte der Kaiser die Politik seiner Mutter Maria Theresia fort, allerdings mit einem wesentlichen Unterschied: Maria Theresia suchte immer das Einvernehmen mit dem Papst, Joseph dagegen unternahm seine Reformen selbstherrlich. Allein in den Jahren 1780 bis 1783 erließ er an die 6000 Verordnungen in „publico ecclesiasticis“, also in kirchlichen Angelegenheiten. Seine Hauptanliegen waren die Reduzierung der Klöster, die Verbesserung der Pfarrseelsorge, die Diözesanreform und die Anpassung des Gottesdienstes an aufklärerische Vorstellungen.

Zu den Zielen der Reform gehörte ein „gereinigter Glaube“, frei von aller „Frömmelei und Andächtelei“. Zugleich sollte die Bindung an den Papst auf ein Minimum herabgesetzt, die Rechte der Bischöfe bei der Verleihung von Ablässen und bei Ehedispensen jedoch voll ausgenützt und ausgeweitet werden. Das neue staatliche Ehegesetz vom 16. Jänner 1783 sah in der Ehe einen rein bürgerlichen Vertrag, für deren Schließung ein eigener Ritus eingeführt wurde. Die Kirche durfte den Vertrag nur mehr absegnen. Am 22. Juli 1782 wurde die Geistliche Hofkommission errichtet, die in Hinkunft die kirchenpolitischen Maßnahmen wahrnahm. Dazu gehörte auch die Reform des Gottesdienstes. Die neue Gottesdienstordnung für Niederösterreich trat erst 1786 in Kraft. Sehr einschneidend wirkte sich die Errichtung der Generalseminare aus. Zugleich (1783) wurden alle klösterlichen Hausstudien und das bischöfliche Seminar in Heiligenkreuz-Gutenbrunn aufgehoben. Damit sollte eine einheitliche Erziehung des Klerus im staatskirchlichen Sinne erreicht werden.

Einen massiven Bruch mit der herkömmlichen Frömmigkeit bedeutete die Aufhebung aller Bruderschaften am 9. August 1783. Im Diözesanbereich waren davon 200 Bruderschaften betroffen, die sehr zur Bereicherung des Gottesdienstes beigetragen haben, aber auch ein bedeutendes Vermögen besaßen. Letzteres wurde zur Hälfte dem in jeder Pfarre zu errichtenden Armeninstitut und dem örtlichen Schulfonds zugewiesen. Diese Armeninstitute wurden – wenn auch als Sozialhilfe gut gedacht – niemals populär und erhielten kaum Legate. Bereits 1780 wurden die Volksmissionen abgeschafft, 1782 auch die Aufstellung von Weihnachtskrippe und Heiligem Grab untersagt. Auch das Messelesen an Seitenaltären wurde verboten. Ab 1783 wurden auch die Prozessionen reduziert und im folgenden Jahr solche ohne priesterliche Beteiligung sogar verboten, ebenso das Wetterläuten. Die Vorschriften reichten bis zum wiederverwendbaren Sarg.

Eine der wichtigsten Maßnahmen war das Toleranzpatent, wodurch der Kaiser den Protestanten Augsburgischen und Helvetischen Bekenntnisses sowie den nichtunierten Griechen das private Religionsexercitium erlaubte (13. Oktober 1781). Noch unter Maria Theresia wurden die Protestanten verfolgt und zwangsbekehrt. Um die anhaltenden Spannungen abzubauen, gestattete Joseph II. die private Religionsausübung. Sie hatte für den späteren Diözesanbereich nur geringe Bedeutung. Unterhalb des Sonntagberges gab es eine Gruppe von etwa 20 Personen, die sich der evangelischen Gemeinde in Neukematen an der Krems in Oberösterreich anschlossen. 1786 meldeten sich ein Schuster in der Au bei Strengberg und eine Frau aus Strengberg. Doch nur die Frau vollzog 1789 den Übertritt zu den „Akatholischen“, wie die Evangelischen nun genannt wurden.

Bedeutsamer war eine Gruppe von etwa 100 Familien im Ötscherbereich. Dort hatte ein Holzspekulant Holzhauer aus Gosau und dem Salzburgischen angesiedelt und 1757 mit dem Stift Lilienfeld eine Seelsorgestation errichtet, die den Namen St. Johann in der Wüste (oder Einöd) trug. Die Holzknechte erklärten sich nach Erlaß des Toleranzpatents für evangelisch und erwirkten die Erlaubnis zur Gründung einer eigenen Gemeinde in Mitterbach (1789). Nach einem Brand wurde die Kirche in den Ötschergräben im Jahre 1788 aufgelassen.

Nicht mehr scheint eine Gruppe von Protestanten auf, die 1739 im oberen Ybbstal aufgedeckt wurde: Im Vikariat St. Georgen am Reith entdeckte der katholische Seelsorger in mehreren einschichtigen Bauernhäusern der Rotten Ahorn und Kothberg (die Häuser gehören jetzt zur Pfarre Lunz) insgesamt 113 lutherische Bücher, die 1740 vor der Kirchentür von St. Georgen verbrannt wurden. Die Nachforschungen, die der Abt von Seitenstetten im Auftrag des Bischofs anstellte, brachten eine starke lutherische Gesinnung in jener Gegend zum Vorschein. 1748 wurden noch der Ramsauer und der Reidler als Häretiker bezeichnet, doch dann verlieren sich die Spuren.

Um weiteren Maßnahmen gegen die Kirche in Österreich vorzubeugen, reiste zu Ostern 1782 Papst Pius VI. nach Wien. Der Kaiser ließ aber nicht mit sich handeln, sondern sich vom Papst als guten Christen bestätigen. Auf diese Weise nahm er seinen kirchlichen Gegnern den Wind aus den Segeln. Am 22. April verließ der Papst Wien und reiste über Sieghartskirchen und St. Pölten, wo er in der Kirche der Englischen Fräulein betete, weiter in das Stift Melk; dort blieb er über Nacht. Das Volk feierte zwar überall begeistert den Papst, zu einem Widerstand gegen die Kirchenreform des Kaisers kam es jedoch nicht. Der absolutistische Staat hatte das Volk zu gut im Griff, und das Volk war es immer gewohnt, widerspruchslos hinzunehmen, was von der Regierung kam.

Die Klosteraufhebungen

Die bereits in verschiedenen europäischen Staaten praktizierte Reduktion der Klöster griff nunmehr auch auf Österreich über. Man erhoffte sich durch die freiwerdenden Güter eine Belebung des wirtschaftlichen Lebens und die Freistellung zahlreicher Priester für die längst geplante Vermehrung der Pfarren.

Am 24. März 1781 verbot die Regierung jede Verbindung mit ausländischen Ordensoberen und jede finanzielle Transaktion ins Ausland. Davon waren vor allem die zentralistisch organisierten Orden der Dominikaner und Franziskaner betroffen, die an ihre Zentralen Beiträge ablieferten. Am 20. Mai 1781 wurde über die Klöster eine generelle Aufnahmesperre verhängt, um so den Personalstand zu reduzieren. Nach längeren Diskussionen erging dann trotz heftiger Proteste des päpstlichen Nuntius und des Wiener Erzbischofs Migazzi das Klosteraufhebungsdekret: „ . . . befehlen Seine Majestät, daß von nun alle Ordenshäuser, Klöster, Hospitzien, oder wie diese geistlichen Versammlungshäuser sonst Namen haben, von männlichem Geschlecht der Kartäuser, Kamaldulenser-Orden und die Eremiten oder Waldbrüder, dann vom weiblichen Geschlechte der Karmeliterinnen, Klarissinnen, Kapuzinerinnen und Franziskanerinnen aufgehoben werden und das gemeinschaftliche Leben der darin befindlichen Personen in denselben aufhören solle.“ Der Staat übernahm die Vermögensverwaltung, für die Klosterinsassen wurde eine Pension ausgesetzt und es ihnen freigestellt, privat nach ihrer Regel weiterzuleben; sie konnten auch in andere Klöster übertreten. Mit 28. Februar 1782 wurde bestimmt, daß aus dem Vermögen der aufzuhebenden Klöster der Religionsfonds gebildet werden solle. Da die Güter sehr schwer zu verwalten waren, sollten vor allem die Baulichkeiten, aber auch die Gründe möglichst bald veräußert und aus dem Erlös der Fonds gebildet werden. Aus dessen Rendite beabsichtigte man die geplanten Seelsorgeposten zu finanzieren. Die Güter wurden also nicht enteignet oder verstaatlicht, sondern mit Rücksicht auf die öffentliche Meinung für kirchliche Zwecke verwendet. Wer Eigentümer des Religionsfonds sei, wurde zunächst nicht entschieden. Doch übernahm der Staat ganz eindeutig die Verwaltung, ohne den kirchlichen Instanzen ein Mitspracherecht einzuräumen. Es handelt sich also bei den Maßnahmen Josephs II. keineswegs um eine Säkularisation von Kirchengütern, wie sie im Reich 1803 durchgeführt wurde.

1782 kam es schließlich im heutigen Diözesanbereich zu den ersten Klosteraufhebungen. Davon betroffen waren die Kartausen Aggsbach und Gaming und die Karmeliterinnen zu St. Pölten. Das verschuldete Aggsbach wurde von der Kommission am 23. Jänner aufgehoben. Am 7. Februar begab sich die Kommission nach St. Pölten zu den Karmeliterinnen. Dorten wohnten 19 Nonnen, die Bestiftung bestand aus Kapitalien. Das Klostergebäude wurde für das Militär beansprucht und die Kirche entweiht.

Eine eigene Aufhebungskommission kam bereits am 26. Jänner 1782 zur größten Kartause, nach Gaming. Neben dem Prior lebten dort 17 Patres und vier Laienbrüder. Im Kloster herrschte beste Zucht, die Wirtschaft war mustergültig. Zur Kartause gehörten die vier Pfarren Gaming, Scheibbs, Ruprechtshofen und Oberndorf mit deren Filialen Texing, Neuhaus und St. Anton an der Jeßnitz. Diese Pfarren besaßen den höchsten Prozentsatz an die Schule besuchenden Kindern in ganz Niederösterreich. Die Kartause hatte reichen Eigenbesitz im Ötscherland, aber auch auswärts. Mit 911 behausten Untertanen war sie eine der größten Grundherrschaften im Lande. Auf Ansuchen des Priors entband der Passauer Bischof am 5. April die Mönche der Gelübde, am 28. Juni verließen sie die Kartause und traten nach Möglichkeit in den Seelsorgedienst. In einer großen Auktion wurden die Pretiosen versteigert. Die wertvolle Kircheneinrichtung wanderte in verschiedene Gotteshäuser: nach Ybbsitz (Hochaltar), Wieselburg, Lackenhof, Mendling, Purgstall, Plankenstein und Ybbs; das Chorgestühl kam teils nach Tulln, teils nach Zwentendorf. Auch das wertvolle Zuchtvieh, mit dem die Kartäuser den Viehbestand im Ötschergebiet wesentlich verbessert hatten, wurde verschleudert. Die Gebeine des Stifterehepaares, Albrechts II. und der Johanna von Pfirt, sowie der Elisabeth, Gemahlin Albrechts III., ließ Bischof Hohenwart 1797 in die Pfarrkirche übertragen.

Vom Klosteraufhebungsdekret waren auch die Eremiten betroffen. Seit 1740 waren sie diözesan organisiert und lebten nach der Regel der Dritten Orden. Sie waren keineswegs Einsiedler, wie der Name vermuten ließe, sondern versahen Mesner- und Lehrerdienste. Im Waldviertel gab es damals fünf Eremien, die alle im Zusammenhang mit Wallfahrtskirchen standen: Hocheneich, Maria Dreieichen, Maria Rafings bei Windigsteig, Maria Schnee bei Drosendorf (beide abgekommen) und Speisendorf. Im Viertel ober dem Wienerwald soll es über zwanzig Eremien gegeben haben, die zum Teil Mesnerdienste verrichteten, etwa am Sonntagberg, Josefsberg und Annaberg. Besonders häufig waren die Eremiten im Tullnerfeld anzutreffen, wo sie vor allem als Lehrer wirkten. Die Aufhebung der Eremien brachte keinen finanziellen Erfolg.

Während die Aufhebung in den sogenannten Klöstern im Gange war, reifte bereits der Plan zu weiteren Klosterreduktionen. Er galt im westlichen Niederösterreich den beiden Dominikanerinnenklöstern zu Tulln und Imbach. Das „kaiserliche Frauenstift" in Tulln war bereit, eine Schule einzurichten und die Umgestaltung in ein Ursulinenkloster vorzunehmen. Am 28. Mai wurde dafür eine fixe Zahl von 18 Mitgliedern festgelegt. Zwar konnte am 1. November 1782 eine Mädchenschule eröffnet werden, doch gedieh die Sache nicht recht, und die Schwestern reichten selbst um die Aufhebung ein, die am 9. Juli 1785 vollzogen wurde. 1782 zählte das Kloster 28 Mitglieder, zuletzt 17 Chorfrauen, eine Novizin und sechs Laienschwestern. Nach dem 9. November wurde die große Kirche entweiht; der Hochaltar kam nach St. Andrä, die Seitenaltäre nach Zeiselmauer, Tulbing, Süßenbach, Grafenschlag und Großgerungs. In den folgenden Jahrzehnten wurden Kirche und Klostergebäude demoliert.

Die Dominikanerinnen zu Imbach im Kremstal befanden sich nach einem Klosterbrand im Jahre 1759 in einer wirtschaftlichen Krise. Am 18. April 1782 wurde die Aufhebung des Klosters proklamiert, das damals 17 Nonnen, sechs Laienschwestern, eine Novizin und eine Tertiarin zählte. Zum Kloster gehörten auch die Patronatspfarren Imbach und Sallingberg.

Ging die Regierung 1782 nur gegen die Häuser der beschaulichen Orden vor, so strebte sie bald darüber hinaus. Es sollte der große Einfluß des Klosterwesens überhaupt ausgeschaltet und an seiner Stelle ein enges Pfarrsystem errichtet werden. Dieses hoffte die Regierung stärker in den Griff zu bekommen. 1782 begann sie ja energisch, das „Pfarrerrichtungsgeschäft" aufzugreifen. Auf diesen neuen Pfarren sollten die ehemaligen Ordenspriester eingesetzt werden. Nur in der Seelsorge sahen die Josephiner eine „nützliche" Verwendung der Priester, wie man sich im utilitaristischen Geiste auszudrücken pflegte. Zugleich sollte aus den aufgehobenen Klösern jenes Kapital kommen, das zur Neuerrichtung von Pfarren notwendig war. Die noch bestehenden Klöster verloren ihre Exemtion und wurden der Aufsicht der Bischöfe unterstellt (11. September 1782). Bereits am 24. Februar 1782 wurde das Tertiareninstitut aufgehoben. Am 30. März 1783 erfolgte die Aufhebung der

Klosterstudien und die Errichtung der Generalseminare, wo nun auch die Klosterkleriker zu studieren hatten.

1783 schritt man zu weiteren Klosteraufhebungen. Am 20. Juli wurde der Plan zur Aufhebung folgender Klöster veröffentlicht: im Viertel ober dem Wienerwald die Franziskaner in Ybbs (mit 23 Konventualen), Kapuziner in Scheibbs (20), Franziskaner in St. Pölten (39), Karmeliter in St. Pölten (15), Franziskaner in Neulengbach (21), Kapuziner in Tulln (22), Serviten in Schönbühel (11) und die Kapuziner in Waidhofen an der Ybbs (20); im Viertel ober dem Manhartsberg die Kapuziner in Waidhofen an der Thaya (20), Pauliner in Unterranna (17), Franziskaner in Eggenburg (30), Dominikaner in Krems (26). Kapuziner in Und und die Franziskaner in Langenlois (27). Dazu kamen noch St. Andrä, das mit Herzogenburg, und Pernegg, das mit Geras vereinigt werden sollte.

Bei diesem Aufhebungsplan ging es weniger ums Geld – es handelte sich ja meist um Bettelordensklöster –, sondern vielmehr darum, Seelsorger für die neuen Pfarren zu finden. Da in kurzer Zeit nicht alle Religiosen anderweitig untergebracht werden konnten – infolge der Aufnahmesperre war eine gewisse Überalterung eingetreten, und es konnte daher nur ein Teil in der Seelsorge Verwendung finden –, zog sich das „Aufhebungsgeschäft" etwas in die Länge. Eher glücklichen Umständen hatten es die Franziskaner zu St. Pölten, die Kapuziner in Scheibbs und die Serviten in Schönbühel zu verdanken, daß sie weiterbestehen konnten.

Am 25. August 1783 wurde Pernegg der Administration des Abtes von Geras unterstellt, doch erst 1854 besitzmäßig vereinigt. St. Andrä wurde seit dem 9. September 1783 von Herzogenburg aus administriert. Doch fiel das Klostervermögen an den Religionsfonds, Herzogenburg aber blieb nur die Last. Das Klostergebäude wurde Kaserne, dann Lazarett und schließlich 1828 zum Versorgungshaus der Gemeinde Wien.

Das Kloster der Pauliner in Unterranna war spirituell an sich in gutem Zustand. Bereits 1779 mußten sechs Kleriker entlassen werden, weil sie vor Erreichung des staatlich vorgeschriebenen Mindestalters die Profeß abgelegt hatten. Zur Zeit der Aufhebung umfaßte es noch immer 17 Patres und zwei Laienbrüder. Zwischen 15. September und 1. November 1783 erfolgte die Aufhebung. Die Kirche diente eine Zeitlang als Pfarrkirche, ehe sie 1797 gesperrt wurde. Der Hochaltar kam 1828 nach Pöchlarn, 1829/30 begann man Kirche und Kloster abzutragen.

Das Karmeliterkloster in St. Pölten wurde am 8. September 1783 aufgehoben. Das dortige Franziskanerkloster entging nur deswegen der Aufhebung, weil der erste Bischof von St. Pölten, Heinrich Johann von Kerens, dagegen Einspruch erhob und es für die Betreuung einer zweiten Stadtpfarre für erforderlich hielt. so übersiedelten die Franziskaner 1784 in das ehemalige Karmeliterkloster. Ihr altes Kloster in der Wiener Straße ging zunächst ans Ärar, wurde aber anschließend Priesterhaus. Die Franziskaner mußten allerdings eine Personalreduktion von 39 auf 18 Personen hinnehmen.

Als 1783 Franz Joseph von Auersperg Bischof von Passau wurde, mußte er die Propstei Ardagger aufgeben. Ihre Güter wurden eingezogen und Ardagger zu einer bloßen Titularpropstei degradiert.

Durch die Predigt eines Kapuziners gegen das neue Pfarrarmeninstitut in Waidhofen an der Thaya wurde der Unwille der Regierung erregt und das Kloster am 3. Juni 1784 aufgehoben. 1793 richtete man dort das Bürgerspital ein.

Auch das älteste Kloster des Landes, das Augustiner-Chorherrenstift St. Pölten, verfiel am 16. Juli 1784 der Aufhebung, da es als Sitz der neuen Diözese dienen sollte.

Schwer betroffen war die Bürgerschaft von Krems wegen der Aufhebung des Dominikanerklosters. Eine Eingabe an höchster Stelle blieb erfolglos: das Kloster wurde am 20. September 1785 aufgehoben, die Kirche gesperrt. 1808 richtete man im Langhaus einen Körnerspeicher ein, 1826 im Chor das städtische Theater. Da der Hochaltar beim Abbau zerstört wurde, konnte er nicht – wie geplant – nach Griesbach gebracht werden; die Seitenaltäre kamen nach Tautendorf, Seyfrieds, Haugschlag, Langegg, Markersdorf an der Pielach, Mittelberg, Reibers, Brand und Alt-Melon. Die Kanzel kann heute in der ehemaligen Kartäuserkirche in Aggsbach bewundert werden.

Am 2. Oktober 1786 erfolgte die Aufhebung des Franziskanerkonvents in Eggenburg, dessen Kirche am 3. Juli 1787 profaniert wurde. Nach Zeiten des Verfalls zogen dort 1833 die Redemptoristen ein. Auch das Franziskanerkloster in Neulengbach, das die Pfarre betreute, wurde im September 1786 aufgehoben. Dessen Kirche wurde 1789 Pfarrkirche, die baufällige Nikolauspfarrkirche aber abgetragen.

Im September 1787 ereilte das Kapuzinerkloster zu Waidhofen an der Ybbs das Schicksal der Aufhebung, die Bittgesuche der Bürger ignorierte man. Am 11. Jänner 1788 wurde die Kirche exsekriert, die Bürgerschaft stellte sie jedoch 1834 wieder her. Das Tullner Kapuzinerkloster hatte in den letzten Jahren einen Personalzuwachs zu verzeichnen, da es als Sammelkloster für Patres diente, die durch die Aufhebungen heimatlos geworden waren. Trotzdem wurde es am 8. Oktober 1787 aufgehoben und zur Gänze profaniert.

Ursprünglich nicht zur Aufhebung vorgesehen war das Augustiner-Chorherrenstift Dürnstein. Als aber Propst Dominicus Ruemer 1787 starb, wurde keine Neuwahl gestattet, sondern das Kloster mit 7. Jänner 1788 der Administration des Stiftes Herzogenburg unterstellt.

Trotz aller Bitten des Magistrates verfiel am 15. August 1788 auch das Franziskanerkloster zu Ybbs der Aufhebung, obwohl dieses Kloster weithin Seelsorgeaushilfe leistete. Im März 1789 wurde die Kirche entweiht.

Gegen Ende der Regierungszeit Kaiser Josephs II. traf schließlich die beiden Zisterzen Säusenstein und Lilienfeld das gleiche Los. Nach dem Tod des Säusensteiner Abtes Andreas Schrappeneder 1788 gab es keine Neuwahl mehr, sondern es wurde der Abt von Seitenstetten mit der Administratur beauftragt (1789–1812); er hatte die Überschüsse an den Religionsfonds abzuführen. Im Zuge der Kriegshandlungen von 1801 brannte die Stiftskirche von Säusenstein nieder, so daß die bereits gesperrte Donatikirche auf dem Berg Pfarrkirche wurde.

In Lilienfeld brach die Krise etwas früher aus. Der damalige Abt mußte wegen mangelhafter Wirtschaftsführung 1785 resignieren, und das Stift erhielt in P. Maximilian Stadler einen Kommendatarabt für die Verwaltung der Temporalien. Am 23. März 1789 schritt man aber zur Aufhebung und beeilte sich, die mobilen Werte des Klosters in Geld umzusetzen. Doch bereits zwei Monate nach dem Tod des Kaisers wurde die Zisterze am 22. April 1790 wiederhergestellt.

Es blieb allerdings nicht bei den Klosteraufhebungen. Eine Reihe von Stiften wurde durch Kommendataräbte geleitet, das heißt eine klosterfremde Person mit der Güterverwaltung des Klosters beauftragt, die die Gewinne an den Religionsfonds abzuführen hatte. Diese Zeiten aber gingen vorüber. Viel nachhaltiger waren die Schäden im inneren Klosterleben. Die Staatsbehörden förderten in den Konventen die Denunzianten und damit das Mißtrauen. Zudem durften die Prioren nur auf drei Jahre gewählt werden, was ihre Position in der geistlichen Leitung schwächte. Da auch gegen den Mönchsstand an sich ständig

DIÖZESE BUDWEIS
DIÖZESE BRÜNN
ERZDIÖZESE WIEN
Haugschlag
Reingers
Litschau
Eggern
Brand
Eisgarn
HEIDENREICHSTEIN
Nagelberg
Langegg
Seyfrieds
Schrems
Hoheneich
Gmünd I
Gmünd
Höhenberg
Dietmanns
Heinrichs
Harbach
Unserfrau
Waldenstein
WEITRA
St. Wolfgang
Spital
St. Martin
Harmanschlag
Großschönau
Großpertholz
Karlstift
Kautzen
Reibers
Waldkirchen
Dobersberg
Niklasberg
Weikertschlag
Münchreith
Gastern
Großau
Obergrünbach
Pfaffenschlag
Thaya
Puch
Speisendorf
Raabs
Aigen
Buchbach
WAIDHOFEN an der Thaya
Windigsteig
Langschwarza
Vitis
Großsiegharts
Ludweis
Drosendorf
Eibenstein
Zissersdorf
Langau
Felling
Hardegg
Pleißing
Oberhöflein
GERAS
Weitersfeld
Niederfladnitz
Japons
Trabenreith
Harth
Sallapulka
Obermixnitz
Hirschbach
Kirchberg/Walde
Echsenbach
Schwarzenau
Scheideldorf
Großhaselbach
Blumau
Kirchberg/Wild
Nondorf
Weißenalbern
Siebenlinden
Sallingstadt
Süßenbach
Allentsteig
Göpfritz
Dietmannsdorf
St. Marein
Messern
Pernegg
Theras
Walkenstein
Mödring
Rodingersdorf
Sigmundsherberg
Kattau
Roggendorf
St. Bernhard
Strögen
HORN
Stockern
Maria Dreieichen
EGGENBURG
Kühnring
Reinprechtspölla
Burgschleinitz
Schweiggers
Jagenbach
Großglobnitz
TRUPPENÜBUNGSPLATZ
Neukirchen
Röhrenbach
Altenburg
Neupölla
Altpölla
Idolsberg
Franzen
St. Leonhard/Hw.
Gars
Tautendorf
Freischling
Wurmbrand
Rieggers
Oberstrahlbach
Schloß Rosenau
ZWETTL STADT
Zwettl-Stift.
Friedersbach
Jahrings
Oberkirchen
Langschlag
Großgerungs
Etzen
Marbach/W
Kirchbach
Griesbach
Rastenfeld
Krumau
Großgöttfritz
Niedernondorf
Brand
Niedergrünbach
Rastbach
GFÖHL
Plank
Stiefern
Schönberg
Rapottenstein
Waldhausen
Lichtenau
Mittelberg
Schiltern
Zöbing
Arbesbach
Grafenschlag
Grainbrunn
Loiwein
Obermeisling
Lengenfeld
Langenlois
Sallingberg
Altmelon
Schönbach
Großreinprechts
Albrechtsberg
Els
Droß
Senftenberg
Stratzing
Imbach
Gobelsburg
Traunstein
Purk
Kottes
Weinzierl
Egelsee
KREMS
Brunn

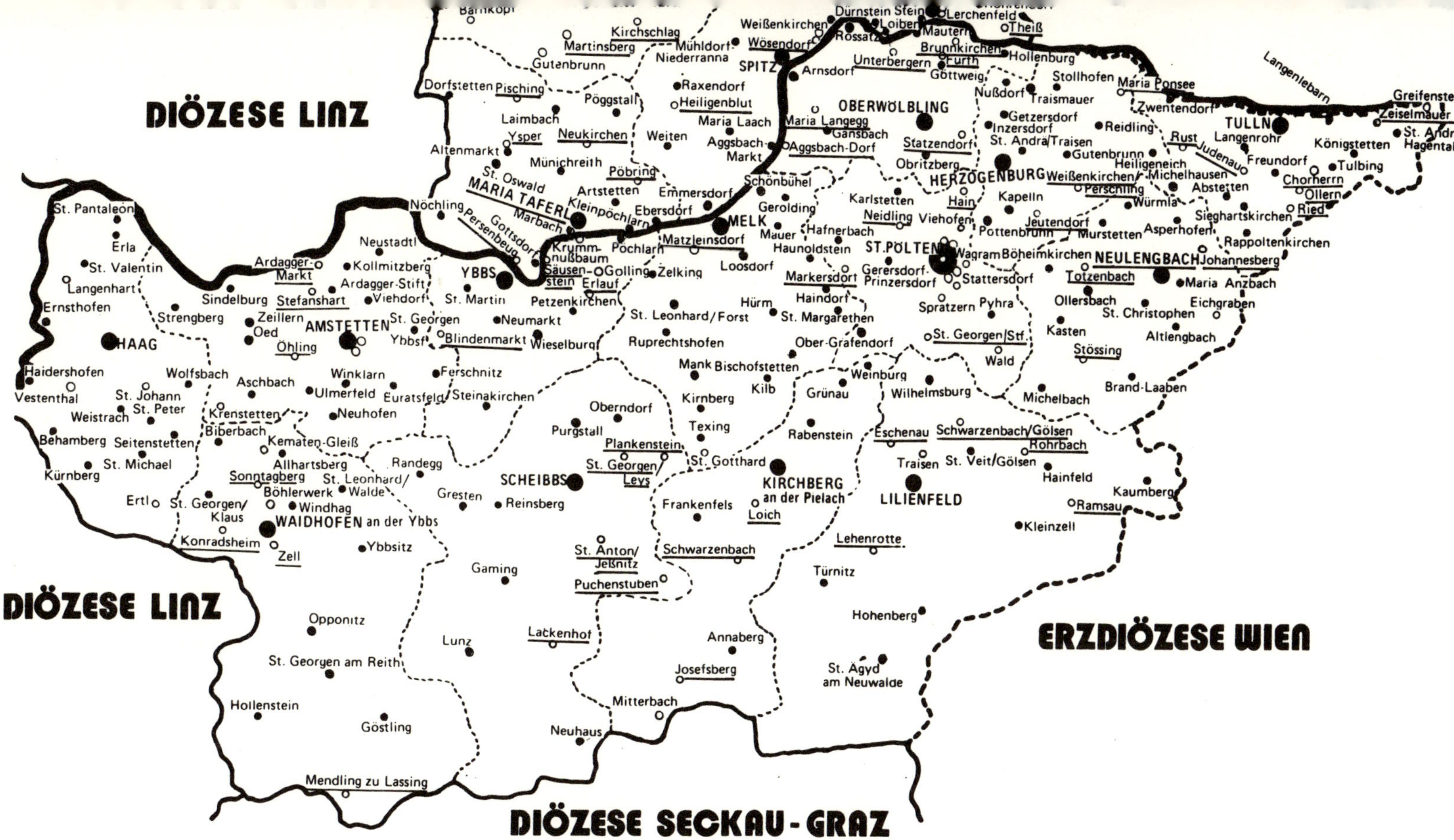

DIÖZESE LINZ
DIÖZESE LINZ
ERZDIÖZESE WIEN
DIÖZESE SECKAU - GRAZ
Dürnstein Stein
Lerchenfeld
Theiß
Weißenkirchen
Loiben
Mautern
Rossatz
Kirchschlag
Martinsberg
Mühldorf-Niederranna
Wösendorf
Brunnkirchen
Furth
Hollenburg
Gutenbrunn
Dorfstetten
Pisching
SPITZ
Arnsdorf
Unterbergern
Göttweig
Langenlebarn
Raxendorf
Pöggstall
Heiligenblut
Stollhofen
Maria Ponsee
Greifenstein
Zeiselmauer
Laimbach
Maria Laach
OBERWÖLBLING
Nußdorf
Traismauer
Zwentendorf
TULLN
St. Andrä/Hagentale
Ysper
Neukirchen
Weiten
Maria Langegg
Gansbach
Getzersdorf
Inzersdorf
Reidling
Langenrohr
Königstetten
Altenmarkt
Aggsbach-Markt
Aggsbach-Dorf
Statzendorf
St. Andrä/Traisen
Rust
Judenau
Tulbing
Münichreith
Gutenbrunn
Freundorf
Pöbring
Obritzberg
HERZOGENBURG
Heiligeneich
St. Oswald
Schönbühel
Weißenkirchen/Perschling
Michelhausen
Chorherrn
MARIA TAFERL
Artstetten
Emmersdorf
Ollern
Abstetten
St. Pantaleon
Nöchling
Kleinpöchlarn
Ebersdorf
Karlstetten
Hain
Kapelln
Würmla
Ried
Marbach
Gottsdorf
Geroldıng
Persenbeug
MELK
Neidling
Viehofen
Jeutendorf
Sieghartskirchen
Erla
Neustadtl
Krumm-nußbaum
Pöchlarn
Mauer
Hafnerbach
Pottenbrunn
Murstetten
Asperhofen
Rappoltenkirchen
St. Valentin
Ardagger-Markt
Kollmitzberg
Säusen-stein
Golling
Matzleinsdorf
Haunoldstein
ST. PÖLTEN
Wagram
Böheimkirchen
NEULENGBACH
Johannesberg
Langenhart
Ardagger-Stift
YBBS
Zelking
Loosdorf
Gerersdorf-Prinzersdorf
Stattersdorf
Totzenbach
Maria Anzbach
Ernsthofen
Sindelburg
Stefanshart
Viehdorf
St. Martin
Erlauf
Markersdorf
Strengberg
Zeillern
Petzenkirchen
Hürm
Haindorf
Spratzern
Pyhra
Ollersbach
Eichgraben
Oed
AMSTETTEN
St. Georgen
Neumarkt
St. Leonhard/Forst
St. Margarethen
St. Christophen
HAAG
Öhling
Ybbsf.
Blindenmarkt
Wieselburg
Ruprechtshofen
Ober-Grafendorf
St. Georgen/Stf.
Kasten
Altlengbach
Stössing
Haidershofen
Wolfsbach
Winklarn
Ferschnitz
Mank
Bischofstetten
Wald
Vestenthal
St. Johann
Aschbach
Ulmerfeld
Euratsfeld
Steinakirchen
Kilb
Weinburg
Grünau
Wilhelmsburg
Brand-Laaben
St. Peter
Weistrach
Krenstetten
Neuhofen
Kirnberg
Michelbach
Biberbach
Oberndorf
Texing
Behamberg
Seitenstetten
Kematen-Gleiß
Purgstall
Rabenstein
Eschenau
Schwarzenbach/Gölsen
Plankenstein
Rohrbach
St. Michael
Allhartsberg
Randegg
St. Gotthard
Traisen
St. Veit/Gölsen
Kürnberg
Sonntagberg
St. Leonhard/Walde
St. Georgen/Leys
KIRCHBERG an der Pielach
Hainfeld
Böhlerwerk
SCHEIBBS
LILIENFELD
Kaumberg
Ertl
St. Georgen/Klaus
Windhag
Gresten
Reinsberg
Frankenfels
Loich
Ramsau
WAIDHOFEN an der Ybbs
Kleinzell
Konradsheim
Ybbsitz
Lehenrotte
Zell
St. Anton/Jeßnitz
Schwarzenbach
Gaming
Türnitz
Puchenstuben
Hohenberg
Opponitz
Lackenhof
Lunz
Annaberg
St. Georgen am Reith
Josefsberg
St. Ägyd am Neuwalde
Hollenstein
Mitterbach
Göstling
Neuhaus
Mendling zu Lassing

Die zwischen den Seiten 104 und 105 eingeklebte Faltkarte stellt die josephinischen Pfarrerrichtungen dar.

● Altpölla – Vor 1782 errichtete Pfarre oder Vikariat

○ <u>Statzendorf</u> – Josephinische Pfarre oder Lokalie

○ Langenhart – Seit 1790 errichtete Pfarre

polemisiert wurde, etwa über das „ungesunde stundenlange Chorgeschrey“, ging nicht nur der Nachwuchs zurück, auch innerhalb der Klöster herrschte ein übler Geist, der erst in Jahrzehnten überwunden werden konnte. Daher starben in der Folge noch im 19. Jahrhundert einige Klöster aus.

Die Pfarrerrichtungen

Da die bisherigen bischöflichen Maßnahmen nicht zu dem gewünschten Erfolg führten, zog Kaiser Joseph II. als Landesfürst das „Pfarrgeschäft“ an sich. Er betrachtete das als ein Recht „circa sacra“. War es unter Maria Theresia eher die Angst vor der „Ketzerei“ (Kryptoprotestantismus), die eine Verbesserung der Seelsorge wünschenswert erscheinen ließ, so kamen nunmehr andere Gründe zum Tragen. Die Verbesserung der Seelsorge vor allem durch die Christenlehre sollte die Bildung des Volkes heben. Mit den Pfarren war zudem eine Verdichtung des Schulwesens gegeben, da bei jeder Pfarre eine Schule geführt werden mußte. Die Pfarrer waren auch zur Führung der Matriken verpflichtet. Sie waren aber auch Vermittler der kaiserlichen Erlässe, wofür gegen Ende der Messe der Zeitpunkt war. Damit bildeten aber die Pfarren auch die unterste Instanz der Staatsgewalt. Eine Gemeindeorganisation gab es ja erst ab 1850. Die Seelsorger wurden daher auch als Staatsdiener verstanden, die die Gläubigen auch zu treuen Staatsbürgern erziehen sollten. Es ist durchaus verständlich, daß der Kaiser größten Einfluß auch auf die Ausbildung des Klerus in den Generalseminarien nahm. Über die Seelsorger erhoffte man sich nämlich einen unmittelbaren Einfluß zur Aufklärung des Volkes. Daher wurden den Seelsorgern auch von der Obrigkeit öfters recht profane Predigtthemen vorgeschrieben, etwa wie die Landwirtschaft verbessert, das Gesundheitswesen gefördert oder der Aberglauben überwunden werden könne, was immer die Regierung darunter auch verstand.

Die Vermehrung der Pfarren ist aber auch immer im Zusammenhang mit den Klosteraufhebungen zu sehen. Aus deren Kapital, das dem Religionsfonds zugeführt wurde, sollten ja die neugeschaffenen Posten finanziert werden. Das Personal der aufgehobenen Klöster sollte auch den Personalbedarf decken. Generell aber wurde den Weltpriestern der Vorzug gegeben.

Mittels Hofdekret vom 4. Februar 1782 verlangte der Kaiser die Erhebung der notwendigen neuen Seelsorgestationen. Daraufhin meldeten für den späteren Diözesanbereich 150 Orte ihr Interesse an einer Pfarrerhebung an. Da diese Zahl offensichtlich zu hoch lag, erließ der Kaiser am 2. September 1782 neue Direktivregeln, nach denen bei Pfarrerrichtungen und Umpfarrungen vorzugehen war. Demnach sollten Pfarren errichtet werden, wenn die Gläubigen durch Naturhindernisse, wie hohe Gebirge, häufiges Hochwasser und schlecht begehbare Wege, ihre bisherige Pfarrkirche nur mühsam und gefahrvoll erreichen konnten, wenn die Entfernung mehr als eine Wegstunde betrug, wenn eine Gemeinde über 700 Seelen zählte (in gemischtkonfessionellen Gebieten genügten 500), wenn an einem Ort bereits früher einmal eine Kuratstelle bestand und ein Stiftungskapital vorhanden war. Umpfarrungen seien vorzunehmen, wenn ein Ort zwischen verschiedenen Pfarren geteilt war, wenn der Weg zur Pfarrkirche durch eine fremde Pfarre führte oder wenn der Weg zu einer anderen Pfarrkirche beträchtlich bequemer war. Am 20. Oktober wurden die Dechanten und Kreisämter mit den lokalen Überprüfungen beauftragt. Als Ergebnis dieser Untersuchungen erschien dann am 20. Juli 1783 das Hofdekret, das neben zahlreichen Umpfarrungen auch die Errichtung von 97 Seelsorgestationen und elf neuen Kooperaturen verfügte. Doch war damit das „Pfarrgeschäft" noch nicht abgeschlossen. 1784 erfolgte die Errichtung von zwanzig weiteren Seelsorgestationen. 1785 folgten vier, 1786 drei und 1787 zwei weitere Erhebungen. Insgesamt wurden vom „Pfarrgeschäft" also 126 Seelsorgestellen betroffen; und zwar wurden 45 Pfarren, 80 Lokalien und ein Vikariat geschaffen. Darunter waren allerdings nur fünf totale Neugründungen, sozusagen „auf der grünen Wiese", nämlich Brand bei Heidenreichstein, Haugschlag, Tautendorf, Mendling zu Lassing und Beinhöfen (heute Diözese Budweis). In 37 Fällen handelte es sich um die Wiederherstellung ehemaliger Pfarren, in weiteren 36 Fällen wurden Exposituren oder einfache Benefizien in eine ordentliche Seelsorgestation umgewandelt, und weitere acht wurden mit Klöstern oder aufgehobenen Klosterkirchen verknüpft: Säusenstein, Jeutendorf, Neulengbach, Maria Langegg, Aggsbach Dorf, Stift Zwettl, Unterranna, St. Pölten-Stadt. Ähnlich war die Lösung bei den Wallfahrtsorten Maria Dreieichen, Maria Taferl und Sonntagberg, die ebenfalls zu Pfarren erhoben wurden.

Da aus dem Vermögen des Religionsfonds unmöglich alle diese Pfarren erhalten werden konnten, bestand die Tendenz, möglichst viele Pfarren an die großen Stifte anzuhängen, obwohl damals das Ordenswesen wenig geschätzt wurde. Die Stifte mußten für die von ihnen gestellten Seelsorger selbst aufkommen. Daher wurden nicht weniger als 48 neue Pfarrstellen zu Stiftspfarren erklärt. Ihre Zahl reduzierte sich aber um vier, weil die Stifte Säusenstein und St. Pölten bald darauf der Aufhebung verfielen. Bis 1788 stieg damit die Zahl der Seelsorgestationen auf 406. Bei etwa zwanzig Pfarren kam es bloß zu einer Rangerhebung, und zwei Pfarren wurden abgeschafft (Rietenburg bei Horn, St. Michael in der Wachau).

Bei den Seelsorgestationen wurde nämlich zwischen Vollpfarren, Lokalien und Vikariaten unterschieden. Lokalien (auch: Lokalpfarre, Lokalkaplanei) waren grundsätzlich ebenfalls Vollpfarren mit allen Rechten, doch zählten sie meist unter 700 Einwohner, und ihr Inhaber (Lokalkaplan) bekam ein geringeres Gehalt (Pfarrer 600 Gulden, Lokalkaplan 350 Gulden und Kooperator 250 Gulden jährlich) und mußte auch die Stolgebühren an die Mutterpfarre abführen. Auch verblieben alle Stiftungen bei der Mutterpfarre. Die Vikariate waren schon eine Einrichtung des Mittelalters; hier stand das Vorschlagsrecht zur Besetzung dem Inhaber der Mutterpfarre zu. Auch die Stifte betrachteten gerne ihre inkorporierten Pfarren als Vikariate.

Der Kaiser verlangte auch für jede Pfarre einen Patronatsherrn. Für die neuen Pfarren fand er aber nur 18 weltliche Gutsbesitzer, die diese Ehre auf sich nahmen, da mit ihr auch die Baulast der Kirche verbunden war. Daher fielen 54 Neugründungen öffentlichen Patronaten zur Last.

Die josephinische Pfarreform brachte eine wesentliche Verbesserung der Pfarrstruktur. Die Umpfarrungen schufen klare Pfarrsprengel, die neuen Seelsorgestationen ermöglichten eine intensive Seelsorge auch auf dem Lande und verbesserten zugleich das Schulwesen. Die Pfarreform stellt eine der dauerhaften Verbesserungen unter den kirchenpolitischen Maßnahmen des Kaisers dar.

II. Teil

Die Geschichte der Diözese seit ihrer Errichtung 1785

VII DIE ERRICHTUNG DER DIÖZESE ST. PÖLTEN

Die Vorgeschichte – Der erste Bischof von St. Pölten: Heinrich Johann von Kerens (1785–1792) – Der Aufbau der Diözesanorganisation: Domkirche und Domkapitel; Die Dotation des Bistums; Dekanate und Pfarren; Ausbildungsstätten des Diözesanklerus; Die Gottesdienstreform – Rückblick

Die Vorgeschichte

Zu den nachhaltigsten Folgen der josephinischen Kirchenpolitik zählt zweifellos die Neuordnung der Diözesansprengel, der die Diözese St. Pölten ihre Entstehung verdankt. Die Pläne für eine neue Bistumsregelung wurden schon 1722 aufgegriffen. Man dachte daran, für ein zukünftiges Erzbistum Wien neue Suffragane in St. Pölten, Krems oder Melk und Göttweig (mit Sitz in Krems) einzurichten und diesem das exemte Wiener Neustadt mit dem Salzburger Anteil in Niederösterreich (das Gebiet südlich von Wiener Neustadt gehörte zum Erzbistum Salzburg) zu unterstellen. Kaiser Karl VI. erreichte aber 1722 nur die Erhebung Wiens zum Erzbistum, dessen Suffragan Wiener Neustadt wurde. Der Kaiser gab aber in seinen Plänen nicht nach. Ganz ernstlich wurde bei den Äbten von Melk und Göttweig und beim Propst von Klosterneuburg angefragt, ob sie bereit wären, Bischöfe zu werden und ihre Klöster entsprechend umzugestalten. Die Prälaten Dietmayr und Bessel waren davon sehr eingenommen, obwohl sie dafür große finanzielle Opfer hätten bringen müssen. Es ist aber bezeichnend, daß ein Teil des Melker Konvents, etwas später auch der Göttweiger, sich diesen Plänen verschloß, die sie mit dem monastischen Ideal für unvereinbar hielten.

Schließlich kamen 1728 alle Pfarren des Viertels unter dem Wienerwald zu Wien, das bisher nur 24 Pfarren umfaßte. Zugleich versprach der Kaiser, daß dies die letzte Ausgliederung aus dem Passauer Bistum bleiben solle, in Hinkunft die Propstei Ardagger immer einem Passauer Domherrn verliehen werde und das Wiener Offizialat im Passauer Hof bei der Kirche Maria am Gestade verbleiben könne.

Unter Maria Theresia ruhte daher die Bistumsfrage. Kaiser Joseph II. aber griff sie mit Nachdruck auf, und zwar aus folgenden Gründen: Der Passauer Bischof galt als ausländische Macht, die keinen Einfluß auf österreichisches Gebiet haben sollte; zugleich sollte eine Verbesserung der Diözesanstruktur erreicht werden. Die Diözesen Salzburg und Passau hatten eine übergroße Ausdehnung; zudem lagen die Bischofssitze sehr exzentrisch. Natürlich ging es dem Kaiser auch um eine Verstärkung seines Einflusses auf die Kirche, was bei kleineren Diözesen leichter möglich war.

Im März 1783 erkrankte der Passauer Bischof Kardinal Firmian schwer. Am 13. März erließ der Kaiser ein Hofdrekret mit dem Inhalt, daß nach dem Tod des Bischofs sofort alle

Güter und weltlichen Rechte des Bischofs und Domkapitels in Österreich in Beschlag zu nehmen seien. Auch beauftragte der Kaiser den Wiener Erzbischof Kardinal Migazzi mit der geistlichen Leitung der Gebiete Niederösterreichs nördlich der Donau und des Viertels ober dem Wienerwald; das Viertel unter dem Wienerwald sollte dem Bischof von Wiener Neustadt unterstellt werden. Dagegen wandte sich Migazzi, und der Kaiser pflichtete ihm bei. Schon etwas früher war für das Bistum Wiener Neustadt, das bisher nur aus der Stadtpfarre bestand, insofern eine Änderung eingetreten, als es 1768 das neugegründete Theresienfeld erhielt. 1782 begannen Verhandlungen wegen Angliederungen des Neustädter Distriktes, der zum Erzbistum Salzburg gehörte. Am 11. bzw. 19. Oktober 1782 wurden in Salzburg und in Wiener Neustadt die Zessionsurkunden unterzeichnet, mit denen Salzburg 42 Pfarren an Wiener Neustadt abtrat. Die Bestätigung Roms erfolgte am 11. Jänner 1783, die Übertragung am 17. März. Doch blieb das alles nur kurzfristig, da die Dinge nun einmal in Fluß geraten waren.

Um eine sinnvolle Einteilung des Landes zu erreichen, gingen die Verhandlungen weiter. Schließlich verfiel man auf einen neuen Bischofssitz, nämlich auf St. Pölten. In einem Brief vom 19. August 1783 teilte der Kaiser diese Absicht Bischof Kerens von Wiener Neustadt mit, der sich gerade auf Visitationsreise in Schwarzau im Gebirge befand. In diesem Brief legte der Kaiser die Vorteile des neuen Bischofssitzes dar und führte auch die Schwierigkeiten an, die sich aus der Nähe Wiens ergäben. Kerens war nicht sehr begeistert, da er an Wiener Neustadt hing, stimmte aber letztlich zu. Am 21. November 1783 bestimmte dann der Kaiser endgültig, daß das Bistum Wiener Neustadt samt dem Domkapitel nach St. Pölten übertragen werde und diesem Bistum die Viertel ober dem Wienerwald und ober dem Manhartsberg zugeteilt würden.

Bis es tatsächlich soweit war, dauerte es noch einige Zeit, obwohl der Kaiser hastig dieses Projekt betrieb und keinerlei Aufschub duldete. So mußte die Frage der Dotation des Bistums geklärt und die Zustimmung des neuen Passauer Bischofs sowie die Genehmigung durch den Apostolischen Stuhl eingeholt werden. Um es vorwegzunehmen: Die Dotationsfrage blieb immer ungelöst bzw. schlecht gelöst. Die anfangs geplante Ausstattung mit dem Gut des Stiftes St. Pölten einschließlich des Neustädter Bistumsvermögens lehnte der Kaiser ab.

Mit Passau gab es genaugenommen keine Verhandlungen, eher kann man von einem Diktat sprechen. In Passau wurde am 19. Mai 1783 Joseph Franz Graf von Auersperg zum neuen Bischof gewählt. Der kaiserliche Wahlkommissär Graf Lehrbach suchte das Domkapitel für die Abtretung des österreichischen Anteils der Diözese zu gewinnen. Doch dazu gehörten vier Fünftel des Bistums, vor allem aber der Großteil des Einkommens des Domkapitels. Um die Sache doch noch zu retten, reiste Bischof Auersperg im Juni 1784 nach Wien. Doch dort wurde ihm das Ultimatum gestellt, entweder innerhalb von drei Tagen zu unterzeichnen oder den Verfall der Passauer Besitzungen in Österreich zur Kenntnis zu nehmen. Am 30. Juni unterzeichnete der Bischof. Zugleich wurde er verpflichtet, für das gleichzeitig geschaffene Bistum Linz 400.000 Gulden als Ausstattung zu erlegen. Von einer Ausstattung St. Pöltens war keine Rede.

Endgültig verzichtete Passau am 4. Juli. Damit gelangte zwar der Bischof wieder in den Besitz seiner weltlichen Rechte in Österreich, anerkannte aber zugleich die neu zu errichtenden Diözesen. Die Entlassung der Diözesanen aus der Jurisdiktion erfolgte erst am 20. April 1785. Infolge der Säkularisation verlor allerdings das Hochstift Passau 1803 allen Besitz, also auch den in Österreich.

Am längsten währten die Verhandlungen mit Rom. Zunächst fanden vorbereitende Gespräche mit dem Wiener Nuntius statt. Zu Weihnachten 1783 weilte Kaiser Joseph II. persönlich beim Papst, wobei auch die Diözesanerrichtung zur Sprache kam. Am 19. April 1784 richtete Bischof Kerens nach Rom das Ersuchen um Verlegung des Bischofssitzes. Da Passau erst am 4. Juli seine Ansprüche aufgab, konnten die Verhandlungen erst nach der Sommerpause fortgesetzt werden. Zu Recht wandte die Kurie ein, daß Karl VI. seinerzeit feierlich auf jede weitere Abtrennung Passauer Bistumsanteile für sich und seine Nachfolger verzichtet hatte. Dem kaiserlichen Gesandten Herzan gelang es aber doch, die Absichten der Wiener Regierung durchzudrücken, da der Kaiser durchblicken ließ, daß er es selbst auf ein Schisma ankommen ließe. Verzögerungen gab es noch wegen des Ernennungsrechtes für die zu errichtenden Bistümer Linz und St. Pölten, das Rom als Gnade betrachtete, der kaiserliche Gesandte aber als landesfürstliches Recht verstand. So wurde erst am 28. Jänner 1785 die päpstliche Bulle „Inter plurimas“ veröffentlicht und das Bistum St. Pölten neu errichtet. Mit gleichem Datum erfolgte die Errichtung der Diözese Linz.

Die sehr umfangreiche Bulle begründet zunächst die Errichtung der neuen Diözese mit der übergroßen Ausdehnung des Passauer Sprengels. Sodann bestimmt sie, daß der Bischofssitz Wiener Neustadt unterdrückt und St. Pölten zum Bischofssitz erhoben wird, dessen Kirche zum heiligen Hippolyt die älteste des Landes sein soll. Das Gebiet des ehemaligen Bistums Wiener Neustadt wird der Erzdiözese Wien inkorporiert (das ist insofern von Bedeutung, weil ansonsten keinerlei päpstliche Entscheidung über diese Eingliederung vorliegt). St. Pölten, als Bischofsstadt mit all den üblichen Rechten und Ehren ausgestattet, ist zugleich Suffragan des Wiener Erzbischofs. Sodann folgt die Errichtung des Postens eines Generalvikars und des Domkapitels mit den Dignitären.

Ausführlich wird das Territorium der neuen Diözese umschrieben. Als Grenzen werden im Osten Wienerwald und Manhartsberg, im Norden Böhmen und Mähren, im Westen die Enns und im Süden die Steiermark und Oberösterreich angegeben. Es folgt dann die Aufzählung der Pfarren, nach Dekanaten geordnet: das Dekanat Ybbs mit 25 Pfarren; Loosdorf mit 45 Pfarren (darunter auch die Pfarren Hohenberg, Kaumberg und St. Aegyd, die erst 1729 vom Dekanat Baden zum Dekanat Loosdorf kamen); Ollersbach mit 25 Pfarren; Pottenbrunn mit 36 Pfarren und vom Dekanat Lorch 43 Pfarren (in der entsprechenden Linzer Urkunde gab es eine Panne, da 20 Pfarren dieses Dekanates auch bei Linz angeführt wurden; der Irrtum konnte jedoch bald aufgeklärt werden, galt doch die Enns als Westgrenze); das Dekanat (Groß-)Gerungs mit 41 Pfarren; St. Oswald mit 36 Pfarren (Maria Taferl ist bei Lorch mitgezählt, da die dortige Wallfahrt dem Ennser Dechant unterstand); Waidhofen an der Thaya mit 33 Pfarren; Raabs mit 29 Pfarren (diese beiden Dekanate wurden 1781 aus dem Dekanat Altpölla gebildet, hatten aber vermischte Sprengel); aus dem Dekanat Obermarkersdorf (heute Erzdiözese Wien) 26 Pfarren; vom Dekanat Krems 24 Pfarren (der östliche Teil des Dekanates kam zu Wien) und aus dem Dekanat Schöngrabern (heute Wien) neun Pfarren, also insgesamt 372 Pfarren (bzw. Lokalien und Vikariate). Das entspricht ungefähr dem Stand der Pfarren im Sommer 1784, doch fehlen einige bestehende Pfarren.

Des weiteren bestimmte die Urkunde, daß hiemit die Jurisdiktion des Passauer Bischofs beendet sei und das Gebiet der Jurisdiktion des St. Pöltner Bischofs unterstehe. Es folgen dann noch Bestimmungen über die Mensa des Bischofs und die finanzielle Ausstattung des Domkapitels. Auch wurde bestimmt, daß das Nominationsrecht dem Erzherzog von Österreich zustehe, und zwar für Bischof und Kanonikate.

Von der kaiserlichen Kanzlei war einfach vorausgesetzt worden, daß Bischof Kerens von Wiener Neustadt auch Bischof von St. Pölten sei. Aber erst am 14. Februar erfolgte die päpstliche Bestätigung, nachdem die kaiserliche Präsentation nachgereicht wurde. Die förmliche Entlassung aus dem bisherigen Diözesanverband stellte der Passauer Bischof am 20. April 1785 aus. Damit war der Weg frei: Am 1. Mai 1785 nahm die bischöfliche Konsistorialkanzlei (später: Ordinariat) ihre Tätigkeit auf, und am 8. Mai ergriff Bischof Kerens feierlich Besitz von seiner Diözese.

Der erste Bischof von St. Pölten: Heinrich Johann von Kerens (1785–1792)

Kerens wurde 1725 in Maastricht (in den heutigen Niederlanden) als Sproß einer alten Patrizierfamilie geboren, besuchte das Jesuitengymnasium der Stadt und trat 1740 zu Mecheln in das Noviziat der Gesellschaft Jesu ein. Nach dem Studium der Philosophie und einer Lehrtätigkeit am dortigen Kolleg (1745–1749) studierte er ab 1749 in Olmütz Theologie; die Priesterweihe empfing er 1751. Drei Jahre später lehrte er am Wiener Theresianum, einer Bildungsstätte des Adels, allgemeine Geschichte und Moral. 1761 wurde er Direktor dieser Anstalt, wohin er auch Michael Denis berief, der heute noch als Dichter von Kirchenliedern geläufig ist. Kerens gehörte auch zum Vertrautenkreis Maria Theresias, die ihn 1769 zum Bischof von Roermond in den österreichischen Niederlanden nominierte. Doch schon 1773 holte ihn die Herrscherin nach Wien zurück, betraute ihn mit dem neugeschaffenen Apostolischen Feldvikariat der k. k. Heere und machte ihn zum Administrator des Bistums Wiener Neustadt und zum Hofalmosenier. 1775 wurde die Verbindung mit Roermond aufgehoben – Kerens wurde Bischof von Wiener Neustadt. Dort bewährte er sich als Organisator der 1782/83 vergrößerten Diözese. Kerens galt als gemäßigter Josephiner, der auf Reformen in der Seelsorge drängte, sehr wohl aber auch die Schäden erkannte und verurteilte, die die Wiener Politik in Religionssachen anrichtete. Doch war er gegen die Ratgeber Josephs II., sosehr ihn der Kaiser auch schätzte, machtlos, da diese oft den Kaiser selbst überspielten.

Die Aufgaben, die in der Diözese St. Pölten auf ihn warteten, waren vielfältig und schwierig. Ging es doch um die finanzielle Ausstattung und um den Aufbau einer Organisation mit allen notwendigen Einrichtungen für eine wirkungsvolle Verwaltung. Dies alles mußte in einer sich rasch verändernden Zeit bewältigt werden, denn die josephinischen Maßnahmen überstürzten sich nach wie vor, und die Wirren der Französischen Revolution taten später ein übriges.

Der Aufbau der Diözesanorganisation

Für die Diözesanverwaltung mußten erst alle Voraussetzungen geschaffen werden. Dabei kam dem Bischof zugute, daß er ein begabter Organisator war und zudem in Angelegenheiten der Verwaltung bereits über entsprechende Erfahrung verfügte. Auch stand ihm aus seiner Wiener Neustädter Zeit ein eingearbeiteter Stab von Mitarbeitern zur Verfügung. Zu diesen zählte der erste Generalvikar der Diözese, Petrus Schuhmacher (eigentlich: Schoenmaeckers). Er war Domherr in Roermond, ehe er mit Kerens nach Wiener Neustadt ging. Am 25. August 1784 wurde er zum Generalvikar der zu errichtenden Diözese St. Pölten bestellt, starb aber schon 1789. Sein Nachfolger als Generalvikar kam ebenfalls aus den Niederlanden, nämlich der Neffe von Kerens, Gottfried Crüts van Creits (1789–1803), der 1806 dann Bischof wurde. Nach 1803 fiel dieser Posten den Einsparungsmaßnahmen der Religionsfondsverwaltung zum Opfer. Erst infolge des Codex iuris canonici von 1917 werden seit 1921 wieder regelmäßig Generalvikare bestellt.

Von Anfang an, aber erst recht nach der Abschaffung des Generalvikars, kam dem Kanzler der Konsistorialkanzlei große Bedeutung zu, da über ihn alle Geschäfte gingen. Erster Kanzler wurde Anton Kautschitz, den Kerens aus Wiener Neustadt mitgebracht hatte (Kanzler 1785–1790 und 1794–1803). 1803 wurde er Generalvikar in Wien, 1807 Bischof von Laibach, wo er 1814 starb. Wie schon gesagt, nahm die Konsistorialkanzlei bereits am 1. Mai 1785 den Betrieb auf. Die seit 1899 Ordinariatskanzlei genannte Institution war relativ klein und bestand neben dem Kanzler aus Notar, Sekretär, Kanzlisten, Accessisten, Cursor und dem Boten. Abgesehen von kleinen Änderungen blieb die Ordnung bis 1940 aufrecht, als eine eigene Finanzkammer und das Seelsorgeamt errichtet wurden.

Domkirche und Domkapitel

Da eine Diözese erst in zweiter Linie eine Organisationseinheit, zuallererst aber Teilkirche, Kirche im kleineren Bereich ist und der Bischof den ersten Seelsorger darstellt, der mit seinen Helfern im Priesteramt seine Aufgabe zu erfüllen hat, ging es auch um die Einrichtung der Domkirche und des Domkapitels als Vertreter des Presbyteriums.

Kathedralkirche wurde die Stiftskirche zu St. Pölten. Die Anfänge des Klosters liegen um 800. Zwischen 760 und 770 erhielt Abt Fulrad von St. Denis aus Rom Reliquien des heiligen Hippolyt. Teile der Reliquien kamen nach St. Pilt im Elsaß, andere nach Tegernsee und Salzburg. Tegernsee aber ist das Gründerkloster von St. Pölten, hat also hierher die Reliquien gebracht. Der heilige Hippolyt war Priester in Rom und ein hervorragender Gelehrter, der vor allem wertvolle liturgische Schriften verfaßt hat. Diese beeinflußten auch die Bestimmungen des Zweiten Vatikanischen Konzils bei der Erneuerung der Liturgie. Auch das zweite Hochgebet geht auf ihn zurück. Doch überwarf er sich mit Papst Kalixtus (217–222) und gründete eine Sondergemeinde. 235 wurde er gemeinsam mit Papst Pontian nach Sardinien verbannt. Versöhnt mit der Kirche, starb Hippolyt dort als Märtyrer. Sein Leichnam wurde am 13. August des Jahres 236 (?) in der Nähe von San Lorenzo vor den Mauern Roms beigesetzt.

Dieser Hippolyt wurde also Kloster- und Kirchenpatron in St. Pölten. Heute ist die Domkirche der Himmelfahrt Mariens geweiht. Noch im Spätmittelalter war der Altar im Chor der Klosterkirche dem heiligen Hippolyt geweiht, der Altar für das Volk jedoch schon der Gottesmutter. Schließlich dominierte das Marienpatrozinium, während Hippolyt Klosterpatron blieb. Mit der Diözesanerhebung wurde Hippolyt Patron des Bistums.

Für die alte Stiftskirche sind Weihedaten von 1065 und 1150 überliefert. Der heutige Bau dürfte mit der Weihe des Jahres 1228 zusammenhängen. Das Innere des heutigen Domes erhielt zwischen 1720 und 1750 seine barocke Neugestaltung nach Plänen von Jakob Prandtauer. Das Äußere der Domkirche ist an der Ostseite noch in der spätromanischen Form erhalten. Hingegen verlor die Kirche durch einen Brand 1512 ihren zweiten Turm, der Südturm erhielt 1693 sein heutiges Aussehen. Den einzigen Schmuck der schlichten Westfassade bilden die Statuen des heiligen Augustinus, des Patrons der Augustiner-Chorherren, und des heiligen Hippolyt, des Klosterpatrons.

Das Domkapitel, mit der Diözesanerrichtungsurkunde geschaffen, dient nach dem alten Kirchenrecht der feierlichen Gestaltung des Gottesdienstes und der Unterstützung des Bischofs als Gremium und Rat in der Diözesanverwaltung. Nach dem Vorschlag des Kaisers übernahm Bischof Kerens mit einer Ausnahme das Kapitel von Wiener Neustadt, das – wie das künftige St. Pöltner Kapitel – sieben Kanonikate besaß. Nach Abzug des Bischofs und des Domkapitels aus Wiener Neustadt erhielt die dortige Domkirche und nunmehrige Pfarrkirche im bisherigen St. Pöltner Stiftspropst Ildefons Schmidbauer einen Propsteipfarrer, der auch vier ehemalige Mitglieder der St. Pöltner Kanonie als Kuraten nach Wiener Neustadt mitnahm. Ein eigenes Problem bildete auch hier die finanzielle Ausstattung der Kanoniker. Das Neustädter Domkapitel wurde 1692 neu dotiert und baute auf den Benefizien der Domkirche auf. Dem Neustädter Magistrat stand daher mit Ausnahme eines Kanonikats das Nominationsrecht zu. Nach der Übertragung nach St. Pölten bestand das Domkapitel aus drei Dignitären: Dompropst, Domdechant und Domkustos (letzterer seit 1790 Domscholaster) und vier Kanonikern. Die drei Dignitäre bezogen ein Jahresgehalt von 1200 Gulden, die Kanoniker 1000 Gulden. Wiener Neustadt beanspruchte auch weiterhin das Nominationsrecht. Erst nach langwierigen Verhandlungen kam es 1806 zu einer Klärung dieser unmöglichen Situation. Der Kaiser trat sechs landesfürstliche Patronatspfarren an den Magistrat von Wiener Neustadt ab und übernahm dafür das Patronat über die St. Pöltner Domherrenstellen.

Die Domherren besaßen in Wiener Neustadt eigene Häuser, die schließlich verkauft wurden. Mit dem so gewonnenen Kapital baute man die Gebäude um den Binderhof des Stiftes zu Kanonikerwohnungen aus. Sie dienten bis dahin als Schüttböden für das Getreide und als Binderei. Erst nach 1980 wurden einige dieser Räumlichkeiten zu Kanzleizwecken umfunktioniert.

Das Domkapitel hat seit seiner Gründung nur wenige Veränderungen erfahren. 1820 gestattete der Kaiser den Dignitären den Gebrauch von Infel und Pontifikalien. Erst Bischof Feigerle ließ diese Maßnahme durch Rom sanktionieren (1853). 1860 bzw. 1898 erhielten die Domherren das Recht, violette Birette und die Cappa magna zu tragen. Nach den Bestimmungen des Zweiten Vatikanums verloren sie aber diese Privilegien.

1862 wurde als achtes Kanonikat das des Canonicus theologus errichtet. Durch einen Dreh der staatlichen Bürokratie, anders kann es nicht genannt werden, wurde das Nominationsrecht über dieses aus Diözesanmitteln errichtete Kanonikat ebenfalls dem Kaiser zugesprochen. Sein erster Inhaber aber war ein durchaus würdiger Vertreter, nämlich der Theologieprofessor Carl Werner, einer der größten österreichischen Theologen des 19. Jahrhunderts.

Seit 1788 stand dem Bischof auch das Recht zu, Ehrendomherren zu ernennen. Die Zahl blieb zunächst auf sechs beschränkt. Häufig wurden dazu Militärseelsorger ernannt, da von den ersten acht Bischöfen sechs zugleich auch Vikare der k. k. Heere, also Militärbischöfe waren. Bischof Feigerle brach 1853 mit diesem Brauch, da er es nicht verständlich fand, daß gerade St. Pölten diese Ehrenstellen vergeben sollte. Im Jahr 1918 ist die Begrenzung auf sechs Ehrenkanoniker gefallen.

Die Dotation des Bistums

Joseph II. hatte es sehr eilig, die Diözese St. Pölten zu errichten, mit der finanziellen Ausstattung ließ er sich aber Zeit: Erst am 18. Jänner 1789 unterzeichnete er die Dotationsurkunde. Sie erweckt allerdings den Eindruck, als hätte der Kaiser darin eher seine Rechte fixieren wollen und weniger an die Ausstattung der Diözese gedacht. Der Urkunde zufolge stand nur ihm die Feststellung der Diözesangrenzen zu und ebenso das Nominationsrecht für Bischof, Generalvikar und alle Kanonikate. Sie betont ausdrücklich, daß das Bistum St. Pölten dem Wiener Metropoliten als Suffragan unterstellt sei und der Erzbischof alle entsprechenden Rechte habe, freilich „soweit solche unseren landesfürstlichen Rechten und Verordnungen nicht entgegen sind". Die Dotationsfrage wird nur am Rande behandelt: „Zu der Dotation und den Unterhalt des Bischofs haben wir für denselben den Genuß allerdings zureichender Eingänge von bestimmten Gütern, Realitäten und Stiftungen angewiesen, für die Dotie der aus der vorigen Pöltner Pfarr zu einer Cathedral erhobenen Kirche aber dasjenige noch ferner gelassen, was sie zu genugsamer Bedeckung der Erfordernisse ehedem gehabt." Worin bestanden nun diese „zureichenden Eingänge"? In den Verhandlungen über die Diözesanerrichtung des Jahres 1784 wollte die Regierung dem neuen Bischof nur die Administration der vereinigten Güter des Bistums Wiener Neustadt und des Stiftes St. Pölten übergeben, wovon er für seine Person 15.000 Gulden entnehmen könne, aber auch alle anderen Personallasten (so für den Propst von Wiener Neustadt mit 3000 Gulden), die Erhaltung der Baulichkeiten auch der ehemaligen Stiftspfarren sowie die Gehälter des Verwaltungspersonals zu leisten habe.

Kerens lehnte es ab, bloß staatlicher Güteradministrator zu sein. Daraufhin entschied der Kaiser am 4. November 1784, daß dem Bischof die Güter von St. Pölten und Wiener Neustadt mit allen Lasten und Vorteilen übertragen würden. Die Dotationsurkunde sprach allerdings nur mehr vom Genuß dieser Güter. Nach Josephs II. Tod betrachtete die Regierung allerdings diese Güter doch als dem Religionsfonds zugehörig, denn nach dem Tod von Bischof Kerens zog sie die Güter zum Religionsfonds ein; den neuen Bischof Hohenwart wollte sie mit 15.000 Gulden in barem Geld abfinden. Der päpstliche Nuntius drängte zwar darauf, daß Hohenwart um die Realdotation ansuche, doch vergeblich. In Rom zog sich deswegen auch die Präkonisation hin; sie wurde dann aber doch gewährt. 1802 wurde diese Regelung anerkannt und aus den Gütern des aufgehobenen Stiftes St. Pölten das Religionsfondsgut St. Pölten gebildet, das unter der Verwaltung der Regierung stand und die entsprechenden Leistungen für die einzelnen Posten zu erbringen hatte. 1816 kam die Dotationsfrage neuerlich zur Sprache. Es sollten dem Bischof so viele Güter aus dem Religionsfonds übergeben werden, daß er daraus einen Gewinn von 15.000 Gulden erwirtschaften könne. Zur Dotierung waren die Güter der Religionsfondsherrschaft St. Pölten vorgesehen. Es waren dies neben der engeren Stiftsherrschaft St. Pölten die inkorporierten Güter Hürm und Kasten sowie der Schwaighof und der Harthof. Ein Überschlag von Bischof Dankesreither, der damals schon 69 Jahre zählte, nährte den Zweifel, ob diese Güter tatsächlich diesen Betrag abwürfen, mußten doch auch die Baulasten von 14 Pfarren getragen werden. Die ergiebige Herrschaft Retz war nicht berücksichtigt. Da während der Zeit der Verwaltung durch den Religionsfonds alle Wirtschaftsgeräte veräußert und die Liegenschaften verpachtet worden waren, hätten alle Betriebsmittel erst neu geschaffen werden müssen. So begnügte sich Dankesreither für seine Person mit dem Bargeld. Ebenso hielt es Bischof Pauer (1824–1826). Der energische Bischof Frint (1827–1834) wies das Anerbieten der Regierung jedoch zurück, da die Gebäude mangels Reparaturen gänzlich herabgekommen, zudem die besten Stücke veräußert worden seien und eine Summe von mindestens 80.000 Gulden für die Betriebsfähigkeit ausgelegt werden müßte. Nunmehr drängte die Staatsgüteradministration auf eine Realdotation, denn die Barzahlungen fielen ihr immer schwerer. Allerdings verkaufte sie auch laufend Teile der Herrschaft, da der Staat unter chronischer Geldnot litt. Doch auch Bischof Wagner (1836–1842) lehnte ab, da er es nicht verantworten konnte, die so geschmälerten Güter zu übernehmen. Die Verhandlungen zogen sich bis 1848 hin und verliefen schließlich im Sande, weil ja die Güter, zu denen auch viele untertänige Häuser gehörten, durch die Aufhebung von Grundherrschaft und Zehent erheblich an Wert verloren. Daher verblieb das Bistum St. Pölten bis auf den heutigen Tag als einziges in Österreich ohne Realdotation. Der Bischof, seine Angestellten und der Klerus, soweit er nicht ein Pfründeneinkommen hatte, bezogen bis 1938 Gehälter aus dem Religionsfonds, waren also gleichsam staatliche Angestellte. Übrigens dachte man von seiten der Regierung niemals daran, die Dotation ins Eigentum des Bistums überzuführen. Sie sollte weiterhin Eigentum des Religionsfonds bleiben und dem Bischof nur der Fruchtgenuß gewährt werden.

Eine Ausnahme bildete die ehemalige Stiftsherrschaft Ochsenburg. Diese erhielt der jeweilige Bischof zum Fruchtgenuß. Er hatte aber bis 1817 einen Pachtschilling zu entrichten. Erst 1866 wurde das Gut Ochsenburg Mensalgut des Bischofs, doch mußte dieser dafür eine Gehaltsminderung hinnehmen. Die Ochsenburg diente den Bischöfen stets als Sommeraufenthalt.

Dekanate und Pfarren

Bei der Errichtung der Diözese gehörten die Pfarren zwölf Dekanaten an, von denen drei ihren Sitz außerhalb der Diözese hatten. Somit ergab sich eine Neuordnung der Dekanate von selbst. Bischof Kerens nahm sie sofort in Angriff. Bereits am 2. Juni 1785 war das Konzept ausgearbeitet, und für den 7. Juni lud er die bisherigen Dechanten zu einer Konferenz ein, in deren Verlauf der Bischof die Neuordnung bekanntgab. Zugleich wurden elf neue Dechanten für die neuerrichteten Dekanate ernannt. Der Bischof leitete die Beschlüsse an das Referat für geistliche Angelegenheiten bei der niederösterreichischen Regierung weiter, wo sie genehmigt wurden. Sodann gab die Geistliche Hofkommission mit Dekret vom 9. Juli 1785 gleichfalls ihre Zustimmung. Ausnahmsweise hatten die staatlichen Behörden einmal nichts auszusetzen, ja sie bewilligten sogar eine Zulage für die Dechanten.

Die Neuordnung, die bis 1907 mit kleinen Ausnahmen aufrechtblieb, sah folgendermaßen aus:

Viertel ober dem Wienerwald

Dekanat Haag

Aschbach, Behamberg, Erla, Ernsthofen (Vikariat von St. Valentin, 1777 errichtet), Haag, Haidershofen, St. Johann in Engstetten (vom Stift Seitenstetten bis 1807 excurrendo versorgt), Kürnberg (Vikariat von Behamberg), St. Michael am Bruckbach, Oed, Öhling (neue Lokalie), St. Pantaleon, St. Peter in der Au, Seitenstetten, Sindelburg, Strengberg, St. Valentin, Weistrach (Vikariat von Behamberg), Wolfsbach. Insgesamt 19 Pfarren mit 26.290 Einwohnern.

Dekanat Melk

Aggsbach (neue Lokalie), Arnsdorf, Bischofstetten, Gansbach, Gerolding, Hafnerbach, Haindorf, Haunoldstein, Hürm, Kilb, Kirnberg an der Mank (Vikariat des Wiener Dompropstes), Maria Langegg (neue Pfarre), Loosdorf, Mank, St. Margarethen an der Sierning, Markersdorf (neue Lokalie), Matzleinsdorf, Mauer, Melk, Schönbühel, Zelking. Insgesamt 21 Pfarren mit 15.833 Einwohnern.

Dekanat Ollersbach

Altlengbach, Anzbach, Asperhofen (Vikariat von Tulln), Böheimkirchen, Brand, Johannesberg (neue Lokalie), Kasten, Kogl (neue Lokalie, 1797 mit Rappoltenkirchen vereint), Christophen, Michelbach, Murstetten, Neulengbach (neue Pfarre), Ollersbach, Rappoltenkirchen, Stössing (neue Pfarre), Totzenbach (neue Lokalie), Würmla. Insgesamt 17 Pfarren mit 15.367 Einwohnern.

Dekanat St. Pölten

St. Georgen am Steinfeld (neue Lokalie), Gerersdorf, Grafendorf, Hain (neue Pfarre), Karlstetten, Neidling (neue Lokalie), Oberwölbling, Obritzberg, St. Pölten-Dom, St. Pölten-Stadtpfarre zur Allerheiligsten Dreifaltigkeit (Franziskaner, neue Pfarre), Pyhra, Statzendorf (neue Lokalie), Weinburg. Insgesamt 13 Pfarren mit 15.854 Einwohnern.

Dekanat Pottenbrunn

St. Andrä an der Traisen, Ponsee (neue Lokalie), Brunnkirchen (neue Lokalie), Heiligeneich, Furth (neue Pfarre), Göttweig, Getzersdorf, Gutenbrunn, Hollenburg, Jeutendorf (neue Pfarre), Inzersdorf, Herzogenburg, Kapelln, Mautern, Nußdorf, Pottenbrunn, Reidling, Rossatz, Steinaweg (neue Lokalie, 1795 wieder mit Göttweig vereinigt), Stollhofen, Traismauer, Unterbergern (neue Lokalie), Weißenkirchen an der Perschling (neue Pfarre). Insgesamt 23 Pfarren mit 19.609 Einwohnern.

Dekanat Scheibbs

St. Anton an der Jeßnitz (alte Lokalie, 1807 Pfarre), Puchenstuben (1727 Benefizium, 1784 Lokalie, 1804 Pfarre), Purgstall, Frankenfels, Gaming, St. Georgen an der Leys (alte Lokalie), St. Gotthard (neue Lokalie), Gresten, Lackenhof (neue Lokalie, 1806 Pfarre), Lunz, Neuhaus (alte Lokalie, 1840 Pfarre), Oberndorf an der Melk, Randegg, Reinsberg, Scheibbs, Schwarzenbach an der Pielach (1775 Benefizium, 1787 Lokalie, 1810 neue Pfarre), Texing. Insgesamt 17 Pfarren mit 19.977 Einwohnern. Plankenstein wurde erst 1786 (Lokalie) errichtet.

Dekanat Tulln

Abstetten (Vikariat von Tulln), St. Andrä vor dem Hagenthale, Freundorf (Vikariat von Tulln), Judenau (neue Lokalie), Chorherrn (neue Lokalie), Königstetten, Langenlebarn, Langenrohr (Vikariat von Tulln), Michelhausen, Ollern (neue Lokalie), Ried am Riederberg (neue Lokalie), Rust (neue Lokalie), Sieghartskirchen, Tulbing, Tulln, Zeiselmauer (neue Pfarre), Zwentendorf. Insgesamt 17 Pfarren mit 14.103 Einwohnern.

Dekanat Waidhofen an der Ybbs

Allhartsberg, Biberbach, Euratsfeld (Vikariat von Neuhofen), St. Georgen in der Klaus, St. Georgen am Reith (altes Vikariat von Opponitz), Göstling, Hollenstein, Konradsheim (neue Lokalie), St. Leonhard am Walde (1778 Vikariat von Neuhofen), Neuhofen an der Ybbs, Opponitz, Sonntagberg (neue Pfarre), Ulmerfeld (Vikariat von Neuhofen), Waidhofen an der Ybbs, Windhag, Winklarn, Ybbsitz, Zell an der Ybbs (neue Lokalie); Mendling in der Lassing wurde erst 1785 errichtet. Insgesamt 18 (19) Pfarren mit 21.372 Einwohnern.

Dekanat Wilhelmsburg

St. Aegyd am Neuwald, Annaberg, Eschenau (altes Vikariat, 1786 Pfarre), Grünau, Hagen (Lokalie 1759–1788), Hainfeld, Hohenberg, Josefsberg (alte Lokalie), Kaumberg, Kirchberg an der Pielach, Kleinzell, Lehenrotte (neue Lokalie), Lilienfeld, Loich (neue Lokalie), Rabenstein, Ramsau (neue Lokalie), Rohrbach an der Gölsen (neue Lokalie, ab 1800 unbesetzt, 1820 wiedererrichtet), Schwarzenbach an der Gölsen (1800–1820 unbesetzt), Türnitz, St. Veit an der Gölsen, Wilhelmsburg. Insgesamt 21 Pfarren mit 19.265 Einwohnern.

Dekanat Ybbs

Amstetten, Ardagger-Propstei, Ardagger-Markt (neue Lokalie), Blindenmarkt (neue Pfarre), Erlauf (neue Lokalie), Ferschnitz, Pöchlarn, St. Georgen am Ybbsfeld (Vikariat von Amstetten), Kollmitzberg, St. Leonhard am Forst, St. Martin am Ybbsfeld (Vikariat von Ybbs), Neumarkt (Vikariat von Ybbs), Neustadtl, Petzenkirchen, Ruprechtshofen, Säusenstein (neue Pfarre), Steinakirchen am Forst, Stephanshart (neue Pfarre, vordem Vikariat von Ardagger), Viehdorf (Vikariat von Amstetten), Wieselburg, Ybbs, Zeillern. Insgesamt 22 Pfarren mit 24.669 Einwohnern.

Viertel ober dem Manhartsberg

Dekanat Eggenburg

Burgschleinitz, Eggenburg, Felling, Niederfladnitz (neue Pfarre), Hardegg, Harth (neue Lokalie), Kühnring, Kattau, Maigen, Obermixnitz (neue Lokalie, 1803–1867 aufgelassen), Nondorf an der Wild (neue Lokalie), Pernegg, Pleißing, Rodingersdorf (alte Lokalie), Reinprechtspölla, Roggendorf (neue Lokalie), Sallapulka, Theras, Trabenreith, Weitersfeld, Walkenstein, Ludweis (neue Lokalie, 1784/85 in Drösiedl). Insgesamt 22 Pfarren mit 14.454 Einwohnern.

Dekanat Gerungs

Altmelon (neue Pfarre), Arbesbach, Etzen (neue Lokalie), Großgerungs, Grafenschlag, Griesbach (neue Pfarre), Großpertholz, Großgöttfritz, Großschönau, Jahrings (neue Lokalie), Karlstift (neue Pfarre), Kirchbach, Langschlag (neue Pfarre), Marbach am Wald, Oberkirchen, Oberstrahlbach (neue Pfarre), Rappottenstein, Rieggers, Rosenau, Schweiggers, Schönbach, Siebenlinden (neue Pfarre), Traunstein, Wurmbrand (neue Pfarre), Zwettl-Stadt, Zwettl-Stift (neue Pfarre). Insgesamt 26 Pfarren mit 27.825 Einwohnern.

Dekanat Horn

Altenburg, St. Bernhard (alte Lokalie), Blumau, Dietmannsdorf an der Wild (neue Lokalie), Maria Dreieichen (neue Pfarre), Freischling (neue Pfarre), Gars, Horn, St. Leonhard am Hornerwald, St. Marein, Messern, Mödring, Neukirchen, Plank (Unterplank, neue Lokalie), Röhrenbach, Stockern, Strögen, Tautendorf (neue Pfarre). Insgesamt 18 Pfarren mit 14.747 Einwohnern.

Dekanat Krems

Brunn im Felde (neue Pfarre), Droß (neue Lokalie), Egelsee (neue Pfarre), Gföhl, Gobelsburg, Imbach, Krems, Langenlois, Lengenfeld, Loiben, Meisling, Mittelberg (neue Lokalie), Rohrendorf, Schiltern, Schönberg, Senftenberg, Stein, Stiefern, Stratzing, Theiß (neue Pfarre), Dürnstein, Weißenkirchen, Zöbing. Insgesamt 23 Pfarren mit 27.022 Einwohnern.

Dekanat St. Oswald

Altenmarkt, Artstetten, Dorfstetten, Ebersdorf, Emmersdorf, Gottsdorf, Heiligenblut (neue Lokalie), Kleinpöchlarn (altes Vikariat, 1792 Pfarre), Laimbach, Marbach an der Donau, Maria Taferl (neue Pfarre), Münichreith am Ostrong, Neukirchen am Ostrong (neue Lokalie), Nöchling, St. Oswald, Persenbeug (neue Pfarre), Pisching (neue Lokalie), Pöbring (neue Lokalie), Pöggstall, Weiten. Insgesamt 20 Pfarren mit 15.836 Einwohnern. Ysper wurde erst am 2. April 1787 Lokalie.

Dekanat Pölla

Allentsteig, Altpölla, Brand, Döllersheim, Edelbach, Echsenbach, Franzen, Friedersbach, Haselbach, Großpoppen (alte Lokalie), Idolsberg, Krumau, Neupölla (neue Lokalie), Niedergrünbach, Niedernondorf, Oberndorf, Obernondorf (neue Lokalie, 1810 mit Waldhausen vereinigt), Rastbach, Rastenfeld, Waldreichs (neue Lokalie, 1807 mit Döllersheim vereinigt). Insgesamt 20 Pfarren mit 15.927 Einwohnern.

Dekanat Raabs

Aigen, Dobersberg, Drosendorf, Eibenstein, Geras, Großau (neue Lokalie), Japons, Kautzen (neue Pfarre), Langau, Münichreith (neue Lokalie, wurde aber erst 1810 dotiert und besetzt), Niklasberg, Obergrünbach, Oberhöflein, Raabs, Rabesreith (neue Lokalie, 1787 mit Großau vereinigt), Reibers (neue Lokalie), Reingers (neue Pfarre), Speisendorf (neue Lokalie), Waldkirchen, Weikertschlag, Zissersdorf (neue Lokalie). Insgesamt 21 Pfarren mit 19.662 Einwohnern.

Dekanat Spitz

Aggsbach-Markt, Albrechtsberg, Purk (neue Lokalie, 1788 Pfarre), Els, Grainbrunn (neue Pfarre), St. Johann bei Großheinrichschlag, Kirchschlag (neue Lokalie), Kottes, Maria Laach (Vikariat von Weiten), Lichtenau, Loiwein (neue Lokalie), Martinsberg (neue Pfarre), Niederranna, Ottenschlag, Raxendorf, Großreinprechts, Sallingberg, Spitz, Trandorf (neue Lokalie, 1805 mit Niederranna vereinigt), Unterranna (neue Lokalie, 1797 mit Niederranna vereinigt), Waldhausen (neue Lokalie), Weinzierl (neue Lokalie), Wösendorf (neue Pfarre anstelle von St. Michael). Insgesamt 23 Pfarren mit 17.248 Einwohnern.

Dekanat Waidhofen an der Thaya

Brand (neue Pfarre), Buchbach (neue Lokalie), Eggern (neue Lokalie), Eisgarn, Gastern, Göpfritz (neue Lokalie), Haugschlag (neue Lokalie), Heidenreichstein, Kirchberg an der Wild, Langegg (neue Pfarre), Litschau, Pfaffenschlag, Puch, Scheideldorf (neue Lokalie), Schrems, Langschwarza (neue Pfarre), Seyfrieds (neue Lokalie), Großsieghart s, Thaya, Vitis, Waidhofen an der Thaya, Windigsteig. Insgesamt 22 Pfarren mit 25.862 Einwohnern.

Dekanat Weitra

Dietmanns (neue Lokalie), Gmünd, Harbach (1771 Pfarre), Harmannschlag (neue Lokalie, 1802 Pfarre), Heinrichs (neue Lokalie), Höhenberg, Hirschbach, Hoheneich, Kirchberg am Walde, Großglobnitz, St. Martin, Rottenschachen (neue Pfarre), Sallingstadt (neue Pfarre), Spital, Süßenbach (neue Lokalie), Unserfrau, Waldenstein, Weitra, Weißenalbern, St. Wolfgang, Zuggers.

Beinhöfen wurde erst 1786 neue Lokalie. Insgesamt (ohne Beinhöfen) 21 Pfarren mit 17.596 Einwohnern.

Viertel ober dem Wienerwald: 188 Pfarren mit 192.339 Einwohnern.
Viertel ober dem Manhartsberg: 216 Pfarren mit 196.179 Einwohnern.
Insgesamt: 404 Pfarren mit 388.518 Einwohnern.

Mit dieser Neugliederung der Dekanate wurde eine brauchbare Einteilung geschaffen. Jedes der Landesviertel umfaßte zehn Dekanate, das kleinste Dekanat (St. Pölten) zählte 13, das größte (Gerungs) 26 Pfarren. Aufgabe der Dechanten war die Überwachung der bischöflichen Weisungen, Kontrolle des Schulwesens, der kirchlichen Einrichtungen wie des Pfarrarmeninstitutes und die Sorge um die Seelsorgepriester. Da ja alle bischöflichen Erlässe von der niederösterreichischen Regierung genehmigt werden mußten, waren die Dechanten der verlängerte Arm der Verwaltung.

Die Übersicht über die Pfarren zeigt auch die starke Vermehrung der Seelsorgestationen. Die Benennung „neue Lokalie“ bzw. „neue Pfarre“ besagt, daß diese Stationen im Zuge des „Pfarrgeschäfts“ zwischen 1783 und 1787 entstanden sind und vordem nie Pfarren waren. Für deren Seelsorger übernahm der Religionsfonds die Besoldung, soweit sie nicht Stiften zugeordnet waren. Doch wurden auch einige andere Angaben gemacht, um etwas von der Problematik bei den Pfarrerrichtungen aufzuzeigen. Die Diözese erhielt das dichteste Pfarrnetz Österreichs. Mit etwa 960 Einwohnern pro Pfarre schuf dies aber auch ein Problem, mit dem die Diözese in ihrer ganzen Geschichte zu kämpfen hatte, nämlich mit dem Mangel an Seelsorgepriestern. Neben den Pfarrerposten und Lokalkaplaneien gab es in den größeren Pfarren noch Kooperaturen. 1791 zählte die Diözese neben 406 selbständigen Seelsorgestationen (Pfarren, Vikariate und Lokalien) noch 251 Kooperaturen und weitere elf Benefizien, die ebenfalls zur Mithilfe in der Seelsorge verpflichtet waren (Kuratbenefizien). Insgesamt waren es also 668 Seelsorgeposten. Somit kam auf etwa 584 Katholiken ein Seelsorger. Doch wurde dieser Stand niemals erreicht, 1799 zum Beispiel waren 68 Posten wegen Priestermangels unbesetzt. Von Anfang an war der Anteil der Ordensleute an der Seelsorge hoch. Von den 406 Pfarren waren 127 und von den Kooperaturen 64 mit Ordensangehörigen zu besetzen.

Die große Zahl der Pfarren erklärt sich aus der Struktur der Diözese. Es gab kaum größere Städte. Nur Krems, St. Pölten und Waidhofen an der Ybbs ragten etwas heraus. Der größere Teil der Bevölkerung aber lebte in kleinen Marktorten und Dörfern und besonders im Voralpengebiet in Streusiedlungen. Es ist auch zu bedenken, daß die Wegeverhältnisse noch sehr schlecht waren. Von einer Schneeräumung war überhaupt keine Rede. Mit der Verdichtung des Pfarrnetzes sollte ja auch eine Verbesserung des Schulwesens erreicht werden, das ja mit dem Pfarrsystem gekoppelt war. Hier machten sich die schlechten Wegeverhältnisse noch stärker bemerkbar und erforderten daher ein dichteres Pfarrnetz.

Ausbildungsstätten des Diözesanklerus

Der große Priesterbedarf verlangte von Anfang an eine große Sorgfalt in der Frage des Priesternachwuchses und seiner Ausbildung. Doch auch diese Agenden hatte der Staat an sich gezogen. Hoffte die Verwaltung zunächst, daß aus den aufgehobenen Klöstern genügend „taugliche Subjekte“ für die Seelsorge frei würden, so erwies sich das rasch als Trug. Denn die Insassen dieser Klöster waren zum großen Teil überaltert.

Am 10. September 1782 bzw. am 30. März 1783 ergingen die kaiserlichen Dekrete zur Schließung aller theologischen Hauslehranstalten in Klöstern und der diözesanen Priesterseminare. Die Hofresolution vom 19. Februar 1783 gebot die Ausbildung aller Priester im Generalseminar (wie auch der Klosterkleriker). Daher wurde das Seminar in Gutenbrunn am 1. November 1783 gesperrt. Die Herrschaft wurde Bischof Kerens angeboten, kam aber später ans St. Pöltner Alumnat. In der Habsburgermonarchie wurden solche Generalseminare in Wien, Pest, Pavia und Löwen (mit Filialen in Graz, Innsbruck, Freiburg im Breisgau, Luxemburg, Prag, Olmütz, Preßburg und Lemberg) mit dem Ziel eingerichtet, getreue Staatsdiener heranzubilden. Selbstverständlich wurde das Personal vom Kaiser bzw. der Regierung ernannt, Hausordnung, Lehrbücher und Bibliothek standen unter staatlicher Kontrolle. Es war ursprünglich ein fünfjähriger Studiengang vorgesehen, der aber bald auf vier und schließlich auf zwei Jahre reduziert wurde, da der Priesterbedarf zu groß war. Für die Diözese St. Pölten waren 18 bis 19 Studienplätze vorgesehen, und zwar für Kandidaten sowohl für den Welt- als auch für den Ordenspriesterstand. Selbst diese wenigen Plätze konnten nicht genutzt werden, da sich zuwenig Kandidaten meldeten. Bald waren die Generalseminare wegen des dort herrschenden Rationalismus so berüchtigt, daß gutkatholische Eltern ihre Söhne nicht dorthin gehen ließen.

Als Gegenstück wurde durch Hofdekret vom 16. September 1784 die Errichtung von Priesterhäusern in jeder Diözese verfügt. Dort sollten die Priesteramtskandidaten noch eine letzte praktische Ausbildung in Exegese, Homiletik und Liturgik erhalten. Das Priesterhaus der Diözese St. Pölten war im ehemaligen Franziskanerkloster in der Unteren Landstraße (heute Wiener Straße 38) untergebracht, 1784 übersiedelten nämlich die Franziskaner in das aufgehobene Karmeliterkloster auf dem Breiten Markt (Rathausplatz). Das alte Kloster fand zunächst als Militärmagazin Verwendung. Die Kirche blieb noch längere Zeit diesem Zweck vorbehalten und wurde daher vollständig devastiert.

Das Alumnat oder Priesterhaus nahm am 26. November 1785 mit sechs Absolventen des Wiener Generalseminars seinen Betrieb auf. Es war zunächst für 20 Alumnen vorgesehen, eine Zahl, die bei Bedarf wegen der weiteren Klosteraufhebungen auch auf 40 erhöht werden konnte. Die jährlichen Eintritte bewegten sich zwischen sechs und elf Kandidaten. Doch stand es um die Zukunft schlecht, da die Gymnasien in Melk und Krems insgesamt nur 66 Studierende zählten, wobei aber nur mit jedem Zehnten als Theologiestudenten zu rechnen war. 1786 traten drei Kandidaten (einschließlich der Stifte) aus der Diözese ins Wiener Generalseminar ein.

Am 20. Mai 1790, genau drei Monate nach dem Tod Josephs II., ordnete Kaiser Leopold II. (1790–1792) die Aufhebung der Generalseminare mit dem laufenden Studienjahr an. Es dauerte jedoch bis 15. Oktober 1791, ehe in St. Pölten das Diözesanklerikalseminar eröffnet werden konnte. Das Theologiestudium daselbst richtete sich nach den Studienplänen der Wiener theologischen Fakultät.

Zur Verbesserung der Situation erschien Bischof Kerens auch die Errichtung eines Gymnasiums in St. Pölten wichtig, das seit dem Abgang der Piaristen nach Krems (1776) über keine solche Institution verfügte. Zugleich sollte in St. Pölten auch ein philosophischer Vorbereitungskurs für die Universität eingerichtet werden. Aus Sparsamkeitsgründen wurde das Melker Gymnasium 1787 nach St. Pölten verlegt. Die Lehrkräfte stellten die Stifte Melk und Seitenstetten. Doch zogen die Stifte ihre Patres bald vom Gymnasium ab, sodaß nur mehr weltliche Lehrer übrigblieben. Daher kehrte das Gymnasium 1804 wieder nach Melk zurück.

Die Gottesdienstreform

Schon in seinen ersten Regierungsjahren erließ Kaiser Joseph II. viele Vorschriften, die in das engere kirchliche Leben eingriffen, wie Ehegesetzgebung, Verbot zahlreicher Prozessionen, des Heiligen Grabes und der Weihnachtskrippe. Die Einführung der Gottesdienstordnung zielte auf eine Vereinheitlichung der Gottesdienste in den verschiedenen Pfarren, auf eine Vereinfachung gegenüber den barocken Formen und auf den Ausschluß vor allem der städtischen Klöster aus dem öffentlichen religiösen Leben. Für eine gewisse Vereinheitlichung und Vereinfachung der Gottesdienstordnung sorgte allerdings schon der Passauer Bischof Firmian. So schränkte er die in der Barockzeit beliebten Messen vor ausgesetzter Monstranz stark ein. Großer Wert wurde bereits damals auf die Durchführung der Christenlehre gelegt.

Nach der Errichtung der Diözese drängte Bischof Kerens auf die Einführung einer neuen Gottesdienstordnung, die nach einigen Abänderungen sowohl von der niederösterreichischen Regierung wie auch vom Geistlichen Hofrat genehmigt wurde. Sie trat im Februar 1786 in Kraft und prägte bis zu ihrer Aufhebung 1848 bzw. 1855 nachhaltig das religiöse Leben. Die Ordnung wurde auf einem Plakat veröffentlicht und legte – nach Stadt-, Markt- und Dorfpfarren genau abgestimmt – fest, welche Gottesdienste erlaubt seien und wie sie stattzufinden hätten. Damit wurden alle besonderen Andachten abgeschafft. An den Sonntagnachmittagen war in allen Pfarren die Christenlehre vorgesehen. Als Litanei durfte nur die Allerheiligenlitanei verwendet werden, und die Instrumentalmusik wurde zugunsten des Chorals und der Orgelbegleitung zurückgedrängt. An Predigten war nur eine kurze Frühpredigt und eine Spätpredigt gestattet, denn es mußte genügend Zeit bleiben für die Verlesung der kaiserlichen Verordnungen. Messen an Seitenaltären wurden verboten, an Prozessionen nur die Bittgänge am Markustag und vor Christi Himmelfahrt erlaubt. Für die Karwochenliturgie war das römische Rituale vorgeschrieben, das sich immer schon durch Einfachheit auszeichnete.

Die josephinische Gottesdienstordnung stellte in manchen Bereichen eine Verarmung des religiösen Lebens dar, trägt aber auch durchaus moderne Züge. Es lag an den Dechanten, daß die Pfarrer diese Ordnung auch einhielten. Zwar setzte sie sich weitgehend durch, vollständig verwirklicht wurde sie jedoch nicht.

Zur Vereinheitlichung des Gottesdienstes gehörte auch die Regelung des Kirchweihfestes. Es wurde jeweils anläßlich der Kirchweihe auf einen bestimmten Tag festgelegt und sollte der Danksagung für die in der Kirche empfangenen geistlichen Wohltaten dienen. Doch entwickelte sich daraus seit dem Spätmittelalter neben der religiösen Feier, zu der auch die Bevölkerung der Nachbarpfarren in Prozessionen zog, eine Art Volksfest, so daß der religiöse Charakter des Festes in den Hintergrund trat. Daher waren auch die Bischöfe für eine Bereinigung. Nach einer Rückfrage des Hofes gab Bischof Kerens bekannt, daß in der Diözese St. Pölten in Hinkunft der dritte Sonntag im Oktober als Kirchweihfest für alle Kirchen der Diözese gefeiert werden solle, da dies das Kirchweihfest der Domkirche sei (dieses Datum bezieht sich wahrscheinlich auf die Weihe der Stiftskirche am 11. Oktober 1228). Nun schrieb der Kaiser für alle Erbländer der Monarchie diesen Sonntag als „Allerweltskirchtag" vor. Damit wurden zwar die Übelstände abgeschafft, zugleich aber verlor die Kirchweihe an Bedeutung für das christliche Volk. Erst nach dem II. Vatikanischen Konzil sind wieder Bemühungen im Gange, das alte Kirchweihfest wiederzubeleben, allerdings mit mäßigem Erfolg.

Im Zusammenhang mit der Konzentration der Seelsorge ist auch die Schließung zahlreicher Nebenkirchen ab 1786 zu sehen. Die Spitals- und Schloßkapellen wurden nur mehr für den Privatbereich belassen, andere Kirchen und Kapellen aber wurden gesperrt und später oft abgetragen. Davon waren auch zahlreiche Karnerkapellen betroffen, die nicht selten spurlos verschwanden, und früher schon die Wallfahrtskirchen, etwa Maria Rafing bei Windigsteig, die bereits 1783 geschlossen wurde. Die Sonntagberger Kirche entging diesem Schicksal nur, weil sie zur Pfarrkirche erhoben wurde. Mit den aufgehobenen Klosterkirchen war es also eine beträchtliche Zahl von Kirchen, die mit den Jahren verschwanden oder anderweitig Verwendung fanden. Allerdings wurden die Kircheneinrichtungen und die Paramente weitgehend für die neuen Pfarren verwendet. Die Pretiosen wurden allerdings zugunsten des Religionsfonds verkauft.

Rückblick

Joseph II. war gewiß mit den besten Absichten an das Reformwerk gegangen. Doch in seinen letzten Lebensjahren mußte er so manche seiner Maßnahmen zurücknehmen, auch im kirchlichen Bereich. So wurden einige Andachten, die sich das Volk nicht nehmen ließ, dann doch gestattet.

Geradezu katastrophal wirkten sich die gegenüber den Klöstern getroffenen Maßnahmen aus; es fehlte in der Folge an geistlichem Nachwuchs, denn der Geist des Rationalismus und des Deismus konnte niemand zum Priestertum bewegen. Da sowohl die Autorität der Bischöfe wie der Klosteroberen ständig untergraben wurde und auch das Denunziantentum blühte (im übrigen auch innerhalb der Beamtenschaft), war es auch um die Disziplin im Klerus nicht gut bestellt. Als besonders bedrückend empfand man jedoch die Arroganz, mit der die josephinischen Behörden kirchlichen Instanzen gegenübertraten. Dieses Verhalten trug viel dazu bei, daß das Ansehen des Klerus beim Volke schwand.

Nach dem Tod des Kaisers im Februar 1790 kam es zur Rücknahme weiterer Maßnahmen. Von der Aufhebung der Generalseminare war schon die Rede, auch einige Klöster wurden wiederhergestellt. In der Diözese war es das Stift Lilienfeld, das am 22. April 1790 das monastische Leben wieder aufnehmen konnte. Auch das Stift Geras, das durch einen Kommendatarabt verwaltet wurde, durfte sich wieder einen Abt wählen.

Bischof Kerens gehörte sicher nicht zur „geistlichen Dienerschaft", wie man später die Anhänger des Staatskirchentums im Klerus nannte, war aber doch ein Josephiner und getreuer Vollstrecker des kaiserlichen Willens. Allerdings ist ihm zugute zu halten, daß er sehr wohl auch den kirchlichen Standpunkt zu vertreten wußte und sich auch getraute, in zwei Gedenkschreiben an die Regierung gegen staatliche Maßnahmen und Übelstände aufzutreten. Alles in allem war es ein Glück für die entstehende Diözese, einen solchen Mann an der Spitze zu haben, der überdurchschnittlich begabt war und einen klaren Blick sowie Entscheidungskraft besaß. Zudem verstand er es, sich mit den richtigen Mitarbeitern zu umgeben. Auch war sein Arbeitseifer groß: In kurzer Zeit visitierte er die gesamte Diözese.

Kerens war auch Militärbischof. In dieser Funktion begab er sich im Spätherbst des Jahres 1792 nach Wien, wo er am 25. November starb. Er wurde in der Bischofsgruft im Dom zu St. Pölten beigesetzt. Sein Neffe Crüts van Creits ließ als Universalerbe ihm im Presbyterium des Domes ein Denkmal setzen.

VIII DER SPÄTJOSEPHINISMUS

Die Zeit der Franzosenkriege: Sigismund Anton Hohenwart (1794–1803); Sedisvakanz; Gottfried Josef Crüts van Creits (1806–1815) Die Bischöfe des Vormärz: Johann Nepomuk Dankesreither (1816–1823); Joseph Chrysostomus Pauer (1824–1826); Jakob Frint (1827–1834); Johann Michael Leonhard (1835); Michael Johann Wagner (1836–1842); Anton Aloys Buchmayer (1843–1851) – Pfarren, Klerus und Klöster: Priesterseminar und Studienanstalt in St. Pölten; Die philosophische Lehranstalt in Krems; Die geistlichen Gymnasien; Die Klöster

1789 war in Frankreich die Revolution ausgebrochen. Sie verunsicherte in kürzester Zeit die europäische Staatenwelt. Zwar brachen in Österreich keine Unruhen aus, jedoch in den Niederlanden. Das war einer der Gründe für die gemäßigtere Haltung Josephs II. in seinem letzten Regierungsjahr. Kaiser Leopold II. (1790–1792) trug dem ebenfalls Rechnung und mäßigte die Kirchenpolitik seines Vorgängers. Auch Kaiser Franz (1792–1835) verblieb auf dieser Linie.

Allerdings blieb die Politik zwiespältig. Um den Adel zu gewinnen, wurden einige Maßnahmen auf Kosten der unteren Bevölkerungsschichten zurückgenommen, so daß es zu einem sozialen Rückschritt kam. Von dem Einfluß des Staates auf die Kirche aber wurde kaum etwas zurückgenommen, sie wurde weiterhin bevormundet. Immerhin nahmen ab 1802 Priester die leitenden Stellen für geistliche Angelegenheiten ein, die jedoch durchwegs überzeugte Anhänger des Staatskirchentums waren. Auch sorgte man dafür, daß Männer von ähnlicher Gesinnung die Bischofswürde erlangten und zu Domherren berufen wurden. Damit hatte der Staat die Kirche mehrfach in seinem Griff. Von der Revolution erschreckt, galt immer mehr der Grundsatz, daß in keinem Fall etwas geändert werden dürfe und daß Initiativen allein von den staatlichen geistlichen Behörden auszugehen hätten. Jeder Anstoß von unten war suspekt. Diese Phase des Spätjosephinismus wirkte daher für das kirchliche Leben äußerst steril. Durch die volle Eingliederung der Kirche in den Staat zog sie jedoch den Haß all jener auf sich, die 1848 gegen den autoritären Staat revoltierten. Die Kirche aber verlor dadurch jede Lebenskraft und den Selbstbehauptungswillen.

Die Zeit der Franzosenkriege

Die Zeit von 1797 bis 1815 prägten die Franzosenkriege. Sie suchten Niederösterreich mehrmals heim und betrafen auch das kirchliche Leben. Zwar endeten diese Kriege mit einer Niederlage Napoleons und der Neuordnung Europas durch den Wiener Kongreß, den Menschen aber brachten sie letztlich nur Armut, da das Land wirtschaftlich erschöpft war.

Zugleich stieg die Bevölkerung stark an. Zählte die Diözese 1785 etwa 400.000 Einwohner, so waren es 1850 bereits 501.000. Erstmals seit dem Spätmittelalter wuchsen auch wieder die Kleinstädte, bedingt durch die Anfänge der Textilindustrie. Hauptsächlich aber nahm die Landbevölkerung zu.

Vom Krieg 1797 war Niederösterreich noch nicht direkt betroffen. Im Zweiten Koalitionskrieg suchten die Österreicher die Entscheidung am Rhein, mußten aber weichen. Erstmals marschierten durch Niederösterreich russische Truppen, damals als Verbündete. Die Franzosen drangen über die Enns vor. Im Waffenstillstand vom 25. Dezember 1800 wurde die Erlauf als Demarkationslinie festgelegt. 1801 verließen sie das Land.

Härter wurde das Land im Krieg von 1805 heimgesucht. Nachdem es wieder zum Durchmarsch russischer Truppen gekommen war, unter dem die Bevölkerung viel zu leiden hatte, rückten die Franzosen neuerlich in Niederösterreich ein. Am 5. November kam es zu einem Gefecht bei Amstetten und am 10./11. November zur Schlacht bei Loiben, bei der Ober- und Unterloiben zerstört, Dürnstein, Stein und Krems schwer beschädigt wurden. Der Krieg ging mit der Schlacht von Austerlitz verloren. Im Jänner 1806 verließen die Franzosen das Land.

Am schwersten traf das Land der Krieg von 1809. Am 7. Mai überschritten die Franzosen die Enns, eroberten am 11. Mai Wien und siegten nach der Niederlage bei Aspern schließlich entscheidend bei Wagram. Bei diesem Feldzug benahmen sich die Franzosen besonders rücksichtslos. In allen Ortschaften hoben sie Brandschatzungen (Zwangsabgaben) ein, plünderten und schändeten. Ein beliebtes Ziel der Plünderungen waren Kirchen und Pfarrhöfe. Darüber liegen detaillierte Berichte der einzelnen Pfarrer vor. Viele verloren ihre ganze Habe, und niemand konnte sie ersetzen.

Durch die ständigen Kriege mit den damit verbundenen hohen Rüstungskosten war der Staat in eine Finanzkatastrophe geschlittert. Dazu kamen 25 Millionen Francs Kriegskontribution, die Niederösterreich zu leisten hatte. Eine Anleihe, bei der besonders der Klerus zeichnen sollte, blieb unbeachtet. Kein Wunder, erhielten doch die aus dem Religionsfonds besoldeten Geistlichen damals wegen Zahlungsunfähigkeit des Staates nicht einmal ein Gehalt. So forderte die Regierung die Ablieferung des Kirchensilbers. Da aber die vielen neuerrichteten Pfarren nur notdürftig ausgestattet waren, war das fast unmöglich. Daher durften die Patenen und Cuppae der Kelche behalten werden, der Kelchfuß jedoch und alles andere Silbergerät mußte abgeliefert oder in Geldwert abgelöst werden. Besonders arg wurde die Wallfahrtskirche in Maria Taferl ausgeplündert. Für das abgelieferte Silber wurden Staatsobligationen ausgestellt und die Refundierung innerhalb von zehn Jahren versprochen. Das Silber wurde eingeschmolzen und vermünzt. Auf diese Weise verschwanden zahlreiche Kunstwerke der Barockzeit.

Der Staatsbankrott war dennoch nicht aufzuhalten, am 26. Februar 1811 wurde er verkündet. Alle Bankozettel verloren vier Fünftel ihres Wertes. Wie schwer davon die Kirche betroffen war, versteht man erst, wenn man weiß, daß zahlreiche Pfründen auf Staatsobligationen oder sonstige Kapitalien gestiftet waren. Der Staat war zwar eine Last los, die Teuerung aber blieb der Bevölkerung.

In dieser bewegten Zeit gab es aber auch einige andere, scheinbar nur am Rande liegende Ereignisse. Nach dem Tod Josephs II. versuchte der Passauer Bischof nochmals, dessen Diözesanregulierung rückgängig zu machen. Kaiser Leopold schien zunächst zu einem Kompromiß bereit. Doch lehnte Kaiser Franz 1792 schließlich entschieden ab.

Inzwischen näherte sich das Ende des Passauer Fürstentums. Nach dem Verlust der linksrheinischen Gebiete wurde den deutschen Fürsten als Entschädigung die Eingliederung der geistlichen Fürstentümer gestattet. Damit verloren sie auch die Besitzungen und das Patronatsrecht auf Pfarren in der Diözese.

Der Bischof von Passau besaß bis dahin das Rentamt Königstetten, das auch den Weingartenbesitz des Hochstiftes in Niederösterreich verwaltete. Landgericht und Herrschaft Mautern, zu dem auch der Markt Amstetten gehörte, war allerdings schon 1734 verkauft worden; aus dem Erlös wurde die Herrschaft Neuburg erworben. Eine wichtige Einkommensquelle waren die Zehente, die in den Kastenämtern gesammelt wurden. Es waren diese Ämter zu Ybbs, Stein, Krems, Mautern, St. Pölten und Königstetten. Das alles ging in landesfürstlichen Besitz über. Der Salzburger Erzbischof besaß Patronat und Güter in Arnsdorf, Oberwölbling und Traismauer, das Bistum Freising die Pfarren Göstling, Hollenstein, Hollenburg, Konradsheim, Neuhofen, Randegg und Waidhofen an der Ybbs mit der ausgedehnten Herrschaft. Die Bistümer Regensburg und Bamberg besetzten die Pfarren Pöchlarn und Michelhausen bzw. Haag. Da Bayern die dortigen Stifte aufhob, fielen auch deren Pfarren im Diözesanbereich an den Landesfürsten oder an den Käufer der jeweiligen Herrschaften. So besaß Tegernsee die Pfarren Strengberg mit der Herrschaft Achleiten und Loiben, Baumburg die Pfarre Sieghartskirchen, Vilshofen die Pfarre Weiten, St. Nikola die Pfarre Münichreith am Ostrong und Niederaltaich Spitz und Aggsbach-Markt.

Auch nach dem Tod Kaiser Josephs II. kam es noch zu einigen Klosteraufhebungen, die aber nur Auswirkungen der bisherigen Klosterpolitik waren. Es handelt sich dabei durchwegs um Klöster der Bettelorden. Diesen ist sehr viel Personal für die Seelsorge entzogen worden, und so starben sie praktisch aus. Daher wurden am 25. September 1795 das Franziskanerkloster in Langenlois und am 30. September 1796 die beiden Klöster im Kremser Raum, nämlich das der Minoriten in Stein und das der Kapuziner in Und, aufgehoben. Die Steiner Minoriten übersiedelten nach Tulln. Doch auch dieses Kloster mußte 1807 aufgegeben werden. Etwas später starben die Hieronymitaner in Kirnberg an der Mank (1816) und Schönbach (1828) aus. Damit verblieben nur mehr das Kapuzinerkloster in Scheibbs, die drei Servitenkonvente in Schönbühel, Langegg und Jeutendorf sowie die Franziskaner in St. Pölten und die Piaristen in Horn und Krems.

Sigismund Anton Hohenwart (1794–1803)

Zum Nachfolger von Kerens ernannte Kaiser Franz II. am 10. Jänner 1794 den bisherigen Bischof von Triest, Sigismund Anton Graf von Hohenwart, zum Bischof von St. Pölten. Er wurde am 2. Mai 1730 auf Schloß Gerlachstein in Krain geboren. Sein Vater war Hauptmann von Fiume. Bis zu seinem 16. Lebensjahr genoß er die Erziehung in der Familie und lernte neben Deutsch auch Italienisch, Französisch und Latein. 1746 trat er bei den Jesuiten in St. Anna in Wien ein, wo er auch mit Michael Denis, dem Verfasser heute noch gängiger Kirchenlieder, bekannt wurde. Am 7. Oktober 1759 wurde er gemeinsam mit zwei Brüdern zum Priester geweiht. Anschließend wirkte er als Volksmissionar in der Steiermark. Von 1761 bis 1768 lehrte er an der Theresianischen Akademie in Wien und wurde dann Direktor am nordischen Stift in Linz, das Priester für den Einsatz in den skandinavischen Ländern ausbildete. Auf Empfehlung der Kaiserin Maria Theresia kam er 1777 als Prinzenerzieher nach Florenz, wo er Erzherzog Franz, den späteren Kaiser, in Geschichte unterrichtete. 1791 ernannte ihn Kaiser Leopold II. zum Bischof von Triest. Die Translation nach St. Pölten wurde am 12. September 1794 bestätigt, am 16. November nahm er feierlich von seiner Diözese Besitz. Die Translation hatte sich wegen der Dotationsfrage des Bistums so lange verzögert. Bereits am 10. April war er auch vom Kaiser zum Nachfolger von Bischof Kerens als apostolischer Feldvikar ernannt worden.

Hohenwart war bei seinem Amtsantritt immerhin schon 64 Jahre alt, entwickelte aber dennoch eine erstaunliche Akivität. So besuchte er in kurzer Zeit alle Pfarren der Diözese, firmte mit unglaublicher Ausdauer und predigte dem Volke. Auch war er äußerst bescheiden in seinen Ansprüchen, wie das erhaltene Küchenbuch zeigt. In seinem Amt hielt er sich streng an die staatskirchlichen Vorschriften, mehr als die Bischöfe der Nachbardiözesen. In dieser Beziehung war er der gehorsame Jesuit, aber eben gegenüber dem Staat. Doch kam es unter ihm zu einer Milderung des bisherigen Systems. Bereits 1792 wurde die von Joseph II. geschaffene Geistliche Hofkommission aufgelöst, der eigentliche Träger des Staatskirchentums. An ihre Stelle traten geistliche Referenten bei der Landesregierung in Wien. 1802 wurde bei der Hofkanzlei ein eigener Hofrat und Staatsrat als Referent in Kirchensachen eingeführt. Geistliche Referenten bei der Landesregierung waren u. a. 1823 bis 1832 der spätere St. Pöltner Bischof Anton Aloys Buchmayer und von 1832 bis 1843 der vormalige St. Pöltner Konsistorialkanzler Matthias Pollitzer. Buchmayer war von 1832 bis 1835 auch geistlicher Referent bei der Hofkanzlei. Der spätere Bischof Johann Dankesreither hatte dieses Amt von 1802 bis 1806 inne.

Hohenwart erließ am 10. Jänner 1798 ein Diözesanstatut, das sich vor allem mit der Disziplin im Klerus befaßte. Es forderte besonders die Präsenzpflicht und die klerikale Kleidung, und den Kooperatoren wurde die Unterordnung unter den Pfarrer eingeschärft. Hier gab es arge Übelstände. Die Pfarrer fürchteten sich vor Kaplänen, die Absolventen des Wiener Generalseminars waren, da sie keinen seelsorglichen Eifer, wohl aber viel Rationalismus mitbrachten. Es wurde auch die genaue Führung der Verkündbücher und der Matriken verlangt. Schon für das Jahr 1797 war die Duplikatspflicht für Matriken vorgeschrieben, die im Diözesanarchiv hinterlegt wurden. 1796 erschien auch der erste gedruckte Schematismus der Diözese.

Am 14. April 1803 starb der langjährige Fürsterzbischof von Wien, Kardinal Christoph Migazzi (1757–1803), der ein unbequemer Partner der josephinischen Neuerer war. Am 29. April ernannte Kaiser Franz den inzwischen 73jährigen Hohenwart zum Erzbischof von Wien. Dazu wird folgende Anekdote erzählt:

Kaiser Franz habe anläßlich einer Audienz seinem ehemaligen Lehrer Hohenwart seine Porträtsammlung gezeigt. Beim Bild Hohenwarts angelangt, soll er den Bischof gefragt haben: „Was glauben Sie wohl, wer das ist?“; Hohenwart antwortete: „Wenn ich nicht irre, der Bischof von St. Pölten.“ Der Kaiser darauf: „Sie haben sich geirrt, es ist der Erzbischof von Wien.“

Sedisvakanz

Hohenwart verließ St. Pölten am 30. Juli 1803 und wurde am 24. August in Wien inthronisiert. Als Erzbischof von Wien wirkte er noch bis zu seinem Tod im Jahre 1820 ganz in seiner Art: voll Eifer, aber auch immer in enger Zusammenarbeit mit der Regierung. Schon am 13. Juli 1803 wurde zum Kapitelvikar von St. Pölten der Dompropst Crüts van Creits gewählt, der bereits 1792, nach dem Ableben seines Onkels Kerens, dieses Amt innegehabt hatte. Doch diesmal dauerte die Sedisvakanz praktisch drei Jahre.

Es ergab sich aber damals eine Reihe von bleibenden Veränderungen. Crüts van Creits war schon von 1789 bis 1792 und von 1794 bis 1803 Generalvikar. Bereits 1797 kündigte der Religionsfonds die Einstellung der Zahlung von 3000 Gulden für den Generalvikar an. Als Hohenwart nach Wien ging, legte er das Amt eines Feldbischofs nieder. An seiner Statt wurde Crüts van Creits ernannt, dem nun das Gehalt eines Generalvikars gestrichen wurde, doch erhielt er 3000 Gulden als apostolischer Vikar der k. k. Heere. Daher wurde der Posten eines Generalvikars für entbehrlich angesehen und nicht mehr besetzt, bis der Codex iuris canonici von 1917 dessen Einführung wieder forderte. Nur Bischof Feßler bestellte für die Zeit seiner Abwesenheit beim ersten Vaticanum einen Generalvikar, nämlich Ignaz Renoth (1869), der aber schon am 4. Mai 1870 starb. Ebenso ernannte Bischof Binder während seiner Erkrankung Anton Erdinger zum Generalvikar (1891–1893). So war nach dem Bischof der Konsistorial- bzw. Ordinariatskanzler die einflußreichste Person in der Diözese.

Da der bisherige Kanzler Anton Kautschitz (1803 Generalvikar, 1805 Weihbischof, 1807–1814 Bischof von Laibach) 1803 mit Bischof Hohenwart nach Wien ging, machte Crüts van Creits Anton Buchmayer, bisher Pfarrer in Erlakloster, wegen seiner „exacten Pünctlichkeit in der Beobachtung der Gesetze“ zum Kanzler; er sollte später noch eine große Karriere machen.

In die Zeit der Sedisvakanz fällt auch der Franzoseneinfall von 1805. Während dieser Zeit weilte Crüts van Creits bei der Armee. Es war Buchmayers Geschick zu verdanken, daß der Bischofssitz dabei relativ glimpflich davonkam.

Gottfried Joseph Crüts van Creits (1806–1815)

Infolge der Kriegswirren verzögerte sich, wie schon gesagt, die Besetzung des St. Pöltner Bischofsstuhles. Am 14. März 1806 ernannte Kaiser Franz den bisherigen Kapitelvikar Crüts van Creits zum neuen Bischof. Die Bestätigung im päpstlichen Konsistorium erfolgte erst am 26. August, so daß er erst am 5. Oktober in Wien geweiht und am 19. Oktober in St. Pölten inthronisiert werden konnte.

Der neue Bischof war ein Neffe des ersten Bischofs Johann Heinrich von Kerens und ist 1757 in Maastricht geboren (Tauftag 11. März). Früh ergriff er die geistliche Laufbahn. Bereits 1779 erhielt er ein Kanonikat am freien Reichsstift St. Servatius in Maastricht. Nachdem er 1784 zum Priester geweiht worden war, berief ihn sein Onkel Kerens als Auditor causarum an das k. k. Feldkonsistorium in Wien. Mit der Übersiedlung von Kerens nach St. Pölten wurde er 1785 Synodalexaminator dieser Diözese und 1789 ihr Generalvikar. 1787 ernannte ihn der Kaiser zum Titularpropst von Dornau in der Diözese Waitzen (Vác) in Ungarn, womit auch die Erhebung in den ungarischen Adelsstand und ein gutes Nebeneinkommen verbunden waren. Bei seinem Amtsantritt in St. Pölten war er durch seine Tätigkeit als Generalvikar mit den Problemen der Diözese also bestens vertraut.

Obwohl er seine Karriere weitgehend seinem Onkel zu verdanken hatte – man kann von einem unzeitgemäßen Nepotismus sprechen –, erwies sich Crüts van Creits als tüchtiger Bischof, wenn er sich auch im Sinne der Zeit als gewissenhaftes Vollzugsorgan der kaiserlichen Erlässe verstand. Allerdings fiel seine Amtszeit in die schwierige Periode der Franzosenkriege mit den damit verbundenen hohen Steuerlasten, die zu einer allgemeinen Verarmung der Bevölkerung führten, und der großen Inflation. Hier setzte er sich durchaus nicht erfolglos für die Lehrer ein, deren Einkommen an oder unter der Grenze des Existenzminimums lagen. Auch für die Seelsorger, die vom Religionsfonds zeitweilig nichts mehr ausbezahlt bekamen, verwendete er sich. So gut es in dieser widrigen Zeit eben ging, sorgte er sich auch um das Priesterseminar, das er ausbauen ließ. Crüts van Creits erlag am 5. April 1815 einem Schlaganfall.

Die Bischöfe des Vormärz

Der Wiener Kongreß brachte zwar dem Land den Frieden, aber keinen wirtschaftlichen Aufschwung. Auch das religiöse Leben stagnierte weiterhin, wenngleich es vereinzelt Ansätze zu einer Verlebendigung des Glaubens gab. Das Staatskirchentum des Spätjosephinismus wurde zwar etwas gemildert, hielt jedoch an seinen Grundsätzen fest: Bischöfe und Pfarrer waren Vollzugsorgane der geistlichen Bürokratie, die nach Aufhebung der Geistlichen Hofkommission 1792 in entsprechenden Referaten bei den Landesregierungen und der Hofkanzlei eingerichtet war. Die neuen Referate wurden mit Priestern besetzt, die zwar durchwegs Vertreter des Staatskirchentums waren, der Kirche gegenüber jedoch feinere Töne anschlugen. Der Einfluß dieser Referenten auf das kirchliche Geschehen war bedeutsamer als jener der Bischöfe, waren doch sie es, die die kaiserlichen Erlässe vorbereiteten und sorgsam auf ihre Durchführung achteten.

Da dem Kaiser das Nominationsrecht zustand, wurden auch als Bischöfe vorwiegend Männer von staatskirchlicher Gesinnung ausgewählt. Das degradierte die Kirche immer mehr zu einem Rädchen im Staatsgetriebe. Allerdings standen den Bischöfen nicht viele Möglichkeiten einer eigenständigen Leitung offen. So war ihnen fast jede personelle Disposition entzogen, denn alle Pfarren standen unter Patronaten, und auch das Nominationsrecht für die Kanonikate blieb beim Landesfürsten. Bis 1790 wurden praktisch alle Kooperaturen durch die staatlichen Behörden besetzt. Der Bischof besaß lediglich das Recht, an der Domkirche ein Kanonikat und bis 1828 an der zweiten Stadtpfarre in St. Pölten einen Pfarrer zu ernennen. Bis dahin wurde nämlich an dieser Pfarre ein Weltpriester als Pfarrer bestellt, und die Franziskaner arbeiteten als Kooperatoren. Von 1828 an wurde das Amt eines Pfarrers mit dem des Guardians vereinigt.

Doch auch das kirchliche Vermögen war weitgehend staatlicher Kontrolle unterworfen. Da der Staat an chronischem Geldmangel litt, mußten besonders für das Schulwesen immer wieder Kirchengelder herangezogen werden. Für die Erhaltung der philosophischen Lehranstalt in Krems zum Beispiel hatten die Stifte mit aufzukommen. Die wirtschaftlichen Belange der Religionsfondspfarren wurden überhaupt fast ausschließlich von der Staatsadministration wahrgenommen. Auf den Religionsfonds selbst hatten die Bischöfe zunächst gar keinen Einfluß, ja sie besaßen nicht einmal das Recht der Einsichtnahme, um zu kontrollieren, ob die Gelder auch widmungsgerecht verwendet würden.

Johann Nepomuk Dankesreither (1816–1823)

Nach dem überraschenden Tod von Bischof Crüts van Creits wurden mehrere Namen für St. Pölten genannt. Bezeichnenderweise kamen sie alle aus dem Kreis der staatlichen Kirchenverwaltung. So Augustin Gruber, damals Titularpropst von Ardagger und Referent für geistliche Angelegenheiten bei der niederösterreichischen Regierung; Joseph Jüstel, geistlicher Referent bei der Hofkanzlei, der wohl größte geistliche Bürokrat dieser Periode überhaupt; der damalige Kapitelvikar und spätere Bischof von St. Pölten (1843–1851), Anton Aloys Buchmayer, sowie Joseph Chrysostomus Pauer, der in der Armeeseelsorge tätig war. Der Kaiser aber ernannte am 7. Juli 1815 Ernst Johann Franz Fürst von Schwarzenberg. Schwarzenberg zögerte jedoch mit der Annahme und resignierte schließlich am 16. Mai 1816 auf St. Pölten, ohne sich um die päpstliche Präkonisation bemüht zu haben.

Daher nominierte Kaiser Franz I. am 30. Mai 1816 Johann Dankesreither, damals Generalvikar und Weihbischof in Wien, zum vierten Bischof von St. Pölten. Dankesreither wurde am 22. Jänner 1750 in Wien geboren. Er trat nach seinem Theologiestudium 1768 in das Schwarzspanierkloster (Benediktiner) in Wien ein, wo er 1773 die Priesterweihe empfing. Er widmete sich der wissenschaftlichen Laufbahn und promovierte 1778 zum Doktor der Theologie. 1779 wirkte er als Professor für Dogmatik und Polemik am Lyzeum in Linz. Nach der Aufhebung seines Klosters wurde er Säkularpriester in Wien und Vizerektor am dortigen Generalseminar (1783). 1785 kam er an das Olmützer Generalseminar, um es nach dem Wiener Vorbild umzugestalten. In Olmütz erhielt er 1786 auch ein Kanonikat, weshalb ihn der Kaiser in den mährischen Personaladel erhob; das Olmützer Domkapitel war nämlich nur Adeligen zugänglich. In Olmütz machte er weiter Karriere, so stieg er unter anderem zum Konsistorialkanzler auf. 1802 berief ihn Kaiser Franz als ersten Hofrat und Referenten für geistliche Angelegenheiten in den Staats- und Konferenzrat nach Wien. 1806 wurde er Dompropst in Wien, 1807 Generalvikar und Weihbischof (Titularbischof von Pella); die Bischofsweihe erteilte ihm Erzbischof Hohenwart am 8. November. Den St. Pöltner Bischofssitz bekam er, der schon 66 Jahre alt war, für seine Verdienste und seine staatskirchliche Einstellung.

Die päpstliche Präkonisation erhielt Dankesreither am 23. September 1816, seine Inthronisation als Bischof von St. Pölten erfolgte zwei Monate später, am 24. November. Dankesreither war ein Mann, der die vom Staat in ihn gesetzten Erwartungen voll erfüllte. Allerdings ist dabei zu bedenken, daß sich zu seiner Zeit der Spätjosephinismus auf dem Höhepunkt befand. Auch fühlte er sich schon alt und müde und entfaltete keinerlei Initiativen, wozu ohnedies wenig Möglichkeiten bestanden hätten. So blieb es bei einer sorgfältigen Überwachung der „in publico-ecclesiasticis" durchzuführenden Erlässe wie etwa der Blatternimpfung, für deren Durchführung die Pfarrer zu sorgen hatten. Trotz seiner angegriffenen Gesundheit visitierte er aber mit großem Eifer die Diözese und ihre Klöster. Man hat allerdings das Gefühl, daß die Visitationen als eine der wenigen Möglichkeiten, die den Bischöfen offenstanden, Autorität auszuüben, gerade aus diesem Grund forciert wurden. Auch als Bischof blieb er der korrekte, bescheidene Beamte. Nach längerer Krankheit starb er am 10. Juni 1823 im 74. Lebensjahr. Sein Vermögen vermachte er je zur Hälfte der Domkirche und dem Priesterseminar. Dankesreither liegt in der Bischofsgruft des Domes begraben.

Joseph Chrysostomus Pauer (1824–1826)

Nach dem Tod von Bischof Dankesreither wählte das Domkapitel Franz Xaver von Eyersberg zum Kapitelvikar. Erst am 16. November 1823 ernannte der Kaiser den Feldbischof der k. k. Heere, Joseph Chrysostomus Pauer, zum fünften Bischof von St. Pölten. Pauer ist 1756 (Tauftag 29. Juni) in Wien geboren und begann 1773 das Noviziat bei den Jesuiten in Wien-St. Anna. Nach der Aufhebung der Gesellschaft Jesu trat er 1774 in das Barnabitenkloster ein und wurde 1779 Priester. Nach verschiedenen Posten als Professor und Seelsorger erfolgte 1794 seine Berufung zum Kaplan der adeligen deutschen Leibwache am Hof. Damit war seine künftige Karriere gesichert. 1796 Feldsuperior für Niederösterreich und Oberösterreich, stieg er 1806 zum Direktor beim Feldkonsistorium (Militärseelsorge) auf. Inzwischen hatte er seinen Orden verlassen (1802), um Weltpriester der Diözese St. Pölten zu werden. 1815 zählte man ihn bereits zu den Kandidaten für den St. Pöltner Bischofsstuhl, er trat zunächst aber die Nachfolge Crüts van Creits als Militärvikar an. Zudem erhielt er mehrere Titel, die ihm ein höheres Einkommen einbrachten: 1806 verlieh man ihm die Würde eines Propstes von Altbunzlau in Böhmen, 1817 wurde er Kanonikus an der Metropolitankirche in Gran. 1818 ernannte ihn der Kaiser zum Titularbischof von Dulma, womit eine Erhebung in den ungarischen Adelsstand verbunden war. Die Bischofsweihe empfing er am 2. August 1818 durch Erzbischof Hohenwart. Auch war er Ehrenkanonikus von St. Pölten. Pauer hielt sich zumeist am Hof in Wien auf und war dort als Beichtvater der kaiserlichen Familie wie auch als guter Verwaltungsbeamter gleichermaßen geschätzt und anerkannt.

Nach der kaiserlichen Ernennung zum Bischof von St. Pölten kam die päpstliche Bestätigung am 3. Mai 1824. Am 13. Juni erfolgte die feierliche Inthronisation Pauers im Dom zu St. Pölten. Er war bereits 68 Jahre alt, als er Bischof von St. Pölten wurde. Es waren ihm nur eineinhalb Jahre vergönnt, als Bischof tätig zu sein, denn er starb schon am 19. Dezember 1826 in Wien, wo er sich als Feldbischof häufig aufhielt. Wie sein Vorgänger Dankesreither war der in der Erledigung der Geschäfte gewandte Pauer der Typ des korrekten Hofbischofs, ein getreuer Vollzieher des Willens seines Herrn, des Kaisers. Trotz seines Wohlstandes, den er aufgrund seiner Positionen erworben hatte, lebte er bescheiden. Die einzige bleibende Leistung war seine Alumnatsstiftung. Mit diesem Legat konnten die zum Priesteramt beförderten Alumnen bis 1918 eine solide Grundausstattung an Büchern und Kleidung erhalten. Bischof Pauer wurde am 23. Dezember 1826 in der St. Pöltner Domkirche beigesetzt.

Jakob Frint (1827–1834)

Bereits zwei Wochen nach Pauers Ableben ernannte Franz I. den bisherigen Burgpfarrer Jakob Frint zum Bischof von St. Pölten. Die rasche Ernennung hat ihre Hintergründe und Vorgeschichte. Mit ihm kam endlich ein anderer Bischofstyp zum Zug, der nicht die Bürokratie, sondern die Seelsorge bevorzugte.

Frint wurde am 4. Dezember 1766 zu Böhmisch-Kamnitz bei Teschen (Diözese Leitmeritz) als drittes von neun Kindern eines Strumpfwirkers geboren. Aufgrund seiner schönen Stimme und als Waldhornbläser erhielt er nach Abschluß der Volksschule 1780 ein Stipendium als Sängerknabe am Gymnasium zu Klagenfurt. Sein Lyzeum absolvierte er 1786–1788 in Laibach. Obwohl er Priester werden wollte, lehnte er den Eintritt in das Wiener Generalseminar ab und studierte zunächst die Rechte. Nach der Aufhebung der Generalseminare trat er ins Wiener Priesterseminar ein, 1795 wurde er zum Priester geweiht. Er begann in der Seelsorge als Kaplan in Pillichsdorf im Marchfeld. 1801 bewarb er sich erfolgreich um die Stelle eines Hofkaplans. Als solcher war er unter der Leitung des Burgpfarrers für die Gestaltung der Gottesdienste in der Burg und in den kaiserlichen Schlössern verantwortlich. Der damit verbundene enge Kontakt mit der kaiserlichen Familie eröffnete ihm weitere Aufstiegsmöglichkeiten. Zugleich aber hatte er auch die Möglichkeit, seinen Einfluß gegen die josephinische Gesetzgebung zur Geltung zu bringen. So erreichte Frint im Verein mit seinem Mitkaplan Vinzenz Darnaut die Einführung des Religionsunterrichtes in den philosophischen Vorbereitungskurs. Sein Lehrbuch für Religionswissenschaft, ein Fach, das er selbst unterrichtete, wurde durch Hofdekret für alle Länder der Monarchie vorgeschrieben. Bald jedoch geriet er in das Kreuzfeuer der Kritik, so daß er 1808 auf die Pfarre Laa an der Thaya ging. Doch schon zwei Jahre später rief ihn Kaiser Franz I. als Hof- und Burgpfarrer nach Wien zurück, wo er nun eine ungemein einflußreiche Rolle spielte. Daß der Josephinismus ein Ende fand, war zu einem Gutteil sein Werk. Ihm ging es eindeutig um eine Wiederbelebung des religiösen Lebens, um die Überwindung der Aufklärung. Besonders im Bereich des Religionsunterrichtes müssen seine Bemühungen und Erfolge hoch angeschlagen werden. Trotzdem stand auch er noch im Banne des österreichischen Staatskirchentums. Dem seit 1808 in Wien wirkenden heiligen Klemens Maria Hofbauer trat er erst in dessen letzten Lebensjahren näher. Seitdem verschmolz seine österreichisch-katholische Reformbewegung mit der von Hofbauer vertretenen römisch-katholischen Restaurationsbewegung. Auf Dauer blieb Frints Name mit der Errichtung der „k. k. Höheren Bildungsanstalt für Weltpriester zum heiligen Augustinus" verbunden, die im Wiener Augustinerkloster untergebracht war und bald den Namen „Frintaneum" trug. Frint hat diese Institution ins Leben gerufen und war zugleich ihr erster Vorsteher. Das Frintaneum diente als zentrale Lehranstalt der Monarchie zur Heranbildung einer klerikalen Elite, das Studium in Rom war ja untersagt. Es sollte auch mithelfen, auf kirchlicher Ebene die verschiedenen Völker der Monarchie zusammenzuhalten. Bis 1918 besuchten an die tausend Alumnen dieses Institut, darunter auch die späteren Bischöfe von St. Pölten, Feigerle und Feßler. Das Frintaneum war vor allem die Ausbildungsstätte künftiger Bischöfe und Theologieprofessoren.

1820 wurde Frint als Gutachter im Prozeß gegen Bolzano bzw. dessen Schüler Michael Fesl, der im Leitmeritzer Priesterseminar einen relativ harmlosen Geheimbund errichtet hatte, tätig. Da die damalige Regierung gegen Geheimbünde äußerst allergisch war, wurde Fesl gefangengesetzt und Bischof Josef Franz Hurdalek von Leitmeritz zur Abdankung genötigt. Zu seinem Nachfolger ernannte man aber nicht wie erwartet Frint, sondern den Kremser Stadtpfarrer Vinzenz Eduard Milde. Am Wiener Hof wuchs die Opposition gegen Frint immer mehr. Seine plötzliche Ernennung zum Bischof von St. Pölten kam daher eher einem Abschieben als einer Beförderung gleich. Man muß allerdings sagen: zum Segen für die Diözese.

Die kaiserliche Nomination erfolgte, wie schon erwähnt, am 2. Jänner 1827, die päpstliche Zustimmung am 9. April und die Bischofsweihe durch Erzbischof Leopold Firmian von Wien am 4. Juni in der Burgkapelle. Die feierliche Inthronisation in der St. Pöltner Domkirche wurde am 15. Juli vollzogen. Bei seinem Amtsantritt stand Frint bereits im 61. Lebensjahr, und sein Gesundheitszustand war nicht der beste. Er sorgte aber für neuen Geist, wenn auch nach wie vor „allerhöchste" kaiserliche Erlässe seine Tätigkeit sehr einschränkten. In zahlreichen Visitationen, die er sehr streng durchführte, suchte er die Zucht bei den Weltpriestern und in den Klöstern zu heben. Den Priestern schrieb er jährliche dreitägige Exerzitien vor, auch mühte er sich um den Nachwuchs. Die Fastenpredigten im Dom hielt er persönlich. Von besonderer Bedeutung war die Gründung einer „Industrieschule" für arme Mädchen, die dort eine Berufsausbildung genossen. Frint setzte diese Schule auch zu seiner Universalerbin ein.

Frints große Bedeutung lag sicherlich in seinem Wirken vor seiner Zeit als Bischof von St. Pölten, als er auch als theologischer und pädagogischer Schriftsteller hervortrat. Für die Diözese aber brachte er einen gewissen Ausbruch aus der trockenen josephinischen Beamtenkirche, wenngleich er sie im Sinne des Absolutismus durchaus autoritär leitete. Mit den Bischöfen Roman Zängerle von Seckau (1824–1848) und Gregor Ziegler von Linz (1827–1852) gehörte er zu den Erneuerern der österreichischen Kirche in dieser Periode.

Frint starb am 11. Oktober 1834. Er wurde am 14. Oktober in der Bischofsgruft beigesetzt und von den Diözesanen echt betrauert.

Johann Michael Leonhard (1835)

Nur ein halbes Jahr regierte Bischof Leonhard als siebenter Bischof die Diözese. Sein Vater war herrschaftlicher Jäger in Grafenwörth, sein Tauftag ist der 23. September 1782. Nach dem Besuch des Kremser Piaristengymnasiums und des Lyzeums in Wien trat er kurzfristig als Novize in das Stift Melk ein, verließ es aber aus gesundheitlichen Gründen wieder und wurde 1806 Priester in Wien, dann Kooperator in Hausleiten, 1809 Spiritual am Wiener Priesterseminar, 1810 Pfarrer in Achau, 1812 auf Veranlassung Frints Burgkaplan. Frint war es auch, der ihn 1816 zum ersten Spiritual des Frintaneums machte. Leonhard besaß große Bedeutung für die Erneuerung der Katechetik und versuchte ganz im Geiste Frints, auch hier den Josephinismus zu überwinden. 1828 wurde er Generalvikar und Weihbischof von Wien (Ernennung zum Titularbischof von Alalia am 15. Dezember 1828, geweiht am 11. Jänner 1829).

Zum Bischof von St. Pölten nominierte ihn Kaiser Franz I. am 20. Februar 1835, die Präkonisation erging am 6. April, und die Inthronisation in St. Pölten erfolgte am 24. Mai 1835. Da aber das Klima seiner Gesundheit nicht guttat, resignierte er bereits am 19. Oktober des gleichen Jahres. Er wurde Vikar der k. k. Heere mit dem Titel eines Bischofs von Diocletianopolis (18. Februar 1836). Dieses Amt übte er noch bis zu seinem Tod am 19. Jänner 1863 aus.

Seine Amtszeit blieb für die Diözese ohne Bedeutung. Er selbst gehörte zum Kreis der katholischen Reformer. Auch nach seiner Abdankung war er noch eifrig als katechetischer Schriftsteller tätig. Sein bedeutendes Vermögen bestimmte Leonhard für die Gründung eines Erziehungsinstituts für Unteroffizierstöchter in Satu Mare im heutigen Rumänien sowie für die St. Pöltner Armeninstitute und die Frintsche Industrieschule.

Michael Johann Wagner (1836–1842)

Wagner wurde am 12. August 1788 in Linz geboren und wuchs dort in bescheidenen Verhältnissen auf; in Linz empfing er auch die Priesterweihe. Nach seiner Tätigkeit als Kooperator wirkte er zunächst als Professor für Pastoral am dortigen Lyzeum (1815). Auf Vermittlung Frints übernahm er 1819 die Stelle eines Hofkaplans in Wien. 1823 erhielt Wagner einen Lehrstuhl für Pastoral an der Universität Wien. Vier Jahre später, im Jahr 1827, trat er dann die Nachfolge Frints als Hof- und Burgpfarrer an und wurde damit auch Titularabt von Pagrány in Ungarn. 1828 kam er als provisorischer Referent für geistliche Angelegenheiten in den Staatsrat, bekleidete also quasi das Amt eines Kirchenministers. Im Gegensatz zu seinem Vorgänger Martin Lorenz verstand er es, sich der Mentalität des Kaisers anzupassen, und trug auf diese Weise zur Überwindung des Staatskirchentums bei. 1832 wurde Wagner im Staatsrat durch Alois Jüstl ersetzt, zum Ausgleich dafür jedoch am 27. April 1833 zum Vikar der k. k. Heere ernannt und am 8. September 1833 in Raab zum Titularbischof von Belgrad und Semendria geweiht.

Nach dem Tod Kaiser Franz' I. am 2. März 1835 verlor Wagner seinen Einfluß bei Hof, wo für dreizehn Jahre die alten Josephiner wieder das Heft in die Hand nahmen. Nach dem vereinbarten Tausch mit Leonhard erhielt er am 16. November 1835 die kaiserliche Nomination zum achten Bischof von St. Pölten, die päpstliche Zustimmung erging am 1. Februar, die feierliche Besitznahme des Bischofsstuhls erfolgte am 24. April 1836.

Mit seinen 48 Jahren erschien Wagner der Diözese als junger, tatkräftiger Bischof, der zudem aus der Schule Frints kam, so daß man große Hoffnungen in ihn setzte. Als Person konnte er diese Hoffnungen erfüllen, litt aber weiterhin unter der geistlichen Bürokratie. Nachdem eine Zeitlang die Vorzensur der bischöflichen Currenden (Veröffentlichungen) nicht beachtet worden war, wurde sie nun neuerlich verlangt; sie blieb bis 1850 bestehen. Auch wurden alle religiösen Neuerungen mißtrauisch beobachtet, ja unterdrückt, wie etwa eine Bruderschaft zu Ehren des Herzens Jesu und Mariens. Zwar erlaubte sich Wagner gegenüber den Regierungsboten einen freieren Ton, als bisher üblich war, im Detail aber gab er dann doch nach. Bei Volk und Klerus war Wagner jedoch beliebt, da er deren Sprache traf. Daher war die Trauer groß, als er am 23. Oktober 1842 in Wien starb, wohin er sich zur Heilung seines Asthmaleidens begeben hatte. Am 27. Oktober wurde er im Dom zu St. Pölten beigesetzt. Sein Vermögen vermachte er dem Schullehrerwitwen- und Waisenpensionsfonds, die Bibliothek den Redemptoristen in Eggenburg.

Anton Aloys Buchmayer (1843–1851)

War unter den letzten drei Bischöfen Frint, Leonhard und Wagner das kirchliche Leben etwas aufgeblüht und konnte sich ein kirchlicher Geist breitmachen, so kam es unter Buchmayer eindeutig zu einem Rückschritt. Sein Vorgänger Wagner war mit 54 Jahren gestorben, Buchmayer aber bei seinem Amtsantritt bereits 73 Jahre alt. Zudem war er der Diözese als ein Vertreter des Staatskirchentums alter Schule gut bekannt.

Buchmayer kam 1770 (Tauftag 8. Juni) als Sohn eines kleinen Mühlenbesitzers in Waidhofen an der Ybbs zur Welt, besuchte das Gymnasium in Seitenstetten und Kremsmünster, sodann das Generalseminar in Wien. Im Oktober 1791 begann er das praktische Jahr im St. Pöltner Priesterhaus, die Priesterweihe empfing er am 8. Juli 1792. Er war Kooperator in St. Valentin, 1797 Domkurat in St. Pölten und seit 1801 Pfarrer in Erlakloster. Wie schon erwähnt, berief man ihn 1803 als Konsistorialkanzler nach St. Pölten. 1806 wurde er in das Domkapitel aufgenommen (1811 Domscholaster, 1814 Domdechant) und nach dem Tod des Bischofs Crüts van Creits zum Kapitelvikar gewählt und so mit der interimistischen Leitung der Diözese betraut. Da er jedoch mit dem neuen Bischof Dankesreither nicht harmonierte, ging er 1817 auf die landesfürstliche Patronatspfarre Raabs. Dort wurde er Dechant und Schuldistriktsaufseher und 1820 auch Titularpropst von Ardagger. Buchmayers Gewandtheit im Geschäftsstil und seine umfassenden Kenntnisse im Staatskirchenrecht waren auch den höchsten staatlichen Stellen nicht verborgen geblieben, so daß man ihn 1823 nach Wien holte, wo er zunächst als Referent für geistliche Angelegenheiten bei der niederösterreichischen Regierung und seit 1832 schließlich als Hofrat und Referent in der Staatskanzlei wirkte. 1835 trat er wieder in den unmittelbaren kirchlichen Dienst als Generalvikar und Weihbischof von Wien (zum Titularbischof von Helenopolis konsekriert am 24. Mai 1835). 1836 verlieh ihm die Wiener Universität, deren Rektor er 1841 wurde, das theologische Doktorat (Dr. bullatus). Bereits im Jahr zuvor war er zum Dompropst des Metropolitankapitels aufgerückt. Zum Bischof von St. Pölten vorgeschlagen hat ihn die Geheime Staatskonferenz wegen seiner Verdienste um das Staatskirchentum. Kaiser Ferdinand nominierte Buchmayer am 9. Dezember 1842. Die Präkonisation erfolgte am 30. Jänner 1843, die Inthronisation am 30. April.

Mit Buchmayer trat ein Vertreter des alten Josephinismus an die Spitze der Diözese, der das Bischofsamt bloß als einen Verwaltungsposten verstand. Er leitete die Diözese praktisch vom Schreibtisch aus, verlangte von den Pfarrern zahlreiche schriftliche Erhebungen, ja auch die Klosterdisziplin glaubte er auf schriftlichem Wege heben zu können. Selbst mit dem Domkapitel verkehrte er am liebsten nur schriftlich. Pedantisch suchte er die staatskirchlichen Vorschriften zu erfüllen und verschloß sich allen religiösen Neuerungen. Es überrascht daher, daß er sich im Revolutionsjahr 1848 so bald auf die neuen Verhältnisse einstellte. Er nahm auch an der Bischofskonferenz von 1849 in Wien teil, stellte sich aber gegen die Abhaltung einer Diözesansynode und die Einführung von Pastoralkonferenzen; diese Bestrebungen schienen seinem autoritären Beamtendenken offensichtlich zuwiderzulaufen. Immerhin ließ er 1851 gemeinsame Priesterexerzitien veranstalten. In seinen Ansprüchen bescheiden, hinterließ er eine bedeutende Summe für arme Priester. Er starb am 2. September 1851 in St. Pölten, wo er in der Bischofsgruft beigesetzt wurde.

Pfarren, Klerus und Klöster

Wie schon oben angeführt, schuf die josephinische Pfarregulierung ein zu dichtes Pfarrnetz, gab es doch 404 selbständige Seelsorgestellen mit etwa 660 systemisierten Posten. Bereits 1799 waren 68 Stellen unbesetzt. Wohl gab es genug Priester, meist Flüchtlinge aus Frankreich, die jedoch des Deutschen nicht mächtig waren. Nun wurden mehrere Pfarrlokalien aufgegeben und eine größere Zahl von Kooperaturen gestrichen. Schon 1788 mußte wegen des Toleranzpatents und seiner Auswirkungen die Lokalie Hagen aufgegeben werden. Weiters wurden 1796 Kogel mit Rappoltenkirchen, 1795 Steinaweg mit Göttweig sowie Trandorf und Unterranna 1797 mit Niederranna vereinigt. Auch die Lokalien Obernondorf (1810 zu Waldhausen), Waldreichs (1807 zu Döllersheim) und Rabesreith (1787 zu Großau) wurden aufgegeben. Vorübergehend kamen ab: Öhling (1816–1832), Neidling (1802–1822), St. Gotthard (1824–1839), Rohrbach und Schwarzenbach an der Gölsen (jeweils 1800–1820), Obermixnitz (1803–1867) wie auch Buchbach (1815–1823). Von 1785 bis 1799 waren nur 29 Weltpriester geweiht worden. Damals standen fünfzehn Todesfällen sieben Weihen gegenüber. Bei den Klöstern war die Situation etwas besser.

Priesterseminar und Studienanstalt in St. Pölten

Aus diesen Gründen war es immer eine Hauptsorge der Bischöfe, einen entsprechenden Priesternachwuchs heranzubilden. Zwar konnte das Priesterseminar 1791 seinen Betrieb aufnehmen, die finanzielle Ausstattung blieb dennoch stets eine schwierige Frage, da der Religionsfonds zu keiner Leistung bereit war. Es wurde wohl die Herrschaft Gutenbrunn zum Alumnatsfonds gewidmet und auch die theologische Bibliothek dort aus dem aufgelösten Generalseminar an das St. Pöltner Alumnat übergeben, doch forderten die Bischöfe von Linz und Wien Anteile am Gutenbrunner Stiftungsfonds, der 88.000 Gulden betrug. So mußte Bischof Kerens 40.000 Gulden an Linz und 12.000 an Wien bezahlen. Da das Seminar so nicht lebensfähig war, stiftete Kerens aus seinem Privatvermögen 40.000 Gulden zum Alumnatsfonds. Ein weiteres Einkommen bestand im Alumnaticum, einer Umlage, die der Klerus zu leisten hatte. Im Laufe der Jahrzehnte folgte eine Reihe weiterer Stiftungen, so daß das St. Pöltner Priesterseminar bis zum Ersten Weltkrieg zu den bestdotierten Seminaren Österreichs zählte. Zu den bedeutendsten Stiftungen gehörte die des ehemaligen Pfarrers von Haag und späteren Domherrn Michael Perschi, der dem Alumnat eine beträchtliche Summe vermachte, so daß alle Neupriester mit klerikaler Kleidung, einem Brevier und theologischen Büchern ausgestattet werden konnten. Ähnliche Stiftungen tätigten der Domherr Joseph Maximilian Metz und Bischof Pauer. Dazu kam noch eine Anzahl kleinerer Stiftungen, die das Alumnat lebensfähig machten; jedenfalls ein schöner Beweis der Sorge des diözesanen Klerus um seinen Nachwuchs.

Die Studienanstalt mußte nach den Vorschriften der staatlichen Universitäten geführt werden. Daher wurden vier Professuren errichtet: Kirchengeschichte mit Patrologie und Kirchenrecht, Exegese des Alten und Neuen Bundes, Dogmatik mit Polemik und als vierte Professur Moral und Pastoral mit Katechetik. Wegen des Kirchenrechtes ergaben sich zunächst Schwierigkeiten, da der josephinische Staat es der juridischen Fakultät zuteilte; es sollte dort ja nur das österreichische Staatskirchenrecht gelehrt werden. Schließlich wurden aber die Vorlesungen in St. Pölten gestattet, doch mußten die Kandidaten bis 1802 die Prüfungen an der Wiener Universität ablegen. Die Professoren schlug der Bischof vor, sie mußten an der Universität eine Konkursprüfung ablegen. In ihrem Vortrag hatten sich die Professoren genau an die vorgeschriebenen Lehrbücher zu halten. In der Praxis wurde dies insofern gemildert, als sie ihre eigenen Skripten benützten. Gemäß der kaiserlichen Instruktion von 1811 wurden die Studien 1814/15 neu geregelt. Es kamen zwei weitere Professuren dazu, und zwar wurde die Bibelwissenschaft geteilt und die Moraltheologie von der Pastoraltheologie getrennt. 1816 errichtete die Regierung auch eine eigene Lehrkanzel für Landwirtschaftskunde und dotierte sie mit 1000 Gulden, während die Theologieprofessoren nur 300 Gulden bekamen. Zudem schaffte man zahlreiche Geräte an, doch blieb dem Fach der Erfolg versagt, da die Studenten nicht mitmachten. Daher wurde die Professur 1824 wieder aufgegeben und Professor Johann König nach Linz versetzt. Die künftigen Priester sollten offensichtlich der Bevölkerung moderne landwirtschaftliche Methoden beibringen, ein typisch josephinischer Zug. Allerdings betrieb ein Großteil der Pfarrer eine Landwirtschaft, so daß eine einschlägige Ausbildung durchaus von Nutzen gewesen wäre.

Die Zahl der Studierenden, die allesamt Alumnen waren, stieg von 24 im Jahr 1791 auf 44 im Jahr 1801. In der Folge lag sie um 50, wuchs aber 1822 auf 67 an. Bis 1848 verzeichnete man einen Stand zwischen 50 und 70 Alumnen. Neben den diözesanen Alumnen studierten Angehörige der Stifte und angehende Militärkuraten im Priesterseminar, die in obigen Zahlen inbegriffen sind. Daher betrug die Zahl der Neupriester bis 1818 meist unter zehn, erreichte aber dann bis 1848 jeweils zehn bis 20, 1826 sogar 22. Von den bis 1848 719 geweihten Weltpriestern stammten 471 aus der Diözese selbst, 68 aus dem übrigen heutigen Österreich und 180 aus dem heutigen Ausland. Nach 1820 halbierte sich der Anteil der Nicht-St. Pöltner; die Diözese war also bereits weitgehend konsolidiert. Eine genaue Untersuchung über die Herkunft der Alumnen bis 1822 ergibt, daß von den 562 eingetretenen Priesterstudenten 278 aus der Diözese kamen. Von den Nichtdiözesanen stammten 105 aus den Ländern der böhmischen Krone (Böhmen, Mähren, Schlesien), 82 aus dem Gebiet des Reiches, 65 aus dem übrigen Österreich, 21 aus Ungarn (einschließlich Burgenland) und neun aus anderen Gebieten. Von den Alumnen aus dem Reichsgebiet ragen die 34 aus dem Fürstbistum Fulda hervor. Eher zufällig stieß der damalige St. Pöltner Kanzler Anton Kautschitz auf den Regens des Fuldaer Priesterseminars und erbat sich von ihm tüchtige

Alumnen. Bis 1795 waren bereits zehn Alumnen aus diesem geistlichen Fürstentum gekommen. 1798 kam es dann zu der erwähnten Kontaktnahme. Von 1799 bis 1802 folgten 23 Kandidaten, von denen sich fast alle bewährten. Insgesamt erreichten 26 Alumnen das Priestertum, darunter auch der durch seine Pfarrchronik bekannte spätere Pfarrer von Sieghartskirchen, Johann Adam Mihm.

Was die soziale Herkunft der Alumnen betrifft, so stammte weniger als ein Viertel von Bauern oder Weinhauern ab. Bei den 278 aus der Diözese kommenden Alumnen sind diese Berufe überhaupt nur in 51 Fällen belegt, dies bei einem Anteil der bäuerlichen Bevölkerung von nahezu 80 Prozent. Die meisten hatten Handwerker zu Vätern, dann folgten Händler, Gastwirte, Beamte und Lehrer. Im bäuerlichen Bereich bestand offensichtlich wenig Möglichkeit zur Weiterbildung. Ab 1820 verschiebt sich die Zahl leicht zugunsten der Bauern. Ein stärkerer Anteil an Bauernsöhnen unter den Alumnen ist erst für die Zeit nach 1860 festzustellen.

Die philosophische Lehranstalt in Krems

Der chronische Priestermangel bewog die Bischöfe, bei Kaiser Franz II. um die Erlaubnis zur Errichtung philosophischer Lehranstalten anzusuchen. Sie wurden geschaffen, nachdem im Jahr 1778 die Gymnasien auf fünf Jahrgänge reduziert wurden. Eine solche Lehranstalt gründete nun Bischof Hohenwart mit kaiserlicher Zustimmung am 17. September 1802 in Krems. Sie wurde von den Piaristen der Stadt geführt, die Oberaufsicht aber lag beim Bischof, der den jeweiligen Pfarrer von Krems mit der Direktion beauftragte. Der Kurs umfaßte zwei Jahre und diente zur Vorbereitung auf die Universität bzw. für das Theologiestudium. Daher ist auch ein Großteil der St. Pöltner Alumnen durch diese Lehranstalt gegangen. Von 1803 bis 1850 (ab 1849 lief diese Studienrichtung aus, da die Klassen an den Gymnasien auf acht erhöht wurden) besuchten 3466 Schüler diese Lehranstalt. Zu ihrem und des Piaristengymnasiums Unterhalt leisteten die Stifte Altenburg, Geras, Göttweig, Herzogenburg und Klosterneuburg einen Zuschuß in der Höhe von 2400 Gulden Konventionsmünze. Anfangs war geplant, daß diese Stifte auch den Unterricht übernehmen sollten, doch kam es nie dazu.

Die geistlichen Gymnasien

Nach den staatlichen Schulgesetzen wurden die Gymnasien ab 1778 fünfklassig geführt, 1819 kam eine sechste Klasse dazu. An Gymnasien gab es die Piaristenschulen zu Krems und Horn sowie die Anstalten der Benediktiner zu Melk und Seitenstetten. Von der vorübergehenden Verlegung des Melker Gymnasiums nach St. Pölten war schon die Rede. 1826 wurde nochmals ein Versuch unternommen, die Gymnasien in Melk und Seitenstetten aufzuheben und nach St. Pölten zu transferieren. Das Gymnasium von Seitenstetten erhielt 1814 das Öffentlichkeitsrecht.

Die Klöster

Die großen Stifte erholten sich nach der josephinischen Aufnahmesperre relativ rasch und erlangten wieder einen befriedigenden Personalstand. Allerdings mußten sie nun wesentlich mehr Pfarren besetzen. Bei den neuerrichteten Pfarren mußten häufig erst Pfarrhof und Schule errichtet werden, was alles zu Lasten der Stifte ging. Zudem hatten sie unter den Franzosenkriegen stark zu leiden. Daher kamen auch die Stifte Geras, Zwettl und auch Seitenstetten in finanzielle Schwierigkeiten. Geras wurde durch ein Vierteljahrhundert (bis 1849) von Melk aus administriert, in Zwettl mußte 1828 Abt Berthold Gamerith abgesetzt werden. Trotzdem überwog in den Stiften der gute Geist, wenn auch das Chorgebet nur eingeschränkt gehalten wurde und sich ein bürgerlicher Geist breitmachte. Göttweig konnte 1802 die theologische Hauslehranstalt wiedereröffnen, die ab 1814 für kurze Zeit als Benedictineum für alle österreichischen Benediktiner als Studienanstalt diente. Die Lehranstalt bestand bis 1879 und erlebte von 1887 bis 1902 nochmals eine Erneuerung. Ansonsten führten nur die Kapuziner von 1936 bis 1958 in Scheibbs theologische Studien.

Das Stift Lilienfeld hatte in Ladislaus Pyrker (1772–1847) einen prominenten Abt (1812–1818), der sich auch als Dichter hervortat, aber auch den Wiederaufbau des Stiftes nach dem Brand von 1810 durchführte. Pyrker wurde 1818 Bischof von Zips, 1821 Patriarch von Venedig und 1827 Erzbischof von Erlau in seinem Heimatland Ungarn.

Dagegen stand es um die Piaristen und Serviten etwas schlechter. Die Serviten litten unter Personalmangel und Überalterung, bei den Piaristen war der liberale Geist der Aufklärung noch nicht überwunden.

Nach den josephinischen Klosteraufhebungen und dem Aussterben weiterer Klöster bedeutete die Niederlassung der Redemptoristen in Eggenburg, wo sie 1832 das ehemalige Franziskanerkloster bezogen, eine gewisse Wende. Sie bekamen später große Bedeutung für die Volksmissionen. Ein weiblicher Zweig dieser Kongregation ließ sich 1839 in Stein nieder, der streng kontemplativ lebte.

Die Aufsicht der Klöster stand bis 1855 dem Bischof zu, der hiebei allerdings ebenfalls den Weisungen der Regierung folgen mußte.

IX REVOLUTION, KONKORDAT UND RELIGIÖSER AUFBRUCH

Das Revolutionsjahr 1848 und die Folgen – Religiöser Aufbruch unter Bischof Ignaz Feigerle (1852–1863)

Das Revolutionsjahr 1848 und die Folgen

Unter Kaiser Ferdinand (1835–1848), der persönlich zur Regierung unfähig war, führte die Staatskonferenz, mit dem nun schon greisen Metternich an der Spitze, das Land. Daß sich das Staatskirchentum in dieser Zeit etwas abschwächte, hatte bei der josephinischen Haltung des damaligen Bischofs Buchmayer für die Diözese wenig Bedeutung. Nach Jahren der Mißernte brach 1848 in Wien schließlich die Revolution aus. Den meisten Revolutionären galt die Kirche als Verbündete des Regimes, war sie doch eng in das verhaßte System eingebunden. Wie sehr auch sie eine Gefangene des Staates war, erkannte man nicht. Die Kirche selbst war gespalten. Ein Teil – besonders der höhere Klerus – wollte am Staatskirchentum festhalten, da nur darin die Kirche sicher geborgen sei. Dieser Hang, sich auf die weltliche Macht zu stützen, führte unter den österreichischen Katholiken zu der geringen Neigung, sich zu behaupten.

Die Revolution ereignete sich hauptsächlich in Wien. Zu ihrem Feindbild auf kirchlicher Seite machte sie die Jesuiten und die Ligourianer (Redemptoristen). Am 6. April vertrieb man die Redemptoristen aus Wien, tags darauf erschien eine Abteilung der Wiener Nationalgarde in Eggenburg und erzwang die Aufhebung des Redemptoristenklosters in diesem Ort. Die Gemeinschaft der Redemptoristinnen in Stein war den gleichen Repressalien ausgesetzt, wobei sich ein Steiner Schankwirt besonders hervortat: Sie mußten am 10. April ihr Kloster aufgeben. Ein Monat später wurde die Vertreibung der Ligourianer auch gesetzlich gutgeheißen (8. Mai). Im Kloster zu Stein richtete man ein Militärspital ein, 1853/55 dann die Strafanstalt; deren Kapelle geht noch auf die Redemptoristinnen zurück. 1852 wurden die Redemptoristen wieder zugelassen, sie kehrten nach Eggenburg zurück; der Frauenkonvent nahm das gemeinsame Leben 1853 in Gars auf (bis 1962).

Ansonsten griffen die Unruhen nicht auf die Diözese über. Ein Alumne und zwei Ordensangehörige traten aus, das war alles. Doch machte sich der Wille zur Freiheit auch im Klerus immer stärker bemerkbar, manchmal durch Kritik am Bischof, häufiger in der Forderung nach Befreiung von der Bevormundung durch das Staatskirchentum. Als erstes wurde die Pressefreiheit gewährt, was zur Herausgabe kurzlebiger Zeitungen in St. Pölten und Krems führte. Von weiterreichendem Einfluß blieben die Wiener Zeitungen, die oft sehr gehässig über die Kirche loszogen.

Größere Bedeutung für die Stifte und Pfarren erlangte die Aufhebung der Grundherrschaften und Zehente. Nicht wenige Pfarren hatten untertänige Häuser, also eine Pfarrherrschaft. Zehentpflichtige Häuser oder Grundstücke besaßen praktisch alle älteren Pfarren. Bei den Stiften war von Bedeutung, ob die Eigenwirtschaft (Dominikalland) über eine hinreichende Größe verfügte. Die Herrschaftsinhaber mußten auf ein Drittel der Abgaben verzichten, ein Drittel Entschädigung leistete das Land, und das restliche Drittel mußte der Untertan leisten. Die Stifte kauften mit den Entschädigungen Herrschaften oder Bauernhäuser auf, Melk etwa Herrschaften in Ungarn. Die kleineren Herrschaften, also der Großteil der Pfarrherrschaften, bekamen zwar auch eine Entschädigung, auf längere Sicht war jedoch ein Einkommensentgang gegeben, der die betroffenen Seelsorger an die untere Einkommensgrenze brachte. Erst 1885 wurde das Kongrua-Regulierungsgesetz erlassen, das vom Klerus die Einsendung von Fassionen forderte, wodurch das Einkommen festgestellt wurde. Zur Erreichung des Normalgehaltes erhielten diese Priester bis 1938 die sogenannte Kongruaergänzung. Doch gab es auch andere Leistungen an Kirchen, Pfarren, Schulen und diverse gemeinnützige Anstalten, die nicht aus der Untertänigkeit stammten, sondern in Geldabgaben, Lebensmittel- oder Holzdeputaten oder Arbeitsleistungen bestanden. Diese konnten abgelöst werden, ab 1875 war ihre Ablöse dann vom Gesetz vorgeschrieben.
An die Stelle der Grundherrschaften und ihrer Gerichte traten die Bezirkshauptmannschaften und die Bezirksgerichte, die aber erst 1867 voll ihre Wirksamkeit entfalten konnten. Auf unterster Ebene schuf man die Gemeinden, die sich mit den Pfarrsprengeln decken sollten; tatsächlich aber wurden wesentlich mehr Gemeinden gebildet.

Zwar wurden auf Reichsebene verschiedene Freiheiten gewährt, etwa die Presse- und Vereinsfreiheit, und es kam auch zur Gleichstellung aller Konfessionen, aber eine starke Gruppe in der Regierung und vor allem in der Bürokratie dachte nicht daran, auch die Kirche aus den Fesseln des Staatskirchentums zu entlassen. So verlangte ein Gesetzesentwurf für die Ausbildung künftiger Priester deren Studium an staatlichen Universitäten. Nur das letzte Studienjahr sollten die Kandidaten in Seminaren verbringen. Damit wurde der Priester – nach bester josephinischer Tradition – als Staatsbeamter betrachtet. Zugleich wären alle Diözesanseminare und Klosterstudien aufgehoben worden. Selbst als Kaiser Franz Joseph I. (1848–1916) 1852 Verhandlungen wegen eines Konkordates aufnahm, trat eine starke Gruppe dafür ein, die Kirche in der Abhängigkeit vom Staat zu belassen, da sich der Staat sonst eines wesentlichen Einflußbereiches begeben würde. Wegen der engen Verbindungen der Kirche mit dem österreichischen Staatswesen blieben gewisse Elemente des Staatskirchentums bis 1918 bzw. 1938 aufrecht. Gemeint sind vor allem das Nominationsrecht des Kaisers für die Bischöfe, der Religionsfonds und die landesfürstlichen Patronate.

Während der Wiener Erzbischof Vinzenz Eduard Milde (1814–1823 Pfarrer von Krems, 1823 Bischof von Leitmeritz, 1832–1853 Erzbischof von Wien) als Vertreter des Staatskirchentums gegenüber der Revolution passiv blieb und den Klerus zur Ruhe mahnte, übernahm der Salzburger und später Prager Erzbischof Friedrich Fürst zu Schwarzenberg (1836–1850 Salzburg, 1850–1885 Prag) die Führung im Episkopat der Monarchie. Auf seine Initiative ging die Bischofskonferenz des Jahres 1849 zurück, die vom 29. April bis 20. Juni in Wien tagte, bei der aber bezeichnenderweise der Wiener Erzbischof fehlte. Dagegen war der Brixener Theologieprofessor Joseph Feßler als theologischer Berater anwesend. Er wurde später Bischof von St. Pölten. Besonders hervor trat Bischof Joseph Othmar von Rauscher, den Schwarzenberg kurz zuvor zum Bischof von Seckau ernannt hatte und der als Erzbischof von Wien (1853–1875) schließlich die Führung des österreichischen Episkopats übernahm. Die Wiener Beschlüsse von 1849 wirkten sich dann auf die Konkordatsverhandlungen aus. Bereits 1850 fielen einige wesentliche Einschränkungen der Kirchenfreiheit. So wurde der freie Verkehr der Bischöfe mit Rom und endlich auch mit ihren Untergebenen gestattet, den Bischöfen das Recht zu Bestellung der Theologie- und Religionsprofessoren zugestanden und insbesondere staatliche Reglementierung des Gottesdienstes abgeschafft. Hingegen blieb die Gleichstellung der Konfessionen aufrecht. Ab 1851 regierte Kaiser Franz Joseph absolut. 1852 beauftragte er Bischof Rauscher mit den Konkordatsverhandlungen, die 1855 zum Abschluß kamen. Am Geburtstag des Kaisers (18. August) wurde es promulgiert. Es brachte in vielen Bereichen eine optimale Lösung für die Kirche. So wurde die Ehegesetzgebung ganz im kirchlichen Sinne geregelt. Dem Verlangen der Kirche nach stärkerem Einfluß auf das Schulwesen wurde insofern Rechnung getragen, als alle Gymnasiallehrer Katholiken sein mußten. Auch eine kirchliche Buchzensur wurde geschaffen. Dagegen blieb es beim herkömmlichen kaiserlichen Nominationsrecht bezüglich der Bischöfe, wenn er auch die Mitbischöfe der Kirchenprovinz konsultieren sollte. Der Studienfonds und der Religionsfonds wurden jedoch zum Eigentum der Kirche erklärt. Die Fonds blieben zwar unter staatlicher Verwaltung, doch mußten nun die Landesstellen den Bischöfen einen jährlichen Voranschlag vorlegen.

Sosehr das Konkordat auch der Kirche entgegenkam, litt es dennoch von Anfang an darunter, daß es von einer absolutistischen Regierung geschlossen und der Kirche gleichsam geschenkt wurde. Die Katholiken fühlten sich wieder einmal vom Staat versorgt. Auf liberaler Seite betrachtete man das Konkordat als Abdankung des Staates, als unwürdige Buße für den Josephinismus, mit dem die Kirche in Österreich noch immer besser gefahren sei als in den anderen Ländern Europas.

Religiöser Aufbruch unter Bischof Ignaz Feigerle (1852–1863)

Mit dem Tod Bischof Buchmayers im Jänner 1851 endete der Josephinismus in der Diözese. Mit der Neubesetzung des Bischofssitzes ließ man sich allerdings Zeit. Erst am 19. Oktober 1851 machte Erzbischof Milde an den der Kirche wohlgesinnten Minister für Kultus und Unterricht, Graf Leo Thun, seine Vorschläge zur Besetzung des Bistums St. Pölten. Dabei merkte er an, daß St. Pölten in sechzig Jahren zehn Bischöfe gebraucht habe und bei den Unruhen im Jahr 1848 auch „ein nicht großer Theil des jüngeren Klerus von irrigen Ideen“ erfaßt worden sei. Milde nannte unter seinen Kandidaten an erster Stelle seinen Generalvikar und Weihbischof Franz Zenner, an zweiter Stelle – wohl eine Alibinennung – den 66jährigen St. Pöltner Domdechant Joseph Schmonn, eine durchaus würdige Priestergestalt, aber doch schon zu alt für das Bischofsamt. Als weitere Kandidaten führte er den Burgpfarrer Ignaz Feigerle, den Ministerialrat Andreas Pollmayer und den damaligen Alumnatsdirektor Phillip Renk an.

Der Kaiser ernannte am 2. Dezember 1851 Feigerle zum Bischof von St. Pölten, die römische Präkonisation erfolgte jedoch erst am 15. März 1852. Erzbischof Milde erteilte Feigerle die Bischofsweihe in Wien am 25. April unter Assistenz des ehemaligen St. Pöltner Bischofs Leonhard und des Wiener Weihbischofs Zenner.

Ignaz Feigerle wurde am 7. April 1795 in Biskustwo in der Pfarre Namiescht (Náměšt) bei Olmütz geboren. Gymnasium und Priesterseminar besuchte er in Olmütz und setzte dann das Theologiestudium in Wien fort. 1818 empfing er die Priesterweihe und wirkte anschließend auf einigen Kooperaturen. Im Dezember 1821 bezog er das Frintaneum in Wien und studierte dort bis März 1823. Hierauf übernahm er die Professur für Pastoral am Lyzeum in Olmütz und wurde dort erster Rektor der wiedererrichteten Universität. 1830 erhielt er eine Berufung als Pastoralprofessor an die Wiener Universität, wurde 1831 Hofkaplan und Spiritual am Frintaneum, behielt aber die Professur weiterhin bei. Wie sehr er als Professor geschätzt wurde, geht daraus hervor, daß Feigerle 1838 von der Universität das theologische Doktorat verliehen bekam. 1840 wurde er Burgpfarrer und zugleich Direktor des Frintaneums. 1848 verlieh ihm auch die Prager Universität anläßlich ihres Jubiläums (1348–1848) das Ehrendoktorat. Ein besonderer Zug Feigerles war seine innige Beziehung zur kaiserlichen Familie. Er war Beichtvater Kaiser Ferdinands und blieb es auch nach dessen Rücktritt. Auch als Bischof brachte er immer wieder seine enge Verbindung mit dem Kaiserhaus zum Ausdruck.

Am 22. Mai 1852 reiste Bischof Feigerle nach St. Pölten, am 23. Mai erfolgte seine feierliche Inthronisation. Bei diesem Anlaß bestieg er – ein Novum in St. Pölten – die Kanzel, um die Diözesanen zu begrüßen, wobei er mit dem Bild vom guten Hirten begann. Unter diesem Zeichen ist dann auch seine künftige Tätigkeit zu sehen. Er war der erste wirkliche Seelsorgebischof der Diözese, der allerdings auch das Glück hatte, frei von staatlicher Bevormundung die Diözese leiten zu können.

Ein wichtiger Faktor der Seelsorge wurden die Volksmissionen, die nunmehr nach einer Unterbrechung von siebzig Jahren wieder aufgenommen wurden. Als bei den Priesterexerzitien 1851 Bischof Buchmayer von einem Pfarrer gebeten wurde, Volksmissionen zu gestatten, wurde dies noch als unzeitgemäße Forderung zurückgewiesen. Vom 3. bis 11. Juli 1852, also kurz nach der Inthronisation Feigerles, ließ der heiligmäßige Pfarrer Michael Brenner in seiner Pfarre Roggendorf durch die Redemptoristen eine Volksmission mit großem Erfolg durchführen. Bald folgten andere Pfarren seinem Beispiel. Bischof Feigerle rief die Jesuiten zu einer Stadtmission nach St. Pölten, die noch im Dezember 1852 abgehalten wurde. Der Zustrom war so groß, daß die Patres öfters im Freien predigen mußten. Insgesamt wurden unter Bischof Feigerle in 31 Pfarren Missionen durchgeführt. Echt zum Durchbruch kamen sie allerdings erst unter Bischof Binder.

Feigerle visitierte seine Diözese mit äußerster Gründlichkeit, wobei er dem Klerus gegenüber recht autoritär sein konnte. Im Zuge der großen Visitation der Stifte der Monarchie, mit der Kardinal Schwarzenberg beauftragt war, besuchte Feigerle die Prämonstratenserstifte Strahov, Tepl, Seelau, Neureisch, Geras, Schlägl und Wilten. Geras war in den zwanziger Jahren in wirtschaftliche Schwierigkeiten geraten und wurde daher bis 1852 durch den Melker Abt administriert. Die Stifte der Diözese hatten bis 1848 allgemein einen hohen Personalstand, nachdem sie die Schwierigkeiten des Josephinismus überwunden hatten, doch waren sie oft verbürgerlicht. Dies besserte sich erst nach 1855, als sie infolge des Konkordates ihre Exemtion wiedererlangten und miteinander wieder Verbindung aufnehmen konnten.

Allerdings entwickelten sich die Stifte recht unterschiedlich, da ihnen die Umstellung nach der Aufhebung der Untertänigkeit häufig große Probleme bereitete. So sah sich das Stift Seitenstetten 1848 außerstande, das Gymnasium in acht Klassen zu führen: es hatte nämlich zuwenig geprüfte Lehrkräfte. Doch 1866 entschloß sich Abt Ludwig Ströhmer (1852–1867), wieder von vier auf acht Klassen zu gehen. Auch die Piaristen litten unter Personalknappheit, so daß sie 1872 ihre Gymnasien an den Staat abgeben mußten. Seit 1850 konnten sie in Horn nur mehr ein Untergymnasium führen.

51
Die Bischöfe der Diözese St. Pölten von Kerens bis Binder, 1785–1893

52
Päpstliche Ernennungsurkunde für Heinrich Johann von Kerens, Rom, 14. 2. 1785
Mit dieser Urkunde ernannte Pius VI. den bisherigen Bischof von Wiener Neustadt zum Bischof von St. Pölten.

53
Das protestantische Bethaus von Mitterbach. Zeichnung von 1840
Es war das erste Gotteshaus der Evangelischen in der Diözese nach dem Toleranzpatent Josephs II.

54
Reidling, Grundriß und Fassadenaufriß der Pfarrkirche von 1803, Johann Amann, Wien
Der bis 1806 errichtete Bau folgt der Tradition josephinischer Kirchenarchitektur.

Hauptstadt Mariasteg. 2 kr. **Werbbezirk Wien.**

Höllenreich Finsterniss.

Reisepaß

für

Pater Liguorian Teufelsohn,

Ritter der Furcht und des Tadels, Großmeister des Ordens der Säue an Gottes Tisch, und Freiherrlicher Folterknecht des gesunden Menschenverstandes.

Gebürtig	**aus Lumpendorf.**
Ansäßig	**bisher überall.**
Wohnhaft	**zu Frauenkloster.**
Religion	**jesuitisch.**
Stand	**elend.**
Gewerbe	**Geldpresser: sonstige Beschäftigung fressen, saufen u .....**
Alter	**unbestimmt, scheint im 16. Jahrhundert das Dunkel der Welt erblickt zu haben.**
Statur	**unansehnlich.**
Gesicht	**scheinheilig.**
Augen	**Nachteulenartig.**
Mund	**Leumund.**
Nase	**lang und spitzig.**
Haar	**kein gutes.**
Sonstige Kennzeichen:	**Hat ein Herz von Stein, ist charakterlos, wollüstiger Natur, feig, stets im Kleide der Frömmler gehüllt.**

Zweck der Reise: durch Zwang daher zwecklos.

Mit diesem reiset auf gegenwärtigen Reisepaß:

Der Bandwurm der Niederträchtigkeit, mehrere Maulwürfe und Blindschleicher im Tagslicht der Zeit u. d. g. m.

Dessen eigenhändige Namens-Unterschrift: (derselbe konnte nicht schreiben) daher blos:

† † †

Derselbe reist von hier über **Berlin** nach **Rußland** und **Siberien**. Dieser Reisepaß ist giltig **für immer**.

Alle wohlgesinnten Civil- und Militärbehörden werden im Namen der guten Sache ersucht, dem Inhaber dieses Passes nach **seinem Bestimmungsort passiren** aber **nicht** repassiren und ihm jedenfalls den gebührenden Vorschub bereitwilligst angedeihen zu lassen, wobei man sich zu aller Gegenwillfahrigkeit erbietet. —

Ausgefertigt vom Magister — der Residenzstadt Finsterniß am 8. April 1848.

J. A. Czapkuh,
Bürgermeister.

O. W. Spitzel,
Sekretär.

☞ Zur Warnung wird hier noch beigefügt, daß jede Verfälschung dieses Reisepasses, sie mag an welcher Stelle oder aus welcher Absicht immer vorgenommen worden sein, zu Folge einer festen Entschließung am 13., 14. und 15. März 1848, als ein schweres Vergehen nach den Gesetzen der Vernunft und der wahren Religion bestraft werden wird.

55
„Höllenreich Finsterniss. Reisepaß für Pater Ligourian Teufelsohn", 1848

Charakteristisch für die antiklerikale Haltung eines Teils der 48er-Revolutionäre ist dieses Flugblatt. Die Redemptoristen, darin Ligourianer genannt, waren ein bevorzugtes Feindbild.

56, 57
I. Vatikanisches Konzil 1869/70

Pius IX. bestellte Bischof Feßler zum Generalsekretär des Konzils. In dieser Eigenschaft verkündete Feßler die Konzilsbeschlüsse (Bild oben). Bei den feierlichen Einzügen in den Petersdom trug er die Hl. Schrift voraus (Bild unten).

St. Pöltner Bote

Motto: „Mit Gott für Volk, Wahrheit und Recht."

Erscheint jeden Donnerstag Vormittags.

Nro. 26.

Pränumeration

für St. Pölten:		mit Postversendung:	
Ganzjährig	2 fl. 50 kr.	Ganzjährig	3 fl. 20 kr.
halbjährig	1 fl. 25 kr.	halbjährig	1 fl. 60 kr.
vierteljährig	— fl. 63 kr.	vierteljährig	— fl. 80 kr.

Für Zustellung ins Haus monatlich 3 kr.
Einzelne Nummern 6 kr.

Inserate

werden billigst berechnet und wolle man selbe bis **Mittwoch Mittag** übergeben. Der Tarif liegt im Administrations-Lokale auf.

Nachfrageschreiben wegen nicht erhaltener Nummern sind portofrei, wenn sie unverschlossen aufgegeben werden.

XXV. Jahrg.

Pränumerationen und Inserate wollen unter der Adresse: „Administration des „Boten" in St. Pölten" gesendet werden.

Donnerstag den 25. Juni 1885.

Zum Jubiläum der Diöcese!

Am 8. Mai d. J. waren hundert Jahre voll, seit der erste Bischof des neu errichteten Bisthums-sprengels St. Pölten feierlich in seine Cathedrale eingezogen war und das apostolische Hirtenamt über die Katholiken der westlichen Hälfte unseres niederösterreichischen Heimatslandes übernommen hatte.

Als der zwölfte in der Reihenfolge der Bischöfe dieses Sprengels führt unser gegenwärtiger Oberhirte, dem in begeisterter Verehrung und Liebe die Herzen aller treuen Katholiken der Diöcese entgegenschlagen, die Regierung der Kirche des hl. Hippolytus und auf seine Anordnung hin wird in den nächsten Tagen die ganze Diöcese die Gedächtnisfeier des hundertjährigen Bestehens ihres kirchlichen Verbandes in festlicher Weise begehen.

Wir würden es für Vermessenheit erachten, wollten wir den erhebenden Ausführungen des jüngst an Clerus und Volk der Diöcese St. Pölten erlassenen bischöflichen Hirtenschreibens über die Bedeutung dieser Jubelfeier, über die Dankespflicht gegen den Allerhöchsten für die tausendfältige Gnade und den unermeßlichen Segen, der seit hundert Jahren über unsere Vorfahren und uns von diesem unserem nächsten kirchlichen Mittelpuncte ausgeströmt ist, unsererseits etwas hinzufügen. Wir sind vielmehr der Ueberzeugung, daß diese kraftvollen bischöflichen Worte nicht nur in den Herzen Derer freudige Aufnahme finden werden, die ihren katholischen Sinn stets wie im privaten so im öffentlichen Leben bekundet haben, sondern daß sie auch dort wahrhaft aufklärend und ermunternd wirken werden, wo die Sorgen und Interessen des Tages die richtige Erkenntniß des Einen Nothwendigen trübten, wo Vorurtheil oder kleinliche Verzagtheit das offene, freie männliche Bekenntnis christlich-gläubiger, katholischer Gesinnung behinderten.

Wir begrüßen es als bedeutsamen Umstand, daß die Feier unseres Diöcesan-Jubiläums gerade am Feste der Apostelfürsten wird begangen werden: Die Katholiken unserer Diöcese, geeint um ihren Bischof, in ihm und mit allen Katholiken des Erdkreises in Einigkeit verbunden mit dem obersten Hirten der Kirche, dem Nachfolger des Apostelfürsten Petrus — gibt es einen herrlicheren Beweis für die göttliche Lebenskraft der hl. katholischen Kirche, gibt es eine sicherere Bürgschaft auch für treue, weil auf religiöser Grundlage ruhende Erfüllung der Pflichten gegen den Staat?

Voll Muth und Zuversicht beginnen wir das zweite Jahrhundert des Bestandes unserer Heimats-Diöcese. Wie unsere Vorfahren werden auch wir allzeit getreue, patriotische Oesterreicher, allzeit überzeugungstreue, pflichtbewußte Kinder der katholischen Kirche sein.

Ad multa saecula!

Hiezu eine Beilage.

59
Josef Scheicher (1842–1924). Lithographie von Rudolf Fenzl, 1894

Scheicher, Professor für Moraltheologie in St. Pölten, war ein Wegbereiter des politischen Katholizismus in Österreich.

58
Aufruf Bischof Binders zur Feier des Diözesanjubiläums 1885

60
Matthäus Bauchinger (1851–1934), Stadtpfarrer von Pöchlarn

Sein soziales und politisches Engagement galt vor allem der Bauernschaft, deren Genossenschaftswesen er aufbauen half.

61
Fahne des Christlichen Arbeitervereins St. Pölten, 1898

Um die Jahrhundertwende blühte das Vereinswesen. Es bildete einen wesentlichen Bestandteil auch des kirchlichen Lebens.

62
1. Diözesansynode 1908, einberufen von Bischof Rößler (vorne Mitte). Im weißen Kreis der spätere Bischof Michael Memelauer

63
Bischof Memelauer bei der Glockenweihe in St. Gotthard am 24. 5. 1932. In der Bildmitte der vier Tage zuvor zum Bundeskanzler ernannte Engelbert Dollfuß, der aus dem benachbarten Texing stammt

64
Wiedereröffnung der Altöttinger Kapelle in Horn als Dollfuß-Gedächtniskapelle 1936. Im Bild von rechts nach links: Graf Hoyos, Bischof Memelauer, Bundespräsident Miklas und Abt Minarz von Altenburg

65
St. Pölten-St. Josef, Pfadfindergruppe der Pfarre mit Bischof Memelauer und P. Paulus Wörndl

66
Bischöflicher Besuch in einer von den Franziskanern betreuten St. Pöltner Vorstadt 1934

67
Der Neubau der Schule des Institutes der Englischen Fräulein in St. Pölten wurde 1928 eröffnet.

68
Eine große Hilfe für Lehrlinge und Gesellen bedeutete das neue Kolpinghaus in St. Pölten. Es wurde am 6. 7. 1930 eingeweiht.

69
Stockern, Pfarrkirche, Entwurf von 1901. Aquarellierte Federzeichnung
Das Gotteshaus ist ein Beispiel für den unter Bischof Rößler besonders geförderten Historismus im Kirchenbau.

70, 71
St. Pölten-Spratzern, Pfarrkirche zur hl. Theresia, 1931/32

Für das in der Zwischenkriegszeit rasch wachsende St. Pölten mußte eine Reihe von neuen Pfarren geschaffen werden, im Süden der Stadt zum Beispiel Spratzern (1934 Pfarre).

72
Ziel der Nationalsozialisten war es, die Jugend möglichst umfassend in ihrem Sinne zu erziehen. Das Bild zeigt einen Aufmarsch der Hitlerjugend in St. Pölten 1939.

73
Da das nationalsozialistische Regime alle Aktivitäten außerhalb des Gotteshauses verboten hatte, verlagerte man in manchen Pfarren – wie hier in St. Pölten-St. Josef – die Jugendarbeit in speziell für diesen Zweck aufgebaute Ministrantengruppen.

74
Der Melker Konvent im Jahr 1942. Eine Aufnahme anläßlich der Abtweihe Maurus Höfermayers (im Bild zur Rechten von Bischof Memelauer)

75
Der durch Bombenangriffe am 25. 2. und 20. 3. 1945 zerstörte Innenraum der Herz-Jesu-Kirche in Amstetten

Hingegen entwickelten sich die weiblichen Kongregationen sehr erfreulich. Neben den beschaulich lebenden Redemptoristinnen in Gars und den Instituten der Englischen Fräulein in St. Pölten und Krems traten nun Kongregationen auf, die sich ganz dem Lehr- und Krankendienst widmeten. Als erste Niederlassung dieser Art entstand das Institut der armen Schulschwestern vom dritten Orden des hl. Franziskus Seraphicus in Judenau bei Tulln, wo am 30. November 1852 drei Schwestern für den Volksschulunterricht eingesetzt wurden. 1855 wurde Judenau bereits selbständiges Mutterhaus. 1856 übersiedelte das Wiener Waisenhaus nach Judenau, das ebenfalls die Schwestern betreuten. Eine Filiale in Tulln an der durch Dechant Carl Metz ins Leben gerufenen Kinderbewahranstalt bestand nur bis 1871, da kein Stiftungsfonds vorhanden war. Die Kongregation gründete aber in den nächsten Jahren zahlreiche Niederlassungen, so in Weitra (1859), Persenbeug und Marbach (1867). 1869 übernahmen sie auch die Frintsche Industrieschule in St. Pölten. 1876 zählte man bereits acht Niederlassungen mit 68 Schwestern, 1899 17 mit 200 Schwestern. 1876 erfolgte die Gründung der Amstettner Niederlassung, wozu der Wirtschaftsbesitzer Johann Datzberger aus Gießhübel (bei Amstetten) wesentlich beitrug. Eine stete Förderin der Kongregation war die Witwe Kaiser Franz' I., Karolina Augusta. Seit 1938 ist Amstetten Mutterhaus der Kongregation. Damals zählte die Kongregation 22 Niederlassungen in der Diözese.

Bereits 1856 kamen Vinzentinerinnen aus Wien-Gumpendorf an die Strafanstalt Stein zur Gefangenenbetreuung, mußten die Niederlassung aber 1869 wieder aufgeben. Weitere Filialen entstanden erst ab 1884. 1900 umfaßten die Vinzentinerinnen fünf Institute. Die Grazer Vinzentinerinnen kamen 1859 an das Krankenhaus St. Pölten.

Insgesamt bestanden 1876 13 weibliche Niederlassungen mit 125 Mitgliedern. 1899 waren es 60 mit 596 Schwestern. Der Aufstieg vollzog sich zunächst also langsam, verstärkte sich nach 1880 jedoch wesentlich. Der Höhepunkt wurde 1937 erreicht, als es 111 Niederlassungen mit 1470 Mitgliedern gab.

Nach 1848 machte sich ein Rückgang bei den Priesterweihen bemerkbar. Bischof Feigerle erhielt 1852 von Rom die Weisung, ein diözesanes Knabenseminar zu errichten. Der 1851 verstorbene Domscholaster Leopold Pruckner hatte bereits ein künftiges Seminar als Universalerben in sein Testament eingesetzt. Bischof Feigerle wandte sich an die Bevölkerung mit der Bitte um Spenden, die auch reichlich flossen. Schon 1853 konnten fünf Seminaristen bei den Jesuiten auf dem Freinberg in Linz untergebracht werden. 1855 wurde ein Haus in Krems gemietet, wo die Zöglinge das Piaristengymnasium besuchten. 1858 betrug ihre Zahl bereits 38, 1861 58. Infolge der veränderten politischen Lage kaufte dann Bischof Feßler 1871 ein Haus in Seitenstetten, das zu einem Seminar adaptiert wurde. Bis zu seiner Vergrößerung 1932 besuchten jeweils um die 60 Seminaristen das „Marianum", die nun am Seitenstettener Benediktinergymnasium studierten und bald einen wesentlichen Anteil an den Alumnen stellten.

Um die Mitte des 19. Jahrhunderts nahm die Diözesanlehranstalt einen erfreulichen Aufschwung; er ist untrennbar mit dem Namen Franz Werner verbunden. Werner war von 1838 bis 1852 Professor für Kirchengeschichte und Kirchenrecht, von 1852 bis 1856 Alumnatsdirektor und starb 1866 als Domscholaster. Ihm ist weitgehend die Überwindung der josephinischen Lehrmethoden und Anschauungen zu verdanken. Zugleich verstand er es, begabte Alumnen zu fördern, die dann die Lehranstalt zu St. Pölten auf ein sehr hohes Niveau brachten. Ein Verfechter der Freiheit, ließ er sich auch 1848 in das Frankfurter Parlament wählen. Franz Werner war der Förderer Carl Werners: Carl Werner studierte nach kurzer Kaplanszeit am Frintaneum mit großem Erfolg und übernahm 1847 die Professur für Moraltheologie in St. Pölten. Damit hatte Franz Werner erreicht, daß in diesem wichtigen Fach der Josephinismus überwunden wurde. Zuvor hatten diese Professur die josepinisch gesinnten Brüder Philipp (1830–1843) und Paul Renk (1843–1847) inne. 1865 wechselte Carl Werner in das Fach Neues Testament über und wurde 1870 Professor in diesem Fach an der Wiener Universität, 1882 ging er als Ministerialrat in Pension. Carl Werner (gestorben 1888), erwies sich als ungemein fruchtbarer theologischer Schriftsteller, der vor allem Philosophie, Geschichte der Scholastik und Philosophiegeschichte betrieb. Er wurde so zu einem der größten deutschsprachigen Theologen des 19. Jahrhunderts. Allerdings mußte er sich auch den gutmütigen Spott des Wiener Priesterschriftstellers Sebastian Brunner gefallen lassen: „Bücher schreibt er so groß wie Ziegelsteiner, aber lesen tut sie keiner."

Ein weiterer Schüler Franz Werners war Anton Kerschbaumer, eine der interessantesten Priestergestalten in der Geschichte der Diözese. Kerschbaumer, 1823 in Krems geboren, studierte bei Franz Werner in St. Pölten Theologie und besuchte dann das Frintaneum, das er 1850 mit dem Doktorat verließ. Von 1851 bis 1871 lehrte er an der Diözesanlehranstalt Pastoraltheologie, obwohl er sich mehr zur Geschichte (und zur Schriftstellerei) hingezogen fühlte. Seine bedeutendsten Werke auf diesem Gebiet sind die Geschichten der Städte Tulln und Krems sowie die Diözesangeschichte, die in zwei Bänden 1875/76 erschien. Von 1858 bis 1864 gab er gemeinsam mit seinem Kollegen Matthäus Binder die Zeitschrift „Hippolytus" heraus, die sehr viel Material zur Pastoral und Diözesangeschichte brachte. 1871 ging Kerschbaumer als Pfarrer nach Tulln, 1880 nach Krems, wo er hochgeachtet 1909 starb.

Der dritte bedeutende Schüler Franz Werners war Matthäus Binder, den er sich als Nachfolger in Kirchengeschichte und Kirchenrecht aufbaute. Bald nach seinem Antritt ernannte nämlich Bischof Feigerle Franz Werner zum Alumnatsdirektor, da der schon erwähnte Philipp Renk keineswegs der vom Bischof erwarteten Geisteshaltung entsprach, sondern immer dem Staatskirchentum verhaftet blieb.

Sosehr Franz Werner die Wissenschaften förderte, als Direktor des Alumnats war er doch wenig geeignet. Die Zahl der Alumnen sank zusehends und betrug 1859 nur mehr 23; dazu kamen noch zwölf Kleriker aus den Stiften. Werner zog sich daher auf sein Kanonikat zurück. Unter seinem Nachfolger Ignaz Chalaupka stagnierte die Zahl der Alumnen weiterhin; dagegen nahm sie unter Regens Binder (1861–1867) einen erfreulichen Aufschwung: 1865 waren es 72 und 1868 83 Alumnen, womit für einige Zeit die Höchstzahl erreicht war. Entsprechend war auch die Zahl der Priesterweihen: Zwischen 1849 und 1858 wurden jährlich durchschnittlich zehn Priester geweiht, zwischen 1859 und 1863 durchschnittlich sechs, dann aber stieg die Zahl der Weihen wieder merklich an: 1864 – 10, 1865 – 16, 1866 – 7, 1867 – 17, 1868 – 15, 1869 – 17, 1870 – 16 und 1871 – 23. Auffallend ist auch, daß von den zwischen 1849 und 1871 geweihten 251 Priestern nur 23 aus Gebieten des übrigen heutigen Österreich und 57 aus dem heutigen Ausland stammten.

Daß das religiöse Leben sich voll entfalten konnte, nachdem die Fesseln des Staatskirchentums abgestreift waren, zeigt sich in der weiteren Tätigkeit Bischof Feigerles. 1855 führte er die Pastoralkonferenzen ein, wodurch er den Klerus zu intensiverem Studium und zur theologischen Weiterbildung anregte. Diese Dekanatskonferenzen hatten ein theologisches Thema zu beantworten. Die beste Arbeit wurde dann im „Hippolytus" abgedruckt.

Dieser Entschluß des Bischofs hatte also indirekt die Gründung dieser Zeitschrift durch Professor Kerschbaumer ausgelöst. Für das religiöse Leben bedeutsam wurde das Jahr 1854, als Papst Pius IX. das Dogma von der unbefleckten Empfängnis Mariens verkündete. In der ganzen Diözese fanden aus diesem Anlaß Feierlichkeiten statt, die der spätere Bischof Binder 1856 in einem eigenen Buch dokumentierte. Im gleichen Jahr wurden an der Domkirche auch die täglichen Maiandachten mit Predigt eingeführt, die bald auch von anderen Kirchen übernommen wurden. Sie prägten über ein Jahrhundert das religiöse Leben. Ein typisches Zeichen der Überwindung des Josephinismus setzte das Jubiläumsjahr 1860 des Wallfahrtsortes Maria Taferl, bei dem 228.000 Kommunikanten gezählt wurden. Wie 1854 und bei den bischöflichen Visitationen wurde damit zum häufigeren Sakramentenempfang angeregt. Doch waren Beichte und Kommunion noch immer gekoppelt, und der Empfang der Ostersakramente wurde noch mittels Beichtzetteln kontrolliert.

Bischof Feigerle erreichte auch die Innenrenovierung des Domes (1857/58), die von der Landesbaudirektion durchgeführt wurde – der Dom war ja bis 1964 im Eigentum des Religionsfonds – und setzte auch Kommissionen für die Herausgabe eines Diözesangebet- und Gesangbuches sowie für die Neuausgabe eines Rituales ein, doch erlebte er deren Vollendung nicht mehr. Das Konkordat brachte, wie schon erwähnt, auch die Ordnung des Eherechtes nach dem kirchlichen Gesetzbuch. Damit wurden die Ehen der kirchlichen Gerichtsbarkeit unterstellt. Das entsprechende Diözesangericht baute Franz Werner auf, erster Präses war der hochgeachtete Dompropst Joseph Schmonn (1857–1860). Zumeist war das Gericht bemüht, die Streitigkeiten gütlich beizulegen. Als Alternative gab es ja nur die Trennung von Tisch und Bett.

Zur Durchführung des Konkordats berief Kardinal Othmar Rauscher (1853–1877) ein Provinzialkonzil nach Wien ein, an dem die Bischöfe Feigerle und Rudigier, Vertreter der Domkapitel und der Orden sowie theologische Berater teilnahmen. Der Kardinal legte ein praktisch fertiges Papier vor, dem nur mehr zuzustimmen war. So hochgesinnt die Beschlüsse auch waren, dem Klerus blieben nur einige kleinliche Kleidervorschriften in Erinnerung.

Eine deutliche Zäsur in der bisherigen Diözesangeschichte bildete auch die erste Reise „Ad limina Apostolorum" eines St. Pöltner Bischofs im Jahre 1862. Wegen der Spannungen im Kirchenstaat reiste Feigerle über München und Genf nach Marseille und von dort mit dem Schiff nach Civitavecchia. In Rom überreichte der Bischof den Rechenschaftsbericht und verweilte dort drei Wochen. Die Rückreise erfolgte wieder über Frankreich; der Bischof machte mit seinen Begleitern, darunter Professor Kerschbaumer, auch einen Abstecher nach Paris und London, ehe er die Rückreise nach St. Pölten antrat, wo er begeistert empfangen wurde.

Im August/September 1862 ging Bischof Feigerle auf Visitation in das Dekanat Weitra. In den damals noch zur Diözese gehörigen Pfarren Zuggers und Rottenschachen predigte er auch in tschechischer Sprache, die er von Kind auf kannte. Bei dieser anstrengenden Reise scheint der Keim für jene Krankheit gelegt worden zu sein, die zu seinem Tod führte. Er starb an einer bösartigen Halserkrankung, wahrscheinlich Kehlkopfkrebs, am 27. September 1863 auf der Ochsenburg, wohin er sich zurückgezogen hatte. Zu seinem Universalerben setzte Feigerle das „Marianum" ein.

X AUSKLANG DER MONARCHIE

Die politische und wirtschaftliche Entwicklung – Die Bischöfe der konstitutionellen Ära: Joseph Feßler (1865–1872); Matthäus Josef Binder (1872–1893); Johannes Baptist Rößler (1894–1927) – Der Erste Weltkrieg

Die politische und wirtschaftliche Entwicklung

1859 und 1866 verlor die Monarchie ihre Kriege und mit den Kriegen ihre Machtstellung im Reich und in Italien. Dies wirkte sich auch innenpolitisch aus. Im 1861 gebildeten Reichsrat und auch im niederösterreichischen Landtag übernahmen die Liberalen die Führung. Dazu trug das Wahlrecht bei, das die Zahler höherer Steuern bevorzugte. Im Landtag gab es allerdings auch drei Virilstimmen: die Bischöfe von Wien und St. Pölten und den Rektor der Wiener Universität. Die Liberalen einte der Kampf gegen das Konkordat, das bereits 1861 durch das Protestantenpatent durchbrochen wurde. Nach dem „Ausgleich" (1867) kam der Liberalismus voll zum Tragen: 1868 wurden die sogenannten Maigesetze erlassen, die praktisch das Konkordat erledigten. Das neue Ehegesetz entzog der Kirche die Gerichtsbarkeit über die Ehe und führte die Notzivilehe ein. Im Schulgesetz wurde der Kirche das Leitungs- und Aufsichtsrecht über die Schulen genommen. Nur der Religionsunterricht blieb unter kirchlicher Aufsicht. Im Reichsvolksschulgesetz des Jahres 1869 wurden die Bestimmungen näher präzisiert: Die Volksschule ist interkonfessionell mit konfessionellem Religionsunterricht unter staatlicher Aufsicht. Das dritte der Maigesetze betraf den Religionswechsel, der ab dem vierzehnten Lebensjahr freigestellt war. Als auf dem Ersten Vatikanischen Konzil 1870 die Unfehlbarkeit des Papstes in Glaubens- und Sittenfragen definiert wurde, nahm dies die österreichische Regierung zum Anlaß, das Konkordat von 1855 überhaupt zu kündigen; allerdings spielten dabei auch außenpolitische Motive mit. 1874 beschloß man eine Reihe weiterer Gesetze über die Rechtsstellung der Kirche, wodurch der Religionsfonds wieder als Staatsbesitz verstanden wurde, der zum Unterhalt der Kirche diente. Die Kirche erhielt den Status einer „privilegierten öffentlichen Corporation". Der Staat hat sich dabei beträchtliche Kontrollgewalten der weltlichen Behörden gegenüber der Kirche vorbehalten. Er konnte gegen jede Pfarrerernennung einschreiten, die Finanzverwaltung der Kirche überwachen und die Abhaltung von Gottesdiensten verbieten, wenn öffentliche Rücksichten dagegensprachen. Eine Bischofskonferenz unter der Leitung Kardinal Rauschers legte nur einen lahmen Protest ein. Zu einem echten Kulturkampf kam es in Österreich jedoch nicht. Weitere Gesetze, die die Freiheit der Kirche wesentlich einengen sollten, scheiterten am Veto des Kaisers. So verweigerte er 1877 einem Gesetz, das die staatliche Genehmigung für die Errichtung neuer Orden und das Recht zur Aufhebung klösterlicher Gemeinschaften vorsah, die Zustimmung. Von da an beruhigte sich die Lage. 1880/83 gelang auf Antrag des Prinzen Aloys von Liechtenstein sogar eine Milderung des Reichsvolksschulgesetzes; der Liberalismus hatte seinen Höhepunkt bereits überschritten. Dennoch blieben die Jahre von 1867 bis 1890 für die Kirche eine Periode, in der sie und ihre Vertreter ständig gedemütigt wurden und viele ihr Glaubensbekenntnis verleugneten. Dies wirkte sich auch in den neuen Lehrerbildungsanstalten aus, deren Schüler im antiklerikalen Geist erzogen wurden.

Die Ära des politischen Liberalismus leitete auch den wirtschaftlichen Liberalismus ein. Das freie Spiel der Kräfte begünstigte in diesen Jahrzehnten zwar die rasche Industrialisierung, den Nutzen daraus zogen allerdings nur die Besitzenden, die Minderbemittelten kamen dabei unter die Räder. Dazu gehörten die Industriearbeiter, aber auch zahlreiche Bauern. Da die Bauern nicht organisiert waren, hatten sie auf dem Markt eine schwache Position; ihre Preise wurden von den Aufkäufern gedrückt. Gerade in den schlecht ausgestatteten Bergbauernhäusern zog immer mehr die Armut ein. Es begann die Zeit des Bauernlegens und des Häuserzerreissens, Herrschaften und der neue Geldadel kauften Wirtschaften auf, um ihre Jagdgebiete zu arrondieren.

Mit der Industrialisierung kam es auch zu Menschenballungen. Dies wirkte sich im westlichen Niederösterreich etwas langsamer aus als im Wiener Raum. Doch entlang der Traisen und um Krems bildete sich damals schon eine Industrielandschaft heraus. Im oberen Waldviertel (Heidenreichstein, Groß-Siegharts) entwickelte sich die Textilindustrie, die mit Heimarbeit begann, aber dann doch zur Fabriksproduktion überging.

Im 19. Jahrhundert nahm die Bevölkerung in der Diözese stark zu. So stieg sie von 1800 bis 1850 von ca. 400.000 auf 501.000. Dieses Wachstum wurde durch das Eindämmen der Epidemien erreicht. Von 1850 an ist nochmals ein deutliches Wachstum zu verzeichnen. 1910 betrug die Einwohnerzahl 613.172, wobei der Anstieg besonders seit 1890 auffallend ist (damals: 569.210). In diese Periode fällt eine Phase verstärkter Industrialisierung. Der Anteil der Protestanten stieg von 1028 im Jahre 1860 auf 2271 im Jahre 1910, der Anteil der Juden von 996 (1860) auf 2755 (1910). Das Wachstum der Zahl der Protestanten geht überwiegend auf die Zuwanderung von Fabrikanten und höheren Angestellten aus Deutschland zurück. Relativ wenige kamen aus der „Los von Rom"-Bewegung, von der noch die Rede sein wird.

Einen wesentlichen Einfluß auf die Besiedelung nahm der Eisenbahnbau. 1858 ging die Westbahn in Betrieb, St. Pölten begann zu wachsen, während Krems, abseits des Verkehrsgeschehens, immer mehr in den Hintergrund rückte. Mit dem Bau der Selzthaler Linie wurde Amstetten zum Eisenbahnknoten und überflügelte bald die alten Marktorte des Mostviertels. Der Bau der Franz-Josefs-Bahn erweckte Tulln zu neuem Leben und führte im Waldviertel zum Aufschwung von Sigmundsherberg, Schwarzenau und Gmünd, wo jeweils Nebenbahnen abzweigten. Nun setzte durchwegs ein Wachstum bei den Hauptorten ein, wo die Bevölkerung Verdienst in der Industrie fand. Dagegen verschwand die alte Eisenindustrie in den Eisenwurzen, da sie nicht mehr konkurrenzfähig war.

Der Kampf der Liberalen zur Entmachtung der Kirche und der wirtschaftliche Umbruch, der nur einer kleinen Schicht zugute kam, förderte den Aufbruch der Massen, die sich in politischen Parteien zu organisieren begannen. So entstanden zwischen 1880 und 1890 die drei noch heute bestehenden politischen Lager. Die Ausbildung der Christlichsozialen, der Sozialdemokraten und der Nationalen, die meist zerstritten waren, hatten aber auch für das religiöse Leben verhängnisvolle Folgen. Da sich die drei Lager verschiedenen

Ideologien verschrieben, gerieten sie bald in Gegensatz zueinander und bekämpften sich. Besonders die Christlichsozialen und die Sozialdemokraten hatten es anfangs auf das gleiche Wählerpotential abgesehen. Erst nach 1897 konzentrierten sich die Sozialdemokraten, die sich vorher auch an die Bauern wandten, vor allem auf die Industriearbeiter, während die Christlichsozialen bei den Mittel- und Kleinbauern und bei den kleinen Gewerbetreibenden Anklang fanden. Die Sozialdemokraten hatten sich 1888/89, auf ihrem Parteitag in Hainfeld, dem marxistischen Gedankengut verpflichtet und wurden deshalb vom Klerus stark angegriffen. Da aber in diesen Jahrzehnten der politische Kampf äußerst derb geführt wurde, kam es zur teilweisen Entfremdung der Industriearbeiter von der Kirche.

Die Anfänge der Christlichsozialen gehen auf den Kampf um die Erhaltung des Konkordats zurück. Als durch die Maigesetze das Konkordat ausgehölt und schließlich gekündigt wurde, bildete sich als Reaktion darauf eine Gruppe katholisch-konservativer Abgeordneter, die zunächst die Wiederherstellung der alten Verhältnisse in der Konkordatsära anstrebten. Darin deckten sie sich auch weitgehend mit den Absichten der Bischöfe unter Führung von Kardinal Rauscher, der das Heil der Kirche doch letztlich im Staatskirchentum sah, wobei er aber nicht an eine Beherrschung der Kirche durch den Staat dachte. Allerdings gelang es Baron Karl von Vogelsang auch, die drängenden sozialen Fragen aufzugreifen und nach dem Sturz der Liberalen ab 1878 einige Gesetze zur Verbesserung der Lage der arbeitenden Bevölkerung durchzusetzen. Er schuf so die Basis für die Christlichsozialen, doch blieb der Einfluß der Konservativen recht bescheiden. Es entwickelte sich daher die sogenannte „schärfere Tonart“. Einer ihrer Hauptsprecher war Josef Scheicher (1842–1924). Scheicher wurde 1842 in der Steiermark geboren, studierte von 1865 bis 1869 in St. Pölten Theologie und nach kurzer Kaplanstätigkeit in Waidhofen an der Ybbs am Frintaneum in Wien. Von 1878 bis 1894 lehrte er Moraltheologie in St. Pölten und sensibilisierte den künftigen Klerus für die soziale Frage. Schon als Kaplan betätigte er sich politisch. Da er die Erfolglosigkeit der Katholisch-Konservativen einsah, suchte er in einer neuen Massenpartei mehr Erfolg. So wurde er einer der Mitbegründer der Christlichsozialen. Während in Wien Lueger die Christlichsozialen zum Sieg führte, arbeitete Scheicher vor allem in Niederösterreich. Sein Kampf galt der Überwindung des Liberalismus, der Verbesserung der Lage der Unterprivilegierten und dem Aufbau eines neuen christlichen Selbstbewußtseins. Da eine Massenorganisation zahlreicher Helfer bedarf, spannte Scheicher den Klerus für die Wahlagitationen ein und kandidierte selbst erfolgreich für Landtag und Reichsrat. Dabei wollte er durchaus, daß sich der Klerus aus der Politik wieder zurückzöge, wenn genügend geschulte Parteileute vorhanden wären. Scheicher hatte in einem Bereich Erfolg: daß sich die Christlichsozialen durchsetzten, das christliche Volk politisch erwachte und der Klerus sich in sozialen Fragen engagierte. Ab 1897 stellten die Christlichsozialen die Hälfte des Landesausschusses (Landesregierung) und verfügten über das wichtige Schulreferat. Gerade den Lehrern gegenüber war dies wichtig, waren sie doch nach dem Reichsvolksschulgesetz bewußt im liberalen Geist herangebildet worden. 1902 errangen die Christlichsozialen die absolute Mehrheit im Lande. Eine einheitliche Partei waren sie jedoch nicht – und schon gar nicht eine kirchliche. Den Bischöfen war sie wegen ihres Radikalismus und ihres Eintretens für den niederen Klerus besonders verdächtig. Auch nahm sie um der Popularität willen in Kauf, sich antisemitisch zu gebärden; das Großbürgertum und die Industrie galten als „verjudet“, und die sozialen Mißstände wurden auf die Ausbeutung durch die Juden zurückgeführt. Es war also mehr ein wirtschaftlicher als ein rassischer Antisemitismus, fand aber so Anklang. Zugleich gab sich die Partei auch deutschnational, was wegen der Angst vor der slawischen Überfremdung gleichfalls seine Wirkung nicht verfehlte. Aber das starke Engagement des Klerus führte auch zu einer Entfremdung der Arbeiterschaft, die sich eher von den Sozialdemokraten angezogen fühlte.

Die antisemitische und deutschnationale Linie war durch die Erfolge Georg Schönerers vorgegeben, dem Begründer des nationalen Lagers. Da er aber zu radikal und zu unausgeglichen war, erlangte das nationale Lager auf Parlamentsebene niemals größere Bedeutung. Doch wirkten seine Ideen besonders stark unter den Studenten. Ganz im Banne des großdeutschen nationalen Denkens starteten seine Anhänger 1897 die „Los von Rom"-Bewegung, in der sie die Österreicher aufforderten, zum Protestantismus überzutreten. Der erwartete Massenübertritt blieb aber aus. Bis 1910 stieg die Zahl der Protestanten nur um etwa 800, wobei sich nicht eruieren läßt, was auf Zuwanderung, was auf die erwähnte Propaganda zurückzuführen ist. Durch starke personelle und finanzielle Unterstützung aus dem protestantischen Norden Deutschlands geriet das ganze Unterfangen eher in ein schiefes Licht, so daß sich die österreichischen protestantischen Pfarrer der Bewegung gegenüber eher reserviert verhielten. Auf jeden Fall hat es das Verhältnis zwischen den Konfessionen belastet. In den folgenden Jahren konnten die Evangelischen ihr Kirchenwesen in der Diözese ausbauen. 1904 ließ ihnen Schönerer in Zwettl das „Los von Rom"-Kirchlein erbauen, das später in Schönerer-Gedächtniskirche umbenannt wurde. Weitere Kirchen entstanden in Heidenreichstein (1908), Gmünd (1911), in St. Aegyd am Neuwald (Waldkirchlein, 1903) und schließlich 1913 in Krems. Dazu kamen noch einige Predigtstationen. Ältere Stationen gab es, abgesehen von Mitterbach, das in die josephinische Zeit zurückreicht, in Fridau (1856–1869) und in St. Pölten (Kirchenbau 1892).

Doch nicht die Kirchenaustritte waren für die Zeit von 1867 bis 1914 das entscheidende Ereignis – es ist vielmehr das Ende der alten Volkskirche, denn große Teile der Bevölkerung gingen auf Distanz zur Kirche. Zum einen waren es die Liberalen und ihre verschiedenen Nachfolgergruppen, die in den Städten und Märkten dank des Wahlsystems bis 1918 an der Macht blieben und in ihrer „Aufgeklärtheit" für Religion und Klerus nur Spott übrig hatten. Zum anderen wandte sich die Masse der Arbeiter von der Kirche ab, was sich aus der politischen Gegnerschaft zwischen Christlichsozialen und Sozialdemokraten erklärt. Doch auch unter den Bauern gab es eine nicht unbedeutende antiklerikale Minderheit.

Die Bischöfe der konstitutionellen Ära

Joseph Feßler (1865–1872)

Nach Bischof Feigerles Tod am 27. September 1863 wählte das Domkapitel nicht den Dompropst Franz Werner, sondern den Domdechant Ignaz Renoth zum Kapitelvikar, der nun durch 19 Monate mit dem Domkapitel die Diözese verwalten sollte. Zwar holte die Regierung bereits im Herbst 1863 von den Mitbischöfen der Kirchenprovinz deren Stellungnahmen ein, doch erfolgte die kaiserliche Nomination des neuen Bischofs erst ein Jahr später. Rudigier (Linz) sowie auch Kardinal Rauscher nannten jeweils an erster Stelle den Wiener Weihbischof Johann Kutschker, an zweiter den Vorarlberger Generalvikar Feßler, an dritter den Armeebischof Mayer und an vierter Stelle den Burgpfarrer Schwetz. Rauscher fügte noch hinzu, daß er den St. Pöltner Klerus zuwenig kenne, doch halte er auch den Kapitelvikar Renoth und den Seminardirektor Binder für mögliche Kandidaten. Schließlich ernannte der Kaiser am 27. September 1864 Josef Feßler zum Bischof von St. Pölten. Die päpstliche Präkonisation ließ bis zum 27. März 1865 auf sich warten, am 30. April wurde Feßler in St. Pölten dann endlich inthronisiert.

Feßler kam am 2. Dezember 1813 als ältestes von vier Kindern auf dem Bauernhof Rüttele bei Lochau in Vorarlberg zur Welt. Er absolvierte in Feldkirch das Gymnasium, studierte Philosophie in Salzburg und Innsbruck, wo er dann auch ein Jahr Jurisprudenz machte, trat schließlich aber in das Priesterseminar Brixen ein (1833); in Brixen empfing er auch die Priesterweihe. Bereits 1838 wurde ihm die Supplentur für Kirchengeschichte und Kirchenrecht an der dortigen Lehranstalt übertragen. Um dem besser nachkommen zu können, besuchte er das Frintaneum 1839 bis 1841 mit großem Erfolg. Der damalige Leiter der Anstalt, Ignaz Feigerle, notierte anerkennend: „Ein ausgezeichneter Priester. Deo gratias." Mit dem Doktorat ausgestattet, kehrte er nach Brixen zurück, wo er durch elf Jahre die vorgenannten Fächer dozierte. Dabei kam er mehrfach mit der großen Welt in Berührung: 1848 war er Vorarlberger Delegierter bei der Frankfurter Nationalversammlung, im gleichen Jahr vertrat er auch seinen greisen Bischof Galura bei der Bischofskonferenz in Würzburg. Daraufhin verfaßte er eine Schrift über die Provinzial- und Diözesansynoden. Auf Wunsch Kardinal Schwarzenbergs nahm er als Theologe an der Wiener Bischofskonferenz 1849 teil. 1850/51 schrieb er auch ein Werk über Patrologie, das ihm wohl seine Berufung als Professor für Kirchengeschichte und Patrologie an die Universität Wien eintrug (1852). Alles deutete zunächst auf eine ruhige Gelehrtenlaufbahn hin. 1856 weilte er einige Monate in Rom, um das Dekretalenrecht zu studieren. Dabei dürfte er auch einen diplomatischen Auftrag des Kaisers erledigt haben, da er auch von Papst Pius IX. und Staatssekretär Antonelli empfangen wurde. 1856 übernahm er auch die Professur für Kirchenrecht, das mittlerweile ein eigenständiges Fach geworden war. 1858 begleitete er den päpstlichen Nuntius nach Siebenbürgen zu den dort lebenden Griechisch-Unierten, so daß er alsbald in dem Ruf eines Ostkirchenkenners stand. Als anerkannter Theologe nahm er auch am Wiener Provinzialkonzil von 1858 teil. Er pflegte weiterhin die Verbindungen mit Rom, wo er 1861/62 Konsultor bei der Kongregation der Unierten wurde. Als er sich eben in Rom aufhielt, berief ihn sein Bischof Vinzenz Gasser von Brixen als Weihbischof nach Vorarlberg, um dort als Generalvikar in Feldkirch zu wirken. Am 7. April 1862 wurde er in Rom präkonisiert, am 18. Mai erhielt er in Brixen die Bischofsweihe. Seine Tätigkeit in Feldkirch aber war nicht von langer Dauer. Schon im Mai 1864 ging er als kaiserlicher Bevollmächtigter erneut nach Rom, um wegen der Revision des Konkordates zu verhandeln, doch konnte Feßler keinen Konsens in der Mischehenfrage erreichen.

Die Gewandtheit Feßlers im Umgang mit Menschen, seine rasche Auffassungsgabe bei neuen Problemen und seine Verbindungen dürften den Ausschlag gegeben haben, daß Feßler näher nach Wien, eben nach St. Pölten, berufen wurde. Auch hier versuchte er sich sofort einzuarbeiten und begann mit der Abfassung einer Diözesangeschichte. Doch kam er zu keinen größeren wissenschaftlichen Arbeiten mehr, da er von den Tagesereignissen und höheren Aufgaben voll beansprucht war.

Zunächst konnte er als Bischof von St. Pölten einige schöne Erfolge erleben. So wurde am 8. November 1865 das neue Taubstummeninstitut in St. Pölten, Klostergasse 15, eröffnet, dem ehemaligen Wohnhaus Prandtauers. Die Anfänge des Instituts gehen zwar schon auf das Jahr 1838 bzw. 1846 zurück, ab 1861 hatte es einen eigenen Direktor, doch erst 1865 konnte dafür ein Haus erworben werden. Finanziert wurde das Institut durchwegs aus Spenden und Legaten. 1896 wurde das Haus Klostergasse 17 dazugekauft und beide Häuser durch eine einheitliche Fassade verbunden. 1911 kam noch das Haus Nr. 19 dazu, das 1935 durch einen Neubau ersetzt wurde. 1921 wurde das Internat für die Taubstummen aufgegeben und nur mehr Externen Unterricht gegeben. In die Häuser Nr. 15–17 zog die Frintsche Arbeitsschule ein. 1932 kam es insofern zu einer Wiederbelebung des Taubstummeninstituts, als die Anstalt des Landes von Wiener Neustadt nach St. Pölten in das Haus Klostergasse Nr. 19 verlegt wurde. 1938 erfolgte die Aufhebung des Instituts. Nach 1945 fielen die Häuser Nr. 15 und 17 an das Seelsorgeamt, im Haus Nr. 19 wurde ein Landeskindergarten eingerichtet. Das Taubstummeninstitut erwies sich als eine sehr segensreiche Einrichtung, die vielen Behinderten den Einstieg ins Berufsleben ermöglichte. Die Zahl der Zöglinge betrug im Durchschnitt 40 bis 50.

Das Jahr 1866 brachte die endgültige Überstellung der Ochsenburg in das Dotationsgut des Bistums. Allerdings mußte der Bischof daraufhin auf einen Teil seiner Religionsfondszuteilung verzichten. Bischof Rößler verpachtete 1894 die Landwirtschaft.

Das Jahr 1866 sah aber auch nach der verlorenen Schlacht von Königgrätz die preußischen Truppen in den Norden Niederösterreichs einmarschieren. Ihr Abzug erfolgte zwischen 1. und 6. August von Horn nach Budweis. Die Preußen benahmen sich korrekt, hinterließen jedoch die Cholera, die in der Umgebung von Horn zahlreiche Opfer forderte.

Weit mehr Unruhe brachten die Maigesetze des Jahres 1868, besonders das Schulgesetz. Das Ehegesetz bewirkte das Ende der kirchlichen Ehegerichte, die seither nur mehr für den Gewissensbereich urteilen. Feßler schrieb übrigens sogleich eine Broschüre über die künftige Handhabung des Ehegesetzes. Bei der Handhabung der neuen Schulgesetze gingen die Emotionen wesentlich höher. Bischof Feßler verbot den Pfarren, ein Ortsschulratsmandat anzunehmen, was keine glückliche Entscheidung war. Erst 1898 hatten die Christlichsozialen erreicht, daß der Pfarrer von Amts wegen dem Ortsschulrat angehört. Bei der Schulgesetzgebung ging es ohne Zweifel um die Entmachtung der Kirche, besonders der Pfarrer. Die Schulen standen ja unter der Aufsicht der kirchlichen Behörden, die allerdings die staatlichen Verordnungen zu verwirklichen hatten. Da bisher das Amt des Schulmeisters meist mit dem eines Organisten und Mesners verbunden war, dies aber nun verboten wurde, kam es mehrfach zu Auseinandersetzungen zwischen Pfarrer und Lehrer. Von der liberalen Presse unterstützt, hob sich das Selbstbewußtsein der Lehrer. Für viele Pfarrer stürzte eine Welt ein. In anderen Pfarren aber übernahmen gleich von Anfang an katholische Männer die Führung der Ortsschulräte, denen zunächst auch die Lehrerbestellung zustand, so daß es in der größeren Zahl der Orte zu einer friedlichen Umstellung kam. Übrigens wurde das Reichsvolksschulgesetz von der Bevölkerung akzeptiert, wenn auch die bäuerliche Bevölkerung einen Widerwillen gegen die achtjährige Schulpflicht zeigte; man wollte die größeren Kinder zur Arbeit am Hofe haben. Ohne Zweifel war das Schulwesen rückständig und bedurfte einer Reform. Das neue Gesetz hat sich dann auch bewährt. Es kam zu einem merklichen Aufschwung des Schulwesens auf allen Ebenen, was aber auch mit der wirtschaftlichen Entwicklung zusammenhing. Selbst als die Christlichsozialen in der Regierung waren, stellten sie das Gesetz nicht in Frage, setzten aber einige Modifizierungen durch.

Ein Opfer der Gesetzgebung wurden aber die Gymnasien der Piaristen in Krems und Horn, die das Land übernahm, da sie nicht die geforderte Zahl geprüfter Lehrer stellen konnten. In Krems arbeitete aber auch die öffentliche Meinung gegen sie. Indirekt war davon auch das Seminar in Krems betroffen, für das Bischof Feßler in Seitenstetten ein Haus kaufte (1871). Der Standort Krems war allerdings von Bischof Feigerle nur als Provisorium gedacht, wie aus seinem Testament hervorgeht. Der allgemeinen Hetze fiel aber die Niederlassung der Vinzentinerinnen in der Strafanstalt Stein zum Opfer, die 1869 aufgegeben wurde. Auch der Schule der Englischen Fräulein in Krems wurde 1869 das Öffentlichkeitsrecht abgesprochen. Das Institut schien überhaupt einzugehen. Erst als 1892 eine Lehrerbildungsanstalt mit einer angeschlossenen Übungsschule errichtet wurde, ging es wieder aufwärts. Die Anstalt erhielt 1898 das Öffentlichkeitsrecht.

Feßler hatte schon als Professor in Brixen und Wien zahlreiche persönliche Beziehungen mit Vertretern des wissenschaftlichen und kirchlichen Lebens angeknüpft und war auch in Rom nicht unbekannt. 1867 absolvierte er seinen Ad-limina-Besuch, wobei er vom Papst empfangen wurde. Als der Papst 1868 das Erste Vatikanische Konzil ankündigte, verfaßte Feßler eine Schrift mit dem Titel: „Das letzte und das nächste allgemeine Concil". Im März 1869 ernannte ihn Papst Pius IX. zum Generalsekretär des künftigen Konzils. So begab er sich im Juli nach Rom. Seine vorrangige Aufgabe war es, den Kontakt mit den Bischöfen zu pflegen. Er hatte die Beschwerden entgegenzunehmen, den Bischöfen die Entwürfe zuzustellen und bei den feierlichen Sitzungen das Evangelium aufzulegen sowie die Abstimmungsergebnisse zu verkünden. Auch führte er bei den Präsidiumssitzungen das Protokoll. Feßler wurde auch in den Parteienstreit um die päpstliche Unfehlbarkeit hineingezogen, als er eine vermittelnde Stellung einnehmen wollte. Nach der Abstimmung über die päpstliche Unfehlbarkeit am 18. Juli 1870 trat er am folgenden Tag die Heimreise an. In St. Pölten war inzwischen der für die Dauer seiner Abwesenheit eingesetzte Generalvikar Ignaz Renoth gestorben. Das Konzil wurde nicht mehr fortgesetzt, da die Italiener mittlerweile Rom besetzt hatten. Es hatte mit einem Mißton geendet – eine Reihe von Bischöfen war vor der Schlußabstimmung abgereist, um nicht für die Unfehlbarkeit stimmen zu müssen –, so daß es nun galt, die Wogen zu glätten. Feßler besaß das Vertrauen des Papstes und übernahm diese Aufgabe im deutschen Sprachraum. Im Jänner 1871 veröffentlichte er zur Interpretation des Dogmas die Schrift über „Die wahre und falsche Unfehlbarkeit der Päpste", die die Annahme des Dogmas erleichterte. Dagegen konferierte er mit dem berühmten Münchner Kirchenhistoriker Ignaz Döllinger einen Tag erfolglos. Es kam dann zur Bildung der Altkatholischen Kirche. Mit ihr wurde Feßler am 13. August 1871 in Krems direkt konfrontiert, als er am Vormittag in der Pfarrkirche über die Unfehlbarkeit des Papstes in Glaubensfragen predigte. Am Nachmittag sprach ein abgefallener deutscher Priester, ein gewisser Dr. Michelis, in der Turnhalle dagegen. Doch fanden die Altkatholiken erst in der Zwischenkriegszeit in der Diözese einigen Anklang.

Als Diözesanbischof war Feßler hoch geschätzt, konnte zuhören, schob allerdings Entscheidungen auch gerne hinaus. Er war aber nicht der Kämpfer wie sein Landsmann und Bischof von Linz Franz Joseph Rudigier (1853–1884), der gegen die Maigesetze heftig protestierte, sondern blieb stets Diplomat. Das war aber kein Hindernis, daß er zum Klerus ein recht gutes Verhältnis fand.

Nach nur vierzehntägiger Krankheit starb Feßler im Alter von 59 Jahren an einer Venenentzündung am 25. April 1872. Wenn er auch für die Diözese wegen seiner verschiedenen anderweitigen Aufgaben nicht die große Bedeutung erlangte, so muß er doch als der international bekannteste Bischof von St. Pölten bezeichnet werden.

Matthäus Josef Binder (1872–1893)

Nach dem Tod von Bischof Feßler wurde der Wunsch laut, endlich einen Diözesanpriester als Bischof zu haben. Doch Kardinal Rauscher schlug wieder den Armeebischof Mayer sowie den Wiener Domdechanten Eduard Angerer vor. Wie schon bei der Ernennung Feßlers fügte er hinzu, daß er den St. Pöltner Klerus zuwenig kenne. Eventuell käme Dompfarrer Binder in Frage. Tatsächlich ernannte der Kaiser am 7. Oktober 1872 Binder zum Bischof von St. Pölten. Die römische Bestätigung wurde am 23. Dezember gewährt, die Bischofsweihe erhielt Binder am 9. Februar 1873 durch Weihbischof Kutschker im Wiener Stephansdom. Die feierliche Inthronisation im Dom zu St. Pölten fand am 12. Februar statt.

Mit dem Amtsantritt Binders erfolgte in mehrfacher Hinsicht ein neuer Abschnitt in der Diözesangeschichte: Erstmals wurde ein Priester der Diözese zum Bischof ernannt (Bischof Buchmayer kann nicht recht als Diözesanpriester angesehen werden). Binder war auch der erste Bischof, der nicht aus dem Kreis am kaiserlichen Hof kam, und mit ihm beginnt auch die Zeit der lange regierenden Bischöfe. Von der Errichtung 1785 bis zum Tod Bischof Feßlers 1872 leiteten elf Bischöfe die Diözese, seit Binder ist Franz Žak erst der vierte Bischof.

Matthäus Binder wurde am 19. August 1822 in Maria Laach am Jauerling als Sohn des dortigen Lehrers geboren. Anläßlich einer Visitationsreise fiel der begabte Bub Bischof Frint auf, der ihn als Sängerknabe an die Domkirche brachte. Dann besuchte er das Gymnasium in Melk, studierte Philosophie in Krems und Theologie in St. Pölten. Nach seiner Priesterweihe 1846 wurde er Kooperator in St. Valentin und 1852 Domkurat. Von seinem Lehrer Franz Werner aufgebaut, erhielt er 1853 die Professur für Kirchengeschichte und Kirchenrecht, die er schon 1852 supplierte. Als er 1861 die Direktion des Alumnates übernahm, legte er die Kirchengeschichte zurück, lehrte aber weiterhin Kirchenrecht, bis er 1867 als Dompfarrer in das Domkapitel berufen wurde. Binder konnte sich als Professor mehrfach profilieren. Gemeinsam mit Kerschbaumer gab er den „Hippolytus" heraus und verfaßte das in mehreren Auflagen erschienene Handbuch des Eherechts in Österreich. Er nahm auch als theologischer Berater am Wiener Provinzialkonzil 1858 teil.

Das Wirken Bischof Binders fiel in die Blütezeit des Liberalismus. Binder war wohl ein Mann von großem Eifer, jedoch eher autoritär. Er war klein von Gestalt und etwas schwächlich gebaut, aber ein ausgezeichneter Prediger, der auch brillante Hirtenbriefe verfaßte. Den politischen Machthabern gegenüber verhielt er sich eher ängstlich, wie er sich überhaupt gern aus der Politik heraushielt. Auch gegenüber den politischen Aktivitäten des jüngeren Klerus war er reserviert, behinderte sie aber nicht. So bestand zwischen ihm und Professor Scheicher häufig ein gespanntes Verhältnis, doch legte er Scheicher nichts in den Weg, als dieser in den Landtag ziehen wollte, obwohl auf den Bischof diesbezüglich Druck ausgeübt wurde.

Wenn auch die Kirche damals unter politischem Druck stand und Position um Position räumen mußte, so gab es doch auch Fortschritte zu verzeichnen. Zum Beispiel vermehrte sich unter seiner Regierung die Zahl der weiblichen geistlichen Niederlassungen um 25. 1873 erschien auch das neue Diözesanrituale. Die Vorbereitungen gingen schon auf Bischof Feigerle zurück. Den damaligen Tendenzen entsprechend, brachte es die Sakramentenspendung und die Weihen weitgehend in lateinischer Sprache. Uns erscheint es heute gegenüber dem josephinischen Rituale eher als ein Rückschritt, da dieses weitgehend die Volkssprache benutzte; allerdings war das josephinische Rituale sehr unvollständig.

Eine andere recht zeitbedingte Gründung war der Cäcilienverein. Dieser hatte die Hebung der Kirchenmusik zum Zweck, worunter man damals die Abkehr von den Wiener Klassikern hin zur schlichten Chormusik verstand. Mit dieser Abkehr war in unserer Diözese auch eine starke Förderung des Volksgesanges verbunden. Einer der Gründer des Cäcilienvereins war der Diözesanpriester Joseph Gabler (1824–1902), der die geistlichen Volkslieder systematisch sammelte und sie veröffentlichte. Mit mehreren Sammlungen von Marienliedern wurde er auch zu einem Förderer der Maiandachten.

Gabler war auch Mitarbeiter an dem 1880 erschienenen Gesangbuch für die österreichische Kirchenprovinz. Im bischöflichen Auftrag erarbeitete er 1897 eine neue Auflage, die unter dem Titel „Te Deum laudamus" erschien und lange Zeit als Gebet- und Gesangbuch der Diözese diente. Der Cäcilianismus stieß aber auch auf Widerstand und konnte sich nicht überall durchsetzen.

Übrigens war Gabler auch ein Vertreter des Historismus in der Kunst. So ließ er die Kirchen in Neuhofen an der Ybbs und in Waidhofen an der Ybbs neugotisch einrichten. Die eigentliche Welle der Regotisierung setzte allerdings erst unter Bischof Rößler ein, wo man mit Eifer angeblich wurmstichige Barockaltäre entfernte.

Unter Bischof Binder setzte auch die Blütezeit des kirchlichen Vereinswesens ein. Die älteren Gruppen dieser Vereine widmeten sich der Unterstützung der Mission oder waren sonstwie eher religiös geprägt. Bereits 1829 wurde die Leopoldinenstiftung zur Unterstützung der Mission in Amerika eingeführt. Es folgten mehrere Vereine zur Unterstützung der heiligen Stätten in Palästina. Am glücklichsten entwickelte sich das Werk der Kindheit Jesu, das 1858 seine Tätigkeit aufnahm.

Besondere Bedeutung erlangte die Michaelsbruderschaft, die 1861 gegründet wurde. Mitbegründer und langjähriger Vorsitzender war der St. Pöltner Rechtsanwalt Dr. Adolf Zillich, einer der bedeutenden aktiven Laien dieser Zeit. Die Michaelsbruderschaft widmete sich der Verbreitung kirchlicher Gesinnung, insbesondere der ideellen und materiellen Unterstützung des Papsttums, das durch Verluste weiter Teile des Kirchenstaates in den Jahren 1859/60 in Bedrängnis geraten war.

1855 wurden auch die Katholischen Gesellenvereine in der Diözese eingeführt. Initiator war Professor Anton Kerschbaumer, der den St. Pöltner Verein gründete. Als Propstpfarrer in Krems rief er dort 1892 ebenfalls diesen Verein ins Leben. Allerdings wurde schon 1854 in Stein an der Donau ein Verein gegründet, der aber erst 1855 seine Tätigkeit aufnahm. Er konnte einige Jahrzehnte recht gut gedeihen, ehe er 1886 aufgelöst wurde. Sehr gut entwickelte sich der Verein in Herzogenburg (gegründet 1862), der auch ein eigenes Haus besaß. Ziel der Vereine war die Sammlung der Gesellen in einem christlichen Milieu, aber auch die Weiterbildung und natürlich die Pflege des gesellschaftlichen Lebens. Eine zweite Welle der Vereinsgründungen setzte nach 1890 ein, eine dritte 1927. Bis 1938 entstanden in 23 Pfarren Kolpingvereine.

Während die Kolpingvereine bewußt apolitisch blieben, regte sich immer mehr der Wunsch, die Katholiken mögen sich doch in dem durch die Verfassung gewährten Freiraum auch politisch betätigen, die Politik nicht nur den Gegnern der Kirche überlassen. Den Anfang machte das katholische Casino in St. Pölten im Jahre 1868. Darin schlossen sich einige Geistliche und Laien zusammen, darunter die Theologieprofessoren Franz Lux und Anton Erdinger und auf der Laienseite unter anderen Dr. Zillich. 1870 wurde dann der Konstitutionelle Volksverein für das Viertel ober dem Wienerwald gegründet. Führender Kopf war zunächst Graf Walderdorff, der das Gut in Klafterbrunn (Rotheau) besaß, die

Mitglieder kamen aus dem Kasino und der Michaelsbruderschaft. Das Bestreben ging dahin, besonders unter der ländlichen Bevölkerung das politische Bewußtsein zu heben, lag doch die Wahlbeteiligung äußerst niedrig. Die politische Vertretung wurde meist den Honoratioren überlassen. Der Verein konnte nicht ganz die Erwartungen erfüllen, die man in ihn setzte. Immerhin errichtete er zahlreiche bäuerliche Casinos und hielt viele Versammlungen ab. Wahrscheinlich war die Tonart zu zahm, um in der damals so rauhen politischen Luft mithalten zu können. Zweifellos bereitete der Konstitutionelle Volksverein aber den Weg für die spätere Christlichsoziale Partei. Walderdorff und Scheicher vereinigten daher den Konstitutionellen Volksverein mit dem Preßverein. Bereits 1874 wurde in Krems durch den dortigen Kooperator Josef Walzer und den Strafgefangenenseelsorger in Stein, Josef Kinzl, der Katholische Diözesanpreßverein gegründet. Kinzl verfügte auch über eine Druckerei. Der Preßverein brachte zunächst in loser Folge religiöses Schriftgut heraus, ab 1877 dann den „Preßvereinsboten". Nach der Zusammenlegung mit dem Volksverein führte er den Namen „Katholisch-Patriotischer Volks- und Preßverein".

Der Konstitutionelle Volksverein hatte das Glück, im „St. Pöltner Boten" praktisch ein Vereinsorgan zu haben. Diese Zeitung wurde 1860 gegründet und von Bischof Feßler 1868 aufgekauft und in ein christlich-konservatives Blatt umgewandelt. Durch den Verein erhielt es eine starke Förderung. Von 1875 bis 1878 war Scheicher verantwortlicher Redakteur. 1886 ging der „St. Pöltner Bote" in das Eigentum des Preßvereins über. Auch in Krems erwarb er das „Kremser Volksblatt", das seit 1888 den Namen „Kremser Zeitung" führte. 1890 wurde in St. Pölten das Haus Linzer Straße 7 angekauft und darin eine Buchdruckerei eingerichtet, in der auch der nunmehr in „St. Pöltner Zeitung" umbenannte „Bote" als Wochenzeitung erschien. Zum Ausbau der Vereinsdruckerei in St. Pölten zeichnete der Klerus 30.000 Gulden. Somit gab es sowohl in Krems als auch in St. Pölten eine katholische Wochenzeitung, die gute Verbreitung fand, aber auch jeweils eine liberale Zeitung zum Gegner hatte. Der Preßverein entwickelte sich nicht zu einer politischen Partei, wie es Scheicher erhofft hatte, sondern blieb eine kirchliche Stütze im wichtigen Bereich der Lokalpresse.

1876 wurde der Hippolytusverein zur Unterstützung von kranken und defizienten Priestern gegründet. Da der Klerus miserabel bezahlt wurde – trotz der ständigen Inflation zog der Religionsfonds die Priestergehälter bis 1896 nie nach–, konnten die Priester für Krankheit oder Pension nichts zurücklegen. Der Hippolytusverein entwickelte sich zu einer ausgezeichneten Privatkrankenkasse des Klerus, der mit einer Unterbrechung – von 1941 bis 1946 – bis heute seine Aufgabe erfüllt.

Im Jahre 1885 konnte Bischof Binder die erste Jahrhundertfeier der Diözese begehen. Im Hinblick darauf verfaßte Kerschbaumer (mit Unterstützung von Adalbert Dungl, Göttweig, und Gottfried Frieß, Seitenstetten) seine zweibändige Diözesangeschichte, die allerdings schon 1875/76 erschien. Kerschbaumer brachte 1884 auch den Jubiläumskatalog des Bistums heraus. Johannes Fahrngruber, ein sehr agiler Priester, veröffentlichte 1885 „Aus St. Pölten" und gründete 1888 das Diözesanmuseum; es war das erste Diözesanmuseum Österreichs. Auf ihn geht auch die Glockenkunde der Diözese zurück (1894), ein besonders wertvolles Buch, da ja der alte Glockenbestand durch die Kriegsablieferungen weitgehend verschwunden ist. Auch Scheicher lieferte mit der „Allgemeinen Moraltheologie" einen Beitrag zum Jubiläumsjahr. Wie es seine Art war, behandelte er darin besonders Fragen der sozialen Gerechtigkeit. Einen ganz besonderen Beitrag aber lieferte der damalige Spiritual am Priesterseminar, Michael Ransauer (1838–1896). Bereits 1872 erreichte er die Trennung des St. Pöltner Paramentenvereins von der Wiener Zentrale. 1885/86 erbaute er in St. Pölten das Herz-Jesu-Kloster mit Kirche und gründete eine klosterähnliche Frauengemeinschaft, wofür er sein ganzes Einkommen hergab. Neben der Paramentenherstellung wurde auch die ewige Anbetung gepflegt. Da aber Ransauer 1893 schwer erkrankte und für seine Institution nicht mehr sorgen konnte, berief Bischof Rößler Judenauer Schulschwestern dorthin, die seit 1895 das Werk Ransauers weiterführen.

Anläßlich des Diözesanjubiläums rief Bischof Binder auch um Spenden für einen neuen Hochaltar im Dom auf. Glücklicherweise kamen neugotische Entwürfe nicht zur Ausführung. 1888 konnte Binder den neuen Altar konsekrieren.

Doch die Tage Bischof Binders neigten sich dem Ende zu, er war ja nicht von starker Konstitution. 1881 wurde er im Zusammenhang mit der Besetzung des Wiener Bischofsstuhls genannt. Doch war dies eher ein taktischer Vorschlag; ernstlich wurde er nicht in Erwägung gezogen, wenn er auch gleich abwinkte. 1883 erlitt er nochmals einen Schlaganfall, von dem er sich aber wieder erholte. 1891 lag er neuerlich schwer darnieder, so daß er Anton Erdinger zu seinem Generalvikar ernannte. Im Mai 1893 unternahm er nochmals eine Firmungsreise, bei der er auf den Tod erkrankte. Er starb am 14. August 1893 nach schwerem Leiden.

Johannes Baptist Rößler (1894–1927)

Danach wählte das Domkapitel den bisherigen Generalvikar und Domscholaster Anton Erdinger zum Kapitelvikar. Erdinger war von 1865 bis 1873 Professor für Moraltheologie, dann Alumnatsdirektor (1873–1886) und betätigte sich auch als Schriftsteller. So verfaßte er eine Biographie Feßlers und eine Bibliographie des Diözesanklerus, in der er die literarische Tätigkeit des Klerus seit Bestehen der Diözese aufarbeitete. Er galt als wichtigster Bischofskandidat, und Kardinal Gruscha schlug ihn auch an erster Stelle vor. An zweiter Stelle nannte er den Alumnatsdirektor Rößler und an dritter Stelle Franz Nagl, der damals Direktor der Anima in Rom war und von 1883 bis 1885 in St. Pölten – er war ja Priester der Diözese – die Exegese des Neuen Testaments dozierte. Nagl wurde später Bischof von Triest (1902–1910) und Fürsterzbischof von Wien (1910 Koadjutor, 1911–1913 Erzbischof). Kardinal Gruscha verlangte auch mit Nachdruck, daß der künftige Bischof aus der Diözese stammen sollte. Damit ging endgültig die Ära zu Ende, in der verdiente Hofgeistliche Bischöfe von St. Pölten wurden. Die Regierung hingegen wollte einen unpolitischen Bischof, der die konservative Linie verfolgt und sich von den damals stark aufkommenden Christlichsozialen distanziert, anderseits aber auch die Diözese mit Autorität regiert. Die Regierung gab schließlich Rößler den Vorzug, vielleicht auch, weil Erdinger akut nervenkrank war (er starb aber erst 1917). Die kaiserliche Nomination Rößlers erging am 5. Jänner 1894, die Präkonisation erfolgte am 10. April, die Weihe im Wiener Stephansdom durch Kardinal Gruscha unter Assistenz des Linzer Bischofs Doppelbauer und des Wiener Weihbischofs Eduard Angerer am 10. Juni 1894. Seine Inthronisation im St. Pöltner Dom feierte er am 13. Juni.

Rößler entstammte einer Waldviertler Bauernfamilie aus Niederschrems, wo er am 23. Juni 1850 geboren wurde. 1862 bis 1870 besuchte er das Piaristengymnasium in Krems und erwog zunächst den Eintritt in das Wiener Schottenstift, entschied sich aber dann für das St. Pöltner Priesterseminar. Am 19. Juli 1874 erhielt er die Priesterweihe. Seine seelsorglichen Erfahrungen sammelte er als Kooperator in Waidhofen an der Ybbs (1874–1876),

Krems (1876–1882) und dann als Domkurat in St. Pölten. 1884 wurde er mit der Dozentur für Kirchengeschichte betraut. 1885 machte Rößler die Konkursprüfung für Kirchengeschichte, wurde definitiver Professor für Kirchengeschichte und unterrichtete gleichzeitig auch Patrologie und Kirchliche Kunst. Da er sich aber seiner mangelhaften Fachausbildung bewußt war, ging er 1887 nach Rom und kehrte mit den Doktoraten der Philosophie und Theologie 1889 wieder zurück. Nunmehr aber bestellte ihn Bischof Binder zum Direktor des Priesterseminars. Hier konnte Rößler seine Fähigkeiten bereits voll entfalten. So renovierte er das Alumnat, das bin dahin als Tuberkelzuchtanstalt galt. Tatsächlich waren die hygienischen Verhältnisse im ehemaligen Franziskanerkloster sehr schlecht und Tuberkulosefälle an der Tagesordnung. Sodann veranlaßte er, daß die Theologieprofessoren aus dem Hause zogen, die bis dahin im Alumnat wohnten und dort auch ihre Verpflegung hatten. Zugleich aber hob er das Studienniveau an. Dazu führte er unter anderem auch die Thomas-Akademie ein (1891). 1891 wurde Rößler in das Domkapitel aufgenommen.

Als Bischof erfüllte Rößler insofern die Erwartung der Regierung, als er die Diözese energisch regierte. Das war umso notwendiger, als sich in den letzten Jahren seines Vorgängers Schlampereien eingestellt hatten. Mit Energie visitierte er alle Pfarren der Diözese und hielt stramme Zucht im Klerus. In der Politik hielt er es aber anders. So unterstützte er, wenn auch indirekt, die Christlichsozialen und subventionierte deren 1894 gegründetes Organ „Die Reichspost". Auch ließ er Scheicher als Reichsratsabgeordneten freie Hand und den Organisator des landwirtschaftlichen Genossenschaftswesens, den Pöchlarner Stadtpfarrer Matthäus Bauchinger, nicht nur unbehelligt, sondern unterstützte ihn in seinem Bemühen. Bauchinger (1851–1934) stammte aus Frankenburg in Oberösterreich, wurde Redemptorist (1869–1894) und als solcher 1890 Rektor des Kollegiums in Eggenburg. Dort gründete er noch im gleichen Jahr einen Gesellenverein und begann mit dem Bau eines Vereinshauses. Bauchinger war auch an den Katholikentagen von 1889 und 1892 beteiligt. Beim Linzer Katholikentag 1892 – es ging um die katholische Presse – forderte er in seiner Rede, daß anstelle des konservativen „Vaterland" eine christlichsoziale Zeitung erscheinen müsse. Dies führte dann zur Gründung der „Reichspost". Wegen seiner heftigen Art auf verschiedenen Versammlungen und mancher persönlicher Eigenarten und Entscheidungen kam Bauchinger in Konflikt mit seiner Kongregation, so daß er sich 1894 von ihr trennte und in den Dienst der Diözese trat. Von 1905 bis 1932 war er dann Stadtpfarrer in Pöchlarn. In diese Zeit fällt der Hauptteil seiner politischen Tätigkeit (1896 Landtag, 1907 Reichsrat).

Auf Betreiben Scheichers fand 1901 auf dem Höhepunkt der „Los von Rom"-Bewegung und der Priesterhetze in Wien der erste Klerustag statt. Vorsitzender der Tagung war Bauchinger, ihr Thema die materielle Not des Klerus und der Schutz vor Verleumdungen. Bischof Rößler führte daher 1902 in der Diözese den Verein „Abwehr" ein und ließ sich als erstes Mitglied eintragen. Doch erlangte der Verein in der Folge keine besondere Bedeutung. Bauchinger war auch einer der Initiatoren des 1896 gegründeten Bauernvereins für das Viertel ober dem Wienerwald, dessen Pressereferat er leitete. Im Waldviertel bestand schon seit 1885 ein Bauernverein, der als Gegengewicht zum „Bund deutscher Landwirte" Georg Schönerers ins Leben gerufen wurde. Dessen erster Obmann war Baron Geusau auf Engelstein, sein Nachfolger Franz Döller, Pfarrer von Puch, der bei Vereinsgründungen südlich der Donau tatkräftig mithalf. Die Bauernvereine gingen 1906 im niederösterreichischen Bauernbund auf. Seine größte Bedeutung erlangte aber Bauchinger in seiner Tätigkeit beim Aufbau landwirtschaftlicher Lagerhausgenossenschaften. So unterstützte er die

Gründung des ältesten Lagerhauses in Niederösterreich, in Pöchlarn (1898). Als Abgeordneter setzte er sich immer wieder für diese Selbsthilfeorganisationen der Bauern ein.

Zur Erneuerung des kirchlichen Lebens und zur Hebung des Selbstbewußtseins der Katholiken veranstaltete Bischof Rößler einige Großereignisse, die dann auch ihre Folgen hatten. Am 23. Oktober 1895 fand in St. Pölten der erste diözesane Katholikentag statt, der sich unter anderem mit dem kirchlichen Pressewesen und der sozialen Frage befaßte. Eine Folge davon war die Gründung des Bauernvereins im Viertel ober dem Wienerwald. Von weittragender Bedeutung war die erste Diözesansynode, die vom 20. bis 24. Juli 1908 in St. Pölten tagte und an der 412 Priester teilnahmen. Sie schuf eine neue Diözesanordnung. Bereits mit 1. Jänner 1908 trat die Neuordnung der Dekanate in Kraft, die im wesentlichen bis heute besteht; statt bisher 20 gab es nunmehr 26 Dekanate, und zwar jeweils 13 nördlich und südlich der Donau. Die neue Dekanatsordnung brachte folgende Einteilung:

Im Viertel ober dem Wienerwald: Amstetten (neu, 15 Pfarren), Haag (15), Kirchberg an der Pielach (neu, 12), Melk (15), Oberwölbling (neu, 13), Ollersbach (16), St. Pölten (14), Pottenbrunn (16), Scheibbs (15), Tulln (16), Waidhofen an der Ybbs (14), Wilhelmsburg (13), Ybbs (15); im Waldviertel die Dekanate Eggenburg (14), Eisgarn (neu, 15), Geras (neu, 14), Gerungs (19), Horn (17), Krems (20), St. Oswald (17), Ottenschlag (neu, 16), Pölla (18), Raabs (14), Spitz (16), Waidhofen an der Thaya (16), Weitra (19). Für die Pfarren hatte sich bereits 1891 eine wesentliche Änderung ergeben, als die bisherigen Pfarrlokalien den übrigen Pfarren gleichgestellt wurden und deren Inhaber den Titel „Pfarrer" führen durften. Eine weitere Änderung erfolgte dann im Oktober 1899, als die bisherige Bischöfliche Consistorialkanzlei in Anpassung an die Wiener Verhältnisse in Bischöfliche Ordinariatskanzlei umbenannt wurde. Bereits mit der Nr. 1 des Jahrganges 1894 war die „Diözesancurrenda" in das „St. Pöltner Diöcesanblatt" (seit 1906 „Diözesanblatt") umgewandelt worden.

Das zweite große Ereignis, das 1908 in St. Pölten stattfand, war der vierte niederösterreichische Katholikentag am 27. und 28. September, der zugleich auch des Kaiserjubiläums gedachte. Behandelt wurden Fragen der Jugend, Frauenorganisation, Presse und Kolportage, Männerorganisation und Hochschulfragen. Unter den Festrednern waren unter anderen der Reichsrats- und Landtagsabgeordnete Josef Stöckler, der Herausgeber der „Reichspost" Friedrich Funder und der Reichsratsabgeordnete Wilhelm Miklas, damals Gymnasialdirektor in Horn.

Für das kirchliche Leben von weitreichender Bedeutung wurde die Gründung der Nichtpolitischen Katholikenorganisation der Diözese St. Pölten im Herbst 1909, die mit 16. November 1910 in den Katholischen Volksbund für die Diözese St. Pölten übergeführt wurde. Hauptinitiator war der Direktor des St. Pöltner Landeslehrerseminars Josef Plöchl, der darin von Dr. Josef Gruber, Prälat Johann Müllauer, Dr. Anton Köberl und Georg Prader (senior) unterstützt wurde. An Vereinspublikationen brachte der Volksbund seit 1911 den „St. Hippolytkalender" (ab 1920 „Volksbundkalender") und die Monatsschrift „Das Volk" (1911–1935, dann „Katholische Aktion" 1935–1938) heraus. Der Volksbund verstand sich als „nichtpolitischer Verein, in dem sich die gläubigen katholischen Christen der Diözese St. Pölten zusammenschließen, um das katholische Volk dieser Diözese gegen Feinde der katholischen Religion und Kultur zu schützen". Damit sollte das zersplitterte Vereinswesen überwunden und eine Dachorganisation geschaffen werden, die geschlossen für die katholischen Anliegen auftreten konnte. Es ist hier schon deutlich die Abkehr vom politischen Katholizismus zu merken, der in Scheicher und Bauchinger seine prominentesten Vertreter gefunden hatte. Der Volksbund entwickelte sich so günstig, daß ihn Bischof Memelauer nahtlos in die Katholische Aktion überführen konnte.

In der Zeit von 1880 bis 1910 ging die Zahl der Weltpriester der Diözese von 462 auf 419 zurück, während sie sich bei den Ordenspriestern leicht erhöhte (185 zu 193). Besonders gering war die Zahl der Priesterweihen zwischen 1873 und 1883; sie betrug damals nur etwas über acht pro Jahr. Dagegen konnte der Bischof von 1884 bis 1900 jährlich etwa 17 Neupriester weihen. Die schwachen Weihejahrgänge von 1849 bis 1882 bewirkten diesen merklichen Rückgang. Bereits im Februar 1895 rief Bischof Rößler um Spenden für eine Erweiterung des Seminars in Seitenstetten auf. Als die Spenden hiefür reichlich flossen, wurde der Entschluß zu einem zweiten Seminar gefaßt. Dafür wollte die Stadt Waidhofen an der Thaya den Grund unentgeltlich zur Verfügung stellen, da das Gymnasium zuwenig Schüler hatte. Der Bischof entschied sich aber für Melk. 1901 wurde ein Seminarbauverein konstituiert. Im März 1903 begannen die Bauarbeiten für das neue Seminar, das „Johanneum", das der Bischof am 21. August 1905 weihte. Im Herbst 1905 konnte der Seminarbetrieb mit 54 Zöglingen aufgenommen werden, die zum Teil aus dem „Marianum" in Seitenstetten hierher übersiedelten. Das Seminar in Melk, dessen Zöglinge seither das dortige Stiftsgymnasium der Benediktiner besuchen, entwickelte sich rasch zu einer wichtigen Stelle für künftige Alumnen.

Bischof Rößler beeinflußte in mehrfacher Hinsicht das Baugeschehen. 1899 konnte er den Domturm renovieren lassen. Unter seiner Regierungszeit entstanden zahlreiche Kirchenbau- bzw. Kirchenrenovierungsvereine. An Kirchenneubauten, die durchwegs neuromanisch oder neugotisch geplant waren, seien nur Gastern, Stockern, die Klosterkirche und die Herz-Jesu-Kirche in Amstetten sowie Ertl genannt. Wesentlich stärker waren die Eingriffe im Einrichtungsbereich, wo schon unter Bischof Binder mit der Regotisierung begonnen wurde, die bis 1914 anhielt. Schon zu Binders Zeiten erfolgte die bedeutsamste Regotisierungsmaßnahme an der Pfarrkirche in St. Valentin. Doch gab es auch zwei Neubauten – die Anstaltskirche in Mauer und die Klosterkirche in Gleiß –, die sich neuen Formen zuwandten. Diese Neubauten aber waren dem Einfluß des Bischofs entzogen. Da die Diözese über kein Budget für Kirchenbauten verfügte, mußten alle Baumaßnahmen, soweit sie nicht von den Patronen oder Religionsfonds übernommen wurden, durch freiwillige Spenden getragen werden. Eine wichtige Funktion nahm der 1910 gegründete Kirchenbau-Verein ein. Einer der Mitbegründer war dessen langjähriger Direktor Dr. Johann Litschauer (geb. 1870, gest. 1941 als Domdechant).

Die Zeit von 1850 bis 1914 brachte aber auch eine Blüte der Diözesangeschichtsforschung. Der Nestor war auch in diesem Bereich Franz Werner, der mit einigen Veröffentlichungen im „Hippolytus" hervortrat, vor allem aber sein schon genannter Schüler Anton Kerschbaumer und der spätere Bischof Binder, die gemeinsam die genannte Zeitschrift herausbrachten. Obwohl Binder auch einige historische Arbeiten lieferte, lag sein Schwerpunkt doch im Kirchenrecht. Einen neuen Aufschwung nahm die Geschichtsforschung durch die Herausgabe der „Geschichtlichen Beilagen zu den Consistorialcurrenden der Diöcese St. Pölten", deren erster Band 1878 erschien. Bis 1911 folgten elf Bände, die vor allem Regesten zu der Geschichte der einzelnen Pfarren bringen; sie stellen ein unentbehrliches Hilfsmittel für die Geschichtsschreibung dar. Zum bedeutendsten Mitarbeiter wurde nach Pfarrer Franz Weigelsperger (gest. 1891 als Pfarrer zu Michelhausen) der damals noch junge Alois Plesser (gest. 1937 als Ehrendomherr und Pfarrer von Kleinpöchlarn), der mit großem Fleiß fast im Alleingang die Bände 8 bis 15 erarbeitete. Dazu schrieb er noch

Beiträge für die landeskundlichen Blätter und Jahrbücher. 1916 begann auch der als Priester und Heimatforscher unvergeßliche Propst Stephan Biedermann (1889–1976) mit seinen zahlreichen Veröffentlichungen. In den Stiften taten sich in Melk hervor Ignaz Keiblinger (gest. 1869) mit seiner umfangreichen Geschichte des Stiftes Melk, in Zwettl Leopold Janauschek (gest. 1898) mit seiner Arbeit über die Ursprünge des Zisterzienserordens, in Seitenstetten der vielseitige Gottfried Frieß (gest. 1904) und Martin Riesenhuber (gest. 1933), dessen vor dem Ersten Weltkrieg erarbeitete Kunstdenkmäler des Bistums St. Pölten erst 1923 erscheinen konnten, sowie eine Reihe von Göttweiger Stiftsangehörigen, von denen nur die Äbte Adalbert Dungl (gest. 1922) und Adalbert Fuchs (gest. 1931) genannt seien, die sich vor allem mit Quelleneditionen befaßten. Für Geras sei Alfons Zák (gest. 1931), für Altenburg der gelehrte Abt Honorius Burger (1842–1878) und Friedrich Endl angeführt.

Der Erste Weltkrieg

Als 1914 der Erste Weltkrieg ausbrach, ging eine Welle der Begeisterung durch die Monarchie, und auch die Religion wurde in die Kriegspropaganda eingebaut, um den „gottlosen" Meuchelmord am Thronfolger in Sarajevo zu rächen: Die kaiserliche Armee kämpfte für die „gerechte Sache". Als die Meldungen von den ersten Verlusten eintrafen, sank bald die Stimmung. 1916 und 1917 gab es zudem Mißernten, die zum Teil auf die Witterung, zum Teil aber auch auf den Mangel an Arbeitskräften und Zugtieren zurückzuführen waren, und im Winter 1917/18 hungerten auch die Bauern, da die Erträge teilweise schon auf den Feldern für die Armee requiriert worden waren. Bischof Rößler stellte das neue Seminar in Melk und das Taubstummeninstitut in St. Pölten als Militärlazarette zur Verfügung. Die Bevölkerung mußte größte Opfer bringen, alle nur möglichen Ablieferungen leisten und Kriegsanleihen zeichnen. Auch die kirchlichen Institutionen (Pfarren und Stifte) wurden dazu genötigt. 1917 wurden zahlreiche Glocken eingeschmolzen, um dem Metallmangel abzuhelfen, selbst die Zinnpfeifen der Orgeln und die Kupferdächer der Türme blieben davon nicht verschont – alles Opfer, die letztlich vergeblich waren. Während also im ersten Kriegsjahr der Hurrapatriotismus vorherrschte, schwenkte die Stimmung bald in Nachdenklichkeit und Verzweiflung um. Zwar intensivierte die Not das religiöse Leben, doch hat ein Krieg die Menschen noch nie moralisch besser gemacht. 1917 machte sich erstmals auch in bäuerlichen Kreisen eine Monarchiemüdigkeit bemerkbar, die den Übergang zur Republik erleichterte. Dennoch brach mit dem Kriegsende und der Abdankung des Kaisers für viele, besonders im Klerus, eine Welt zusammen, und man zweifelte, ob die Kirche überleben werde. Zu sehr war man an das Bündnis von Thron und Altar gewöhnt. Der Erste Weltkrieg brachte zwar keine feindlichen Truppen ins Land, doch wurde die Bevölkerung mit den zahlreichen Kriegsgefangenen konfrontiert. Die wichtigsten Gefangenenlager befanden sich in Sigmundsherberg, Gneixendorf, Wieselburg-Schauboden, Spratzern, Amstetten und Gmünd. Viele Gefangene gingen an Typhus zugrunde. Der Verlust der heimischen Bevölkerung an Gefallenen war sogar höher als im Zweiten Weltkrieg.

XI VON HABSBURG ZU HITLER

Allgemeine Entwicklung – Die Diözese in der Zwischenkriegszeit: Unter Bischof Rößler (bis 1927); Unter Michael Memelauer (ab 1927) – Die Diözese in der Nazizeit: Die Ereignisse von 1938; Die Situation der Orden; Bedrükkung des Klerus; Der Religionsunterricht; Neue Rechtslage; Pfarrliche Veränderungen; Bischof und Seelsorge; Das Kriegsende

Allgemeine Entwicklung

Kaiser Karl dankte am 11. November 1918 ab. Nach den unruhigen Wochen des Abzugs der Kriegsgefangenen und der Rückkehr der Frontsoldaten beruhigte sich die Situation etwas, doch war die Lage noch reichlich unklar und die Katholiken orientierungslos. Da die schützende Hand des Kaisers fehlte, glaubte man kirchlicherseits, sich ganz auf die Christlichsoziale Partei stützen zu müssen. Hatten sich doch die Sozialdemokraten und auch die Deutschnationalen seit den neunziger Jahren und besonders während der „Los von Rom"-Bewegung in der Kirche ein Feindbild geschaffen, das sie heftig bekämpften. Zudem kam es nach dem Krieg in Ungarn und in Bayern kurzfristig zur Ausbildung kommunistischer Räterepubliken, so daß auch für Österreich ein kommunistischer Umsturz zu befürchten war. Da damals die Sozialdemokraten weit links angesiedelt waren, besaßen die Kommunisten wenig Anziehungskraft. Dieser Austromarxismus erhielt auch in den ersten Wahlen die relative Mehrheit. Es setzte gleich eine Art Kulturkampf ein, wobei es um Ehe und Schule ging. Der Landeshauptmann von (Wien-)Niederösterreich, Albert Sever, gewährte aufgrund eines alten Paragraphen Dispens vom geschlossenen Eheband, wenn sich Katholiken wiederverheiraten wollten. Das führte zu heftigen Spannungen mit dem Episkopat. Der sogenannte Glöckel-Erlaß vom 10. April 1919 verbot den Religionslehrern, bei der Notengebung den Kirchenbesuch einzubeziehen. Die Christlichsozialen wollten diese Bastionen jedoch halten und verbündeten sich mit den Großdeutschen und verwandten Gruppierungen. Damit aber verloren die Christlichsozialen weiter an sozialreformatorischem Elan, und die Arbeiter fühlten sich immer mehr von der Sozialdemokratischen Partei angezogen. Diese wiederum versuchte bewußt, die Arbeiter vom Einfluß des sich auf die Christlichsozialen stützenden Klerus freizubekommen. Damit entstand der Zwiespalt der Ersten Republik zwischen großen Bevölkerungsteilen, wenngleich es auch andere Gründe gab, weshalb es schließlich zum Bürgerkrieg kam.

Wegen des radikalen Vorgehens der Austromarxisten schien nur eine Stärkung der Christlichsozialen das Überleben der Kirche zu gewährleisten. Die Aufforderungen zum Kirchenaustritt in den Jahren 1922 und 1927, das Linzer Programm von 1926 sowie die ständige antiklerikale Propaganda, die sich an Bundeskanzler Prälat Ignaz Seipel entzündete, bestärkten den Klerus in dieser Auffassung. Die Zahl der Kirchenaustritte läßt sich für die Diözese, die in diesem Punkt weit unter dem österreichischen Durchschnitt lag, nicht exakt angeben. 1910 betrug die Zahl der Akatholiken (= Nichtkatholiken) 5050, davon waren 2271 Protestanten und 2755 Juden, der Rest Griechisch-Orthodoxe und Konfessionslose. 1924 war die Zahl der Akatholiken bereits auf 9505 gestiegen (Protestanten 5924, 2218 Juden und 1292 Konfessionslose). Erst 1937 können wieder genauere Zahlen angegeben werden: 10.851 Akatholiken, davon 7377 Protestanten, 1622 Juden und 1793 Konfessionslose. Diese Zahlen sind den Diözesanschematismen entnommen und nicht sehr verläßlich, zeigen aber immerhin die Trends. Leider fehlen für 1930 genaue Angaben, da damals einfach die Zahlen von 1924 wiedergegeben werden. Von 1934 an wandte sich eine nicht unbedeutende Zahl den Protestanten und Altkatholischen zu, um so dem durch das Konkordat von 1934 geschaffenen Eherecht auszuweichen. Von den 1937 genannten Protestanten dürfte eine größere Zahl zu den Altkatholiken zu zählen sein, da viele Pfarren nur zwischen katholischer und akatholischer Bevölkerung unterschieden, die Akatholischen aber nach der Sitte des 18. und 19. Jahrhunderts automatisch zu den Protestanten gerechnet wurden. Die Kirchenaustritte konzentrierten sich auf die Industrieorte entlang der Traisen. In der Stadt St. Pölten war in bezug auf die Bevölkerung insofern ein Umschwung eingetreten, als unmittelbar nach dem Ersten Weltkrieg die Eisenbahnwerkstätten von Gmünd hierher verlegt wurden. Wie es bei mehrfach umgesiedelten Bevölkerungsteilen der Fall ist, war auch hier bereits eine deutliche Distanz gegenüber dem pfarrlichen Leben vorgegeben, so daß der Schritt zum Kirchenaustritt leichter fiel. Doch ist gerade im Bereich der Diözese St. Pölten nicht der absolute Anteil der Ausgetretenen hoch, nicht meßbar aber ist die fortschreitende Distanzierung, die durch die antikirchliche Propaganda bewirkt wurde.

Die Auseinandersetzung mit den Austromarxisten war nur ein Teil der ständigen Konfrontation, denn ab 1930 machte sich auch die Propaganda des Nationalsozialismus immer stärker bemerkbar. Den Anschluß an Deutschland wünschte nach dem verlorenen Krieg der größere Teil der Bevölkerung. Das bedeutete noch nicht Deutschnationalismus im Sinne der kommenden Hitlerpartei. In der Christlichsozialen Partei und unter den Rechtsgruppierungen herrschte allerdings auch der Antisemitismus. Typisch war dies bei den Turnern. So fand sich in den Statuten des Deutschen Turnerbundes ausdrücklich ein Arierparagraph. Die Christlichsozialen bauten dann die Christlich-Deutsche Turnerschaft auf, während die Sozialdemokraten im Arbeiterbund für Sport und Körperkultur für mehrere Gruppierungen einen Dachverband schufen. Wie weit die Spannungen gehen konnten, zeigt der Handgranatenüberfall von Nationalsozialisten auf eine Gruppe christlich-deutscher Turner in Krems, der einen Toten und zahlreiche Schwerverletzte forderte. Dieser Anschlag – er hatte sich am 19. Juni 1933 ereignet, also schon nach Ausschaltung des Parlaments – wurde von Dollfuß zum Anlaß genommen, die NSDAP und 46 deutschnationale Turnvereine zu verbieten. Gegenüber der Neuordnung des österreichischen Staatswesens verhielten sich die Bischöfe zustimmend bis reserviert. Noch 1933 beschlossen die Bischöfe, daß alle Priester, die ein politisches Mandat innehatten, dieses zurücklegen müßten. Der Ständestaat aber gab sich bewußt als der christliche deutsche Staat, im Gegensatz zu Adolf Hitlers Deutschem Reich. Im Klerus wurde besonders in unserer Diözese die Ermordung von Bundeskanzler Dollfuß gerne hochstilisiert: Er galt als Märtyrer im Kampf gegen den Nationalsozialismus. Vor dem St. Pöltner Dom wurde auch ein Dollfußdenkmal errichtet. Obwohl es dem Klerus nicht verborgem bleiben konnte, daß der Ständestaat mit seiner Vaterländischen Front die Kirche immer mehr für seine Zwecke einspannte, fand er diesen

Druck doch ganz angenehm, weil er den Kirchenbesuch steigerte. Die Bischöfe nahmen sehr früh den Kampf gegen den Nationalsozialismus auf, Dollfuß und Schuschnigg sahen allerdings den Gegner eher auf der linken Seite.

Wie sehr die österreichische Bevölkerung durch die Parteienkämpfe gespalten war, zeigten etwa die Februarkämpfe in St. Pölten, wo sich bei den Auseinandersetzungen an der Eisenbrücke zwei leibliche Brüder gegenüberstanden. Gerade die Februarkämpfe 1934 aber vertieften die Abneigung bestimmter Kreise gegen die Kirche, die mit dem Ständestaat identifiziert wurde. Auch die Protestanten kamen in eine Zwickmühle. Ein großer Teil der Pastoren stammte aus dem Reich und sympathisierte zum Teil mit Hitler. Sie wurden immer stärker zu dieser Haltung gedrängt, weil sie im Ständestaat verschiedenen Repressionen ausgesetzt waren. Gerade um 1934 erhielten aber die Protestanten einen verstärkten Zuzug. Einen wesentlichen Grund für die allgemeine Radikalisierung ab 1930 bildete aber die Arbeitslosigkeit, die immer mehr Menschen in die Arme des Nationalsozialismus trieb.

Seit 1931 stand die österreichische Regierung mit dem Vatikan wegen eines Konkordates in Verhandlungen, die dann 1933 ihren Abschluß fanden. Der Abschluß fiel allerdings in die Zeit, als Kanzler Dollfuß das Land schon unter Ausschaltung des Parlaments regierte. Die Ratifizierung des Konkordates erfolgte zugleich mit der neuen österreichischen Bundesverfassung am 1. Mai 1934. Damit sollte demonstriert werden, daß Österreich auf der Basis der päpstlichen Enzyklika „Quadragesimo anno“ (1931) als christlicher Ständestaat seine Zukunft gestalten wolle. Ansonsten brachte das Konkordat für die Kirche keine besonderen Ergebnisse, da so manche Bedingung an eine bessere finanzielle Situation der Republik geknüpft war. Verbesserungen gab es hinsichtlich des Religionsunterrichtes an berufsbildenden Schulen und im Eherecht. Das Konkordat litt von Anfang an darunter, daß es unter einem absolutistischem Regime geschlossen wurde. Es wurde deshalb von sozialistischer Seite, besonders aber von den Nationalsozialisten bekämpft, die es im Falle eines Anschlusses von vornherein als gegenstandslos betrachteten. Die Mehrheit der Katholiken sympathisierte mit dem Ständestaat, da sie hofften, daß christliche Grundsätze verwirklicht würden. So wurde mancherorts auch auf die Schüler Druck ausgeübt, den Gottesdienst zu besuchen, was letztlich negative Folgen hatte.

Die Diözese in der Zwischenkriegszeit

Unter Bischof Rößler (bis 1927)

1918 war Bischof Rößler 68 Jahre alt. Nur schwer konnte er sich auf die neue Republik einstellen. Bereits am 12. November, einen Tag nach der Abdankung des Kaisers, teilte er dem Klerus das Manifest des Kaisers mit und stellte fest, daß es die Pflicht aller sei, sich der gegenwärtigen provisorischen als auch der künftigen Neuordnung zu fügen. Der Klerus solle das Volk beruhigen, es aber auffordern, bei einer künftigen Wahl nur solche Männer zu wählen, die für die Rechte der Kirche und die Religionsfreiheit einträten. In einem Hirtenbrief anläßlich des Todes Kaiser Karls 1922 dankte diesem der Bischof, daß er mit seiner Abdankung den Katholiken den Gewissensentscheid zugunsten der Republik erleichtert habe. Doch anläßlich des Friedensvertrages von St. Germain klagte er in einem Hirtenbrief über das Unrecht, das durch die Trennung von Kirche und Staat entstanden sei.

Infolge des Friedensschlusses von St. Germain verlor Niederösterreich 1919 Gebiete an die Tschechoslowakei. Im Raum von Gmünd wurden drei Pfarren der Administratur des Bischofs von Budweis unterstellt, nämlich Beinhöfen, Rottenschachen und Zuggers. Zur Pfarre Rottenschachen (Rapšach) gehörten auch die beiden Dörfer Franzensthal (Františkov) und Kösslerdorf (Nova Veš) in Böhmen, da die Diözese bis dahin über die niederösterreichischen Landesgrenzen hinausgriff. (Auch die Pfarre Arbesbach reicht nach Oberösterreich, während Ennsdorf zur Diözese Linz und Lahnsattel zur Diözese Graz-Seckau gehören.) Ebenso verlor die Pfarre Höhenberg den größeren Teil ihres Sprengels, nämlich Naglitz (Nakolice), Tannenbruck (Trpnouze), Thiergarten (Obora) und Weißenbach (Vyšne). Die Pfarre Gmünd verlor die Bahnhofsiedlung (České Velenice) mit Josefschlag, gewann aber von der Pfarre Zuggers (Krabonoš) das Dorf Breitensee. Die definitive Eingliederung dieser Gebiete in die Diözese Budweis erfolgte erst durch die apostolische Konstitution vom 2. September 1937, nur ein Jahr bevor die Grenzfrage neuerlich in Bewegung kam.

Rößler selbst widerfuhr anläßlich seines silbernen Priesterjubiläums 1919 die Ehre, daß ihm das Pallium durch den Papst verliehen wurde. Doch waren die ersten Nachkriegsjahre besonders schwer und die Massen noch lange nicht beruhigt. Besonders nahe ging dem Bischof ein Vorfall anläßlich einer Volksmission 1921 im Dom zu St. Pölten. Als P. Bogsrukker eine Predigt über die Arbeit hielt, kam es zu einer Provokation durch kommunistische Gruppen, die den Prediger niederschrien. Auch als der Bischof dagegen protestierte, hielt das Lärmen an, und nur mit Mühe konnte der Prediger in die Sakristei gerettet werden. Im Winter 1924 erkrankte Bischof Rößler so schwer, daß er im Juli noch nicht einmal in der Lage war, die von ihm gestiftete Domglocke zu weihen. Im Herbst ging es ihm etwas besser, und er konnte unter zahlreicher Anteilnahme der Bevölkerung am 5. Oktober sein dreißigjähriges Bischofs- und fünfzigjähriges Priesterjubiläum feiern. Irgendwie kämpfte er sich bis zu seinem Tod am 4. Jänner 1927 durch, glücklich, keinen Koadjutor beanspruchen zu müssen. Einen Koadjutor zur Seite zu haben, wurde damals noch als ein Beweis der Unfähigkeit oder als ein Zeichen des Mißtrauens verstanden.

Die Nöte der Nachkriegszeit trafen auch die Kirche schwer. Infolge der Inflation brachen alle Stiftungen zusammen. Zahlreiche Messen waren auf Kapitalien gestiftet, die nun wertlos waren. Relativ viel Pfarrkapital war schon seit der Grundentlastung auf Staatspapieren angelegt. Während des Krieges mußten die kirchlichen Institutionen – anfangs war es aus patriotischer Begeisterung – zahlreiche Kriegsanleihen zeichnen. Das alles fraß nun die Inflation. Zahlreiche Seelsorgepriester, bei denen die Pfarrpfründe zu klein war, hatten oft kaum genug zum Leben. Im ländlichen Gebiet half oft die Bevölkerung aus. 1921 wurde ein neues Kongruagesetz geschaffen, das jene Priester, deren Einkommen durch die Inflation verlorengegangen war, ebenfalls aus dem Religionsfonds besoldete. Der Religionsfonds war aber im Laufe der Zeit weitgehend ausgehöhlt worden, viele Liegenschaften hatte der Staat abgestoßen, um augenblicklichen Geldbedarf zu decken, die Fehlbeträge mußten aus dem ordentlichen Staatsbudget ergänzt werden. So warfen die Religionsfondsgüter 1928 379.451 Schilling ab, die Ausgaben zur Kongruaergänzung betrugen aber im Bundesgebiet über 18 Millionen Schilling. Natürlich gab es bei den jährlichen Budgetdebatten entsprechend heftige Auseinandersetzungen. Die Verrechnung der Gehälter erfolgte über die Landesbuchhaltung. Die Diözese selbst verfügte über kein Einkommen.

Besonders arg waren die Stifte von der Inflation betroffen. Diese hatten ihre Entschädigungen für die Grundentlastung nach 1848 unterschiedlich glücklich angelegt. Melk erwarb Besitzungen in Ungarn (heute Rumänien), die erst nach längerer Zeit Erträge abwarfen; Göttweig kaufte einige Güter in Niederösterreich, wendete aber viel Geld für Renovierungsarbeiten auf, was natürlich keine weiteren Erträge brachte; Seitenstetten kaufte einige Bauernhöfe in der Nähe des Stiftes und modernisierte die Landwirtschaft. Ein Teil der Gelder aber wurde auch in Hausbesitzungen in Wien gesteckt, was damals eine gute Geldanlage war. Durch die verschiedenen Mieterschutzgesetze wurde aber der Wiener Hausbesitz wertlos. In dieser schwierigen Situation mußten die Stifte zu Notverkäufen von Kunstwerken greifen. Besonders schmerzlich war der Verkauf der Gutenbergbibel aus dem Stift Melk an die Mainzer Gutenberggesellschaft, die sie aber – entgegen der Abmachung – nach England weiterverkaufte. Von dort kam sie in die Vereinigten Staaten, wo sie bei der Vereidigung des Präsidenten benützt wird. In dieser schwierigen Situation halfen allerdings auch amerikanische Abteien aus. Wegen des Verfalls der Agrarpreise konnten sich die Stifte aber lange Zeit nicht erholen. Ab 1934 mußten die österreichischen Benediktinerabteien auch mithelfen, das schwerverschuldete Kloster St. Peter in Salzburg vor dem Konkurs zu retten, vor dem es wegen zu großer Bauvorhaben stand. Bereits 1889 hatte sich ein Großteil der österreichischen Benediktinerstifte zur Kongregation von der Unbefleckt Empfangenen vereinigt. 1930/31 erfolgte der endgültige Zusammenschluß zur österreichischen Benediktinerkongregation (ausgenommen Seckau, das der Beuroner Kongregation angehört). Erster Abtpräses wurde Theodor Springer (Abt von Seitenstetten 1920–1958). Auf Anregung des Gmünder Pfarrers Franz Oelzelt (Abgeordneter zum Nationalrat von 1923–1934) schlossen sich 1933 alle österreichischen Stifte zusammen, um ihre wirtschaftlichen Schwierigkeiten der Regierung darzulegen. Es ging dabei um Anteile an der Kongrua für die Stiftspfarren und um die Problematik der Verschuldung.

Doch auch die Pfarren hatten ihre Sorgen. Relativ rasch gelang die Wiederbeschaffung der Glocken, weil die Bevölkerung dafür gerne Opfer brachte; wegen der Inflation kamen oft astronomische Summen zustande. In vielen Kirchen wurde noch während des Krieges und nach dem Krieg eine elektrische Beleuchtung installiert. Größere Renovierungen blieben aber zumeist aus. Schuld daran war die allgemeine Armut, die größere Vorhaben nicht zuließ, aber auch die ständigen Geldnöte des Staates, der seinen Patronatspflichten nicht nachkam (etwa ein Drittel der Pfarren stand unter landesfürstlichem Patronat oder unter dem Patronat des Religionsfonds).

Mit dem Erscheinen des neuen kirchlichen Gesetzbuches, das 1918 in Kraft trat, ergaben sich auch einige Änderungen in der Diözese. 1921 wurden daher wieder ständige Generalvikare berufen (1921–1927 Josef Gruber; 1927–1943 Karl Forstner; 1943–1959 Michael Distelberger; 1961–1970 Ferdinand Wimmer; seit 1970 Alois Tampier).

Der neue Codex sah auch vor, daß das Ernennungsrecht für Pfarrvikare an den Bischof übergeht. Daher wurden nach und nach die zuständigen Pfarrer zum Verzicht auf das Präsentationsrecht für ihre Vikariate genötigt; bis 1939 wurden alle Vikariate in den Rang von Pfarren erhoben. So präsentierte der Pfarrer von St. Valentin für Ernsthofen, der Pfarrer von Neuhofen an der Ybbs für Euratsfeld, St. Leonhard am Wald und Ulmerfeld, der Pfarrer von Opponitz für St. Georgen am Reith, der Pfarrer von Tulln für Freundorf und Langenrohr und schließlich der Pfarrer von Weiten für Maria Laach.

Unter Michael Memelauer (ab 1927)

Mit der Monarchie endete auch das Nominationsrecht des Kaisers auf den Bischofssitz St. Pölten. Gemäß dem kirchlichen Gesetzbuch stand die Ernennung unmittelbar dem Apostolischen Stuhl zu. Doch erwartete sich die österreichische Regierung eine Fühlungnahme, um die Kandidatur untragbarer Personen zu vermeiden. Die Wahl fiel schließlich auf den bisherigen Dompfarrer Michael Memelauer. Am Karsamstag, dem 16. April 1927, teilte Bundeskanzler Ignaz Seipel dies telegraphisch Memelauer mit und gratulierte ihm. Die päpstliche Ernennungsurkunde ist mit 18. April datiert. Am 23. Mai konnte sie Memelauer dem Domkapitel vorlegen und übernahm aus den Händen des Kapitelvikars Franz Huber die Jurisdiktion der Diözese. Die Bischofsweihe erteilte ihm am 26. Mai Kardinal-Erzbischof Friedrich Piffl mit den Mitkonsekratoren Johannes Maria Gföllner (Linz) und Josef Pfluger (Weihbischof zu Wien) im Dom zu St. Pölten. Erstmals erhielt ein St. Pöltner Diözesanbischof in seiner Domkirche die Weihe (vordem ist nur eine Bischofsweihe vom 4. Mai 1828 bekannt; damals konsekrierte Bischof Frint seinen Schüler Stephan Paulovich-Lucich im Dom zu St. Pölten zum Bischof von Cattaro). Die feierliche Inthronisation erfolgte am 31. Mai. Weihe und Inthronisation gestalteten sich zu ausgesprochenen Sympathiekundgebungen für den neuen Bischof.

Michael Memelauer wurde am 23. September 1874 als ältestes Kind einer Bauernfamilie in Schachen Nr. 7 (Haus Hehenberg), Pfarre Sindelburg, geboren. Die Volksschule besuchte er in Oed, das Gymnasium in Seitenstetten (ab 1884, 1887 ins Seminar aufgenommen). Nach der Matura trat er in das St. Pöltner Priesterseminar ein, dessen Direktor damals Johannes Rößler war. Da er bereits mit 22 Jahren das Theologiestudium abgeschlossen hatte, wurde er zunächst 1896 als Diakon in Haag angestellt. Am 24. Jänner 1897 empfing er die Priesterweihe, verblieb aber als Aushilfspriester in Haag. 1897 wurde er als Kooperator nach Schrems versetzt, wo er bis 1901 wirkte. Dann kam er als Domkurat nach St. Pölten (bis 1917). Während der bisherigen Seelsorgetätigkeit erwies sich Memelauer als ausgezeichneter Katechet und Jugendseelsorger. Schon in Haag fand er Kontakt zum dortigen Gesellenverein. In Schrems gründete er gemeinsam mit Pfarrer Guganeder den katholischen Arbeiterverein. In Krems war er auch Präses der Kolpingfamilie, ebenso in St. Pölten von 1904 bis 1919. Ab etwa 1915 leitete er schon weitgehend die Dompfarre, da Dompfarrer Dr. Friedrich Schmidt schwer krank war. Nach dessen Tod bestellte man Memelauer 1917 zum Dompfarrer. Zu Kriegsende und in den ersten Nachkriegsjahren wurde er mit den Nöten der Menschen konfrontiert, aber auch mit den Problemen, die sich in der Dompfarre aufgrund des Ausfalls aller Religionsfondsleistungen für die Domangestellten ergaben. So streikten der Dommesner, Kirchendiener, Regenschori, Organist, fünf Choralisten und drei Sängerknaben, weil sie nicht mehr bezahlt werden konnten. Als Ersatz gründete man 1924 den Dommusikverein. Memelauer war auch die Vertrauensperson Bischof Rößlers in dessen letzten Lebensjahren und spendete ihm auch die Sterbesakramente.

Aufgrund seines Werdeganges, aber auch wegen seiner persönlichen Einstellung wurde Memelauer vor allem Seelsorgebischof. Er hielt sich aus der Politik heraus und hegte auch gegenüber dem Ständestaat ein gesundes Mißtrauen, im Gegensatz zu Kardinal Innitzer von Wien. Diese Linie behielt Memelauer auch nach 1945 konsequent bei. So sind auch kaum mehr Priester in der Politik tätig. Scheicher und Bauchinger schieden schon 1919 aus dem politischen Leben aus. Letzterer widmete sich allerdings noch länger dem Ausbau des landwirtschaftlichen Genossenschaftswesens. Auf dem gleichen Gebiet wirkten Franz Xaver Ohrfandl (gest. 1936), Pfarrer in Litschau, Dechant Ignaz Trimmel von Steinakirchen (1919–1939, gest. 1946) und P. Werner Deibl vom Stift Zwettl (1881–1970). Aus dem Kreis um Dechant Hiebl kam Josef Sturm (1885–1944), der im Bauernbund tätig war, kurzfristig die Stelle eines Landeshauptmannstellvertreters von Niederösterreich innehatte (1933) und schließlich als Hofrat im Bundesamt für Statistik in Pension ging. Politisch am meisten betätigte sich Pfarrer Oelzelt (1887–1963), der sich als Abgeordneter zum Nationalrat um die Priesterbesoldung verdient gemacht hat, aber auch mehrere Funktionen im Volksbund ausübte. 1933/34 wurden die Priester ohnedies aus der Politik abgezogen.

Die Seelsorge knüpfte in der Zwischenkriegszeit weitgehend an die vor dem Weltkrieg geschaffenen Verhältnisse an. Die Anfänge einer kirchlichen Jugendarbeit (wenn man von den Kolping-Gesellenvereinen absieht) liegen in unserer Diözese in St. Martin bei Weitra, wo Pfarrer Sebastian Hubik (gest. 1927) 1894 einen Katholischen Fortbildungsverein gründete, der viel Zulauf hatte. Der Vater der Jugendseelsorge aber war im Grunde Josef Hiebl (1871–1954, 1894–1909 Kooperator und dann bis zu seinem Tode Pfarrer in Kirchberg an der Pielach). Um 1900 rief er bereits zur Organisation der katholischen Jugend auf und schuf in Kirchberg einen Burschenverein. Zunächst gab er eine Zeitschrift mit dem Titel „Die christliche Jungsfrau“ heraus. Ab 1904 ließ er das „Edelweiß“ erscheinen (zunächst in Wien, ab 1908 in Klagenfurt), das die Anregung zur Gründung zahlreicher Burschenvereine gab, die häufig auch den Namen „Edelweiß“ wählten. Die offizielle Gründung des Kirchberger Burschenvereins erfolgte als Sektion des christlichen Arbeiterbildungsvereins 1906. In den Vereinsstatuten wurde unter anderem auch festgelegt, daß die Mitglieder nach der Heirat in den Bauernbund, den Christlichen Arbeiterverein oder in den Katholischen Volksbund übertreten sollten. Nach 1937 war Hiebl noch Mitarbeiter der „Illustrierten Mädchenzeitung“, nachdem er in diesem Jahr seine Tätigkeit beim „Edelweiß“ eingestellt hatte. Für die Burschenvereine erreichte Hiebl 1910 die Bildung eines Diözesanverbandes, der sich in zwei Kreisverbände gliederte. Hiebl wurde zugleich erster Diözesanpräses. Bereits 1910, anläßlich einer Wallfahrt nach Maria Taferl, planten Hiebl und sein Linzer Mitbruder Josef Moser einen Reichsbund der Burschenvereine.

Neben den Burschenvereinen gab es noch die christliche Arbeiterjugend, die nach den Ideen Anton Orels arbeitete und im Waldviertel im Heidenreichsteiner Kooperator Josef Kern (gest. 1919 als Pfarrer von Reingers) einen entschiedenen Vertreter hatte. Erst 1917/18 kam es zur Bildung des Reichsbundes der katholischen deutschen Jugend Österreichs, der eine große Anzahl von Jugendorganisationen zusammenfaßte. In unserer Diözese aber dominierten weiterhin die Burschenvereine. 1922 folgte auf Hiebl Franz Oelzelt (seit 1924 Pfarrer von Gmünd) als Diözesanpräses, der er bis zur Auflösung des Reichsbundes 1938 auch blieb. In seiner Blütezeit um 1932 zählte der Reichsbund in der Diözese 4700 Mitglieder. Neben den Burschenvereinen gehörten dazu auch der Jungreichsbund, die Pfadfinder, die Marianischen Kongregationen und Mädchenbünde, die katholischen Studentenverbindungen (MKV) und die Studentenkongregationen sowie die Christliche Arbeiterjugend und der Bund Neuland.

Wichtigster Träger der kirchlichen Organisationen aber war der Katholische Volksbund, der die Dachorganisation für die verschiedenen kirchlichen Vereine bildete. Bischof Memelauer führte den Volksbund in die von Papst Pius XI. geforderte Katholische Aktion über. 1926/27 kam es bezüglich der Einführung der Katholischen Aktion bereits zu mehreren gesamtösterreichischen Konferenzen. Bewußt wurde auf die schon bestehenden diözesanen und gesamtösterreichischen Einrichtungen zurückgegriffen, die nunmehr unter der einheitlichen Leitung des Episkopats stehen sollten. Bischof Memelauer bestimmte daher, daß der bisherige Volksbund Träger der Katholischen Aktion sei. Er erklärte: „Die Katholische Aktion ist nicht ein neuer Verein, sondern die Zusammenfassung aller organisierten und nicht organisierten Katholiken zu einheitlicher, zielbewußter Seelsorgearbeit, die darin gipfelt, alle Menschen zur Betätigung katholischen Lebens zu führen. Sie will die Arbeit der einzelnen katholischen Organisationen oder Standesvereine nicht hindern oder unterbinden, sondern ihnen eine einheitliche Richtung geben. Die Katholische Aktion steht fern aller politischen Einflußnahme und Tätigkeit." Auf pfarrlicher Ebene steht die Leitung dem Pfarrer zu. Die Zentralleitung hatte der Arbeitsausschuß in St. Pölten (Domgasse 5). Als Besonderheit für Österreich sei angeführt, daß die Hälfte der zwölf Mitglieder dieses Ausschusses vom Bischof ernannt wurde, die andere Hälfte aber von der Versammlung der Diözesandelegierten gewählt wurde. Auf pfarrlicher Ebene wurden Pfarrausschüsse gebildet. Endgültig und offiziell wurde die Katholische Aktion bei der Delegiertentagung des Katholischen Volksbundes am 15. November 1935 durch den Bischof bestätigt und dazu die notwendigen Weisungen gegeben. Als Festtag der Katholischen Aktion bestimmte der Bischof das Christkönigsfest (damals noch letzter Oktobersonntag). Wichtige Aufbauarbeit im Volksbund und in der Katholischen Aktion leisteten in der Zwischenkriegszeit Pfarrer Franz Oelzelt, Kooperator Adolf Sabelko (Direktor des Volksbundes 1924–1935, dann Pfarrer von Obergrafendorf bis 1963, gest. 1973) und Dr. Johann Hofmann (Generaldirektor des Volksbundes von 1935–1938, 1938–1947 Seelsorgeamtsleiter, 1947–1968 Professor für Moraltheologie, gest. 1975).

Bereits 1927 errichtete Memelauer auch das Exerzitienwerk der Diözese, das der damalige Jugendsekretär Franz Laaber (1894–1958) aufbaute. 1930 gab es bereits zwanzig Häuser, wo geschlossene Exerzitien gehalten werden konnten. Im besonderen stellten sich dazu die Waldviertler Klöster Altenburg, Geras und Zwettl zur Verfügung. Alte Tradition hatten schon die Priesterexerzitien bei den Redemptoristen in Eggenburg. Ein Mittel zur Seelsorge sah Bischof Memelauer auch im Vollzug der Liturgie. Nach dem Vorbild von Pius Parsch (Klosterneuburg) entstand schon 1928 in St. Pölten eine liturgische Gemeinde, die am 9. Dezember ihre erste „liturgische Chormesse" feierte. 1931 erschien das neue Diözesangesangbuch, das vor allem durch Domkapellmeister Johann Pretzenberger (1897–1973) gestaltet wurde. 1932 wurde das neue Diözesanrituale genehmigt. Es brachte die Segnungen und die Sakramentenspendung wieder weitgehend in der Volkssprache und wirkte vorbildhaft für den ganzen deutschen Sprachraum. 1935 folgte das „Heilige Volk" als Gebetsbuch für die Erwachsenen und im gleichen Jahr „Das Gotteskind" für die Schuljugend. Ebenso wie das 1937 erschienene Vorbetbuch „Volk vor Gott" wurden sie von Regens Johann Landlinger redigiert. In der Diözese begann also relativ früh die liturgische Erneuerung, so daß die Reformen nach dem Zweiten Vatikanischen Konzil eigentlich eher eine Vollendung der Ansätze als eine Neugestaltung darstellten. Es folgten noch die Erneuerung der Fronleichnamsprozession mit deutschen Texten und 1940 das „Deutsche Vesperbuch".

Der Verbesserung der Seelsorge diente auch die Errichtung neuer Pfarren. Seit 1790 wurden an Pfarren nur Wald (1838 herrschaftlich), Krenstetten (1862 Stift Seitenstetten), Jagenbach (1901 Stift Zwettl) und Bärnkopf (1905 habsburgisch) gegründet. Damit wurde nur eine Vermehrung der Kleinpfarren erreicht, obwohl so Pfarrorte entstanden, deren Bewohner vorher weite Wege zur Pfarrkirche zurückzulegen hatten. Die eigentlichen Probleme aber lagen in den stark wachsenden Orten. Bereits 1913 wurde eine neue Kirche für den Südwesten St. Pöltens geplant, aber erst 1924 bis 1929 weiter südlich die Josephskirche aufgeführt, die Bischof Memelauer 1930 zur Pfarrkirche erhob. Bis dahin zählte die Franziskanerpfarre über 20.000 Einwohner. 1931/32 wurde, noch weiter im Süden der Stadt, die Kirche in Spratzern errichtet und 1934 zur Pfarre erhoben. Bald darauf entstand auch östlich der Traisen, in Wagram, eine Kirche (1937/38) und 1940 eine Pfarre. Da für den St. Pöltner Raum noch weitere Pfarren geplant waren, teilte der Bischof am 3. April 1937 das Dekanat St. Pölten in ein Stadt- und in ein Landdekanat (am 1. November 1963 wieder aufgehoben).

Entlang der Eisenbahnlinien wuchsen ebenfalls die Orte. Sprunghaft stieg vor allem die Bevölkerung von Amstetten an, wo bereits 1899 mit einer Jubiläumskirche begonnen wurde, die aber 1931 als Herz-Jesu-Kirche geweiht werden konnte. An ihr wirkten seit 1925 die Salesianer Don Boscos. 1939 wurde sie für den Osten der Stadt zur Pfarrkirche erhoben. Im Wienerwald wuchs Eichgraben als beliebter Sommersitz der Wiener, der bereits 1896 eine Kirche erhielt. 1938 wurde Eichgraben Expositur von Maria Anzbach, 1939 Vollpfarre. Auch entlang der Franz-Josefs-Bahn entwickelten sich einige Orte über den Durchschnitt: Der Bahnknoten Sigmundsherberg wurde zu einer richtigen Eisenbahnersiedlung. Daher baute man dort 1936/37 eine Kirche, auf die 1937 die Pfarrechte von Maigen übertragen wurden. Nächster größerer Bahnknoten ist Schwarzenau. 1903 wurde eine erste Kirche erbaut und ein Benefizium errichtet. 1930/33 erfolgte ein weiterer Ausbau und 1934 die Errichtung der Pfarre. Infolge der Industrialisierung des Ybbstales erwies sich auch die Errichtung einer Pfarre in Kematen als notwendig. Gründer ist hier das Stift Seitenstetten. Zur Pfarre kam auch das Kloster Gleiß.

Auch in Böhlerwerk wurde 1929/30 eine Kirche errichtet. Da im ländlichen Raum noch keineswegs ein Bevölkerungsrückgang einsetzte, wurde auch die in den Jahren 1902 bis 1914 erbaute Kirche zu Ertl 1929 zur Pfarre erhoben. Mit dem Bau der Kirchen in Spratzern, Wagram und Sigmundsherberg kam es endlich zur Abkehr vom Historismus, und die modernere Linie hielt Einzug im Kirchenbau der Diözese. Bemerkenswert ist, daß alle diese Kirchen mit Hilfe vieler kleiner und großer Opfer der Bevölkerung errichtet wurden. Dies gilt auch für die Vergrößerung des Seminares in Seitenstetten und für den Alumnatsausbau.

Aus Sorge um den Priesternachwuchs vergrößerte man das „Marianum" in Seitenstetten, so daß nun hundert Seminaristen aufgenommen werden konnten. Das Alumnat in St. Pölten wurde 1935/36 aufgestockt und modernisiert. Es galt ja 80 bis 100 Alumnen unterzubringen. Diese hohe Zahl ergab sich auch durch eine Verlängerung der Studien von vier auf fünf Jahre. Diese setzte bereits 1924 ein, weshalb es 1928 keine Priesterweihe gab. Von 1929 bis 1935 wurden 72 Neupriester geweiht, von 1936 bis 1940 erhielten 82 Alumnen die Weihe – die damalige Entwicklung ließ Hoffnung aufkommen.

Der wohl bedeutendste Theologieprofessor dieser Periode war Alois Schrattenholzer (1879–1954, 1917–1947 Professor für Moral), ein Sozialtheoretiker, der sich auch praktisch einsetzte. So war er der geistige Führer des St. Pöltner Arbeitervereins, hielt zahlreiche Vorträge zur sozialen Gerechtigkeit und arbeitet mit Leopold Kunschak auch an den Arbeiterwallfahrten nach Mariazell mit.

Nicht in dem Fach, das er dozierte, nämlich in der christlichen Philosophie, sondern als Dichter und Kunstfachmann tat sich Josef Wagner (1874–1938) hervor. Er wurde vor allem durch seine aus der Geschichte der Heimat schöpfenden Epen bekannt: „Die Ennswaldeiche" (1909), „Der Bauernhauptmann" (1927), „Der große Propst" (1933, Reprint 1984) und „Eisen und Stahl" (1934).

Ein 1936 einsetzendes verlängertes Studium der Theologie von sechs Jahren unterbrach der Krieg und wurde nicht wieder aufgegriffen. Bedeutsamer hingegen war die rechtliche Trennung von Priesterseminar und Lehranstalt; beide standen bis 1933 unter der Leitung des Alumnatsdirektors. Seither führt der Leiter des Priesterseminars den Titel Regens. Die oberste Leitung der Diözesanlehranstalt hat unmittelbar der Bischof, der einen Pro-Direktor ernennt. Die Professoren wählen sich seither einen Dekan.

1935 feierte Bischof Memelauer mit seiner Diözese den 150jährigen Bestand der Diözese. In den folgenden Jahren mußten sich die katholischen Jugendorganisationen mühen, um nicht von der Jugendorganisation der Vaterländischen Front aufgesogen zu werden. Das Österreichische Jungvolk wollte die Burschenvereine eingliedern, wogegen sich der Bischof verwahrte und in einem Abkommen die Selbständigkeit der katholischen Jugendvereine sicherte. Zehn Jahre nach seinem Amtsantritt berief Memelauer eine Diözesansynode für den 8. bis 10. September 1937 nach St. Pölten ein. Es ging dabei um die zeitgemäße Seelsorge, das Hauptanliegen des Bischofs. Der Bischof wollte Redaktion und Herausgabe des Synodalbuches selbst in die Hand nehmen. Durch den Einmarsch Hitlers am 13. März 1938 aber waren die Beschlüsse der Synode überholt. Die Veröffentlichung unterblieb, und die Synode wurde niemals rechtswirksam.

Die Diözese in der Nazizeit

Nach dem verlorenen Krieg war 1919 der überwiegende Teil der Bevölkerung Österreichs für einen Anschluß an das Deutsche Reich. Besonders intensiv wurde diese Forderung von den Großdeutschen und vom Landbund vertreten. Nach der Machtübernahme Hitlers in Deutschland (1933) trat allerdings ein gewisser Umschwung ein. Dollfuß wollte Österreich gegenüber Hitlerdeutschland bewußt als den „besseren" deutschen Staat aufbauen, der in der christlichen abendländischen Tradition steht. Die Nationalsozialisten aber erhielten bei den letzten freien Wahlen (es waren Landtagswahlen) unerwartet starken Zuspruch. Dazu trugen auch die bösen wirtschaftlichen Zustände mit der hohen Arbeitslosigkeit bei. Unter den Katholiken gab es jedoch auch einen gewissen Prozentsatz, der für die alte Reichsidee schwärmte. Sie glaubten, den Nationalsozialismus entsprechend ihrer Ideale umformen zu können. Solche Romantiker gab es in Österreich bis 1938, während im Altreich schon längst die Ernüchterung eingetreten war. Wieweit im Diözesanklerus diese Ideen verbreitet waren, läßt sich nicht ausmachen. Stärker war dort aber die Anhänglichkeit an den Ständestaat, wenngleich Memelauer selbst sie niemals besaß.

Obwohl der Bereich der Diözese St. Pölten keinen politischen Schwerpunkt hat, so haben sich doch in ihrem Gebiet einige geschichtswirksame Ereignisse abgespielt. Im Waldviertel war Georg Schönerer, der Gründer der deutschnationalen Bewegung in Österreich, Gutsbesitzer; in Hainfeld fand der Einigungsparteitag der Sozialdemokraten 1888/89 statt; aus der Gegend um den späteren Döllersheimer Truppenübungsplatz stammten auch Adolf Hitlers väterliche Ahnen; im Raum von Zwettl fand der Zweite Weltkrieg erst am 10. Mai 1945 sein Ende, und in Zwettl verübte Gauleiter Jury am 9. Mai Selbstmord.

Die Ereignisse von 1938

Der Zusammenbruch des alten Österreich und der Einmarsch der deutschen Truppen kamen für die Bischöfe überraschend. Noch kurz zuvor hatten sie ihren Widerstand gegen den Nationalsozialismus öffentlich kundgetan. In dieser Phase des Umsturzes ging es sehr turbulent zu. Kardinal Innitzer, von seiner Herkunft aus dem Sudetenland her großdeutsch, aber keinesfalls nationalsozialistisch gesinnt, machte am 15. März Hitler die bekannte Aufwartung im Hotel Imperial, um für die Kirche eine günstige Ausgangsposition zu erreichen. Für den 18. März berief er die österreichischen Bischöfe zu einer Konferenz nach Wien, bei der ihnen Gauleiter Bürckel unter dubiosen Umständen einen Aufruf entlockte, demzufolge die Katholiken am 10. April für den Anschluß Österreichs ans Deutsche Reich stimmen sollten. Diese feierliche Erklärung wurde in der anschließenden Propagandawelle benützt und brachte die österreichischen Bischöfe im Reich in Mißkredit. Als einziger Bischof Österreichs veröffentlichte Bischof Memelauer im Diözesanblatt vom 21. März die feierliche Erklärung ohne die Einleitungsworte „Aus innerster Überzeugung und mit freiem Willen". Doch mußte bereits am 29. März in einer neuen Nummer des Diözesanblattes die vollständige Erklärung abgedruckt werden. Sie trägt eigenartigerweise die Bemerkung, daß sie am 27. März zu verlesen sei. Trotz der Erklärung der Bischöfe war von einer wohlwollenden Behandlung der Kirche in Österreich durch den Nationalsozialismus keine Rede. Schon im Sommer 1938 wurden alle katholischen Schulen und Internate aufgelöst. Davon waren die Schulen der Orden (Melk, Seitenstetten, Englische Fräulein in St. Pölten, Krems, Schulschwestern in Amstetten und die bischöflichen Seminare in Seitenstetten und Melk) betroffen. Gauleiter Bürckel versuchte trotz ständig gebrochener Versprechungen im September 1938 nochmals die Bischöfe zu gewinnen. Dies fiel aber gerade mit der Aufhebung der Kolpingvereine und des Deutschen Ordens zusammen. Daraufhin brachen die Bischöfe die Verhandlungen ab. Die Kirche befand sich in Österreich in einer äußerst schwierigen Lage. Das Reich anerkannte das Konkordat von 1934 nicht, weitete aber die Gültigkeit des Reichskonkordates auch nicht auf Österreich aus, so daß sich Österreichs Kirche dem Staat gegenüber in einem rechtlosen Zustand befand.

1938 kam es auch noch zur Auflösung des Katholischen Volksbundes und fast aller kirchlichen Vereinigungen. Allein an die 400 Jugendvereinigungen wurden verboten. Insgesamt waren es in der Diözese 834 Vereinigungen, Werke und Stiftungen, die aufgehoben wurden und deren Vermögen man beschlagnahmte. Das kirchliche Leben blieb praktisch auf die Sakristei beschränkt. Nur einige rein religiöse Organisationen, wie die Dritten Orden, wurden belassen. Bei der Liquidation der Vereine ging man oft ziemlich brutal vor, in St. Pölten etwa bei der Enteignung des Kolpinghauses.

Die Situation der Orden

Wie immer bei Kirchenverfolgungen richtete sich der Hauptangriff gegen die religiösen Orden. In der Diözese St. Pölten taten sich hierin besonders der Kreisleiter von Horn und der Bürgermeister von Krems hervor. Im Kreis Horn wurde Stift Altenburg zunächst 1940 zur Unterbringung deutscher Flüchtlinge aus Bessarabien beschlagnahmt und 1941 dann zugunsten des Deutschen Reiches eingezogen, 1943 nahm es ein Militärlazarett auf. Nach 1945 wurde das Stift von sowjetischen Truppen belegt. Erst 1948 erfolgte die endgültige Rückgabe. Auch Geras verfiel durch eine eigenmächtige Aktion der Kreisparteileitung 1940 der Aufhebung. Nach verschiedenen Interventionen, wobei auch Bischof Memelauer durch seine Beziehungen zu Gauleiter Jury eingeschaltet wurde, konnten die Prämonstratenser 1944 das Kloster wieder beziehen. Stift Göttweig wurde 1938 der Gemeinde Krems eingegliedert (damals war alles „groß": Großdeutschland, Großwien, Großkrems). Schon 1939 hatte der Kremser Bürgermeister versucht, das Stift widerrechtlich unter kommissarische Verwaltung zu stellen. Schließlich gelang es ihm mit Hilfe der Gestapo (Geheime Staatspolizei), dieses Ziel zu erreichen und Göttweig zugunsten der Stadt Krems zu beschlagnahmen. Der Konvent wurde in Unternalb (Weinviertel) interniert. Im Stift richtete man eine Nationalpolitische Erziehungsanstalt ein, die Kunstschätze brachte man nach Krems. Nur die Stiftskirche wurde weiterhin als Pfarrkirche benützt. Im Zuge der Enteignung des Stiftes wurde auch der Besitz weitgehend zerrissen, und es bedeutete eine große Mühe, ihn nach dem Krieg wenigstens zum Teil wieder sicherzustellen. Relativ glimpflich kam die Abtei Melk über diese Zeit hinweg, wenn ihr auch das Gymnasium entzogen wurde. Ebenso schlossen die Nationalsozialisten das Gymnasium in Seitenstetten. Dort wurde 1939 das aus Salzburg vertriebene Benediktinerkolleg untergebracht, das jedoch 1941 geschlossen werden mußte. Immer größere Teile des Stiftes wurden zugunsten von Flüchtlingen beschlagnahmt oder darin ein Lazarett eingerichtet. Auch das Stift Herzogenburg wurde zu Einquartierungen herangezogen. Das gleiche Schicksal hatten die Stifte Lilienfeld und Zwettl zu erleiden. Zwettl verlor überdies durch die Anlage des Truppenübungsplatzes Döllersheim 900 Hektar Wald- und Grundbesitz. Langfristig aber wirkte sich für die Stifte sehr negativ das Aufnahmeverbot neuer Ordensmitglieder aus.

Ähnlich den Stiften hatten auch die Frauenkongregationen zu leiden. Die Englischen Fräulein in St. Pölten verloren ihre Schulen; zunächst wurde eine städtische, dann eine staatliche Oberschule eingerichtet, doch blieb ihnen das eigentliche Klostergebäude. In Krems wurden sie überhaupt aus dem Kloster vertrieben und wohnten bei den Piaristen und im Pfarrhof. Den Schulschwestern nahm man am 3. September 1938 ihr Haus in Judenau; seither ist Amstetten das Mutterhaus. Bereits im Sommer 1938 verloren sie alle ihre Heime, Schulen und Kindergärten; die Schwestern arbeiteten daraufhin vor allem in der Krankenpflege. Auch die Töchter des Göttlichen Heilandes mußten ihre Schulen aufgeben; die in Melk wurde von der Kreisparteileitung beansprucht. Insgesamt fielen im Bereich der Diözese die beiden Knabenseminare, zwölf Konvikte und Heime, zwei Lehrerbildungsanstalten, vier Bildungsanstalten für Kindergärtnerinnen und Arbeitslehrerinnen, 95 Fach- und Arbeitsschulen, 20 Haupt- und 30 Volksschulen, 120 Kindergärten und Kinderbewahranstalten sowie vier Waisenhäuser der Aufhebung zum Opfer, also 291 kirchliche Institutionen. 27 kirchliche Gebäude wurden beschlagnahmt, darunter auch die unter vielen Mühen erbauten Vereinshäuser.

Der Aufhebung sollte auch das diözesane Priesterseminar mit der Lehranstalt verfallen, doch hat man sie nicht zur Kenntnis genommen. Schließlich wurde auch von staatlicher Seite die Weiterführung genehmigt. Doch schon im Juni 1939 wurde die Zahlung der Professorengehälter und auch die Unterhaltszahlungen für die Alumnen eingestellt. Um dem ausbrechenden Krieg zuvorzukommen, fanden 1938/39 insgesamt viermal Priesterweihen statt. Im Wintersemester 1941/42 waren allerdings von den 85 Hörern bereits 81 im Krieg. 1942 war zeitweilig nur ein einziger Alumne im Haus, doch wurde der Lehrbetrieb fortgeführt, die Professoren konnten ja auch anderweitig Verwendung finden, etwa im Aufbau der Finanzkammer. Mitunter stieg wieder die Zahl der Hörer durch Kriegsteilnehmer, die auf Urlaub oder zur Genesung in der Heimat weilten. Den größten Teil des Gebäudes aber beanspruchten öffentliche Dienststellen. Insgesamt fanden 27 Alumnen im Krieg den Tod. An Stiftsmitgliedern kamen aus Seitenstetten sechs, aus Göttweig und Herzogenburg je zwei, aus Lilienfeld, Melk und Zwettl je eines ums Leben.

Bedrückung des Klerus

Bereits Anfang April 1938 erließ Bischof Memelauer Weisungen an den Klerus, worin er jede polemische und politische Äußerung auf der Kanzel, in der Schule, aber auch im öffentlichen und privaten Verkehr verbot; zugleich forderte er die Konzentration auf die Seelsorge und die unbedingte Solidarität mit dem Bischof. Er selbst versuchte auch immer wieder, soweit er konnte, den Klerus zu decken. Dabei kam ihm zugute, daß er mit Gauleiter Jury persönlich bekannt war, da dieser bis 1938 in St. Pölten als anerkannter Lungenfacharzt wirkte. Jury gehörte auch nicht zu jenen Scharfmachern in der Partei wie die Gauleiter von Oberdonau oder Salzburg. Memelauers Zurückhaltung beruhte auch auf der Überlegung, daß die Zeit des Nationalsozialismus nur vorübergehend sei. Daher kam es in der Diözese im Vergleich zu anderen Gebieten der damaligen Ostmark weniger zu Behelligungen des Klerus, doch waren die Bedrängnisse trotzdem noch arg genug.

Pfarrer Karl Raab von Arbesbach wurde am 21. September 1942 in Wien hingerichtet; man unterschob ihm unsittliche Beziehungen zu Kindern. Den Tod fand auch P. Paulus Wörndl. Der unbeschuhte Karmelit wirkte seit 1925 an der Josephskirche in St. Pölten, die er von 1930 bis 1939 als Pfarrer leitete. Er galt als begnadeter Jugendseelsorger und hatte auch mit den eingerückten Soldaten Briefkontakt. 1939 wurde er gauverwiesen, 1943 dann in Linz verhaftet und am 6. Juli 1944 in Berlin-Brandenburg hingerichtet. Pfarrer Richard Frasl von Groß-Siegharts hatte in Predigten gegen den Nationalsozialismus Stellung genommen und kam 1940 in das Konzentrationslager Dachau, wo er am 17. April 1945 an Typhus starb. Wegen ähnlicher Delikte waren auch Kaplan Anton Burger von Steinakirchen und Pfarrer Josef Stangl von Großau bei Raabs im KZ Dachau interniert, kamen aber 1945 frei. Auch P. Leopold Muris, der als Kaplan in Haag Schulverbot erhielt, wurde 1940 in Linz verhaftet und kam 1941 nach Dachau. Längere Gefängnisstrafen erhielten P. Edmund Schinko, Guardian bei den Franziskanern in St. Pölten, der bereits am 16. August 1938 verhaftet wurde, Pfarrer Anton Gierer von Hardegg, P. Nivard Binder (Zwettl), P. Georg Mayr (Seitenstetten), H. Theobald Weber von Reidling, die Melker Patres Alexander Tenschert, Dr. Hugo Hantsch und P. Philibert Paul. Kurzfristig in Haft oder mit schweren Geldbußen belegt wurden Propst Johann Schrimpf von Krems, ein unerschrokkener Kämpfer gegen den Nationalsozialismus, H. Milo Offenberger (Stift Geras), P. Ambros Minarz (Altenburg) und Dechant Johann Flicker von Zwettl-Stadt. Auch die Göttweiger Patres Gottfried Pfaff, Edmund Vasicek und Robert Docekal waren vorübergehend festgehalten worden. Von den später in der Diözese wirkenden Priestern seien noch P. Johann M. Lenz SJ und Ferdinand Trentinaglia genannt, die ebenfalls längere Zeit in Haft waren, Lenz unter anderem auch in Dachau. Zahlreiche andere Priester erhielten Vorladungen von der Gestapo, Geldstrafen oder Verwarnungen.

Religionsunterricht

Dem Nationalsozialismus ging es natürlich vor allem darum, die Jugend zu gewinnen. Trotzdem wurde der Religionsunterricht in den Pflichtschulen nicht abgeschafft. Allerdings verlangte man von den Eltern eine schriftliche Anmeldung zum Religionsunterricht. Die Religionsstunden wurden bewußt auf die Endstunden verlegt. Mehrfach appellierte Bischof Memelauer an die Eltern, ihre Kinder zum Religionsunterricht anzumelden. Damit hatte er zumindest im ländlichen Bereich meist Erfolg. Eine beliebte Behinderung des Religionsunterrichtes war auch die Verhängung von Schul- und Predigtverbot über Priester. In der Diözese St. Pölten waren im Jahre 1942 86 Katecheten davon betroffen, in ganz Österreich sollen es 1500 gewesen sein.

Auch die Seelsorge und das kirchliche Leben erfuhren immer wieder Behinderungen. Die Prozessionen wurden wesentlich eingeschränkt, und während der Nazi-Veranstaltungen durften keine Glocken geläutet werden. Natürlich fanden die Aufmärsche der Hitlerjugend und anderer Organisationen mit Vorliebe zu Zeiten der Gottesdienste statt.

Auch diesmal mußten die Glocken abgeliefert werden, die Demontagen setzten 1942 ein. Doch war offensichtlich gar kein so großer Bedarf vorhanden, da nach 1945 große Glokkenlager in Hamburg und Wien entdeckt wurden.

Unmittelbar nach der Machtübernahme propagierten die Nationalsozialisten den Austritt aus der Kirche. Diesmal folgten der Aufforderung eher die nationalliberalen Kreise. Es war aber den Pfarrämtern verboten, die Namen der Ausgetretenen zu veröffentlichen.

Neue Rechtslage

Mit 8. Juni 1938 galten auch für Österreich die Nürnberger Rassengesetze, so daß nun jeder Erwachsene einen Ariernachweis erbringen mußte. Nun wurden durch Jahre die Pfarrämter gestürmt, um sich seine arischen Ahnen nachweisen zu lassen. Das bedeutete eine nicht geringe Last für die Pfarrer. Sie mußten die Arbeit allein bewältigen, als Entgelt war nur eine geringfügige Gebühr gestattet. Mit 1. August 1938 wurden die Standesämter eingeführt. Sie übernahmen mit 1. Jänner 1939 die Matrikenführung, doch blieb das Eigentumsrecht auf die kirchlichen Tauf-, Trauungs- und Sterbebücher unangetastet.

Zur kirchlichen Vermögensverwaltung wurden am 1. Mai 1939 die Pfarrkirchenräte eingeführt. Am 28. April 1939 kam auch das einschneidende Gesetz über die Kirchenbeiträge, das mit 1. Mai in Kraft trat. Es bestimmte mit Paragraph 1, daß die katholische, evangelische und altkatholische Kirche Österreichs berechtigt ist, Kirchenbeiträge zur Deckung des kirchlichen Sach- und Personalbedarfs zu erheben, erklärt aber im Paragraph 5 alle Verpflichtungen des Staates, der staatlichen Fonds und öffentlichen Patronate sowie regelmäßige Leistungen für aufgehoben.

Damit wurde mit einem Federstrich der Religionsfonds liquidiert, der selbst in seiner strengsten staatskirchlichen Interpretation als zweckgebundener Fonds zugunsten der Kirche galt. Zugleich fielen aber auch alle öffentlichen Leistungen (z. B. von Gemeinden) zur baulichen Erhaltung der Kirchengebäude. Am 30. September informierten die österreichischen Bischöfe die Bevölkerung über die neue Situation und forderten sie zur Beitragsleistung auf. Bereits am 18. September veröffentlichte die Diözese St. Pölten eine Kirchenbeitragsordnung. Als neues Amt wurde daher die Diözesanfinanzkammer errichtet und ihr ein Diözesankirchenrat zur Seite gestellt. Die Erwartungen der Machthaber gingen dahin, daß nunmehr die Katholiken in vermehrtem Umfang aus der Kirche austreten würden. Diese Rechnung ging auch kurzfristig auf. Ab 1942 setzte jedoch eine Wende ein, die 1943 zum Durchbruch kam. Denn nun verstärkte sich die Opposition gegen das Dritte Reich, und es zahlten auch zahlreiche sonst eher fernstehende Katholiken aus Protest ihre Beiträge. Mitte 1942 mußte für den Klerus noch eine Gehaltskürzung vorgenommen werden, doch schon zur Jahreswende konnte sich der Bischof dafür bedanken, daß der überwiegende Teil der Katholiken ihrer Beitragspflicht nachkam. Es dauerte aber eine Weile, bis sich das Inkasso eingespielt hatte. Darum machten sich zahlreiche Pfarrkirchenräte verdient.

76, 77
In der Nachkriegszeit verhalf die Caritas vielen Stadtkindern zu einer Erholung auf dem Lande. Caritas-Direktor Prälat Laaber setzte hier zahlreiche Initiativen.

78
Diözesanbekenntnistag der Katholischen Jugend, Krems 1949

80
Heimattag der Katholischen Jugend, St. Pölten 1954

81
Marianisches Jahr 1954 – Jungscharbuben bringen das Lourdes-Licht auf den Domplatz.

79
Bischofkoadjutor König bei einer diözesanen Mädchenwallfahrt nach Maria Taferl, 1953

In der Liebe zu Österreich soll uns niemar

82
1957 feierte Memelauer sein 30jähriges Bischofsjubiläum (im Bild mit Erzbischof König, Nuntius Dellepiane, Koadjutor Žak und dem Domkapitel).

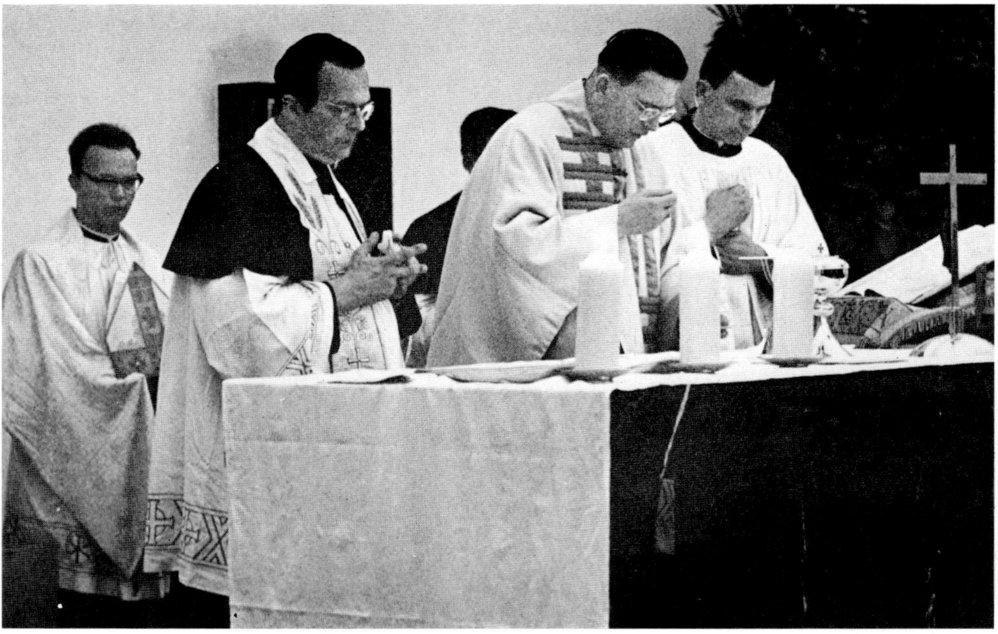

83
Segnung des Exerzitien- und Bildungshauses St. Hippolyt am 30. 9. 1961, Altarweihe durch Bischof Žak unter Assistenz von Rektor Josef Schwanke

84
Am 1. 10. 1961 begann die 2. Diözesansynode. Sie tagte im Hippolythaus unter der Leitung des neuen Bischofs Žak. Links das Bild seines am Vortag verstorbenen Vorgängers

85
Schnappschuß von der 3. Diözesansynode 1972, bei der es um die Verwirklichung der Beschlüsse des letzten Konzils ging. Tagungsort war die 1969 fertiggestellte diözesane Pädagogische Akademie in Krems.

86
Tulln-St. Severin
(erbaut 1972),
Zentrum der jüngsten
Pfarre der Diözese

87
Mit dem Zubau von
1973 wurde das
1903–1905 errichtete
Seminar in Melk
den Erfordernissen
der Zeit angepaßt.

88
Speisesaal des 1959 erbauten Canisiusheimes in Horn

89
Marianum Seitenstetten, Neubau 1979. Im Bild links das alte Adolfinum

92
Priesterweihe im Dom, 1977

90
Die Jazz-Band des St. Pöltner Priesterseminars spielte am 3. 5. 1965 in der Ausstellung „Rufer in der Zeit“ vor zahlreichen begeisterten Zuhörern.

91
Die Alumnen des Priesterseminars 1959 mit Regens Leopold Schmutzer und Spiritual Alois Stöger

93
Chorgebet im Stift Göttweig. Rechts im Bild Abt Clemens Lashofer

94
Berthold Heigl nach seiner Wahl zum Abt von Seitenstetten, 1984

95
Franz X. Eder, Bischof von Passau, weiht den Altar der Kapelle des Exerzitienhauses St. Altmann zu Göttweig, 1983.

96
Die Altenburger Sängerknaben unter der Leitung von Prof. Leopold Friedl

97
Fronleichnam in der Wachau (Spitz)

98
Sternsingertreffen in Zwettl-Stadt, 1981

99
Ministrantentag in Amstetten, 1964. Im Hintergrund die Türme der Herz-Jesu-Kirche

100
Herzogenburger Kindersommer, 1980. Propst Maximilian Fürnsinn – hier bei der Puppenparty – war stets unter den jungen Gästen.

101
In vielen Pfarren bereiten Tischmütter die Kinder auf die erste hl. Kommunion vor.

102
Erstkommunion in Markersdorf/Pielach, 1983

103
Fußwallfahrt auf den Taferlberg
in den fünfziger Jahren

104
„200 Jahre Diözese St. Pölten" –
Mit einer Wallfahrt im Oktober
1984 zur Mutterkirche Passau
begannen die Feierlichkeiten
zum Jubiläumsjahr. Im Bild
Bischof Žak und sein Domkapitel
beim Festgottesdienst im
Dom zu Passau

105
Jeutendorf, 15. 9. 1985 – Einzug der Schwestern in die Klausur des neueröffneten Karmels

Das Verbot der Katholischen Aktion (Katholischer Volksbund) mit den zahlreichen kirchlichen Vereinen und die neue Situation bei den Finanzen erforderten auch eine Neuorganisation des Bischöflichen Ordinariates. Bereits am 22. August 1938 errichtete Bischof Memelauer das bischöfliche Seelsorgeamt, dem die Standesseelsorge, die Exerzitien, die Liturgie und die Caritas unterstellt wurden. Praktisch handelte es sich dabei um die Weiterführung des Sekretariats des Volksbundes. Neuer Seelsorgeamtsleiter wurde dann auch der bisherige Leiter des genannten Sekretariats, Dr. Johannes Hofmann. Seinen Sitz hatte das Seelsorgeamt zunächst im Hause Domgasse 5, später im Alumnat. Am 1. Juli 1940 erfolgte die erste Neuordnung des Bischöflichen Ordinariats seit 1785. Es wurde nunmehr in drei Ämter gegliedert: Ordinariatskanzlei, Finanzkammer und Seelsorgeamt.

Pfarrliche Veränderungen

Im Zuge der Eingliederung der Sudetengebiete ab 1. Oktober 1938 wurden südböhmische und südmährische Gebiete zum Gau Niederdonau geschlagen. Damit übernahm auch die Diözese St. Pölten 18 Pfarren der Diözese Budweis in Administration, die mit 1. 1. 1940 in die zwei Dekanate Gratzen und Neubistritz gegliedert wurden. Insgesamt zählte dieses Gebiet 37.643 Katholiken. Zum Dekanat Gratzen gehörten die Pfarren Beinhöfen, Rottenschachen und Zuggers (bis 1919 bzw. 1937 ohnedies bei der Diözese St. Pölten) sowie Gmünd-St. Agnes (Gmünd III bzw. České Velenice) und die südböhmischen Pfarren Brünnl, Gratzen, Heilbrunn, Sonnberg und Strobnitz. Die ab Brünnl aufgezählten Pfarren wurden 1942 zum Gau Oberdonau geschlagen und dann auch von der Diözese Linz übernommen. Zum Dekanat Neubistritz zählten die Pfarren Adamsfreiheit, Altstadt, Blauenschlag, Hosterschlag, Kloster, Neubistritz, Oberbaumgarten, Riegerschlag und Schamers. Nach Kriegsende ernannte Bischof Memelauer den Dompropst von Budweis zum Generalvikar für dieses Gebiet, bis es durch ein Dekret des Staatssekretariates vom 10. Jänner 1946 wieder definitiv dem Bischof von Budweis unterstellt wurde.

Blieb die Unterstellung der südböhmischen Pfarren unter die Administratur St. Pöltens eine Episode, so hatte die Anlage des Truppenübungsplatzes Döllersheim dagegen dauernde Folgen. Mit 1. Juli 1938 wurden die Pfarren Edelbach und Groß-Poppen und mit 1. April 1940 die Pfarre Oberndorf aufgehoben. Der 30. September 1942 brachte auch die Aufhebung der Pfarre Döllersheim. Auch die Pfarre Franzen war zur Aufhebung vorgesehen, verlor aber schließlich nur einige Ortschaften. Die pfarrlichen Bücher von Edelbach kamen ins Stift Zwettl, die von Oberndorf nach Groß-Globnitz, die von Groß-Poppen nach Allentsteig und die Döllersheimer Pfarrbücher nach Rastenfeld. Durch den Truppenübungsplatz wurde das Dekanat Pölla zerschnitten. So hob man es auf und errichtete mit 1. August 1941 das Dekanat Gföhl. Die nördlichen Pfarren kamen zum Dekanat Waidhofen an der Thaya. Das Dekanat Gföhl erhielt auch einige Pfarren aus den Dekanaten Krems und Spitz zugeteilt.

Es konnten jedoch auch einige neue Pfarren errichtet werden. Im Raum Steyr erwies sich die Errichtung einer Kaplanexpositur in Münichholz als notwendig (1. Jänner 1942). Diese wurde nach dem Krieg (1. Oktober 1946) zur Pfarre erhoben, aber mit Dekret der Konsistorialkongregation vom 26. Oktober 1946 mit Jahresbeginn 1947 an die Diözese Linz abgetreten. Der Pfarrbereich war bereits während des Krieges zum Gau Oberdonau geschlagen worden. Neue Pfarrexposituren wurden auch in Traisen (1943) und Mitterbach (1944) errichtet, die seither vom Stift Lilienfeld versehen werden.

Bischof und Seelsorge

Während des Krieges entwickelte sich Bischof Memelauer immer stärker zum eindeutigen Führer des Klerus und des katholischen Volkes. In seiner besonnenen, aber entschiedenen Art gab er festen Halt und ließ keine Resignation aufkommen. Sein „Bangemachen gilt nicht", das er der Jugend zurief, wurde für viele zur Devise. Dieser Kampfruf wurde übrigens schon zur Zeit der „Los von Rom"-Bewegung geprägt, als Memelauer in Krems diese schwierige Phase erlebte. In seinen Hirtenbriefen, seinen Aufrufen an den Klerus und in den Predigten suchte er die Gläubigen in der Treue zur Kirche zu stärken, nahm aber darin auch gegen verschiedene Maßnahmen der Nationalsozialisten Stellung. So protestierte er in der Silvesterpredigt 1941 offen gegen die sogenannte „Tötung von lebensunwertem Leben", wie man die Beseitigung von Geisteskranken und Schwerbehinderten damals nannte. Er betonte auch immer wieder das Recht der Kirche auf die Erfüllung ihres Auftrages und die Durchführung der religiösen Übungen. Besonders die Eltern forderte er auf, für die religiöse Erziehung ihrer Kinder Sorge zu tragen. Immer wieder intervenierte er auch gegen Übergriffe der Parteiführer.

Weil die herkömmliche Form der Seelsorge über die kirchlichen Vereine zerschlagen war, wurde nunmehr großer Wert auf die unmittelbare Pfarrseelsorge gelegt. Für Kinder wurden Seelsorgestunden gehalten. Mit dem Abflauen der Anfangsbegeisterung für HJ und BdM (Hitlerjugend und Bund deutscher Mädchen) setzte auch die kirchliche Jugendarbeit ein. Es wurden Sakristeigruppen gebildet, da ja andere Formen verboten waren. Bekannt ist die Jugendgruppe, die der damalige Domkurat Franz König in St. Pölten aufbaute. Doch arbeitete man überall am Rande der Legalität. Mißliebige Anzeigen brachten die Vorladung vor die Gestapo. Ein wesentliches Element zur Vertiefung der Religiosität bildete auch die verstärkte Übernahme der volksliturgischen Bewegung. Gerade in dieser schwierigen Zeit versuchte aber auch der Klerus, sich durch Exerzitien und Fortbildungskurse zu stärken.

Gegen Ende des Krieges kam es sogar zu einer Zunahme des Gottesdienstbesuches, obwohl es bei den meisten Kirchen Parteileute gab, die die Kirchenbesucher beobachteten. Trotz der scheinbar so hoffnungslosen Lage in den Jahren 1938 bis 1940 ging die Kirche aus der nationalsozialistischen Diktatur von jeder parteipolitischen Bindung gereinigt und in ihrem Prestige und ihrem inneren Leben gestärkt hervor. Dabei seien aber auch die Schäden nicht verschwiegen, die sieben Jahre intensiver antikirchlicher Propaganda bewirkt hatten.

Das Kriegsende

Der Bombenkrieg brachte der Heimatbevölkerung die unmittelbare Begegnung mit dem Krieg. Bereits Ende 1944 veröffentlichte das Diözesanblatt eine Liste von durch Bomben beschädigten Kirchen: Markersdorf, Haindorf, Traismauer, Hainfeld, Rust und Frauenhofen bei Tulln. 1945 folgten Listen mit neun, dann mit 15 beschädigten Kirchen. Die Kirche in Rust war inzwischen vollständig zerstört worden. Besonders schwer wurde Amstetten getroffen: Bei Bombenangriffen wurde die Herz-Jesu-Kirche weitgehend zerstört (25. Februar und 20. März) und auch die Pfarrkirche und das Kloster der Schulschwestern beschädigt (16. April). Auch die Städte Tulln, Krems und St. Pölten wurden vom Bombenkrieg schwer heimgesucht.

Um diese Zeit hatten die sowjetischen Truppen bereits das Tullnerfeld erreicht und besetzten am 15. April St. Pölten. Am 17. April verlegten sie die Front auf die Linie Gerersdorf – Obritzberg. Während der Kämpfe bis zum 8. Mai wurden auch die Türme dieser beiden Kirchen zerstört. In diesen Tagen kam es noch zu zahlreichen Erschießungen. Beim Massaker in der Strafanstalt Stein am 15. April fanden der Provinzial der österreichischen Franziskaner, P. Dr. Angelus Steinwender, und sein Mitbruder Dr. Johannes Pieler, Guardian von Eisenstadt, den Tod. Bei den letzten Kämpfen wurden vor allem Hainfeld und der Raum von Lilienfeld sehr in Mitleidenschaft gezogen.

Am 12. Jänner 1945 erließ Memelauer in Hinblick auf die kommenden Ereignisse einen Aufruf, der in der Feststellung gipfelte: „Oberster Grundsatz ist: Der Bischof bleibt bei seinen Diözesanen, der Seelsorger bei seiner Pfarrgemeinde.“ So hielt der Bischof es auch; er erlebte den Einmarsch der Roten Armee im Luftschutzkeller unter dem Bistumsgebäude inmitten zahlreicher St. Pöltner, die dorthin geflohen waren. So hielten es auch die Pfarrer, soweit ihre Gemeinden wegen der Kampfhandlungen nicht zwangsevakuiert wurden.

XII DIE DIÖZESE SEIT 1945

Der Wiederaufbau – Absage an Staatskirchentum und Parteienbindung – Neue Wege der Seelsorge – Änderungen in der Diözesanverwaltung, neue Institutionen – Umschichtung der Bevölkerung – Die letzten Lebensjahre Memelauers – Franz Žak, Bischof von St. Pölten (seit 1961): Die Seelsorge steht vor einer neuen Situation; Sorge um die Priester; Diözesansynoden und II. Vaticanum; Stärkung des Laienelements in der Kirche; Kirchliche Bautätigkeit, neue Pfarren; Die Ordensgemeinschaften; Das Jubiläumsjahr 1985

Der Wiederaufbau

Der 8. Mai 1945 brachte wohl das Ende des Krieges, aber noch nicht den Frieden. Nun galt es, den Schutt aufzuräumen, sowohl im materiellen wie auch im geistigen Sinn. In der Enttäuschung über das „Tausendjährige Reich“ begingen nicht wenige Selbstmord. Andere hatten schon vor Kriegsende erkannt, daß sie einer falschen Lehre aufgesessen waren. Daher setzte 1945 auch eine Rückkehrbewegung zur Kirche ein, die allerdings nicht alle aus ihr Ausgetretenen erfaßte.

Die sowjetischen Besatzungstruppen, in deren Zone ja die Diözese bis zum Abzug im Jahre 1955 zur Gänze lag, behinderten grundsätzlich nicht das kirchliche Leben, und es gab auch keine bemerkenswerten Übergriffe in die kirchlichen Belange. Allerdings wurden verschiedene Gebäude, die in der Hitler-Ära beschlagnahmt wurden, weiter devastiert (Stift Göttweig, Kartause Gaming), wobei allerdings auch asoziale Elemente unter der einheimischen Bevölkerung kräftig mithalfen.

Sofort nach Kriegsende begannen an der Diözesanlehranstalt die Vorlesungen. Am 13. Mai 1945 wurden die Vorlesungen mit drei Hörern aufgenommen, eine Zahl, die sich durch Heimkehrer jedoch bald erhöhte. Das Wintersemester 1945/46 setzte am 1. Oktober mit 21 Alumnen ein, ein Jahr später waren es bereits 41. Da das Priesterseminar durch Bomben und Kampfhandlungen beschädigt war und zudem bis 1952 auch von verschiedenen städtischen Ämtern mitbenützt wurde, war der Betrieb sehr mühselig. Bis 1949 funktionierte die Heizung nicht, und es mußten mehrmals Kälteferien eingeschoben werden. Auch die Ernährung war nur schwer sicherzustellen. Schon während des Krieges war der 1937 angelegte Traisengarten (St. Pölten-Wagram) eine wichtige Ernährungsbasis für die Alumnen. Nach dem Krieg kamen noch die Naturaliensammlungen hinzu, die in den Pfarren auch für die Knabenseminare organisiert wurden.

Das Seminar in Seitenstetten konnte im Herbst 1945 seinen Betrieb wieder aufnehmen, doch war das Inventar weitgehend zerstört. Für das Seminar in Melk meldeten sich 16 Buben, die aber das erste Studienjahr im Stift verbringen mußten. Das Seminar war während des Krieges von der Kreisbauernschaft und einer Hauswirtschaftsschule benützt worden; nach Kriegsende verwendeten es die Russen als Lazarett. Es konnte erst nach Beseitigung des Schutts und gründlicher Desinfektion seiner Bestimmung zugeführt werden.

Sehr schwierig gestaltete sich die Wiederherstellung der zerstörten Kirchen und Pfarrhöfe. Zunächst mußte ja für die Bevölkerung der beschädigte und vernichtete Wohnraum wiederhergestellt werden. Es fehlte vor allem an Baumaterial (Dachziegel, Fensterglas) und auch an Arbeitskräften, da sich ein Großteil der Männer noch in Kriegsgefangenschaft befand. Praktisch zerstört waren die Herz-Jesu-Kirche in Amstetten, die Pfarrkirche in Rust im Tullnerfeld (hier machte sich um den Neubau der damalige, aus Rust stammende Bundeskanzler Leopold Figl verdient) und die Filialkirche in Traisen. Schwer beschädigt waren die Stiftskirche in Lilienfeld, die Kirchen in Gerersdorf, Obritzberg, Amstetten-St. Stephan und die Krankenhauskapelle in Gmünd. Von Schäden betroffen waren auch die Kirchen Kaumberg, Langenlebarn, Langenrohr, Tulln, Traismauer und Weißenkirchen an der Perschling. Zahlreiche andere Kirchen erlitten Dach- oder Fensterschäden. Während die Kirche in Rust bis 1949 aufgebaut werden konnte, zog sich die Wiederherstellung der Herz-Jesu-Kirche in Amstetten und der Kirche von Gerersdorf bis 1953 hin. Der Turm in Obritzberg wurde erst 1960 in vereinfachter Form wiederaufgebaut.

Große Opfer brachte die Bevölkerung für die Neuanschaffung des Kirchengeläutes. Allerdings konnte ein Teil der Glocken, so z. B. auch das Geläute des Doms, in Depots sichergestellt werden. Infolge des Koreakrieges kam es allerdings zu einer Verknappung des Kupfers. Doch wurde diesmal von der Anschaffung von Stahlglocken abgesehen.

Von den Stiften hatten Altenburg und Göttweig am meisten gelitten. In Altenburg konnte der Konvent wieder 1947 einziehen, und er wählte den seit 1940 tätigen apostolischen Administrator Maurus Knappek zum Abt (1940 bzw. 1947–1968). Besondere Verdienste um den Wiederaufbau erwarb sich P. Gregor Schweighofer, der als Stiftsarchivar auch die weitgehende Zerstörung des Archivs im Jahre 1945 beklagen mußte. 1948 wurde endlich auch die grundbücherliche Übergabe des Stiftsbesitzes abgeschlossen.

Bei Stift Göttweig war es überhaupt fraglich, ob der Konvent sein klösterliches Leben wieder aufnehmen könnte; Besatzungstruppen, aber auch Zivilisten hatten das Stift im Sommer 1945 mehrfach geplündert. Doch am 26. August zog Abt Hartmann Strohsacker ins Stift ein, das Chorgebet wurde am 11. Oktober aufgenommen. Als Abt Strohsacker am 12. März 1946 starb, gestattete der apostolische Delegat Bischof Simon Landersdorfer von Passau dem Konvent zunächst keine Neuwahl, da man ernsthaft an der Existenzberechtigung des Klosters zweifelte. Die österreichische Form der Stifte, die sich weitgehend mit der Pfarrseelsorge beschäftigen, sollte überwunden und dafür dem Ordensideal gemäße Aufgaben, etwa die Führung eines Exerzitienhauses, gefunden werden. Zudem hatte sich der Konvent auseinandergelebt, und es bestanden damals auch Tendenzen, den Großgrundbesitz – und damit die Stifte – im Lande aufzulösen. Auch der Administrator Edmund Vasicek (ab 1947 Abt) konnte die Lage nicht konsolidieren. Erst mit der Wahl von Wilhelm Zedinek (1949–1971) trat nach und nach eine Beruhigung ein. Mit der ihm eigentümlichen Energie und Robustheit gelang es ihm, den Klosterbesitz wieder zu sichern, die Gebäude weitgehend zu renovieren und den Konvent auf einen höheren Stand zu bringen. In seinem Jubiläumsjahr 1983 (900 Jahre Stift) konnte sich Göttweig als ein in personeller und wirtschaftlicher Hinsicht blühendes Benediktinerstift präsentieren, das in diesem Jahr auch sein Exerzitienhaus „St. Altmann“ eröffnete.

Stift Lilienfeld wurde zwar nicht aufgehoben, lag aber vom 22. April bis 8. Mai 1945 im Kampfgebiet und erlitt an Kirche, Kloster und Wirtschaftsgebäuden große Schäden. Die meisten Klöster hatten allerdings nach dem Krieg mit Nachwuchssorgen zu kämpfen, da sie ja während der Zeit des Nationalsozialismus keine Novizen aufnehmen durften. Sie konnten sich aber wenigstens wirtschaftlich erholen, weil in diesen Jahren ein hoher Holzpreis Gewinne brachte.

Absage an Staatskirchentum und Parteienbindung

In mehreren Etappen hatten sich die Beziehungen zwischen Kirche und Staat im 20. Jahrhundert grundlegend geändert. Bildeten Kirche und Staat im Mittelalter eine selbstverständliche Lebensgemeinschaft, so wuchs die Kirche seit der Gegenreformation im Schutze des Landesfürsten auf, ehe sie durch das österreichische Staatskirchentum völlig beherrscht wurde. Das Ende der Monarchie 1918 brachte nur insofern eine Befreiung der Kirche, als das kaiserliche Nominationsrecht bei Bischofsernennungen und Domkapitularen nunmehr wegfiel. Die Jahre 1938/39 entzogen zwar der Kirche die finanzielle Unterstützung, machten sie aber gerade dadurch frei, weil sie nun selbst finanziell disponieren konnte. Bis dahin mußte ja jeder Posten, jeder besondere Aufwand von den staatlichen Behörden genehmigt werden. Die Diözese hatte daher auch kein eigenes Budget. Dies änderte sich mit der Einführung der Kirchenbeiträge. Allerdings waren die finanziellen Möglichkeiten noch äußerst gering, denn mit der Verarmung der Bevölkerung blieben auch die Eingänge aus. Es ging aber auch um die Loslösung von parteipolitischen Bindungen.

Bereits in seinem ersten Pastoralschreiben, datiert mit 21. Mai 1945, befahl Bischof Memelauer dem Klerus ausdrücklich, sich von jeder politischen Betätigung fernzuhalten. Zugleich verlangte er die volle Konzentration auf die Pfarrseelsorge. Die Konferenz der österreichischen Bischöfe im Herbst 1945 bestätigte diese Linie. 1949 betonten die Bischöfe, daß sich die Kirche an keine politische Partei binden wolle. Auch die Vorbereitungskonferenz für den ersten Katholikentag nach dem Krieg, die im Herbst 1952 in Mariazell stattfand, verlangte, daß es keine Rückkehr zum Staatskirchentum geben dürfe, und betonte, daß die Kirche nicht mehr unter dem Protektorat einer Partei stehen wolle.

Doch gab es noch immer Reibungsflächen, besonders mit der Sozialistischen Partei Österreichs. Es ging dabei um die Frage des Konkordats und hier speziell um die Ehegesetzgebung, jedoch auch um die konfessionellen Schulen und das Kirchenvermögen. Während sonst die nationalsozialistischen Gesetze aufgehoben wurden und österreichisches Recht an ihre Stelle trat, blieben die diesbezüglichen Bestimmungen aufrecht. Beim Ehegesetz waren die Pflicht zur standesamtlichen Eheschließung und das Verbot, eine kirchliche Trauung ohne vorhergehende standesamtliche Eheschließung vorzunehmen, Anlaß zu kirchlicher Kritik. Erst 1955 wurde diese Bestimmung durch ein Urteil des Verfassungsgerichtshofes aufgehoben. Im Schulbereich ging es um die Schlechterstellung der katholischen Schulen. Der Religionsunterricht wurde zwar gehalten, die Abmeldung vom Religionsunterricht aber war gestattet. Erst seit 1949 erhielten die Katecheten für die Religionsstunden auch eine Bezahlung. In der Vermögensfrage stand die Masse des Religionsfonds, der 1939 verstaatlicht worden war, zur Diskussion.

Das Mißtrauen der Sozialisten gegenüber der Kirche begann sich ab 1956 zu legen. Aber um diese Zeit trat die alte Parteigarnitur ab. Die Bischöfe veröffentlichten auch in diesem Jahr ihren Sozialhirtenbrief. 1957 nahm die Bundesregierung Verhandlungen mit dem Vatikan bezüglich der Anerkennung und Revision des Konkordates auf. 1960 kam dann der Vermögensvertrag zustande, darin der Kirche ein jährlicher staatlicher Zuschuß zugestanden wird. 1962 wurde der Vertrag zwischen der Republik und dem Apostolischen Stuhl bezüglich der Schulfrage und des Religionsunterrichtes geschlossen, der nunmehr auch auf Berufsschulen ausgedehnt wurde. Der Staat übernahm auch 60 Prozent des Aufwandes für Lehrkräfte an konfessionellen Schulen.

Damit war in Österreich das Konkordat von 1933 anerkannt, wenn auch die Ehegesetzgebung ausgeklammert blieb. Jedenfalls erreichte die Kirche nach den Bedrückungen des Nationalsozialismus eine Freiheit, wie sie sie wohl bisher noch nie in ihrer Geschichte besessen hat.

Neue Wege der Seelsorge

Bei Kriegsende war Bischof Memelauer 71 Jahre alt, doch zeigte er noch immer jugendlichen Elan. So forderte er im Mai zur allgemeinen Versöhnung auf. Auch legte er ein Elaborat mit dem Titel „Die Kirche im neuen Österreich" vor. Es enthält neben der Forderung nach einer parteipolitisch nicht gebundenen Kirche den Plan von der Gründung einer diözesanen Kirchenzeitung, die sich nur den religiösen Problemen widmen sollte. Ausgangspunkt und Zentrum der Seelsorge aber sei die Pfarre und nicht mehr die alten Vereine, da die Kirche selbst der beste Verein sei. Besonders spektakulär mutet die Forderung an, daß die Kirche den gesamten Pfründenbesitz im Einvernehmen mit dem Staat liquidieren und gegen Entgelt für Siedlungszwecke abtreten solle.

Letztere Forderung legte er auch im Herbst 1945 der Salzburger Bischöfeversammlung vor. Diese entschied sich dann 1946 für das Siedlungswerk. Daraufhin wurden zahlreiche kirchliche und pfarrliche Grundstücke parzelliert und zu niedrigen Preisen für Siedlungszwecke zur Verfügung gestellt. Wegen der großen Not der Nachkriegszeit herrschte ein großer Bedarf an Wohnraum, ließen sich doch auch zahlreiche Volksdeutsche im Lande nieder.

Am 1. Jänner 1946 erschien die erste Nummer des St. Pöltner Kirchenblattes, das seither zu einem wesentlichen Faktor des diözesanen Zusammenhalts wurde. Herausgeber ist das Seelsorgeamt bzw. Pastoralamt.

Von besonderer Bedeutung für die Seelsorge war damals die Jugendarbeit. Die Katholische Jugend begann pfarrliche Gruppen zu bilden, und 1947 übernahm Bischof Memelauer bei der österreichischen Bischofskonferenz das Jugendreferat. Er erreichte im Jahr darauf, daß der Reichsbund seine Tätigkeit nicht mehr aufnahm, sondern die Katholische Jugend auf pfarrlicher Ebene als Bestandteil der Katholischen Aktion geführt werde. Noch im selben Jahr erfolgte die Gliederung in Landjugend (KLJ), Arbeiterjugend (KAJ) und Mittelschuljugend (KMJ, ab 1962 KSJ = Katholische studierende Jugend). Grundsätzlich getrennt waren Burschen und Mädchen, so daß es jeweils zwei Zentralleitungen gab. Diese nahmen ihre Arbeit schon 1946 auf. Damit war der Zersplitterung in Vereine ein Ende gesetzt.

Die Anfänge der Katholischen Jugend setzten unmittelbar nach Kriegsende in der Form von Heimstunden in den Pfarren ein. Bald folgten Bekenntnistage auf Dekanatsebene. Höhepunkte waren die Diözesanbekenntnistage am 12. Juni 1949 in Krems, wo der Bischof vor 15.000 Jugendlichen sprach, und am 2. Mai 1954 in St. Pölten, wo sich 12.000 zum Heimattag versammelten.

Doch bestand nach dem Krieg ein großes Bedürfnis nach geistigen Werten. Zu intensiveren Kursen lud der aus Euratsfeld stammende Kapuzinerpater Laurenz Mock, der sich vor allem der Landjugend annahm, nach Lackenhof ein. 1946 nahm auch das Bildungshaus im Stift Zwettl seinen Betrieb wieder auf. 1951 mietete die Diözese das „Uferstöckl" in Wallsee und richtete dort ein Bildungs- und Exerzitienheim ein. Besonders nach Exerzitien herrschte starke Nachfrage.

Mit dem Abschluß des Staatsvertrages, dem Abzug der Besatzungstruppen und der Konsolidierung der Verhältnisse, aber auch mit der Intensivierung der Schulungs- und Bildungsarbeit erwachte immer mehr der Wunsch nach einem eigenen und verkehrsmäßig günstigen Haus. So wurde der Bau des Bildungs- und Exerzitienhauses St. Hippolyt in die Wege geleitet, der allerdings erst 1961 vollendet wurde (Grundsteinlegung 1959).

1948 begann sich auch die Katholische Männerbewegung und Frauenbewegung zu organisieren. Die Jungschararbeit, die man anfangs noch vernachlässigte, setzte nach Anfängen im Jahr 1947 allerdings erst nach 1950 voll ein. Wichtige Elemente bei der Jugendarbeit und den Erwachsenenbewegungen waren neben den Gruppenstunden die Aktivistenrunden. Die Jungschar führte 1951 erstmals eine Lichtstafette von Mariazell aus durch, der weitere von Lourdes (1954) und 1963 von Jerusalem aus folgten. Seit 1955 ist die Jungschar auch Träger des Sternsingens zugunsten von Missionsprojekten.

Während die Katholische Jugend im ersten Nachkriegsjahrzehnt den damaligen Erwartungen und Bedürfnissen sehr entgegenkam und sie ihre Blütezeit hatte, nahm sie nach etwa 1960 ab. 1955 zählte sie in der Diözese 7920 Mitglieder, 1963 nur mehr 4539. Die gleiche Tendenz zeigten auch die verschiedenen Gruppierungen der Parteijugend und der Gewerkschaftsjugend, wenn diese aus organisatorischen Gründen auch über einen längeren Zeitraum höhere Zahlen, jedoch keineswegs eine entsprechende Beteiligung aufweisen konnten. Die Jugend will sich seither nicht mehr ausschließlich von einer Gemeinschaft vereinnahmen lassen. Wohl aber ist sie bereit, unorganisiert im pfarrlichen Bereich mitzuarbeiten. Dies erfordert eine vielfältigere Form der Einflußnahme. Einen großen Einfluß auf das jugendliche Pfarrleben hat seit dem Einsetzen des Wirtschaftswunders sicherlich auch das breite Freizeitangebot genommen.

Änderungen in der Diözesanverwaltung, neue Institutionen

Mit der Autonomie der Diözese in Finanzfragen verlagerten sich auch die Bauangelegenheiten von der Religonsfondsverwaltung zur Diözese. Daher errichtete Bischof Memelauer am 1. November 1946 das Bauamt der Diözese als Abteilung des Bischöflichen Ordinariats. 1959 wurde es zum Bau- und Liegenschaftsamt umgestaltet, dem die Überwachung der Bauvorhaben an Kirchen und Pfarrhöfen, die Leitung des Kirchbauwerkes der Diözese und des Diözesankunstrates (dieser wurde bereits 1912 konstituiert), die Verwaltung der diözesaneigenen Häuser und Liegenschaften sowie die Patronats- und Grundangelegenheiten anvertraut wurden. 1960 wurde dieses Amt kanzleimäßig vom Ordinariat getrennt. Auf das Jahr 1946 geht auch die Errichtung der diözesanen Kirchenmusikschule zurück.

Nach dem Krieg gelang auch die Rückstellung der Preßvereinsdruckerei. Sie war 1938 beschlagnahmt und der Elektrogesellschaft „Gauwerke Niederdonau" übereignet worden. Ab 1946 wurde dort das Kirchenblatt gedruckt. Die Rückgabe der Regionalzeitungen zog sich bis 1954 hin, da bis dahin die Österreichische Volkspartei sie zur Hälfte innehatte. 1955 trat die Buchgemeinschaft „Welt und Heimat" ins Leben; sie bestand bis 1970.

Umschichtung der Bevölkerung

Bis 1938 stieg die Bevölkerung der Diözese leicht an. Umschichtungen ergaben sich, wie schon bemerkt, durch den Eisenbahnbau und die Industrialisierungswelle um die Jahrhundertwende, die aber nur ganz bestimmte Gebiete berührte. Nach dem Ersten Weltkrieg gab es wohl für die Stadt St. Pölten einen Bevölkerungsschub, doch hatte gerade diese Region am meisten unter der Weltwirtschaftskrise zu leiden. Nach dem Anschluß an Deutschland kam es zur Ansiedlung neuer Industrien. So wurde im Osten von Krems die neue Schmiedhütte errichtet und dort Arbeiter aus Rottenmann angesiedelt. Auch die neuen Industrieanlagen in St. Valentin und das Kugellagerwerk in Steyr-Münichholz trugen wesentlich zur Industrialisierung bei. Im Tullnerfeld, in Moosbierbaum, wurde eine Raffinerie errichtet. Diese Maßnahmen führten zunächst zu einem Bevölkerungsanstieg in diesen Gebieten, was sich natürlich auch auf die Seelsorge auswirkte.

Nach dem Krieg machte sich besonders im Waldviertel die Lage an der toten Grenze bemerkbar. So verloren in den letzten 40 Jahren die Pfarren Hardegg und Karlstift an die 60 Prozent ihrer Bevölkerung. Die Textilindustrie nahm nach dem Abzug der Besatzungstruppen zwar einen kurzfristigen Aufschwung, doch bekam sie bald die Standortnachteile zu spüren. Von der Abwanderung sind daher besonders der Raum von Waidhofen an der Thaya und Weitra betroffen. Zum Abwanderungsgebiet wurden aber auch die Pfarren in den Voralpen, soweit sie nicht Industrie besitzen. Infolge der Mechanisierung der Landwirtschaft kam es auch zu einer Entleerung der Bauernhäuser. Doch bauten viele der Bauernkinder sich im nächsten Hauptort, meist dem Pfarrort, ihr Haus, so daß sich diese Umschichtung statistisch nicht in der Pfarrbevölkerung niederschlägt. War bis 1938 die Diözesanbevölkerung vorwiegend in der Landwirtschaft tätig, so setzte vor allem ab 1950 diese Umschichtung verstärkt ein. Inzwischen sind die Bauern in der Minderheit. Die Abwanderung der bäuerlichen Jugend in die Industrie, in das Baugewerbe und in den Dienstleistungssektor führte aber auch zu einer merklichen Entspannung zwischen der traditionellen Arbeiterschaft und der bäuerlichen Bevölkerung, eine Entwicklung, die sich auch auf das Verhältnis von Kirche und Staat positiv auswirkte. Die Gesamtbevölkerung stagniert seit etwa 1960. Doch hält die Entvölkerung des Waldviertels weiter an.

Diese Umschichtung der Bevölkerung und das Anwachsen der Bevölkerung verlangte nach neuen Kirchen und Pfarren, um der Seelsorge gerecht werden zu können. Bischof Memelauer errichtete daher 1948 Pfarrexposituren in Böhlerwerk, Krummnußbaum und Gmünd-Neustadt. Letzteres ist aus einem Flüchtlingslager des Ersten Weltkriegs entstanden und erhielt 1950–1953 eine neue Kirche, die 1953 zur Pfarrkirche erhoben wurde. Böhlerwerk und Krummnußbaum wurden 1957 zu Pfarren erhoben. 1951 wurde auch in Krems-Lerchenfeld eine Pfarrexpositur errichtet (1952 Pfarre). Anfangs diente eine Barakke als Notkirche. Die neue Kirche war 1959 fertiggestellt. Das stete Wachstum von St. Pölten verlangte auch hier eine weitere Verdichtung des Pfarrnetzes. Daher wurde an der Kaiser-Jubiläums-Kirche in Viehofen 1956 eine Pfarre errichtet. Bereits 1953 erfolgte die Erhebung von Stattersdorf zur Pfarre. Beide Sprengel gehörten vorher zur Franziskanerpfarre. Doch war diese mit ihren 10.000 Einwohnern noch immer zu groß. Daher wurde nördlich des Bahnhofs 1959/61 eine neue Pfarrkirche erbaut (Maria Lourdes 1961). Übergroß war auch die Pfarre St. Valentin geworden. 1955–1957 wurde in Langenhart eine Kirche errichtet, der Ortsteil 1957 zur Pfarre erhoben. Eher auf die Initiative des dortigen Gutsbesitzers geht hingegen die Errichtung der Pfarre Gutenbrunn am Weinsberg zurück (1955 Expositur, 1957 Pfarre). Im Industrieort Nagelberg wurde die schon in der Zwischenkriegszeit geplante Kirche 1957–1960 erbaut, Nagelberg selbst 1960 Pfarre.

Es mußten aber auch einige Kirchen unabhängig von der Bevölkerungsentwicklung neu erbaut werden. So entstand in Droß bei Krems 1948–1953 eine neue Kirche. Infolge des Verfalls der Burg brauchte auch Plankenstein anstelle der in die Burg eingebauten Kirche einen Neubau, der 1949–1952 aufgeführt wurde. Für den Wienerwaldort Eichgraben erwies sich die aus dem Jahr 1896 stammende Kirche als zu klein. Daher kam es 1948–1951 zum Bau des „Wienerwalddomes". Infolge von Bodenrutschungen mußte die 1497 geweihte Kirche in Stefanshart gesperrt und abgetragen werden; die heutige Kirche wurde in den Jahren 1956–1959 errichtet. Abgesehen von den Neubauten gab es auch einige Kirchenerweiterungen, die praktisch einem Neubau gleichzusetzen sind, wie in Ulmerfeld (1951 bis 1953) und Wieselburg (1953–1958).

Die neuen Formen der Seelsorge verlangten außer Kirchen auch noch andere Seelsorgeräume. Da nach dem Krieg die meisten Wirtschaftspfarren (Pfarren, die einen Landwirtschaftsbetrieb führten) zu bestehen aufhörten, wurden häufig diese Gebäude zu Heimräumen und Pfarrsälen adaptiert oder aber dem Verfall preisgegeben.

Nach 1950, besonders aber nach 1955, setzte auch die große Zahl an Kirchenrestaurierungen ein. Praktisch seit 1914 konnte in diesem Bereich nicht viel geschehen, denn es war weder Geld aus öffentlichen Mitteln noch von privater Hand vorhanden. Die ersten großen Renovierungen betrafen Maria Taferl (ab 1951) und die Domkirche zu St. Pölten. Nach fast hundert Jahren war eine Renovierung schon überfällig. Anlaß dazu war das 800-Jahr-Jubiläum der Weihe der ehemaligen Stiftskirche am 17. Juni 1150.

Die letzten Jahre Memelauers

1947 feierte Bischof Memelauer ein doppeltes Jubiläum: zwanzig Jahre Bischof und fünfzig Jahre Priester. Doch vier Jahre später, im Frühjahr 1951, erlitt er einen Herzkollaps. Nach Rücksprache mit dem päpstlichen Nuntius kam es zur Ernennung eines Koadjutors mit dem Recht der Nachfolge. Das entsprach auch der damaligen römischen Tendenz, im sowjetischen Machtbereich die bischöfliche Nachfolge zu sichern. Am 31. Mai 1952 ernannte Papst Pius XII. den damaligen Professor für Moraltheologie in Salzburg, Dr. Franz König, zum Titularbischof von Livias und Koadjutor von St. Pölten. Der jetzige Wiener Erzbischof wurde am 3. August 1905 in Warth (Pfarre Rabenstein) geboren, besuchte das Gymnasium in Melk, studierte Theologie als Germaniker in Rom, anschließend an der Universität Lille (Frankreich), wirkte als Kooperator in St. Valentin und Scheibbs und während des Kriegs als Domkurat in St. Pölten. Nach dem Krieg dozierte er an der Wiener Universität, ab 1948 in Salzburg. Am 31. August 1952 erteilte Memelauer seinem Koadjutor die Weihe (Mitkonsekratoren waren Weihbischof Leo Pietsch von Seckau und Bischofkoadjutor Franz Zauner von Linz). Als Koadjutor entlastete König Bischof Memelauer auf den Visitationsreisen, setzte jedoch auch eigene Initiativen. Genannt seien die Errichtung des Katholischen Bildungswerkes, das 1954 seine Tätigkeit aufnahm, und die Buchgemeinschaft „Welt und Heimat", die 1955 gegründet wurde und fünfzehn Jahre hindurch wirken konnte. Nach dem Tod Kardinal Innitzers ernannte der Papst Koadjutor König am 10. Mai 1956 zum Erzbischof von Wien.

Auf König folgte als Bischofkoadjutor Franz Žak; er wurde im Jahre 1956 dazu ernannt. Bischof Memelauer zog sich von der Diözesanverwaltung zurück und übertrug die Verantwortung immer mehr seinem Koadjutor, dem er volles Vertrauen schenkte. Zu einer großartigen Feier gestaltete sich sein dreißigjähriges Bischofsjubiläum, das er am 26. Mai 1957 beging. Neben Erzbischof König fanden sich auch der päpstliche Nuntius und der aus St. Pölten stammende Bundeskanzler Julius Raab ein. 1958 beging die Diözese ihren zweiten Katholikentag. Er begann am Freitag, dem 30. Mai; am Samstag, dem 31. Mai, fand der Bekenntnistag der Katholischen Jugend mit Fackelzug statt. Den Höhepunkt bildete der Sonntag (1. Juni); die Festpredigt hielt Bischofkoadjutor Žak. Der Nachmittag war einer großen Kundgebung auf dem Domplatz gewidmet, an der etwa 30.000 Menschen teilnahmen.

Im letzten Jahr seines Lebens trat Bischof Memelauer nicht mehr in der Öffentlichkeit auf. Er starb am 30. September 1961 nach 34 Bischofsjahren im Alter von 87 Jahren. Memelauer war kraft seiner Persönlichkeit sicherlich eine der bedeutendsten Bischofsgestalten der Diözesangeschichte. Mit ihm ging aber auch eine Periode zu Ende, die von seinen Mitarbeitern geprägt war. Dazu gehört vor allem Michael Distelberger, den er nach dem Tod seines ersten Generalvikars Karl Forstner in diese Stellung berief. Distelberger war seit 1933 auch Ordinariatskanzler und nach dem Krieg mit seinem Einfluß auf das Bauamt die wohl einflußreichste Persönlichkeit in der Diözese. Seine selbständige und eigenwillige Amtsführung machte ihn nicht immer beliebt, entlastete aber auch den Bischof von vielen Dingen. Manchmal mußte er allerdings als letzte korregierende Instanz eingreifen. Distelberger starb am 20. August 1959. Im gleichen Jahr wie der Bischof starb auch Karl Draxler, der nach 1945 die Finanzkammer ausbaute und die Geschicke der Diözesanfinanzen in den knappen Nachkriegsjahren leitete. Ebenfalls 1961 starb Karl B. Frank. Er war seit 1927 Professor für Exegese des Alten Testaments. Seine Bedeutung liegt aber auf anderen Gebieten. Sehr früh fand er Kontakt zur volksliturgischen Bewegung und dichtete Texte für Kirchenlieder, die zum Teil bis in die Gegenwart verwendet werden. Er verfaßte aber auch mehrfach Gedichte, mit Vorliebe in Sonettenform. Seine eigentliche Liebe galt aber der kirchlichen Kunst. Seit 1944 war er Dozent für Kirchliche Kunst und Vorsitzender des Diözesankunstrates. Als solcher hatte er großen Einfluß auf die Kirchenneubauten und Renovierungsarbeiten. Zu den markanten Persönlichkeiten gehört auch Josef Pritz, der von 1949 bis 1962 in St. Pölten Dogmatik lehrte, dann aber an die Universität Wien berufen wurde (gest. 1977). Er widmete sich besonders der Erforschung der Theologiegeschichte des 19. Jahrhunderts. Zu den bekannteren Professoren zählte nach dem Krieg auch Josef Wodka, der allerdings Bischof Memelauer fast ein Jahrzehnt überlebte (gest. 1970). Er unterrichtete Kirchengeschichte und trat auch mit zahlreichen einschlägigen Veröffentlichungen hervor. Fast ein Denkmal seiner selbst wurde Martin Kroißmayer (1873–1957). Als Rektor des „Marianums" in Seitenstetten (1908–1954) hat er mehrere Generationen künftiger Priester herangebildet.

Franz Žak, Bischof von St. Pölten (seit 1961)

Mit dem Tod von Bischof Memelauer am 30. September 1961 trat sein Koadjutor, der ja das Recht der Nachfolge hatte, automatisch an die Spitze der Diözese. Der jetzige Bischof wurde am 30. Juni 1917 in Niederedlitz (Pfarre Thaya) geboren, besuchte das Gymnasium in Seitenstetten und studierte ab 1937 Theologie in St. Pölten. Wie praktisch alle Alumnen wurde er während des Krieges zum Militär eingezogen und leistete Fronteinsätze im Elsaß, in Norwegen, Rußland und Kroatien. Nach seiner Priesterweihe am 13. Juni 1947 wirkte er als Kaplan in Sieghartskirchen und Steinakirchen sowie als Domkurat. Von 1951–1954 studierte er Kirchenrecht in Rom und promovierte 1954 an der päpstlichen Universität Gregoriana mit einer Dissertation über die ehemaligen Kollegiatsstifte in der Diözese St. Pölten zum Doctor iuris canonici. Die folgenden Jahre war er am Diözesangericht und im Ordinariat tätig. Am 4. Dezember 1956 erfolgte seine Ernennung zum Titularbischof von Apollonia und Koadjutor mit dem Recht der Nachfolge in St. Pölten. Die Weihe spendete ihm Bischof Memelauer am 30. Dezember unter Assistenz von Bischof Franz Zauner (Linz) und Weihbischof Streidt (Wien).

Als Koadjutor mußte er bald weitgehend die Aufgaben des Diözesanbischofs übernehmen, da Memelauer aus Alters- und Krankheitsgründen diesen Aufgaben nur mehr beschränkt nachkommen konnte. Von 1958–1961 übernahm er auch den Vorsitz im Diözesankunstrat. In diese Zeit fällt auch die Erbauung des Hippolythauses, zu dem Bischof Memelauer am 3. Oktober 1959 den Grundstein legte. Auch die Planung und Durchführung des Katholikentages 1958 lag in den Händen des Koadjutors, ebenso die Vorbereitung auf die für 1. Oktober 1961 geplante Diözesansynode.

Bereits am 30. September versammelten sich die Teilnehmer der Synode, um an der Segnung des neuen Bildungs- und Exerzitienhauses teilzunehmen, da starb um 16.30 Uhr Bischof Memelauer. Damit war der bisherige Koadjutor Diözesanbischof. Seine erste Handlung als Bischof war die Weihe des Hippolythauses und am 1. Oktober die Eröffnung der zweiten Diözesansynode. Die feierliche Inthronisation erfolgte am 30. November. Seit 8. Mai 1969 ist Bischof Žak auch Militärvikar von Österreich.

1967 erhielt Bischof Žak in Alois Stöger den ersten Weihbischof der Diözesangeschichte. Stöger wurde am 12. April 1904 in Kautzen geboren, besuchte das Gymnasium als Seminarist in Melk, studierte dann Philosophie und Theologie und wurde am 6. Juli 1930 zum Priester geweiht. Nach Kaplanstätigkeit in Großgerungs studierte er in Rom Bibelwissenschaften. 1935 bis 1938 war er als Domkurat angestellt. Hierauf übernahm er das Amt des Spirituals am Priesterseminar (1938–1959) und die Professur für Neues Testament (1942–1961). 1959 wurde er in das Domkapitel aufgenommen. Zur Zeit des Konzils war er Rektor des Seminars „Anima" in Rom (1961–1967), in dem damals zahlreiche Bischöfe logierten.

Auf Vorschlag von Bischof Žak ernannte Papst Paul VI. Stöger am 3. Juli 1967 zum Titularbischof von Aptuca und zum Weihbischof von St. Pölten. Bischof Žak spendete ihm am 15. August im Dom zu St. Pölten unter Assistenz des Wiener Weihbischofs Jakob Weinbacher und des Bischofs von Regensburg, Rudolf Graber, die Weihe und ernannte ihn mit 1. Februar 1968 zum Bischofsvikar. Damit betraute er ihn mit der beruflichen und wissenschaftlichen Weiterbildung des Klerus und der Erwachsenenbildung der Diözese und übertrug ihm den Vorsitz sowohl im Kuratorium der Caritas als auch im Pastoralreferat des Seelsorgeamtes. Schon als Spiritual und Professor trat Stöger mit zahlreichen Veröffentlichungen zur Bibel und zum spirituellen Leben hervor.

Die Seelsorge steht vor einer neuen Situation

Das Hoch der Nachkriegszeit hielt für die Kirche in Österreich bis etwa 1960 an. Mit dem steigenden Wohlstand setzte aber eine zunehmende Verweltlichung ein. Diese Säkularisation des öffentlichen Lebens hatte natürlich auch ihre Auswirkungen auf das kirchliche

Leben. Das Zweite Vatikanische Konzil mag zwar einzelne verunsichert haben, ist aber sicherlich nicht Ursache dieser Veränderungen.

So läßt sich zwischen 1960 und 1980 ein Rückgang der Gottesdienstbesucher feststellen. 1960 besuchten am Zählsonntag in der Fastenzeit 215.000 Katholiken den Sonntagsgottesdienst, für 1980 werden etwa 200.000 angegeben. Nicht zählbar ist allerdings die innere Bindung an die Kirche, die sich auf anderen Gebieten auswirkt. So zählte die Diözese 1960 noch 538 Seelsorgepriester (Welt- und Ordenspriester), 1980 waren es nur mehr 423. Die Niederlassungen der Frauenkongregationen gingen von 98 auf 53 zurück. Gerade die Schwestern stellten ein Jahrhundert lang eine stille Armee in der Diözese. Der Rückgang beim Klerus ist allerdings nicht nur durch die geringere Zahl an Neupriestern bedingt. Zwischen 1963 und 1975 schieden allein 29 Weltpriester aus ihrem Dienst.

Sorge um die Priester

In der Nachkriegszeit herrschte ein starker Andrang zu den Knabenseminaren Melk und Seitenstetten. Ein eifriger Förderer war Johann Georg Czurda, Pfarrer in Mautern (gest. 1963), der besonders die Heimatvertriebenen unterstützte und zum Priesterberuf brachte. In Seitenstetten mußte 1955 das „Adolfinum", ein ehemaliges Adeligenkonvikt, zur Erweiterung des Seminars gepachtet werden. 1959 weihte Bischof Žak auch den Neubau des Interdiözesanen Seminars für Priesterspätberufe (Canisiusheim) in Horn, das seit 1953 notdürftig in Rosenburg untergebracht war. 1965 wurde für das Waldviertel ein Seminar in Zwettl errichtet und 1973 das Seminar in Melk erweitert. Das total abgewohnte „Marianum" in Seitenstetten wurde 1979 durch einen Neubau beim „Adolfinum" ersetzt. Trotzdem sank ab 1968 die Zahl der Neupriester auf unter zehn pro Jahr.

Für das Theologiestudium ergaben sich aufgrund des Allgemeinen Hochschul-Studiengesetzes (1966) und des Bundesgesetzes von 1969 über die katholisch-theologischen Studienrichtungen einige einschneidende Änderungen. Die St. Pöltner Anstalt nahm 1971 die Bezeichnung Philosophisch-Theologische Hochschule der Diözese St. Pölten an. Die Studienpläne mußten an die neuen Bestimmungen angepaßt werden, die seither den Studienabschluß mit dem Magisterium erfordern. Seit 1971/72 wird sowohl eine fachtheologische als auch eine selbständige religionspädagogische Studienrichtung geführt. An der Hochschule bestehen seither zehn Professuren und 13 Dozenturen.

Diözesansynoden und II. Vaticanum

Um den veränderten Gegebenheiten Rechnung zu tragen, berief der Bischof auch zwei Diözesansynoden ein. Die erste (nach 1908 die zweite in der Diözesangeschichte) tagte vom 1. bis 4. Oktober 1961 im neueröffneten Hippolythaus. Sie wurde noch von Bischof Memelauer einberufen und verlief noch nach dem kirchlichen Gesetzbuch von 1917. Es war fast eine reine Priestersynode; nur sieben Laien waren hinzu berufen. An Themen behandelte sie das Leben des Priesters, Religionsunterricht und religiöse Erziehung, Liturgie, Caritas (der Caritasverband konstituierte sich 1920 und unterstand dem Volksbund; 1945 wurde er als diözesane Einrichtung wiederbelebt, seit 1959 „Caritas der Diözese St. Pölten" mit eigener Rechtspersönlichkeit), Laienapostolat, Erwachsenenbildung, Predigt, Mission und diözesanrechtliche Vorschriften. Die Synode verabschiedete auch das Statut der Katholischen Aktion, das zu Pfingsten 1962 in Kraft trat.

In den nächsten Jahren ergaben sich aber im kirchlichen Leben zahlreiche Veränderungen infolge des Zweiten Vatikanischen Konzils (1962–1965). Die dort gefaßten Beschlüsse mußten auch in der Diözese umgesetzt werden. Das Konzil betont ja ein Kirchenbild, in dem das Volk Gottes – also Hierarchie und Laien – aufgerufen wird, am Heil der Menschen mitzuwirken. Damit ergaben sich auch verschiedene Änderungen in der Verkündigung des Wortes Gottes, in der Pastoral und in der Liturgie, aber auch im Aufbau der Diözese und der Pfarren. Nachdem bereits einige Diözesen mit Synoden vorausgegangen waren, kündigte Bischof Žak 1968 eine neuerliche Diözesansynode an. Zum Promotor bestellte er Weihbischof Stöger. Diesmal wurden die Vorbereitungen auf breiter Ebene geführt, und es trat das Laienelement entscheidend in den Vordergrund. Die Synode wurde unter das Motto „Die Diözese St. Pölten im Dienst an den Menschen von heute" gestellt. Zahlreiche Kommissionen bereiteten die einzelnen Entwürfe vor. Am 16. Oktober 1971 fand in St. Pölten die konstituierende Sitzung statt. Die Synode selbst tagte dann in der Pädagogischen Akademie in Krems. Insgesamt nahmen 123 Priester- und 122 Laiensynodalen teil, die zu drei Vollversammlungen zusammentraten (28.–30. April, 13.–15. Oktober und 10.–12. November 1972). Zu den wesentlichen Beschlüssen gehört die neue Diözesanordnung, die Errichtung bzw. Bestätigung von Pastoralrat (bereits seit 1968 in Funktion), Priesterrat (seit 1966) und Laienrat auf diözesaner Ebene und der Pfarrgemeinderäte auf pfarrlicher Ebene. Die Bestimmungen bezüglich der überpfarrlichen Zusammenarbeit beschäftigten sich bereits mit dem drängenden Problem der unbesetzten Pfarren. Es folgten sodann Bestimmungen über den Dienst der Kirche in der Verkündigung, in Predigt, Religionsunterricht und Erwachsenenbildung sowie über Liturgie und Caritas. Eingeführt wurden Studienwochen zur Fortbildung der Priester in einem fünfjährigen Zyklus. Die Synode empfahl auch die Gründung eines beschaulichen Ordenshauses. Dem kam Bischof Žak nach, indem er mit 1. Jänner 1980 den Karmel in Jeutendorf kanonisch errichtete. Im Zeichen des Priestermangels beschäftigte sich die Synode auch mit der Frage der Seelsorgehelfer oder Pastoralassistenten.

Es lag schon immer in der Natur von Synoden, daß nur ein Teil der Beschlüsse auch in die Realität umgesetzt wird. So blieb auch bei dieser zweiten Diözesansynode so manches nur Wunsch, da die Ereignisse darüber hinweggingen. Doch sollen die Auswirkungen nicht unterschätzt werden. Als Folge wurde das Seelsorgeamt in Pastoralamt umbenannt und mit der Durchführung der Synodalbeschlüsse beauftragt. Zugleich wurde auch die Diözesanstelle „Rat und Hilfe" beim Pastoralamt eingerichtet, das sich vor allem der Ehe- und Familienberatung widmet und zurzeit 13 Beratungsstellen betreibt, die über die ganze Diözese verteilt sind. Auch die Diözesanstelle „Berufe der Kirche" zur Weckung von Priester- und Ordensberufen wurde 1973 errichtet. 1974 verlegte man den Sitz des Pastoralamtes vom Domplatz in die Klostergasse, wo es in enger Zusammenarbeit mit den Stellen der Katholischen Aktion arbeitet. 1973 erhielt das Pastoralamt auch eine Umschreibung seiner Aufgaben. Demnach hat es Hilfe für die verschiedenen Sparten der Seelsorge anzubieten, ihm obliegt die Mithilfe in der Betreuung des diözesanen Pastoralrates und der Pfarrgemeinderäte, der Berufsgemeinschaft der Seelsorgehelferinnen und der Pastoralassistenten, und es ist verantwortlich für die Erstellung liturgischer Behelfe und die Öffentlichkeitsarbeit, für die Diözesanstelle „Rat und Hilfe" und die Herausgabe von „Kirche bunt".

Auch die Caritas der Diözese erhielt durch die Synode Anregungen. So erfolgt seither eine engere Zusammenarbeit zwischen dieser Institution und den pfarrlichen Stellen. Für ihre Tätigkeit wirkte sich besonders das niederösterreichische Landesfürsorgegesetz von 1974 aus. So konnte die Caritas seither zehn psycho-soziale Beratungsstellen und sieben Tagesheime für Behinderte aufbauen. Gerade die Caritas mit ihren zahlreichen Einrichtungen und Initiativen im In- und Ausland zeigt, daß die Diözese weit über ihre Aufgabe der Pfarrseelsorge hinaus wirkt.

Stärkung des Laienelementes in der Kirche

Verschiedene Gründe führten dazu, daß die Mitarbeit der Laien in der Kirche immer breiteren Raum einnimmt. Die Katholische Aktion und ihre Vorläuferorganisation, der Katholische Volksbund, verstanden darunter vor allem die Mitarbeit der Laien im pfarrlichen Leben. Immer mehr entwickelte sich der Pfarrgemeinderat zur eigentlichen Laienvertretung, die besonders in priesterlosen Gemeinden wichtig wurde. Pfarrgemeinderat und Pfarrkirchenrat erhielten 1976 in der Pfarrordnung ihre Regelung. An anderen Laienbewegungen nahmen 1948 die Legio Mariae, 1964 die Fokolare und der Cursillo sowie die Bewegung für eine bessere Welt (P. Lombardi) 1970 ihre Tätigkeit auf.

Infolge der Schulgesetze und der Vereinbarung zwischen der Republik Österreich und dem Apostolischen Stuhl kam es zu einem starken Anstieg der Religionsstunden. Die kleiner werdende Zahl der Seelsorger konnte diese nicht mehr bewältigen. Daher mußten immer mehr Religionslehrer eingestellt werden, die heute etwa 60 Prozent der Religionsstunden halten. Auch in den Pfarren verstärkt sich immer mehr der Einsatz von Seelsorgehelferinnen, Pfarrassistenten und Jugendassistenten. Natürlich verlangte auch der Ausbau der Zentralstellen der Katholischen Aktion und des Pastoralamtes einen verstärkten Einsatz von kirchlichen Angestellten. Die Caritas mit ihren zahlreichen Mitarbeitern wird seit 1965 von einem Laien geleitet. Die Einhebung der Kirchenbeiträge und die Verwaltung der Diözesanfinanzen erfordert natürlich auch entsprechendes Personal, wenngleich 1970 ein eigenes Rechenzentrum eingerichtet wurde. Damit haben die Verwaltung der Diözese, aber auch die Seelsorge, der Religionsunterricht und die Dienste an den Menschen in der Caritas in den letzten vierzig Jahren ihr Aussehen wesentlich verändert. Die Priester stehen fast nur mehr im unmittelbaren seelsorglichen Einsatz.

Kirchliche Bautätigkeit, neue Pfarren

1956 legte die katholische Kirche Österreichs die kirchliche Aufbauanleihe zur Zeichnung auf, um dem Nachholbedarf an Restaurierungen und der Schaffung neuer Gotteshäuser nachzukommen. Im Aufruf im St. Pöltner Diözesanblatt heißt es im September 1956 dazu: „Die Kriegsschäden konnten mit Ausnahme derer am Bistumsgebäude, das noch nicht ganz hergestellt ist, zumeist behoben werden. Es geschah auch viel auf dem Sektor Kirchenbau. Noch mehr aber bleibt zu tun übrig. Die Kirchen in Langenhart, Wieselburg, Krems-Lerchenfeld, Greifenstein, Innermanzing, Vestental (Stampf) sind im Bau und müssen fertiggestellt werden, ebenso die Pfarrhöfe in Böhlerwerk und Albrechtsberg. In Gmünd-Neustadt ist ein Trakt erst im Rohbau aufgeführt, in Droß ist die Kirche ohne Außenverputz, der Pfarrhof daselbst steht im Rohbau. In St. Pölten ist eine neue Pfarre im Norden mit Kirche, Pfarrhof und weiteren Gebäuden, wie es eine moderne Gottessiedlung verlangt, unbedingt notwendig. Die Stadt Tulln ist so angewachsen, daß moderne Seelsorgegrundsätze eine Teilung der Urpfarre erforderlich machen. Prinzersdorf, das zu einem großen Orte mit Hauptschule angewachsen ist, ruft nach einer Kirche. Ebenso Kienberg bei Gaming und Nagelberg bei Heidenreichstein . . . Auf die Bedürfnisse der in der Diözese liegenden Klöster und Stifte sei eigens hingewiesen."

Aus diesem Bauprogramm konnte Bischof Žak noch als Koadjutor bis 1961 die Kirchen in Langenhart (1957), Wieselburg (1958), Krems-Lerchenfeld und die vorhin nicht genannte Kirche Stefanshart (beide 1959), Nagelberg (1960), die Filialkirche in Kienberg (1960) und die Maria-Lourdes-Kirche in St. Pölten (1961) weihen. Als Diözesanbischof konsekrierte er die Kirchen in Traunstein (ein besonders gelungener Bau), in Vestenthal, Traisen (alle 1962), Golling (Neuda, 1964), St. Pölten-Harland, Greifenstein (beide 1965), Prinzersdorf (1966), Innermanzing (1967), St. Pölten-St. Johannes Capistran (1970), Tulln-St. Severin, Böhlerwerk (beide 1972), Krummnußbaum (1973), Amstetten-St. Marien (1976) und Krems-St. Paul (1980). 1985 erfolgte die Fertigstellung der Kirche in Persenbeug. Der Neubaubedarf ergab sich meist durch Ausdehnung der Orte oder wegen Baufälligkeit. Natürlich konnte für die zahlreichen Neubauten nur ein Teil aus dem Diözesanbudget finanziert werden; der überwiegende Teil wurde durch Spenden der Bevölkerung aufgebracht.

Seit 1966 kam es auch vielfach zu Umgestaltungen der Innenräume der Kirchen, besonders der Presbyterien, um sie den Anforderungen der infolge des Konzils erneuerten Liturgie anzupassen, und seit den siebziger Jahren auch zur Neuanschaffung zahlreicher Orgeln, darunter auch der großen Orgeln in Tulln (1960), Lilienfeld (1964), in der Stiftskirche in Melk (1970), im Dom zu St. Pölten (1973) und in der Stiftskirche zu Göttweig (1983).

Um ihre Aufgaben besser erfüllen zu können, mußte die Diözese noch eine Reihe weiterer Bauwerke in Angriff nehmen. Vom Ausbau der Seminarien wurde schon berichtet. Noch in die Zeit, als Bischof Žak Koadjutor war (doch auf seine Initiative hin), fällt der Bau des Bildungs- und Exerzitienhauses St. Hippolyt, bis 1976 das größte seiner Art in Österreich. Es entwickelte sich sehr rasch zu einem wichtigen geistigen Zentrum der Diözese, in dem mit Exerzitien, Weiterbildung und Tagungen ein intensives Leben herrscht.

Die neuen Schulgesetze von 1962 erforderten auch eine Entscheidung, ob die Diözese eine eigene Pädagogische Akademie errichten solle. Die kirchliche Lehrerbildung hatte bei den Englischen Fräulein Tradition. Da nun diese Form auslief, begann Bischof Žak bereits 1962 mit der Planung einer diözesanen Akademie. Sie wurde in Krems errichtet und konnte am 9. September 1969 termingerecht als erste baulich fertiggestellte und voll betriebsfähige Pädagogische Akademie Österreichs den Studienbetrieb aufnehmen.

Im Sinne tätiger Caritas wurde 1964 das Pensionistenheim St. Elisabeth in St. Pölten-Wagram erbaut. Eine große Investition bedeutete auch der Neubau des Pressehauses am westlichen Stadtrand von St. Pölten, das am 12. März 1976 in Beisein von Bundespräsident Kirchschläger eröffnet wurde. Hier werden die Kirchenzeitung und die „Niederösterreichischen Nachrichten" mit ihren 26 Ausgaben gedruckt. Dem Pressehaus ist auch ein eigener Buchverlag angegliedert. Das Pressehaus hat etwa 350 Mitarbeiter.

Weniger spektakulär, aber doch von Bedeutung für Verwaltung und Diözesanforschung war die Neuaufstellung des Diözesanarchivs in den Jahren 1959 bis 1961, das seither auch von einem hauptberuflichen Archivar betreut wird. Das während des Krieges gesperrte Diözesanmuseum, das ebenfalls im ersten Stockwerk des Bistumsgebäudes untergebracht ist, wurde 1984 wiedereröffnet.

Um der Seelsorge gerecht zu werden, war auch die Errichtung weiterer Pfarren notwendig. Daher wurden 1965 Greifenstein, 1967 Vestenthal, 1969 Golling, 1971 St. Pölten-St. Johannes Capistran, 1974 Krems-St. Paul, 1975 Amstetten-St. Marien und, als bisher letzte und 424. Pfarre der Diözese, Tulln-St. Severin zu Pfarren erhoben (1982).

Die Ordensgemeinschaften

Während die großen Stifte die Krise der Nachkriegszeit – wenn auch unterschiedlich gut – überwinden konnten, setzte bei den Frauenkongregationen ein merklicher Rückgang ein. Daher mußten zahlreiche Niederlassungen in Krankenhäusern und Altersheimen aufgegeben werden. Für die Institute der Englischen Fräulein in St. Pölten und Krems sowie für die Amstettner Schulschwestern ergaben sich durch die neuen Schulgesetze verschiedene Änderungen. Es wurden auch neue Schultypen eröffnet. Die Gymnasien der Benediktiner in Melk und Seitenstetten führten jeweils auch einen neusprachlichen Zweig an ihren Gymnasien und öffneten sich auch den Mädchen, die nun diese Gymnasien besuchen können.

Von den Männerorden beendeten einige ihre Tätigkeit in der Diözese, wie die Karmeliten, die bis 1964 die Josephspfarre in St. Pölten betreuten, und die Serviten, die ihre drei Klöster aufgaben (Maria Langegg 1971, Jeutendorf 1978 und Schönbühel 1980). Seit 1948 wirken Oblaten der Unbefleckten Jungfrau Mariens in Gmünd-Neustadt; sie übernahmen 1969 auch die Wallfahrtskirche in Maria Taferl. 1960 gründeten die Weißen Väter eine Niederlassung in Walpersdorf (1985 aufgelassen). Dorthin kehrten 1960 auch die Schwestern vom hl. Petrus Claver zurück. Deren Gründerin, Maria Theresia Ledochowska (1863–1922), war eine gebürtige Loosdorferin und wurde 1973 seliggesprochen. Ihre Schwester Ursula Julia (1865–1939), ebenfalls aus Loosdorf gebürtig, gründete die Kongregation der Ursulinen vom Herzen Jesu in Agonie. Beide besuchten die Schulen der Englischen Fräulein in St. Pölten, übersiedelten aber mit ihrer Familie 1883 nach Polen. Ursula wurde 1983 seliggesprochen. Die beiden Benediktinerstifte Melk und Seitenstetten führen öffentliche Gymnasien. Sonst aber liegt die Hauptbedeutung der acht alten Stifte in der Seelsorge. Insgesamt sind ihnen 97 Pfarren inkorporiert, sieben weitere Pfarren sind auswärtigen Klöstern eingegliedert (Klosterneuburg, Malteser in Mailberg und Wilhering), zehn Pfarren sind Ordensleuten zur Seelsorge anvertraut. Darüber hinaus bieten die Stifte auch eine Bereicherung der Spiritualität, und praktisch jedes Kloster sucht eine spezielle Aufgabe. So führt Stift Altenburg seit 1961 wieder seinen bekannten Sängerknabenchor, Stift Geras propagiert kreative Freizeitgestaltung, Zwettl bildet mit seinem Bildungshaus ein geistiges Zentrum des Waldviertels und bietet sich als Ort der Stille an. Lilienfeld und Herzogenburg bieten mit dem Dom zu St. Pölten internationale kirchenmusikalische Veranstaltungen, Stift Göttweig ist seit 1983 auch ein Exerzitienzentrum. Die Stifte traten auch als Orte von Landesausstellungen hervor, die einen willkommenen Anlaß für Renovierungsarbeiten boten: Altenburg 1963 mit „Paul Troger" und 1975 mit dem „Grotesken Barock", Melk 1960 mit „Prandtauer und sein Kreis" und 1980 mit „Österreich zur Zeit Kaiser Josephs II.", Lilienfeld 1976 mit „ 1000 Jahre Babenberger", Herzogenburg 1977 mit „Kunst der Ostkirche", Zwettl 1981 mit der Kuenringerausstellung und Göttweig 1983 mit seiner Jubiläumsausstellung. Wachsende Sorge bereitet den alten Stiften die immer teurer werdende Erhaltung der Bausubstanz. Dies zeigt besonders die seit 1977 laufende Renovierung des Stiftes Melk.

Das Jubiläumsjahr 1985 – 200 Jahre Diözese St. Pölten

Bereits 1885 und 1935 gedachte die Diözese ihrer Errichtung in Jubiläumsfeiern. Jedesmal wurden sie primär als religiöse Besinnungsfeiern verstanden. So sollte auch das Jubiläumsjahr vor allem zu einem Jahr vertiefter Besinnung mit Christus und seiner Kirche werden. Daher wurde bereits 1981 ein Jahr der Pfarrgemeinden und 1984 ein Jahr der Dekanate begangen. Das Jahr 1983 stand ganz im Zeichen des österreichischen Katholikentages in Wien mit dem Besuch Papst Johannes Pauls II.

Die Vorbereitungen betrafen aber auch die Domkirche. Hier wurde 1981 das Presbyterium den liturgischen Anforderungen entsprechend neu gestaltet. 1982 erfolgte die Innenrestaurierung, bei der einige romanische Bauelemente entdeckt wurden. 1984 wurde der Bischofshof außen renoviert.

Das Jubiläumsjahr selbst wurde durch eine diözesane Wallfahrt unter der Leitung der Bischöfe nach Altötting und Passau eingeleitet. Am 26. Oktober 1984 wurde der bayrische Marienwallfahrtsort besucht, tags darauf in der Domkirche zu Passau, der Mutterdiözese St. Pöltens, mit der es fast genau 100 Jahre verbunden war, feierlicher Gottesdienst gehalten.

Die Priester bereiteten sich am 15. November mit einem Einkehrtag unter der Leitung des Innsbrucker Bischofs Reinhold Stecher auf das Jubiläum vor. In den Pfarrgemeinden und Familien stand der Advent bereits ganz unter dem vom Bischof gewählten Jubiläumsmotto: „Ihr alle seid eins in Christus". Um das Diözesanbewußtsein zu beleben, wurden auch zwei Ausstellungen vorbereitet. Im Karmeliterhof in St. Pölten präsentierte sich die Vorgeschichte der Diözese unter dem Titel „Staat und Kirche in Österreich. Von der Antike bis Joseph II.". In der Minoritenkirche in Stein wurde die eigentliche Diözesangeschichte („200 Jahre Diözese St. Pölten") gezeigt.

Bischof Kerens nahm 1785 am 8. Mai von seiner Diözese Besitz, als er feierlich introduziert wurde. Fast genau 200 Jahre später, am 16. Mai 1985, war dann das Hauptfest des Jubiläumsjahres. Schon am Vorabend traf sich die Jugend zum gemeinsamen Gebet. Am Vormittag des Festes Christi Himmelfahrt präsentierten sich die verschiedenen apostolischen Gruppen und diözesanen Institutionen und Ordensgemeinschaften an verschiedenen Punkten der Innenstadt von St. Pölten. Den Festgottesdienst am Nachmittag feierte der Bischof in Konzelebration mit den Priestern und in Gegenwart des päpstlichen Nuntius Michele Cechhini und des Metropoliten Kardinal Franz König mit über 20.000 Teilnehmern bei prachtvollem Wetter auf dem Domplatz. Bundespräsident Rudolf Kirchschläger überbrachte dazu die Glückwünsche des Staates.

Weitere Veranstaltungen sollen das Festjahr abrunden: 23. Juni diözesanes Jungschar- und Ministrantenfest im Stift Melk, die Feier des Diözesanpatrons St. Hippolyt am 11. August und als Abschluß die Feier des Missionssonntages am 20. Oktober.

Eigentliche Jubiläumsgabe der Diözese St. Pölten ist aber die Errichtung eines neuen Klosters am 15. September, nämlich des Karmels in Jeutendorf. Viele freiwillige Helfer der Katholischen Männerbewegung halfen in den vergangenen Jahren mit, das ehemalige Servitenkloster zu revitalisieren. Diese Klostergründung soll aber auch zum Ausdruck bringen, daß alle menschlichen Anstrengungen für das Reich Gottes der Unterstützung des Gebetes bedürfen.

DIE BISCHÖFE DER DIÖZESE ST. PÖLTEN

a) Die Bischöfe von Passau

Vivilo (739)
Beatus (?753–754?)
Sidonius (?753–754?)
Anthelm (?–?)
Wisurich (ca. 770–777)
Waltrih (777–804/05)
Urolf (804/05–806)
Hatto (806–817)
Reginhar (818–838)
Hartwig (840–866)
Ermanrich (866–874)
Engelmar (875–899)
Richar (899–902)
Burkhard (903–915)
Gumpold (915–931)
Adalbert (946–970/71)
Piligrim (971–991)
Christian (991–1013)
Berengar (1013–1045)
Egilbert (1045/46–1065)
Altmann (1065–1091)
Udalrich (1092–1121)
Reginmar (1121–1138)
Reginbert (1138–1147/48)
Konrad v. Österreich (1148/49–1164)
Rupert (1164–1165)
Albo(no) (1165–1169)
Heinrich v. Berg (1169–1172)
Diepold v. Berg (1172–1190)
Wolfger v. Erla (1191–1204)
Poppo (1204–1206)
Mangold v. Berg (1206–1215)
Ulrich (1215–1221)
Gebhard v. Playen (1222–1232)
Rudiger v. Radeck (1233–1250)
Berthold v. Pietengau (1250–1254)
Otto v. Lonsdorf (1254–1265)
Petrus (1265–1280)
Wichard v. Polheim (1280–1282)
Gottfried (1282/83–1285)
Bernhard v. Prambach (1285–1313)
Heinrich v. Vienne (1317–1319)
Albert v. Sachsen (1320–1342)
Gottfried v. Weißeneck (1342–1362)
Albert v. Winkel (1363–1380)
Johann v. Scharffenberg (1381–1387)
Rupert v. Jülich-Berg (1387–1390)
Georg v. Hohenlohe (1390–1423)
Leonhard v. Laiming (1423/24–1451)
Ulrich v. Nußdorf (1451–1479)
G. Hessler (Hasler), Kardinal (1480–1482)
Friedrich Mauerkircher (1482–1485)
Friedrich v. Öttingen (1485–1490)
Christoph v. Schachner (1490–1500)
Wiguläus Fröschl v. Marzoll (1500–1517)
Ernst v. Bayern (1517–1540/41)
Wolfgang v. Salm (1541–1555)
Wolfgang v. Closen (1555–1561)
Urban v. Trenbach (1561–1598)
Leopold v. Österreich (1598–1625)
Leopold Wilhelm v. Österreich (1625–1662)
Karl Joseph v. Österreich (1662–1664)
Wenzeslaus v. Thun (1664–1673)
Sebastian v. Pötting (1673–1689)
Johann Philipp v. Lamberg (1689–1712)
Raymund Ferdinand v. Rabatta (1713–1722)
Joseph Dominikus v. Lamberg (1723–1761)
Joseph M. v. Thun-Hohenstein (1761–1763)
Leopold E. v. Firmian, Kardinal (1763–1783)
Joseph F. Anton v. Auersperg (1783–1795)

b) Die Bischöfe von St. Pölten

Heinrich Johann v. Kerens (1785–1792)
Sigismund Anton v. Hohenwart (1794–1803)
Gottfried Joseph Crüts van Creits (1806–1815)
Johann Nepomuk v. Dankesreither (1816–1823)
Joseph Chrysostomus Pauer (1824–1826)
Jakob Frint (1827–1834)
Johann Michael Leonhard (1835)
Michael Johann Wagner (1836–1842)
Anton Aloys Buchmayer (1843–1851)
Ignaz Feigerle (1852–1863)
Josef Feßler (1865–1872)
Matthäus Josef Binder (1872–1893)
Johannes Baptist Rößler (1894–1927)
Michael Memelauer (1927–1961)
Franz Žak (seit 1961)

Koadjutoren und Weihbischöfe

Franz König, Bischof-Koadjutor (1952–1956)
Franz Žak, Bischof-Koadjutor (1956–1961)
Alois Stöger, Weihbischof (seit 1967)

NEUERE LITERATUR ZUR DIÖZESANGESCHICHTE

Vorbemerkung

In Hinblick auf das Diözesanjubiläum vor hundert Jahren erarbeitete Anton Kerschbaumer mit einigen Mitarbeitern die zweibändige *Geschichte des Bisthums St. Pölten* (Wien 1875/76), die natürlich ergänzungsbedürftig ist. Er konnte sich aber bereits auf Vorarbeiten in der diözesanen Zeitschrift *Hippolytus* stützen, die von 1858 bis 1864 in St. Pölten erschien. Vor allem für Pfarr- und Stiftsgeschichten wichtig sind die *Geschichtlichen Beilagen zu den Consistorial-Currenden der Diöcese St. Pölten* (Bd. I–V, 1878–1895) bzw. *Geschichtliche Beilagen zum St. Pöltner Diöcesanblatt* (Bd. VI–XV, 1898–1960 bzw. 1977), in denen reiches Quellenmaterial in Regestenform gebracht wird. 1950 veröffentlichte Josef Wodka *Das Bistum St. Pölten. Abriß der Diözesangeschichte.* Diese Broschüre bringt auch ein gediegenes Literaturverzeichnis der von 1920 bis 1949 erschienenen Literatur. So beschränkt sich das nachstehende Literaturverzeichnis auf Werke, die seit 1950 veröffentlicht wurden. An Pfarrgeschichten fanden darin nur solche von überregionaler Bedeutung Aufnahme. Kleinere Beiträge finden sich auch in den einschlägigen Periodika *Unsere Heimat, Jahrbuch für Landeskunde von Niederösterreich, Das Waldviertel* und in *Hippolytus Neue Folge. St. Pöltner Hefte zur Diözesankunde* (1981 ff.)

Abkürzungen:

Jb.f.Lk.	Jahrbuch für Landeskunde von Niederösterreich
MIÖG	Mitteilungen des Instituts für österreichische Geschichtsforschung
Mitt.	Mitteilungen
WS	Wissenschaftliche Schriftenreihe Niederösterreich

Adler, Horst/Friesinger, Herwig, *Die Zeit der Völkerwanderung in Niederösterreich,* WS 41/42, St. Pölten–Wien 1979 – *Der heilige Altmann, Bischof von Passau. Sein Leben und Werk. Festschrift zur 900-Jahr-Feier 1965,* Göttweig 1965 – Appelt, Günther, *Georg Falb von Falberstein, Abt des Stiftes Göttweig,* Diss. phil. Wien 1964 – Auer, Gottfried, *Das Leben im Priesterseminar seit 1785,* Hippolytus NF 8 (1985) 29–55 – Auer, Leopold, *Frühe Babenbergerpfalzen in Österreich,* Unsere Heimat 44 (1973) 165–185 – *Ausstellungskataloge* (nach dem Ort der Ausstellung), Kremser Schmidt, Krems-Stein 1951; Gotik in Niederösterreich, Krems 1959; Jakob Prandtauer und sein Kunstkreis, Stift Melk 1960; Romanische Kunst in Österreich, Krems 1964; Großmähren und die christliche Mission bei den Slawen, Wien 1966; Gotik in Österreich, Krems 1967; Die Römer an der Donau, Petronell 1973; Renaissance in Österreich, Schallaburg 1974; Die Bauernkriege in Österreich, Schloß Pottenbrunn 1974; 1000 Jahre Babenberger in Österreich, Stift Lilienfeld 1976; Germanen–Awaren–Slawen in Niederösterreich. Das erste Jahrtausend nach Christus, Wien 1977; Die Zeit der frühen Habsburger, Wiener Neustadt 1979; Baiernzeit in Oberösterreich, Linz 1977; Adel, Bürger, Bauern im 18. Jahrhundert, Schallaburg 1980; Österreich zur Zeit Josephs II., Stift Melk 1980; Die Kuenringer. Das Werden des Landes Niederösterreich, Stift Zwettl 1981; Eine barocke Schatzkammer. Kunstgegenstände aus dem Institut der Englischen Fräulein in St. Pölten, Schallaburg 1981; Severin. Zwischen Römerzeit und Völkerwanderung, Enns 1982; Jubiläumsausstellung 900 Jahre Stift Göttweig, Stift Göttweig 1983; Niederösterreich im Türkenjahr 1683, Schloß Pottenbrunn 1983; Der heilige Leopold. Landesfürst und Staatssymbol, Stift Klosterneuburg 1985; Staat und Kirche in Österreich. Von der Antike bis Joseph II., St. Pölten 1985; 200 Jahre Diözese St. Pölten, Krems 1985

Barton, Peter F., *Die Frühzeit des Christentums in Österreich und Südostmitteleuropa,* Wien 1975 – Bauerreiß, Romuald, *Kirchengeschichte Bayerns,* 6 Bde., 1949–1965 – Baumgartner, Bernhard, *Lilienfeld und die Voralpen,* Wien–München 1981 – Baumgartner, Konrad, *Die Seelsorge im Bistum Passau zwischen barocker Tradition, Aufklärung und Restauration,* St. Ottilien 1975 – Benedikt, Heinrich (Hg.), *Geschichte der Republik Österreich,* Wien 1954 – Bodzenta, Erich, *Die Katholiken in Österreich.*

Ein religionssoziologischer Überblick, Wien 1962 – Boshof, Eugen, *Bischof Altmann, St. Nikola und die Kanonikerreform. Das Bistum Passau im Investiturstreit,* in: Tradition und Entwicklung. Festschrift für Johann Riederer, Passau 1981, 317–345 – Brunner, Karl, *Die Kuenringer,* WS 53, St. Pölten–Wien 1981

Daim, Falko, *Die Awaren in Niederösterreich,* WS 28, St. Pölten–Wien 1977 – Déer, Josef, *Karl der Große und der Untergang des Awarenreiches,* in: Karl der Große I (1965) 719–791 – Diemberger, Annunciata, *Die Kongregation der Schulwestern vom dritten Orden des heiligen Franziskus von Assisi mit dem Mutterhaus zu Judenau–Amstetten,* Mödling 1955 – Dienst, Heide, *Niederösterreichische Pfarren im Spannungsfeld zwischen Bischof und Markgraf nach dem Ende des Investiturstreites,* in: Mitteilungen des österreichischen Staatsarchives 34 (1981) 1–44 – Döller, Herbert, *Hausgesetze, Hausstatuten und Lebensordnung des St. Pöltner Priesterseminars,* Hippolytus NF 8 (1985) 56–70

Egger, Gerhart u. a., *Stift Herzogenburg und seine Kunstschätze,* St. Pölten–Wien 1982 – Egger, Hanna u. a., *Stift Altenburg und seine Kunstschätze,* St. Pölten–Wien 1981 – Eichinger, Josef, *Der Konstitutionelle Volksverein in der Diözese St. Pölten.* Hausarbeit zur Erlangung der Lehrbefähigung für kath. Religion an den AHS und BHS, Krems 1967 – Engelbrecht, Helmut, *Anton Kerschbaumer,* Mitt. des Kremser Stadtarchivs 2 (1962); *Josef Kinzl. Zur Frühgeschichte der politischen Sammlung der Katholiken in Niederösterreich,* Mitt. des Kremser Stadtarchivs (1966) 83–154; *Geschichte des österreichischen Bildungswesens. Erziehung und Unterricht auf dem Boden Österreichs,* Wien 1982 ff. (bisher 2 Bde.) – Engel-Janosi, Friedrich, *Österreich und der Vatikan,* 2 Bde., Wien–München 1956–1960 – Englisch, Ernst/Jaritz, Gerhard, *Das tägliche Leben im spätmittelalterlichen Niederösterreich,* WS 19/20/21, St. Pölten–Wien 1976 – Eppel, Franz, *Die Eisenwurzen. Land zwischen Enns, Erlauf und Eisenerz,* Salzburg 1968; *Die Wachau, Nibelungen- und Strudengau,* Salzburg [3]1975; *Das Waldviertel,* Salzburg [6]1974 – Eugippius, *Das Leben des heiligen Severin,* lateinisch und deutsch. Einführung, Übersetzung und Erläuterung von Rudolf Noll, Berlin 1963 (Passau 1981)

Fasching, Heinrich, *Domkirche St. Pölten. Entdeckungen aus Romanik und Gotik in den letzten Jahren,* Hippolytus NF 4 (1984) 5–37; *Dom und Stift St. Pölten,* St. Pölten–Wien 1985 – Feigl, Helmuth, *Die Entstehung des österreichischen Pfarrnetzes im Zeitalter der Babenberger,* in: Leopold III. und die Babenberger. Beiträge zur österreichischen Jahrtausendfeier, St. Pölten 1975, 97–101; *Zur Entstehung des Pfarrnetzes in Österreich unter der Enns im Zeitalter der Babenberger,* Jb.f.Lk. 42 (1976) 52–69; *Entwicklung und Auswirkung des Patronatsrechts in Niederösterreich,* Jb.f.Lk. 43 (1977) 81–114; *Die Entwicklung des Pfarrnetzes in Niederösterreich,* WS 79, St. Pölten–Wien 1985 – Feuchtmüller, Rupert (Hg.), *Renaissance in Österreich. Geschichte–Wissenschaft–Kunst,* Horn 1974 – Fichtenau, Heinrich, *Das Urkundenwesen in Österreich vom 8. bis zum frühen 13. Jahrhundert,* MIÖG, Erg.Bd. 23 (1971) – Fleck, Christine, *Die Vita Altmanni episcopi Pataviensis. Überlieferungsgeschichte und Edition.* Staatsprüfungsarbeit am Institut für Österreichische Geschichtsforschung. Wien 1980 – Flieder, Viktor, *Stephansdom und Wiener Bistumsgründung,* Wien 1968 – Flossmann, Gerhard/Hilger, Wolfgang, *Stift Melk und seine Kunstschätze,* St. Pölten–Wien [3]1985 – Friesinger, Herwig, *Die Slawen in Niederösterreich,* WS 15, St. Pölten–Wien [2]1979 – Fuchs, Sieglinde, *Die in Niederösterreich unter Joseph II. aufgehobenen Klöster im Hinblick auf ihre Weiterverwendung,* Diss. phil. Wien 1967 – Fux, Ildefons, *Französische Geistliche in Göttweig,* Hippolytus NF (1984) 60–68; *Gottwicensia 1983–1985. Eine Literaturübersicht,* Hippolytus NF 9 (1985, im Erscheinen)

Gatz, Erwin (Hg.), *Die Bischöfe der deutschsprachigen Länder 1785/1803 bis 1945. Ein biographisches Lexikon,* Berlin 1983 – Graf, Walter, *Kirchenlied und geistliches Lied im Raum der späteren Diözese St. Pölten,* in: St. Pölten, Professorenkollegium (Hg.), Festschrift für Bischof F. Zák, St. Pölten–Wien 1981, 44–58 – Gugitz, Gustav, *Österreichs Gnadenstätten in Kult und Brauch, Bd. 2 Niederösterreich und Burgenland,* Wien 1955 – Gutkas, Karl, *Geschichte des Landes Niederösterreich,* St. Pölten–Wien [6]1983; *Geschichte des Landes Niederösterreich in Bildern,* St. Pölten–Wien 1983; *Geschichte Niederösterreichs,* Wien 1984; *Die weitere Verwendung des Karmelitinnenklosters,* Hippolytus NF 3 (1982) 32ff.

Häusler, Wolfgang, *Melk und der Dunkelsteinerwald,* Wien–München 1978; *Land zwischen Donau und Schöpfl,* Wien–München 1980 – Hagel, Walter, *Die Auflösung der Privatpatronate in Österreich,* in: Österreichisches Archiv für Kirchenrecht 24 (1973) 4, 328–355 – Hageneder, Othmar, *Die geistliche*

Gerichtsbarkeit in Ober- und Niederösterreich, Graz–Köln 1967 – Haider, Siegfried, *Passau–St. Florian–St. Pölten. Beiträge zur Geschichte der Passauer Diözese im 11. Jahrhundert,* in: Mitt. des oberösterreichischen Landesarchives 10 (1971) 36–49 – Hanika, Günter, *Die Dominikaner in Krems von der Gründung bis zur Aufhebung des Klosters,* Diss. phil. Wien 1970 – Hanisch, Ernst, *Die Ideologie des politischen Katholizismus in Österreich 1918 bis 1938,* Wien–Salzburg 1977 – Hödl, Günther u. a., *Geschichte des Stiftes Göttweig 1083–1983. Festschrift zum 900-Jahr-Jubiläum,* St. Ottilien 1983 – Hollerweger, Hans, *Die Reform des Gottesdienstes zur Zeit des Josephinismus in Österreich,* Regensburg 1976 – Hosp, Eduard, *Zwischen Aufklärung und katholischer Reform. Jakob Frint, Bischof von St. Pölten. Gründer des Frintaneums in Wien,* Wien–München 1962; *Kirche Österreichs im Vormärz 1815–1850,* Wien–München 1971 – Hüttl, Josef, *Kirche und Nationalsozialismus. Der Budweiser Administrationsbezirk der Diözese St. Pölten 1940–1946,* Wien–Salzburg 1979

Institut für Österreichkunde (Hg.), *Religion und Kirche in Österreich,* Wien 1973

Was blieb von Josef II.? Internationales Symposion in Melk 1980, St. Pölten–Wien 1980

Kafka, Karl, *Wehrkirchen in Niederösterreich,* 2 Bde., Wien 1969–1970 – Kendl, Josef, *Josef Scheicher. Priester und Politiker an der Schwelle einer neuen Zeit,* Diss. theol. Salzburg 1967 – Kitlitschka, Werner, *Historismus und Jugendstil in Niederösterreich,* St. Pölten–Wien 1984 – Kitzler, Christine, *Die Errichtung des Erzbistums Wien 1718–1729,* Wien 1969 – Klebel, Ernst, *Zur Kritik der Urkunde Ludwigs des Frommen für Passau vom 28. 6. 823,* in: Archivalische Zeitschrift 50/51 (1955) 319–327 – Klostermann, Ferdinand u. a. (Hg.), *Kirche in Österreich 1918–1965,* 2 Bde., Wien–München 1966–1967 – Kovács, Elisabeth (Hg.), *Katholische Aufklärung und Josephinismus,* Wien 1979; *Der Pabst in Teutschland. Die Reise Pius VI. im Jahre 1782,* Wien 1983 – Krems, Pfarre (Hg.), *950 Jahre Pfarre Krems,* Krems 1964 – Kronbichler, Johann/Kronbichler-Skacha, Susanne, *Diözesanmuseum St. Pölten. Katalog der ausgestellten Objekte,* St. Pölten 1984 – Krückel, Herbert, *Studien zur Geschichte der Pfarrerrichtungen Kaiser Josephs II. im Gebiete der Diözese St. Pölten,* Diss. phil. Wien 1969; *Zur Einkommenssituation auf den josephinischen Seelsorgeposten in Westniederösterreich (Diözese St. Pölten) 1783–1790,* Unsere Heimat 53 (1982) 180–193; *Die Dekanatsreform im Bistum St. Pölten zur Zeit Kaiser Josephs II.,* Unsere Heimat 52 (1980) 20–54 – Kubes, Karl/Rössl, Joachim/Fasching, Herbert, *Stift Zwettl und seine Kunstschätze,* St. Pölten–Wien 1979

Lechner, Gregor/Fasching, Herbert, *Stift Göttweig und seine Kunstschätze,* St. Pölten–Wien [2]1983 – Lechner, Karl (Hg.), *Handbuch der historischen Stätten. Österreich Bd. 1,* Stuttgart 1970; *Die Babenberger. Markgrafen und Herzöge von Österreich 976–1246,* Wien–Köln–Graz 1976 – Leidl, August, *Die Bischöfe von Passau in Kurzbiographien,* Passau [2]1978 – Leitenberger, Ilse, *Karmelitinnen in St. Pölten,* Hippolytus NF 3 (1982) 17–33 – Lentner, Leopold, *Katechetik und Religionsunterricht in Österreich,* Innsbruck 1955 – Lenzenweger, Josef, *Berthold von Garsten,* Linz 1958 – Lewis, Gavin, *Kirche und Partei im Politischen Katholizismus. Klerus und Christlichsoziale in Niederösterreich 1885–1907,* Wien–Salzburg 1977 – Lhotsky, Alphons, *Quellenkunde zur mittelalterlichen Geschichte Österreichs,* MIÖG Erg.Bd. 19 (1963); *Umriß einer Geschichte der Wissenschaftspflege im alten Niederösterreich,* Wien 1964 – Liebmann, Maximilian, *Die März-Erklärung der österreichischen Bischöfe vom Jahr 1938 im Licht neuer Quellen,* in: Theologisch-Praktische Quartalschrift 128 (Linz 1980) 3–26 – Lilienfeld, Bezirksheimatmuseum (Hg.), *Heimatkunde des Bezirkes Lilienfeld,* 4 Bde., Lilienfeld 1963–1971 – Loidl, Franz, *Geschichte des Erzbistums Wien,* Wien–München 1983 – Lotter, Friedrich, *Severinus von Noricum. Legende und historische Wirklichkeit,* Stuttgart 1976

Maaß, Ferdinand, *Der Josephinismus. Quellen zu seiner Geschichte in Österreich 1760–1850,* 5 Bde., 1951–1979; *Der Frühjosephinismus,* München 1978 – Magenschab, Hans, *Die Zweite Republik zwischen Kirchen und Parteien,* Wien–München 1968 – Mautern, Pfarre (Hg.), *1000 Jahre Stadtpfarre Mautern 980–1980,* St. Pölten 1980 – Mayer, Gottfried, *Joseph Feßler und sein Kreis. Ein Beitrag zur Frühgeschichte des Ultramontanismus in Österreich bis zum Protestantengesetz 1861,* Diss. phil. Wien 1980 – Mecenseffy, Grete, *Geschichte des Protestantismus in Österreich,* Graz–Köln 1956 – Melk, Stift (Hg.), *Stift Melk. Geschichte und Gegenwart,* St. Pölten–Wien 1980 ff. – Meister, Elisabeth, *Die Neuorganisation des österreichischen Teils der Diözese Passau im Spiegel der Geistlichen Ratsprotokolle 1783–1785,* Staatsprüfungsarbeit für das Lehramt Würzburg 1984 – Merli, Anton, *Johann Georg Czur-*

da 1908–1965. Leben und Wirken, St. Pölten–Wien 1984 – Mitterauer, Michael, *Karolingische Markgrafen im Südosten,* Archiv für österreichische Geschichte 123 (1963) 1–273 – Mosser, Alois, *Ein Jahrtausend kirchliches Leben in Traismauer,* Horn 1977

Neumüller, Willibrord, *Sie gaben Zeugnis. Lorch – Stätte des heiligen Florian und seiner Gefährten,* Wien 1968 – Niederösterreichische Nachrichten Nr. 50, 8. Dezember 1981, *25 Jahre Dienst am Menschen,* Sondernummer anläßlich des Bischofsjubiläums, St. Pölten 1981 – Noll, Rudolf, *Frühes Christentum in Österreich. Von den Anfängen bis um 600 nach Chr.,* Wien 1954

Ortmayer, Petrus/Decker, Aegid, *Das Benediktinerstift Seitenstetten. Ein Gang durch seine Geschichte,* Wels 1955

Polleroß, Friedrich B. (Hg.), *Geschichte der Pfarre Altpölla 1132–1982,* Altpölla 1982 – Prammer, Johann, *Konservative und christlichsoziale Politik im Viertel ob dem Wienerwald 1848–1914,* Diss. phil. Wien 1974 – Pritz, Josef, *Franz Werner. Ein Leben für Wahrheit und Freiheit,* Wien 1957; *Mensch als Mitte. Leben und Werk Carl Werners,* Wien 1968

Rabl, Erich, *Matthäus Bauchinger (1851–1934). Vom Redemptoristenpater zum christlichsozialen Agrarpolitiker,* Diss. phil. Wien 1974 – Reikerstorfer, Johann, *Offenbarer Ursprung. Eine Interpretation der Anthropologie Carl Werners,* Wien 1971 – Reingrabner, Gustav, *Adel und Reformation,* Wien 1976; *Protestantismus in Niederösterreich,* WS 27, St. Pölten–Wien 1977; *Protestanten in Österreich. Geschichte und Dokumentation,* Wien–Köln–Graz 1981 – Reutterer, Rudolf, *Die spätantike Bildersprache der Hippolytlegenden,* Bozen 1976

St. Pölten, Kulturamt (Hg.), *Beiträge zur Stadtgeschichtsforschung. Festschrift der Stadtgemeinde St. Pölten,* St. Pölten 1959 – St. Pölten, Professorenkollegium der Philosophisch-Theologischen Hochschule der Diözese (Hg.), *Juste Pie Fortiter. Festschrift zum Jubiläumsjahr 1981 für Bischof Franz Žak, St. Pölten,* St. Pölten–Wien 1981, *200 Jahre Diözese St. Pölten. Unser Fest in Wort und Bild,* St. Pölten–Wien – Saurer, Edith, *Die politischen Aspekte der österreichischen Bischofsernennungen 1867–1903,* Wien–München 1968 – Schragl, Friedrich, *Glaubensspaltung in Niederösterreich. Beiträge zur niederösterreichischen Kirchengeschichte,* Wien 1973; *De vita et honestate clericorum. Das Priesterbild in den spätmittelalterlichen Synoden des Passauer Bistums,* in: Sacerdos et Pastor semper ubique. Festschrift zum 40jährigen Priesterjubiläum Prälat Univ.-Prof. Dr. Franz Loidl, Wien 1972; *Die Pfarre in ihrer Geschichte,* in: Jahrbuch der Diözese St. Pölten 1981 (St. Pölten 1980) 43–48, 61f.; *Das Stift St. Pölten und seine Beziehungen zu frühen Klostergründungen,* in: Hippolytus NF 1 (1981) 44–48, 2 (1982) 51–58; *Auf den Spuren des heiligen Severin* in: Jahrbuch der Diözese St. Pölten 1982 (St. Pölten 1981) 37–45; *Die territoriale Entwicklung der Dekanate,* in: Hippolytus NF (1984) 71–76 – Schuhböck, Friedrich, *Adolph Kolping und sein Werk in der Diözese St. Pölten,* Diplomarbeit St. Pölten 1983; Schultes, Gerhard, *Der Reichsbund der katholischen deutschen Jugend Österreichs. Entstehung und Geschichte,* Wien 1967 – Schwarz, Mario, *Romanische Architektur in Niederösterreich,* WS 17/18, St. Pölten–Wien 1977 – Segl, Peter, *Ketzer in Österreich. Untersuchungen über Häresie und Inquisition im Herzogtum Österreich im 13. und beginnenden 14. Jahrhundert,* Paderborn–München–Wien–Zürich 1984 – Seitenstetten, *Udalschalks Erbe im Wandel der Zeit,* Seitenstetten 1980 – Spindler, Max (Hg.), *Handbuch der bayerischen Geschichte,* Bd. 1, München [2]1981 – Staudinger, Ferdinand, *Im Dienst des Wortes. Alois Stöger – Mensch und Werk,* in: Bibel und Liturgie 52 (1979) 8–13 – Steger, Gerhard, *Der Brückenschlag. Katholische Kirche und Sozialdemokratie in Österreich,* Wien–München 1982 – Steinkellner, Franz, *Geschichte der Stadtpfarre St. Stephan zu Amstetten,* Amstetten 1981 – Stiglitz, Herma, *Führer durch das römische Mautern an der Donau,* Wien 1963 – Stöger, Alois, *Das Priesterseminar vor 40 Jahren,* in: Hippolytus NF 8 (1985) 7–28 – Strasser, Anna, *Tatsachenbericht März 1938 bis Mai 1945,* St. Valentin o. J. – Szerelmes, Richard, *Leopold Teufelsbauer und das Bäuerliche Volksbildungsheim Hubertendorf 1929–38. Eine Dokumentation,* St. Pölten–Wien 1982.

Tampier, Alois, *Anton Erdinger, Dompropst zu St. Pölten. Ein Beitrag zur Geschichte der Diözese St. Pölten,* Diss. theol. Wien 1955 – Tomek, Ernst, *Kirchengeschichte Österreichs,* 3 Bde., Innsbruck–Wien–München 1935–1959 – Trischler, Franz (Hg.), *Zwischen Hiesberg und Schöpfl,* Horn 1963; *Zwischen Weinsberg, Wild und Nebelstein,* Zwettl 1974 – Uhlirz, Karl und Mathilde, *Handbuch der Geschichte Österreich–Ungarns,* 1. Bd., Graz ²1963 – Unterberger, Erhard, *Der Liberalismus in Österreich (1870–1918),* Diss. phil. Wien 1966

Vocelka, Karl, *Verfassung oder Konkordat? Der publizistische und politische Kampf der österreichischen Liberalen und die Religionsgesetze des Jahres 1868,* Wien 1978

Wacha, Georg, *Leopold III. der Heilige,* WS 12, St. Pölten–Wien 1975 – Weinzierl-Fischer, Erika, *Die österreichischen Konkordate von 1855 und 1933,* Wien 1960 – Weinzierl, Erika/Skalnik, Kurt (Hg.), *Die Zweite Republik,* 2 Bde., Graz–Wien–Köln 1972; *Das Neue Österreich. Geschichte der Zweiten Republik,* Graz–Wien–Köln 1975; *Österreich 1918–1938. Geschichte der Ersten Republik,* 2 Bde., Graz–Wien–Köln 1983 – Weiß, Rudolf, *Das Bistum Passau unter Kardinal Joseph Dominikus von Lamberg (1723–1761). Zugleich ein Beitrag zur Geschichte des Kryptoprotestantismus in Oberösterreich,* St. Ottilien 1979 – Werneck, Heinrich L., *Grundlagen zur Frühgeschichte zwischen Dunkelsteinerwald und Unterlauf der Großen Tulln,* Herzogenburg 1955; *Heimatbuch der Stadt Herzogenburg, Bd. 1,* Herzogenburg 1961 – Werner, Ernst (Hg.), *Österreichs Wiege,* 2 Bde., Amstetten–Waidhofen/Ybbs 1966 – Wessely, Josef, *Zum Diözesanjubiläum ein neues Kloster,* in: Jahrbuch der Diözese St. Pölten 1981 (St. Pölten 1980) 67–70 – Winner, Gerhard, *Studien zur Geschichte der Piaristen in Österreich,* Diss. phil. Wien 1952; *Das Diözesanarchiv St. Pölten. Behörden und Institutionen. Ihre Geschichte und Bestände,* St. Pölten 1962; *Die Pfarren der Diözese St. Pölten,* in: Hippolytkalender 1966–1971 (als Redaktor, St. Pölten); *Die staatliche Ordensgesetzgebung im nachjosephinischen Österreich,* in: Kirche und Staat in Idee und Geschichte des Abendlandes. Festschrift F. Maaß, Wien–München 1973, 266–285; *Die Klosteraufhebungen in Niederösterreich und Wien,* Wien–München 1967 – Winner, Gerhard/Žak, Franz, *Bischof Michael Memelauer 1874–1927–1961,* in: Hippolytus NF (1981) 2–23 – Winter, Eduard, *Der Josephinismus: Geschichte des österreichischen Reformkatholizismus 1740–1848,* Berlin ²1962 – Wolf, Hans, *Erläuterungen zum historischen Atlas der österreichischen Alpenländer II/6. Die Kirchen- und Grafschaftskarte 6. Niederösterreich,* Wien 1955 – Wodka, Josef, *Das Bistum St. Pölten. Abriß der Diözesangeschichte,* St. Pölten 1950; *Kirche in Österreich. Wegweiser durch ihre Geschichte,* Wien 1959 – Wolfram, Herwig, *Geschichte der Goten,* München 1979; *Conversio Bagoariorum et Carantanorum. Das Weißbuch der Salzburger Kirche über die erfolgreiche Mission in Karantanien und Pannonien,* Wien–Köln–Graz 1979; *Die Karolingerzeit in Niederösterreich,* WS 46, St. Pölten–Wien 1980 – Wurz, Christa, *Adrian Lambert Zach. Der Volksprälat von Geras,* Diss. phil. Wien – Wurz, Heinrich, *Die Philosophisch-Theologische Hochschule der Diözese St. Pölten,* 1. Beiheft zu Hippolytus NF, St. Pölten 1985 (im Druck)

Žak, Franz, *Dignitäten und Kapitel in den ehemaligen Kollegiatsstiften der Diözese St. Pölten,* St. Pölten 1955 – Zaubek, Othmar, *Wallfahrtsheiligtümer im nordwestlichen Waldviertel,* Krems 1974; *Waldviertler heimatkundliche Studien,* 2 Bde., Krems 1976–1977 – Zibermayr, Ignaz, *Noricum, Baiern und Österreich. Lorch als Hauptstadt und die Einführung des Christentums,* Horn ³1972 – Zimmermann, Harald (Bearbeiter), *Die Evangelische Kirche A. und H.B. in Österreich,* Wien 1968 – Zinnhobler, Rudolf, *Die Passauer Bistumsmatrikeln für das westliche Offizialat,* 3 Bde., Passau 1972–1984; (als Hg.), *Lorch in der Geschichte,* Linz 1981; *Der heilige Severin. Sein Leben und seine Verehrung,* Linz 1982 – Zöllner, Erich, *Geschichte Österreichs. Von den Anfängen bis zur Gegenwart,* Wien ⁷1984 – Zotti, Wilhelm, *Kirchliche Kunst in Niederösterreich,* Bd. 1, St. Pölten 1983 – Zulehner, Paul, *Kirche und Austromarxismus,* Wien 1967

PERSONEN- UND ORTSREGISTER

B. = Bischof
EB. = Erzbischof
Hzg. = Herzog
Pf. = Pfarrer
Theol.-Prof. = Theologieprofessor

Die *kursiv* gesetzten Zahlen verweisen auf die entsprechende Abbildungsnummer.

BILDNACHWEIS

Graphische Sammlung Albertina, Wien
Abb. 4

Foto Bertl, Gerersdorf
Abb. 5, 7, 9, 10, 21, 36, 38, 97, 102 und 105

Foto Brunner, Krems
Abb. 61 und 69

Bundesdenkmalamt, Wien
Abb. 25

Bundesdenkmalamt (Oberer), Wien
Abb. 8 und 28

Diözesanarchiv St. Pölten
Abb. 63–66, 73 und 74

Diözesanmuseum St. Pölten
Abb. 13, 24, 34 und 51

Diözese St. Pölten, Pressereferat
Abb. 80 und 81

„200 Jahre Diözese St. Pölten", Krems (Ausstellungsleitung)
Abb. 50, 52–55, 58–60, 62, 67, 68, 72, 75–79

Foto Dufek, Wieselburg
Abb. 14

Foto Fasching, Wilhelmsburg
Abb. 15–18, 20, 22, 42 und 44

Hippolythaus St. Pölten
Abb. 83 und 84

Heimatmuseum Tulln
Abb. 6

Historisches Museum der Stadt Wien
Abb. 19 und 49

Stadtmuseum St. Pölten
Abb. 1, 2, 11, 12, 26, 27, 29, 30–33, 35, 37, 39, 40, 41, 43, 46, 48 sowie Umschlagbild

Fr. Matthias Hofbauer OSB, Göttweig
Abb. 95

Johanneum Melk
Abb. 87

Kirche bunt (Bildarchiv)
Abb. 3, 23, 45, 47, 56, 57, 70, 71, 85, 86, 88, 90, 92–94, 96, 98, 99, 100, 101, 103 und 104

Marianum Seitenstetten
Abb. 89

Friedrich Schragl, Gerersdorf
Abb. 82 und 91